费孝通（1910—2005），江苏吴江人。20世纪中国享有国际声誉的卓越学者。中国社会学、人类学和民族学的重要奠基人之一。曾担任民盟中央主席、全国政协副主席、全国人大常委会副委员长等职。

1930年入燕京大学社会学系，获学士学位。1933年入清华大学社会学及人类学系，获硕士学位。1936年秋入英国伦敦经济学院攻读社会人类学，获哲学博士学位。1938年秋回国。曾先后在云南大学、西南联大、清华大学、中央民族学院、中国社会科学院、北京大学等从事教学与研究。

一生以书生自任，笔耕不辍，著作等身，代表作有《江村经济》《禄村农田》《乡土中国》《生育制度》《行行重行行》《中华民族的多元一体格局》等。

费孝通作品精选

师承·补课·治学
（增订本）

费孝通 著

生活·讀書·新知三联书店

Copyright © 2021 by SDX Joint Publishing Company.
All Rights Reserved.
本作品版权由生活·读书·新知三联书店所有。
未经许可，不得翻印。

图书在版编目（CIP）数据

师承·补课·治学/费孝通著．—增订本．—北京：生活·读书·新知三联书店，2021.1（2022.4重印）
（费孝通作品精选）
ISBN 978-7-108-06958-0

Ⅰ．①师⋯　Ⅱ．①费⋯　Ⅲ．①社会科学－文集
Ⅳ．① C53

中国版本图书馆 CIP 数据核字（2020）第 172747 号

责任编辑	冯金红
封面设计	宁成春
版式设计	薛　宇
责任校对	曹忠苓
责任印制	董　欢
出版发行	生活·讀書·新知 三联书店
	(北京市东城区美术馆东街 22 号 100010)
网　　址	www.sdxjpc.com
经　　销	新华书店
印　　刷	河北鹏润印刷有限公司
版　　次	2021 年 1 月北京第 1 版
	2022 年 4 月北京第 2 次印刷
开　　本	880 毫米 × 1092 毫米　1/32　印张 18
字　　数	402 千字
印　　数	5,001-8,000 册
定　　价	88.00 元

（印装查询：01064002715；邮购查询：01084010542）

费孝通作品精选

出版前言

费孝通（1910—2005），20世纪中国享有国际声誉的卓越学者。他不仅是中国社会学、人类学、民族学的重要奠基人之一，而且学以致用、知行合一，一生致力于探寻适合中国文化与社会传统的现代化之路。

在其"第一次学术生命"阶段，从最初的大瑶山到江村，再到后来的"魁阁"工作站，费孝通致力于社会生活的实地研究，继之以社会的结构特征考察，提出诸如"差序格局""家核心三角""社会继替""绅士"及"乡土损蚀"等概念和表述，代表作有《花蓝瑶社会组织》《江村经济》《禄村农田》《乡土中国》《乡土重建》《生育制度》等。在其学术求索中，费孝通与西方学术有关传统与现代的理论构成了广泛对话，而他的现实目标可归结为"乡土重建"，其学术思考围绕如何理解中国社会、如何推动中国社会现代化转型的问题展开。

20世纪50年代，费孝通在共和国民族政策与民族工作的建言与商讨中发挥了重要作用，也亲身参与"民族访问团"和民族识别调查工作。此间，他得以将其在"第一次学术生命"阶段提出的部分见解付诸实践，也得以在大瑶山调查之后，再次有机会深入民族地区，对边疆社会的组织结构和变迁过程进行广泛研究。在其参加"民族访问团"期间参与写作的调查报告，及后来所写的追思吴文藻、史禄国、潘光旦、顾颉刚等先生的文章中，费孝通记录了他在这个阶段的经历。

1978年，费孝通在二十余年学术生命中断之后获得了"第二次学术生命"。在这个阶段中，费孝通提出了"中华民族多元一体格局"这一有弹性的论述，引领了社会学学科的恢复重建工作，以"志在富民"为内在职志，努力探索中国自己因应世界变局的发展战略。从80年代初期开始，费孝通"行行重行行"，接续了他的"乡土重建"事业，走遍中国的大江南北，致力于小城镇建设及城乡、东西部区域协同发展的调查研究。与此同时，他也深感全球化问题的压力，指出我们正处在一个"三级两跳"的时代关口，在尚未完成从乡土社会到工业社会的转型过程之时，又面临着"跳进"信息社会的时代要求，由此急需处理技术的跃迁速度远远超出人类已有的社会组织对技术的需求这一重要问题。在费孝通看来，这不只是一个经济制度问题，同时它也含有社会心态方面的巨大挑战。

20世纪80年代末期，费孝通开始思考世界性的文化关系问题。到90年代，这些思考落实为"文化自觉"的十六字表述：各美其美，美人之美，美美与共，天下大同。在全球社会前所未有地紧密接触、相互依赖的情况下，"三级两跳"意味着不同文明状态和类型的社会被迫面对面相处，这必然引起如何构建一种合理的世界秩序的问题。"文化自觉"既包含了文明反躬内省、自我认同的独特观念，有中国文化"和而不同"理想的气质，同时亦是一套有特色的社会科学方法论，含有针对自然/文化、普遍/特殊、一致/差异等一系列二元对立观的不同见解。值得指出的是，这一晚年的思想洞见其实渊源有自，早在其青年时代，人类学与跨文化比较就一直是费孝通内在的视野和方法，这使他从来没有局限于从中国看中国，具体的社区研究也不只是"民族志"，因此他20世纪50年代前写作的大量有关英国和美国的文章，都是以杂感和时论的形式创造性地书写西方，并由此反观中国的历史与现实，加深他对中国社会总体结构的原则性理解，也正是在这个意义上，他才会把《美国人的性格》一书称为《乡土中国》的姊妹篇。

* * *

费孝通一生以书生自任，笔耕不辍，著作等身，"费孝通作品精选"即从他七百余万字的著述中精选最有代表性的作品，凡12种，三百余万字，涉及农村农民问题、边区民族问题、文明文化问题、世界观察、学术反思等多个层面。其中，《江村经济》《禄村农田》《乡土中国》《生育制度》《美国与美国人》《行行重行行》等，均在作者生前单行出版过；《留英记》《中华民族的多元一体格局》《学术自述与反思》《孔林片思：论文化自觉》，则是根据主题重新编选；《中国士绅》1953年出版英文版，2009年三联书店推出中译本；《茧》是近期发现的作者1936年用英文写作的中篇小说，为首次翻译出版，对于理解费孝通早期的学术思想与时代思潮的关系提供了难得的新维度。

除首次刊印的个别作品外，均以《费孝通全集》（内蒙古人民出版社，2009年）为底本，并参照作者生前的单行定本进行编校。因作者写作的时间跨度长，文字、句式和标点的用法不尽相同，为了尊重著作原貌和不同时期的行文风格，我们一仍其旧，不强行用现在的出版规范进行统一。

此次编辑出版，得到了作者家属张荣华、张喆先生的支持，也得到了学界友人甘阳、王铭铭、渠敬东、杨清媚诸君的大力帮助，在此谨致谢忱。

生活·讀書·新知 三联书店
2020年9月

目　录

新教教义与资本主义精神之关系 _ 1

《芒市边民的摆》序 _ 39

鸡足朝山记 _ 55

《昆厂劳工》书后 _ 81

迈向人民的人类学 _ 117

社会调查自白 _ 131

人的研究在中国：缺席的对话 _ 216

个人·群体·社会：一生学术历程的自我思考 _ 227

我的第二次学术生命 _ 253

人不知而不愠：缅怀史禄国老师 _ 260

从史禄国老师学体质人类学 _ 278

从马林诺斯基老师学习文化论的体会 _ 303

开风气　育人才 _ 348

重读《江村经济》序言 _ 362

青春作伴好还乡:为《甘肃土人的婚姻》中译本而写 _ 402

读马老师遗著《文化动态论》书后 _ 419

推己及人 _ 448

补课札记:重温派克社会学 _ 453

出版后记 _ 564

新教教义与资本主义精神之关系[*]

十五六世纪，欧洲社会正值中古和近代交替之际：一方有商业革命启开了新时代的序幕，一方有农村的破坏和教会的堕落，表现着旧时代苟延喘息的状况。生于当时的人民都感受到世纪末的痛苦和烦闷，外有宗教和经济的冲突，内有理想和生活的矛盾。旧有的宗教观念不能适应新兴的社会状况，新的势力亦苦于没有伦理的基础，不能充分发达。这种矛盾和冲突苏醒酿成宗教改革。新教缘是产生。新教教义是承接中古思想开发资本主义精神的过渡。因资源与环境的相异，新教教义亦有派别的不同。路德主义是产生于没落中的农村，所以一方要反抗教会的腐败，一方要维持中古的农业中旧的社会组织。加尔文主义是产生于新兴的都市，所以一方面要反抗代表旧势力的教会制度，一方面要立下资本主义精神的伦理基础。但二者同样的调和了出世和现世的相互性。路德因要破坏教会制度，同时又要维持中古社会的秩序，于是有天职论。加尔文因要提倡资本主义谋利的主义，而同时又要避免纵欲的弊病，于是有现世克己论。天职论和现世克己论沟通了出世和现世的鸿沟，宗

---

[*] 本文为作者佚稿，2010年在吴文藻先生民国期间保存的图书文献资料中被偶然发现，为作者手稿，全文33页，未注明写作日期。据发现和整理人王铭铭、张瑞推测，此文写于20世纪30年代末，是国内最早关于韦伯学派社会学的述评之一。

教教义和资本主义精神始能契合。中古和近代的过渡,理想和生活,宗教和经济才重新调试,资本主义的新时代始克勃兴。

中古的生活系统

十五六世纪在欧洲正是中古的社会组织开始破裂,新的方式尚未达树和巩固的时代。新旧交替之际我们见到许多纷乱的现象。这些现象中最惹人注意的就是天主教会的分裂。这种分裂是新的经济环境和旧的社会哲学不能调和而起的结果。在申述这种冲突之前,我们应当将中古传统的生活系统加以叙说。

生活系统因叙说便利起见可分为二方面:一是生活所借以结构成系统的思想、信仰等,一是决定生活内容的经济状况、社会背景等。

统一中古生活的思想和信仰,是超自然的意志。一切社会制度和个人行为,都以这超自然的意志为估量价值的规范。社会只是这意志的表现,一切生活于社会中的个人,都有由这意志所指定的地位和共同完成这意志所树下的目的责任。人类有不灭的魂灵。生下来时,就带着祖宗遗下的罪恶,一定要借上帝的慈悲允予赦免超度,死后才能免除痛苦的磨难,永升极乐世界。世人对于魂灵的得救比现世的安乐更为重要,因为一是永久的,一是暂时的。

教会是上帝在世界上的代表,从主教的口中上帝启示他的意志,从教会的组织里上帝管辖众生。于是教会成了中古时代最后的主权者。他的教义是社会制度及个人生活所借以统一贯通的规范。但教会只能就当代的信仰来组织生活的系统,并不能创造一切生活的内容。所以我们须现检察一下当时一般生活状态和社会的背景。

先从地理上说，当时的欧洲西行有大西洋横阻在前面，北上则有 Baltic 一带荒凉的旷野是蛮族出没之区。南下，渡了地中海可到非洲的北岸，但是大沙漠阻住了更进的发展。东方是中古的欧洲唯一的一扇通气的天窗，但是活动的范围受限于埃及到黑海的一段短短的海岸线上。

和四周差不多完全隔绝的状态中，除了极少数的人之外，都是营着自足自给的农村生活。但在南北、东西二条商路的交点上，借着东方的丝、茶、香料，发达成几个特殊的都会。到 15 世纪的时候，像 Flanders 和 Florence 等地方已成了资本和工业的区域，和四周的农村极不相同。这种新时代的胚种在中古的社会中逐渐由不关轻重的地位而成为颠覆中古的势力。这是后话，若笼统的说中古时代是一个农业的封建社会，并没有十分错误。

教会教义的内容就是跟了这种状态下的生活而决定的。由理论和事实相调和而构成生活系统。有了一贯的生活系统作规范，中古的人民，由生入死的经过他生命的历程。

我们可举一个例来说明当时的教义和社会状况如何调和的情形。以资本取息的问题来说罢。在天主教教义之下，放债取利息是一种罪恶。可名之曰盘利，若人家借了你的钱，归回时你要在原数的额外，多取半分，上帝的国中就没有了你的名分。这种教义，在过惯了现代生活的人看来，总觉得太没有理，但是在当时农村状况中是极合人情的规定。

在中古农业生产状态中，生活简单，自足自给。生产的资本并非巨量的金融货币而是米麦籽种。数量上亦极微细，只要在每年的收获中扣下一些,堆积在仓里,已可足为来年生产的资本了。在普通情形之下,绝不会发生资本恐慌,需要借贷的状况。若发生时,一定先是生活上起了恐慌,不能不把资本作为消费品来维持生活。这种恐慌在自足自给的社会里,只有一种原因可以产生,一是天然的原因,灾荒、饥馑、疾病、丧止等,一是人为的原因,懒惰浪费等。前者是起于不幸,为邻舍的当然须加以救济,决不应乘人之不幸,谋自己的私益。后者是社会的蠹虫,正应加以劝诫和责罚,决不能债钱他(原稿如此。——编注)奖励他的恶行,而增加社会的担负和不安,所以在这种情形中,规定放债没有利息是极合人情的。

由此可见教义的内容是根据了社会的意向而规定的,社会的意向是受了生活的内容的改变而改变。生活内容是受种种经济、社会、政治、宗教等等势力影响而形成的。任何势力有变化,生活内容即受影响而发生变迁。宗教的教义因为要维持生活系统的完整不致破裂,迟早亦发生变迁。我们可单举教义对于经济生活的态状的变迁作例来说明中古的宗教教义变动的性质。

宗教对于经济生活大致不出四种见解。一是出于超自然的地位,视一切世事俗务都是业障,必须苦行克己以超脱之。二是采取不关心的态度,视精神生活和物质生活是不相干的二件事。无须辩护亦无须咒诅。三是抱着救世的决心认为物质生活中可以表现精神的理想生活,凡有邪恶的都须加以攻击和改革。四是认为经济生活是无所谓邪恶的,应当接受,加以伦理的根基使其成为宗教生活的一部。

这四种态度即在今日亦时常发现,中古时代亦然。只一代有轻重偏废的改变。在中古的早期,第一种克己的态度最为普遍，因为当时已是蛮族南侵之际，教会的工作就在这些蛮强的异族之中，所需要的当然是这种卓拔超脱，独行苦修的精神。后来欧洲社会逐渐安定，人民可以安居乐业，财富日增，第一种态度已成为迂阔，于是流而为第二种态度。新兴的经济势力破坏了旧有秩序。东方的威胁使人民流离恐惧，社会又入于纷乱痛苦之中，稍有人心者，决不能自已于第二种态度，于是第三种态度转入了优势。到了新兴势力已显明了他有形成新秩序的能力时，事实上，社会变迁势又不能倒行逆施，于是有第四种态度的发生。

这只是就其大势而言。四种态度并不足严格的代表四个时代，在任何时期，四种态度都是存在的。只有消长的势力不同罢了。在这转变中，我们虽偏重于经济的因子，但是并不是说单有经济因子在那里活动。甚而，态度的本身亦常造成形成下期态度的经济背景。譬如第一种态度之下要发展第三、第四期的经济状况是近于不可能的，必须有中间的态度来作一过渡。

总结的说，中古的生活借教会教义组织成一贯的系统。在生活系统中理想和生活常相调适，使生活得所倚规。它的特色就是超自然意志的信仰和农村封建的社会背景。教会教义是常变的，因为理想和生活中常产生新的隔膜，不能不加以调适。宗教改革只是中古生活系统最后一次的调适，渡到近代的生活系统罢了。

冲破了围墙的欧洲

十四五世纪和20世纪一般的感觉着四面都是围墙的闷

气,后者恨星球的辽远,不能飞跃,地球上已不够新的发展。前者是限于茫茫的大海和荒阔的沙漠,困于狭小的地中海里活动;同样没有伸张的余地。后者阻于庞大的资本组织,不能自由适应新的环境,以致连年恐慌不能自拔,前者固执着农业封建组织,经济的活动连转身之地都难得。当然这是过分话苦了我们先辈。他们那时还有小小的狭路可以到东方来瞻光,可以运了丝、茶、香料回去耀示乡里。他们还有一种不容易穿破的美梦,东方极乐极富的国家,常能遥远地给他们工作的力量和安慰。眼前尚有一个目标可望,不论目标是自己的理想或是外界的实在。意大利半岛上有复杂得通常人不容想象的经济组织作他们希望的保证。谁说20世纪的人能和他们相比呢?

东方在19、20世纪的欧洲人目中是贫民窟,是猪寨,但是在中古时代是他们希望的所系,亦是他们恐吓的来源。东方有的是丝、瓷器和香料,但是亦有一日千里的铁骑、旷古稀有的勇士。东方有的是黄金和白刃,它可以建设意大利半岛上繁盛的城市,亦可以剪断小亚细亚唯一的商路。它能启示富贵荣华的将来,但亦能给以朝不保夕的恐吓和日无出路的窒息。

在这希望和威吓杂陈之中,欧洲终于冲破了围墙,来呼吸辽润无际、新春晨曦的朝气。新航路的发现在15世纪成了很见惯的事情了。自从1488年Dias到了好望角之后,1497年Vasco da Gama绕非洲至印度,1499年带了印度的货物在Lisbon起卸。1492年,Columbus亦开始他西行达东的计划,1493年、1498年、1502年作三次横渡大西洋的壮举。此外如1497年John Cabot,1499—1502年Amerigo Vespucci都达美洲。1519年Magallan环球的航行亦开始。这种种新航路的发现并不是偶然的。在当时欧洲内部,经了长久的积聚已有巨量资本。北欧的财富和英德的商情里已表示它发展的情形。资本是常带着向外扩张的能力。所以新航路一旦发现，欧洲的商业登时进入了一个新时代，世称为商业革命实未过言。

16世纪商业革命在社会上影响之深实不亚于19世纪的工业革命。财富和经济能力的迅速亢进，商业的飞黄腾达，金融的集中，商人阶级的兴起，新文化新思想的勃发，都处处表现着惊人的生气。这一个空前的变局，决不能在短短的几十行字中表达出来。单提出Venice的衰落和Antwerp的勃兴已足我们的俯仰寻思了。昔日洋场千里，灯火彻夜的繁盛之区，登时成了楼空人去，萧条满目的境况了。而荒墟黯淡的盐田，转眼间成了欧洲生命的动脉。葡萄牙和西班牙，僻居海滨的人，从此成了天之骄子，直到现在，他们的子孙尚有比自己家乡大上几十倍海外遗产，供其消受。

若回头一看欧洲的中土，情形正是相反，千余年保存下的农村封建制度，在新时代之前已开始它的破坏。农民叛变暴动，痛苦的呼声无年无之。在这变局中，胜利和失败，欢庆和悲鸣，幸福和痛苦，冀希和失望，纷然杂陈。各人立场的不同，所见的情形亦因之而异。所以这时代不但是经济的奔狂，亦是思想的怒放。

但是我们若还记得中古时代生活的系统是倚于宗教的教义，就不难明白当时许多变局之终于汇流入宗教改革的一个大流中去了。

商业革命在原有的生活系统中，加入了一个新的要素，这要素是和原有的教义有很多冲突的地方，于是完整的系统，给它打败了。冲突的情形，我们仍可以取息的问题作例。在新的经济生活里，商业成了重要的活动，而且这时的商业已不是零售转运的小经纪,是大规模的海外贸易,这种贸易需要巨大的船只和设备,海外市场需要布置,而且资本和货物的流转的时间亦拖延得很长,于是非巨大的资本不能举业。资本因之需要集中,集中资本的方法,不出投资,投资又必须规定利息。若坚持中古的教义取利是罪恶,当然没有人肯以增加一些收入来换取永久的沦灭。投资不发达,大规模的商业就不能产生。理想和生活产生了矛盾。这种矛盾非但影响于社会情况,而且磨难个人的心志。如何能调和这种矛盾?如何能在宗教上重建生活的系统?这是16世纪最重要亦最急需解决的问题。于是有宗教改革。

我们的问题

在自然科学中,我们要推因求果。推求因果时,我们承认这被审视的二种现象是没有自由的,都受着外界一般的定律的支配而活动。易言之,除非被审视的二种现象都是没有自由的,都受定律的支配,才可以因果的关系来解释它们。在人事范围之内,因果关系能否解释就成了问题。人是有意识的动物,有意识就是说人是有判断的能力,判断就包括选择,选择就包括自由,既是有自由,如何能以因果定律来应用于人事呢?所以在确定我们的问题时,我们不能不略加一些说明。

所谓的判断,选择,和自由,就包涵着有目的的意思。人的活动是有目的的活动,所以研究人事范围不能不注意目的。我们不宜说某甲的行为是某种原因的结果。应当说某甲要达到某种目的,所以有某种行为。这二种说法,虽则表面上好像差不多，但在研究的方法上大有差异。前者易流为片面的定命论，后者才能阐明活的人类的行为。

在讨论宗教改革时，我们不应单就它社会的经济状况，作为解释这种革命的原因，应当发现当时社会所需要的目的是什么：我们在上章已把16世纪欧洲的情形加以简单的叙述，并说明了当时理想和生活矛盾的所在。宗教的教义和社会新形势中所产生的一种经济生活不能调适。新兴的经济状况是商业的资本主义。所以我们的问题应当是：如何资本主义的精神能在宗教改革运动中引入新的生活系统，成为与当时各种生活相融合的一部？

在讨论的程序上，亦先把资本主义精神加以说明，然后述及宗教改革家吸收这种精神的途径和方法。

不是为了享用而生产

资本主义不能加以普通的定义来说明。因为它不是一个抽象的实体，是一段历史的现象。历史的现象只有演变，不能脱离时空的坐标和自然现象一般加以归类。要说明一个历史上的概念只能舍弃归类性质的定义而采取个别的叙述。

有很多的学者以为资本主义是经济学上的概念。他们设法想把资本主义的时空性减去成为一个经济学上的概念。但是都没有结果。即使最努力的马克思，亦不是如愿以偿地写出一个满意的定义。后来的学者，亦有存而不论的，如 Gide, Canwas, Marshall, Seligman 及 Cassel 等，亦有根本否认的如多数的德国经济学者，亦有加以讨论而终于抛弃的，如 Sismondi,

Adolf Wagner, Richard (Cantillon) ❶, Schmoller 等。自历史性质入手来形成资本主义概念者，始于德之 Sombart，他以为资本主义是一种偏重资本要素的经济体系（an economic system significantly characterized by the predominance of "capital" ❷）。经济体系是有时空性的，因为经济生活是文化生活的一部分。所有文化都有历史性的。经济生活不能是例外。经济体系就是时空辐辏而成的一种生活的复体，有它历史上的单独性。文化科学的责任就在将文化中的部分，就其历史上的场合，说明其在整个文化系统中的地位和它独具的特性。历史的概念就在将其特性加以叙述，用来别于其他活动及其他时间的同一性质的活动。

经济体系，据 Sombart 的意思，是能自成系统的，而各组成部分均具有特性的人类满足及供给物质需要的方式。构成这系统的部分有三，一是经济的精神，即是决定人类经济行为的目的、动机和原则的综体。二是经济生活的形式，或是规定经济关系的社会组织。三是经济活动中所有技术知识。易言之经济体系是某种精神，依某种计划的组织，及某种技术下供给物质需要的有系统的方式。（By an economic system is understood a mode of satisfying and making provisions for wants, which can be comprehended as a unit and wherein each constituent element of the economic process displaying of one grown characteristics. Those constituent element all be economic life an out-

---

❶ 括号及其内容为整理者所加。——编者
❷ Sombart, "Capital", Essay, *Social Science*, p.196, a.

look——…❶）

若要给资本主义下一定义，必须就其时空坐标上的特色，就其精神、形式，及技术三项加以详细的叙述，本文单就其精神方面加以讨论。

Sombart 指出资本主义的精神有三点特色：赚钱 acquisition，竞争 competition，和理性 rationality（acquisition 亦可译为获利，但这里的所谓利就是单指金钱而言，所以不如直译为赚钱）。这三点特色实出于一个基本的精神就是不为享用而生产的精神。这一点是和中古经济精神完全不同。在中古时代，死后的得救和沉沦比了今生的富贵尊荣重要得多。所以人生的目的就在多积些功德以谋上帝的赦罪，在世好像是在旅店中，生产是为了物质需要。在需要之外，不必贪多，贪多了非但与人生的目的没有多大裨益而且易于沉湎虚荣，忘了精神的修养，身后沦入地狱。虽则，谋利、赚钱的行为在中古并非没有，甚至教会自己公行无畏，但是当时的社会组织、人民的舆论和善恶的标准、商品价值的概念，都不容许这种行为成为一时代社会的规范的。

资本主义的精神中是包括一宗新的伦理观念。当然一种行为而没有伦理基础决不能成为披靡一世的时代精神。因为人类的行为总不能脱离价值的估计和社会贬褒的影响。一种行为一旦有了伦理的价值，对于个人成了一种责任，好像人人有奉行的义务，这样才能成为一时代的精神。

中古的传统精神转变为近代的资本主义精神是一种伦理观念的转变。我们已说过，在中古传统精神下，经济生活常是

---

❶ Sombart, op.cit, p.196，b.

一种危险的东西，若不慎稍一过分，想在维持生活需要之外有所冀希，就会陷于不拔的罪恶中，现代的资本主义精神中的经济生活已不成为达到某种目的的手段，自身成为目的了。经济活动的勤惰就是价值的标准，可以判断善恶。这种精神充分的表现在 Franklin 的遗教中。❶

---

❶ Remember, that *time* is money. He that can earn ten shillings a day by his labour, and goes abroad, or sits idle, one half of that day, though he spends but six pence during his diversion or idleness, ought not to reckon *that* the only expense; he has really spent, or rather thrown away, five shillings besides.

Remember, that *credit* is money. If a man lets his money lie in my hands after it is due, he gives me the interest, or so much as I can make of it during that time. This amounts to a considerable sum where a man has good and large credit, and makes good use of it.

Remember, that money is of the prolific, generating nature. Money can beget money, and its offspring can beget more, and so on. Five shillings turned is six, turned again it is seven and three pence, and so on, till it becomes a hundred pounds. The more there is of it, the more it produces every turning, so that the profits rise quicker and quicker. He that kills a breeding sow, destroys all her offspring to the thousandth generation. He that murders a crown, destroys all that it might have produced, even scores of pounds.

Remember this saying, The good paymaster is lord of another man's purse. He that is known to pay punctually and exactly to the time he promises, may at any time, and on any occasion, raise all the money his friends can spare. This is sometimes of great use. After industry and frugality, nothing contributes more to the raising of a young man in the world than punctuality and justice in all his dealings; therefore never keep borrowed money an hour beyond the time you promised, lest a disappointment shut up your friend's purse for ever.

The most trifling actions that affect a man's credit are to be regarded. The sound of your hammer at five in the morning, or eight at night, heard by a creditor, makes him easy six months longer; but if he sees you at a billiard-table, or hears your voice at a tavern, when you should be at work, he sends for his money the next day; demands it, before he can receive it, in a lump.

It shows, besides, that you are mindful of what you owe; it makes you appear a careful as well as an honest man, and that still increases your credit.

赚钱获利昔日认是贪欲盘剥、罪恶不赦的行为。现在成了一个忠实的人应有的美德。而且一切的其他德行都是由于他对于这赚钱的目的有效用，然后得到价值的。好像诚实、勤劳、耐苦等等，在 Franklin 的伦理观里并无自为的价值。都是因为由它可以得到人的信用，有了信用能在经济活动上占到便宜，这完全是新的伦理观。

在这种新的伦理观之下，赚钱和获利，并不是为了要增加幸福或享乐，他完全是为赚钱而赚钱，为获利而获利。所以这种精神时常带着克己苦行、绝欲的成分。为人生的物质需要而生产（以能生活为限）是中古的传统的经济精神，不为享用

Beware of thinking all your own that you possess, and of living accordingly. It is a mistake that many people who have credit fall into. To prevent this, keep an exact account for some time both of your expenses and your income. If you take the pains at first to mention particulars, it will have this good effect: you will discover how wonderfully small, trifling expenses mount up to large sums; and will discern what might have been, and may for the future be saved, without occasioning any great inconvenience.

For six pounds a year you may have the use of one hundred pounds, provided you are a man of known prudence and honesty.

He that spends a groat a day idly, spends idly above six pounds a year, which is the price for the use of one hundred pounds.

He that wastes idly a groat's worth of his time per day, one day with another, wastes the privilege of using one hundred pounds each day.

He that idly loses five shillings'worth of time; loses five shillings, and might as prudently throw five shillings into the sea.

He that loses five shillings, not only loses that sum, but all the advantage that might be made by turning it in dealing, which by the time that a young man becomes old, will amount to a considerable sum of money. [The final passage is from *Necessary Hints to Those That would Be Rich* (written 1736, Works, Sparks edition, II, p. 80), the rest from *Advice to a Young Tradesman* (written 1748, Sparks edition, II, pp. 87 ff.). In Max Weber, *The Protestant Ethic and the Spirit of Capitalism*, pp.48-50.]

而生产是近世的资本主义的经济精神。

这二种精神在经济行为上产生的结果显然不同。可举工资及效率的关系作例以说明之。

在现代资本主义的社会中，要增加工作的效率常采用包工制，并增加其工资。包工价愈高，工作效力愈大。这种现象一定要在资本主义的精神里才正确。在中古的传统精神就不然，包工价愈高，工作效力愈低。试以割稻为例。若一人割稻一亩得工资五毛，每日每人割稻二亩可得工资一元。若包工价增高了，每亩六毛，工人非但不增加效力，割三亩以得一元八毛，反而少割三分之一亩，因为他的生活只要一元已足维持，所以不必割二亩他就休息了。他不问"我若费力工作一天能得多少"而是"要做多少工，我才能得到生活所必需的一元"？人生的目的并不在赚钱，工资愈高效力愈减，是中古传统精神的结果。Ricardo 适生于传统精神尚支配着一般的工人的时候，何怪他的工资论的残酷呢？

赚钱既成了人生的目的，凡是能用以达到这目的的行为都是德行。于是竞争亦成了美德了。竞争就是赚钱获利的自由，不受外界一切的羁制，使赚钱的目的可以无限制的发展。于是有天赋人权的观念及经济放任论以反抗中古社会对于经济活动的种种规律。竞争和放任在古典经济学派，并不是无政府的紊乱，他仍是以为有一个更高的秩序可以在竞争与放任里实现。Adam Smith 的 invisible hand 就指此崇高的意志。在这崇高的意志下，放任和理性精神是相融合的。

理性的二种意义：一是指普通的生产合理化，就是指在生产过程中用科学方法的计划和管理使费用减至最低的程度，以谋最大的利益。一是这理性精神扩张宇宙的全体，把宇宙作一个生产的总机器，人类视作工具的一部，所以生活须施以严格的规律，使经济活动的效力增加。

若总结起来看，资本主义精神和中古传统精神的分别是在他的伦理基础上。前者以经济活动为人生及宇宙的目的。赚钱的多少，损益表上数目的增减，都含有伦理的价值。后者以经济生活是达到魂灵得救的路程，所不能免的行为。所以经济行为是受以宗教生活为中心的伦理标准所左右的。

资本主义是起于16世纪的欧洲。在当时，我们已屡次说，一切生活都和宗教发生直接关系。所以因资本主义兴起，而产生伦理观念的变化，自然离不了宗教的改革。在宗教改革中，如何由中古的伦理标准而移到资本主义的伦理标准正是我们所要讨论的问题。

时势和英雄

社会的矛盾常引起生存于该社会中人民的心理冲突。由心理的冲突而感觉到生活不安、烦闷、痛苦。同一社会中的许多人受着同样的社会矛盾状况的刺激而产生类似的心理冲突状态。社会虽供给了个人的烦闷和痛苦，但是他本身是没有神经系可以思索出解决这矛盾的方法。这责任都归之于个人了。又因为社会中的个人智愚不同，受教有深浅，性情不齐，兴趣亦大异，所以虽在同一时代，受同一社会矛盾，出现的痛苦，不是人人都能谋得解决的方法。各人所谋得的，亦不能尽同。所以在讨论这一关节的社会变迁时，我们不能不偏重于个人了。

一旦有人得到了解决矛盾冲突的方法，正合社会上一般的需要，于是群相效法，登时成了一种社会运动。社会运动并非由个人创造，但没有天才的英雄，社会运动亦不能形成。

我们在上文中把16世纪欧洲社会的情形所产生的种种矛盾情形，中古的生活系统开始破裂的情况加以叙述。在人民心中所产生的需要和目的，亦已略略择要说明了。现在我们可以讨论如何解决这中古教义和新兴资本主义活动的冲突和如何达到将资本主义的精神引入新教的教义中了。这以下几节中，我们要注重个人在社会变迁中的位置了。

在宗教改革中最重要的二位英雄是路德马丁 Martin Luther 和加尔文 Jean Calvin。他们二人所属的环境，和遗传的性格都不相同。路德是出生农村贫苦之家，为人重实不好玄想。加尔文长于都市，早习法律，好理精思。于是二人同样担负宗教改革的使命，但二人所走的路则不同，所造亦有深浅，兹分别论之。

忠臣还是叛徒？

路德生于 Eiskeben，时为1483年11月10日，他父亲是 Mansfeld 的铁匠。风箱熔炉旁勤劳耐苦的生活，陶铸了路德素朴坚拔的性情。Mansfeld 是德意志的一个农村，简陋、率直是普遍的风气。和当时罪恶、黑暗的都市，隔离得很远。金迷纸醉的生活，在路德的梦中，亦无半点痕迹。

但是，到了15世纪的末年，中古的黄金时代业已过去，新兴的势力已侵入了农村，旧有的封建制度开始动摇。东方铁蹄的威胁，持续的加厉。勤苦的农夫，经济社会，各种生活都感到不能维持的痛苦。

农村衰落,人心不安定的情形,可以在当时的宗教生活中看出来。因为中古一切活动都系连于宗教生活的。当时人们朝拜圣地的狂热就是一个很好的指数。在传统的教义中,人是生而有罪的。人生的痛苦是上帝给人类的警告。所以人生愈苦,求神的心愈强。而且当时的人民既相信魂灵不灭之说,现世已没有享乐的希望,对于生后的得救更觉急切。这二种心理状态下,朝拜圣地成了一时的风尚。荒业废工,扶老携幼,群诣圣地。十字军之后,传衍不息,在 15 世纪朝拜最盛的地方是西班牙之 Compostela。据说是救主的兄弟 St. James 的遗骨所葬之地。当时人心之不安,没有出路的状态,这些迷信中充分的表现了出来。

知识阶级,当时的僧侣,眼见社会的日趋紊乱。教会非但不能作一世风日下的中流砥柱,反而成为一切黑暗、罪恶的中心。真所谓,愈近罗马,愈难干净!稍有眼光的人对于这种状态,谁也不能默然无所动。于是有各种小组织产生,欲抛弃腐败的教会自谋魂灵得救之道。这种小组织愈发达,教会的腐败表现得更清楚。

路德就生在这农村衰落,教会腐败的环境中。易言之,他正生在时代的黑暗方面。在他眼前只有痛苦、悲哀、腐败、卑鄙、罪恶、欺骗,没有出路,没有希望的情境。

他从小是一个苦学生,靠了教会里唱诗来维持自己的膳宿。他传着他父母刻苦持重的性格。在学校的时代,即不好作玄想。但亦不肯放松人生,宽容自弃的。时代的矛盾,在他的心上冲荡着,身岁增加,学识渐深,而冲突的力亦愈久愈大,在他毕业于 Erfurt 大学的时候,他出于他父母意料之外的投入了修道院。

社会的矛盾，会在个人的心中产生磨难，烦闷的冲突。Luther不是一个宽容自弃的人，他重视实际生活，在生活中渗滤出来的问题，正是煎熬当时社会一般人的问题。他的问题是很简单，是很基本的。他想：在这世界上做人，能像教会所指示的那种得救的道路而生活么？若不能的话，眼看着自己的魂灵投入烈火焚烧的地狱中不是？

他投了寺院，寺院中的生活他以为一定比较容易接近得救的道路。但是事实又给他失望了。他觉得心上的矛盾，依旧没有解决。自己的前途依旧没有把握。人总是人，人生下来就有罪恶，活在世上哪一天能不增加一点罪恶？上帝又是那般伟大全能，视于无形，听于无声。人们的一举一动，一思一念，都逃不出上帝的监督。如何能希望得救呢？

路德是真真中古教会的嫡系。因为中古的教会启示于人民的理想是一个完全圣洁的人格，和无瑕无疵神圣的虔敬。上帝和基督是严厉的裁判官。以完全的尺度来量取及格的人类送入天国。所有不完全的魂灵，都赶在地狱里蒸烧。

人是人，永远是不会成为神的。以神的标准来量人的行为，谁有希望及格呢？于是路德发生恐慌了，他不愿入地狱，但自问又不配入天国。如何呢？烦闷、痛苦和恐惧。

他老师Staupitz看见他这般不安，就劝他读圣经和历代经院学派的著作。但是他愈看，自己愈觉没有希望，更加痛苦。直到他老师发现了他的痛苦的结核所在。就指点他说："这无限完美的理想和无限卑恶的生活中是有一项爱的桥可以架渡。因为上帝是慈悲的，他已允许人从基督牺牲的爱心上渡入天国。只要相信上帝，便自己能和上帝契合，魂灵就得救了。"

从长久的烦闷中路德解放了出来。他得到了进入上帝之国的内径——信仰，和上帝契合。

根据这种理论，教会在宗教生活中有什么地位了呢？路德是自动受到父母率直信仰的陶铸，对于上帝，对于传说，对于教会，对于地主，对于一切现存的制度，都是无条件的接受。绝不加以疑怀。所以他虽以信仰的得救之门解决了长久在内心磨难他的矛盾，但是又产生了一个矛盾，就是教会在他新的宗教系统中没有了地位。而疑怀教会的存在又是他所不愿干的。这矛盾在那时候并不十分重要，所以搁置了。

1511年因事赴罗马。他抱了朝拜圣地的愿望，但反而发现言行相反的教会是当时罪恶的中心。于是舍弃教会以个人信心为得救之门的矛盾亦解决了。他回来后讲神学于Wittenberg大学，就发挥他的学说，神秘主义的色彩自是日厚。人类的得救与否并不是从其行为上决定。因为上帝有他自由的意志，人类不能和他作算账式的交易。一切制度一切仪式，只是信心的表现，没有信心，遵守戒律和仪礼就是没有用的。得救与否的最后判决是系于上帝的意志，反对中古的"功德证信"论——以功德为超生的证券。所以路德渐渐流入于宿命论。只是他并非一个思想家，他好重事实，在理论上没有详细的挥发，所以新教理论的成立要留给加尔文了。

二年后，有建造圣彼得教堂出卖赎罪券的事情发生。人民纷纷责疑于路德。路德是一个重事实的人，他看见赎罪券已完全失去了它原有的宗教意义，成了腐败了的教会谋利的方法。赎罪观念在中古教义中占很重要的位置。人民要在现世的生活中力行功德，以谋与生俱来的罪恶得以赦免。要求赦免须先承认自己的罪过，然后加以忏悔。发愿积功德，朝拜圣地就是认罪忏悔发愿的表现。教主常代上帝为这辈人洗除罪过。后来，朝拜跋涉可以供给路费，托人代求，最后，连托人的手续亦免了。只要付一笔钱，就可买得教皇的赎罪证书了。到这时候，赎罪券除了表示迷信和剥削之外尚有什么意义呢？所以路德在1517年11月1日高张十五款反对赎罪券的条文在Wittenberg教堂的门上，以表明他自己的态度。我们可择要以示其思想的纲要：他以为赎罪券只能赦免犯了教会法律应得的刑罚，教会只能赦免自己定的刑罚，不能赦免上帝所定的刑罚。赎罪券不能赦免罪恶，只有上帝才能赦免人的罪恶。赎罪券不能影响人的魂灵，因为教会的法律和刑罚只及于人的生时，教皇对于人的灵魂的事至多只能祈祷上帝而已。因为魂灵的事只有上帝能管辖，凡是真正忏悔了的人，已经从上帝直接得到了赦免了。赎罪券是没有用的。基督所指示人的就在真正内心的忏悔和信仰罢了。

在这种理论里，路德已充分的发挥了他无须教会也可靠自己信心来得救的教义了。他把教会看作一种世上的和魂灵没有关系的制度。但是他尚没有直接攻击教会的存在，直到了和Eck在Leipzig做了一次辩论之后，在Eck严谨的质难之下，才自承是和Wycliffe及Hus的理论相一通，公开反对教会。他连续的发表了三篇文字，"The Liberty of a Christian man"[1]，"To the Christian Nobility of the German Nation"，"On the Babylonian Captivity of the Church"，攻击教会。他说教会是一种后起的制度，神父的教训都是附会之论。真真的基督徒，只有依

---

[1] 路德此文系拉丁文，后译成德文和英文等，英文常见译文有"On the Freedom of a Christian""A Treatise on Christian Liberty"等。——编者

从圣经和自己的良心，他就能依从上帝的意志而行为了。

他说："和人交接的时候记着'以己所欲于人者待人'及'待人如己'。他们是比任何教训都好。若都能依着这样做，一切事情都会自得其道。用不着法律和讼诉了。因为人的良心能指导自己的。"❶

路德的学说若止于以上所论的几点，他实是新潮流的说教者了。他承认上帝是断决超度或沦灭的最后主权者，和加尔文的上帝绝对威权论及宿命论实相吻合。只是没有后者那般彻底和详细罢了。他的信仰自由论中所谓凭个人良心做事，一切事均能各得其道，实是古典派经济学者的理论基础。

但路德是永远不愿意听见恭维他是新时代的先导的话，他思想的态度是很一贯的要维持中古农村经济中心的社会组织。他恐惧新时代的到来，正如 Tawney 所说他对于当时复杂的经济组织好像是野蛮人站在机器前面，连好奇心都给恐吓和忿怒所遮住了。❷ 他怨恨教会正因为它太腐败不能负起它的责任。他起初只攻击教会中的人，而不及教会制度，后来给 Eck 一激才根本的连教会也反对了。但是他终始没有向着时代的前程望一眼，永远的对着过去。他要人民回到教会成立以前的自

---

❶ "There can be no better instructions in all transactions in temporal goods than that every man who is to deal with his neighbor present to himself these commandments：'what ye would that others should do unto you, do ye also unto them', and 'love thy neighbor as thyself.' if these were followed out, then everything would instruct and arrange itself; then no law books nor courts nor judicial actions would be required; all things would quietly and simply be set to rights, for every one's heart and conscience would guide him". In Weber, vol. vi, p.49; also quoted in Tawney, *Religion and the Rise of Capitalism*, p.99.
❷ Tawney, op. cit., p.89.

由信仰，基督教没有给教会腐化时的情形。一方面他采用天职的观念来维持中古的封建社会，万不想到他攻击教会维持封建的言论——成了拥护他敌人资本主义的理论。他是封建制度的忠臣，但终于给人认为叛徒了。天职观念实是继承中古社会的机体观来的，所谓社会机体观就是说社会组织和有机体一般，各部有各部的功用，互相从属，以达到社会生存的目的。中古的封建制度的特性就是上下相从属，各安其分的结构。天职观念进一步非但要各人安分守己，而且认为自己的地位是根据上帝的意志而指定的，所以在什么地位，当什么责任，不作非分之想，是有宗教价值的。反之，若一个人在世界上不作工，不尽上帝指定他所尽的责任，或是想破坏根据上帝意志而组成的社会结构，都是罪恶。前一半句他是用来反对教会中僧侣的生活，后半句是用来压制农民的暴动和都市商人阶级的好得非分之财。

路德不知不觉间把隔离圣凡的鸿沟轻轻填实了。靠了天职的观念，非但给现世的凡俗事务得到了宗教的意义，而且进而认为凡俗事务是一种责任，完成这种责任是个人能力所能达的最高德行。这样现世的俗务和宗教的原则，发生了极密切的关系。路德应用这概念最强烈的时候就是用来对付农民暴动。[1] 他甚至说："在这种时候，为人君的，所行不如以腥血

---

[1] "And after the conflict with the Fanatics and the peasant disturbances, the objective historical order of things in which the individual has been placed by God becomes for Luther more and more a direct manifestation of divine will. The stronger and stronger emphasis on the providential element, even in particular events of life, led more and more to a traditionalistic interpretation based on the idea of Providence. The individual should remain once and for all in the station and calling in which God had placed him, and should restrain his worldly activity

更能有功于上帝的。"❶ 但是天职观念并不如路德所希望的能挽回中古的衰落，反而使现世的俗务和宗教的精神相沟通，替资本主义的社会敷下了一条大道。

"即使我罚入地狱，这种上帝总不能使我敬服的。"❷

路德的向教会加以攻击是由于他感情的驱迫。他眼见人民在时代转变中，痛苦繁生，而教会腐败，非但不思挽回此情况，反而顺水推舟，无恶不作，盘剥农民，无所不至。他是一个重事实的人，他要为自己的魂灵得救而追求，他亦要为人民的痛苦而请命。思想上的是否一贯他是不注意的。

加尔文不然，他从小受法学及神学严格的思想训练，加上他深刻隽利的性格，虽和路德浸在同一潮流中，同一的领导宗教革命，但是立场和成就都和路德不同。

路德和中古的神学家、一般地主在农民社会的场合说教。

---

within the limits imposed by his established station in life. While his economic traditionalism was originally the result of Pauline indifference, it later became that of a more and more intense belief in divine providence, which identified absolute obedience to God's will, with absolute acceptance of things as they were". Max Weber, *The Protestant Ethic*, p.85.

❶ "The Peasant's War, with its touching appeal to the Gospel and its frightful catastrophe, not only terrified Luther into his outburst: 'whosoer can strike, smite, strangle, or stab, secretly or publicly ... Such wonderful times are these that a prince can better merit Heaven with bloodshed than another with prayer'", Tawney, op. cit. p.82. Original quoted in Luthur, in Weber, vol. xviii, pp.359 — 61.

❷ Milton, as quoted in Max Weber, op. cit., p.101. "Though I may be sent to hell for it, such a God will never command my respect."

但是时代已走出了农村中心的社会向着工业中心的社会猛进，所以路德尽量的狂喷号呼，终觉世风日下，没有希望。

加尔文即生长于 Noyan，新兴的都市。父亲是一个暴发的绅士，所以他的处境和风扇熔炉旁的路德自然大异。他的生活从小就站在时代的最前线，新势力的中心。他后来的信徒亦都是往来各地的商人和聚居于市场的经纪巨贾。他们过惯了巨款的债贷来作生产事业，取利是不成道德问题的。所以加尔文教义的出发点上就坦白承认资本、信用、银行和商场市场中一切所需要的行为和精神都不与理想生活相冲突的。加尔文所要解决的问题，就在如何能使他在社会所见的种种资本主义的精神成为宗教的美德，如何能使资本主义的行为受宗教的洗礼。

路德的上帝是天旱了降雨，稻枯了放晴的老天，加尔文的上帝是市场上赢亏无定变化莫测的运命。所以前者是慈悲的，后者为严酷的，前者是软心肠的，后者是硬心肠的。

加尔文是一个受神学及法学训练极深的人，所以他理论是承继中古经院学派严谨的论理精神。言论的一贯和彻底是他胜过路德之处。自从圣奥古士丁 St. Augustinas 之后，历代以论理精神来研究教义的人都倾向于一种态度，以为上帝的慈悲是一种最高的自由意志的表示，并不是个人功德的结果。加尔文的上帝绝对威权就根据于此。本来依严格的论理来推论，上帝就是创造一切的主宰，人是被创造的东西，以被创造的地位，如何能推测创造者的意志，更不能以被创造者的行为的善恶来决定主宰者的意志。主宰者的意志不能不有绝对自由，若受了其他条件的支配，他之上一定另有主宰了。所以上帝的权威是绝对的，人类是无限的卑恶。他的一切都受主宰者绝对的支配，永生或沦灭亦是被支配的一部。自己的运命全在主宰者手中无法顾问。若制定了沦灭即沦灭，没有挽回的方法。上帝有时愿意把他的意志启示时就启示在人间，但所启示的只是零星碎片而已。他全部的意志不能在零星中窥见的，而且他有绝对的自由决不能因所启示的为范围他的自由。

加尔文认为人类中只有少数是能得到上帝的恩宠，得不到上帝的恩宠赦免罪恶，就永远没有超度的希望，至于那些被断定沦灭的人想用现世的善行功德来改变上帝的意志，根本就蔑视了主宰者的威权和他绝对自由的意志。

这种理论是极为冷酷的，人既生而有罪，入世了又不能靠他自己的苦行修为积德行善来求永生。自己的前途，全貌无从了解，高深莫测的全能意志的自由取舍。这种听天由命的态度，造成了一种极端孤独无助的境况，何怪 Milton 认为这种上帝是没有敬服的可能呢？

在人生道上，面着无可挽回的运命，无伴无侣的预备接受上帝给他自由的判决，世上是没有人能给你一些帮助，祭司不能帮你，因为祭司和自己一般不能测度上帝的意志，教会的典礼于你毫无裨益，虽则典礼是上帝制下使人来尊荣他的仪式，但并不能借此获得上帝的慈悲恩赦。依靠教会亦是枉然。虽则受上帝选择的人不出教会的范围，但教会中人不都是入选的。教会并不是出死入生的渡船。这样把永生的希望完全和教会及典礼断绝成了二件事。

从宗教历史上看，宗教逐渐脱离巫术，从 Hebrew 的先知，直到加尔文才完成。永生和得救决不能靠巫术来求取。上帝有绝对的威权和自由的意志，人类则是无限的卑恶。个人是独孤无助等等概念加上了清净主义，驱除一切感觉及情绪上的刺激，因为这些易使人沉湎迷醉于永生有障，造下了克己苦行的基础。

我们若记得中古时代宗教生活的深入一切，来世重现于现世的情形，加尔文的教义，一定给人民一种极严重的自问："我是被选的么？我们如何能知道自己的被选呢？既然一人的行为不足显明将来的是否得救，上帝的意志又是无从猜测，我们能安于过这前途茫茫的生活么？"若是加尔文那种宿命论不加以修改或抛弃，只有二条出路：一是把相信自己是得选的视作一种绝对的责任，一切怀疑视作试探；一是尽力于自己现世俗务，在日常生活中证明自己的得选。易言之，将全神贯注于现世俗务当做一种天职，尽力干去。把超出于自己智力范围以外的问题搁置不问。因问与不问与得救不得救全无关系，与其问而烦恼不如搁置为妥。搁置的方法就是现世寻出一二俗务来吸收自己的思想和能力。

加尔文更进一步以为非但从事于世事可以避免时常去猜度上帝，而且可以在世界上尊荣上帝，所谓尊荣上帝就是表现上帝的意志于世界上。我们虽不知道上帝的意志，但是上帝是无所不在无所不及无所不能的，宇宙的运行，世事的推移，都依了上帝意志而活动的。所以人只要抹煞自己，承认自己是上帝在这世界的工具之一，凭上帝的支配而从事于活动，上帝的意志就能在我们的身上表示，我们就尊荣了上帝。这种因上帝支配而活动，并非是要得得救的入门券，这是不论得救和不得救，人类所应尽的责任。所以这种尊荣上帝的行为和天主教的功德不同。在天主教义中功德的累积是得救的代价，好像是一本账簿。罪过和功德常可消除，它的净存作为得救和沦灭的标准。加尔文的教义中不容许这种蔑视上帝的理论存在，善行是不论得救和不得救须奉行的责任。一失足，就永没返回的希望。所以人生须永远在有计划有系统的克己苦行中过活。所以加尔文的重视成律，绝灭以自己为本位的冲动行为，是人生行为的完全理性化。

加尔文的克己精神与中古的克己精神不同。后者是出世的克己论，前者是入世的克己论。

出世的克己论是厌恶世界，想脱离自然界融入一理想界。加尔文非理想主义者，并不是要克己以实现其理想于此世界，他的理想世界仍是天国，但因为要顺从上帝的意志，所以抹煞自我过有规律的生活。他是站在厌世和理想的克己论之间，可称为现世的克己论，这种现世的克己精神是资本主义的不为了享用而生产精神的基础，获利赚钱、竞争，和理性的精神都是从这基本精神中一贯演绎来的。我们可把此三种精神如何与加尔文的教义相连接分别述之。

账簿上写着上帝的恩宠

加尔文的宇宙是一个有目的的运转。他的目的就是上帝的主意。上帝要达到这目的，所以创造这一个宇宙。人亦是上帝所创造来完成这目的的一部，但是人智太低决不能明了上帝的意志和宇宙的目的。若认定自己是被选的人，则自己的一切行为一定是合上帝的主意向着宇宙的目的而行的。❶

---

❶ "We give", he says, "no countenance to the fiction of absolute power, which, as it is heathenish, so it ought justly to be held in detestation by us. We do not image God to be lawless (exlex) ... The will of God is not only free from all vice, but is the supreme standard of perfection, the law of all laws"; only, "the

我们已说及人是不能知道上帝的意志的，上帝的降恩宠于某人，亦不是人所能知道的。但是谁能放着自己的前途，搁置而不顾问呢？有什么地方可以翻阅自己的运命呢？

我们说被选的人一切的行为一定是合上帝的意的。虽不知上帝的意志和目的是什么，能不能知道自己的行为合不合这意志呢？

上帝创造这宇宙是有目的的，而且他是全能的。他可以支配一切来完成这目的。我们在世上的行为若能顺利进行，一定是印合了上帝的主意，否则，一定要遇着挫折。上帝是不准有破坏他目的的举动存在于他威权统治之下的。

这样世上事务的顺利是足以告诉自己是否得到上帝的恩宠，如何能知自己顺利呢？于是要计算了。天主教的教徒把自己的行为分为功德和罪恶二项，记在账上。预备对销了和上帝计算。加尔文的信徒，账上是没有二项的。有了罪恶，不再记账了，在他的账上只记下他自己工作的效果，在数量上看自己的行为是不是受恩宠的人的行为。他这本账簿是写着上帝的恩宠，他的格式是和公司中的损益表一般。

金钱是工作效果最好的指数，资本主义的簿记虽用金钱作单位，但他所谓的金钱只是工作效果的指数罢了，不是可以享用的消费品。Franklin 把一切光阴、信用、道德都以金钱来计算，若以金钱为消费品，试问，如何讲得通。

很明显的资本主义组织中的簿记是有加尔文理论的基础。

---

procedure of Divine justice is too high to be scanned by human intellect"（bk. Iii. Ch. xxii. 2，4；cf. Cunningham，Hist. Theol，ii. 450）As quoted in Hastings', *Encyclopaedia of Religion and Ethics*，vol. Iii，p.152.

资本主义精神中的为赚钱而赚钱，为获利而获利，亦是根据于此。易言之，这一种精神，加尔文是已把它引入教义中去了。

上帝指定沦灭的人是用不到怜惜的

我们已说过加尔文世界中的个人是十分寂寞的，非但对面是一个无情的上帝，而且在人生道上没有互助的同伴，因为在他得救或沦灭的重要事件上，没有人能给他一些助力的。各人只能负各人自己的事，自己若是得救了，亦不必感谢旁人，因为只有上帝是发这命令的人。自己若不能得上帝的恩宠而沦灭，亦用不到怨人，只有怨自己的不好或不幸。反过来，旁人对于那辈上帝指定沦灭的人是用不到怜惜的，当然更谈不上救济。有谁能改变上帝的意志呢？这是竞争精神的理论基础。因为若是一个人的得救与否能受旁人帮助而达到，那么，竞争就成了残酷的事了。

若把斯宾塞关于救济贫病的言论[1]来和加尔文[2]相比，真是不易令人相信二人有几百年之隔膜竟会如此投机。虽则前者用进化论来做根据，但是根本上和加尔文是相同的。大家承认宇宙的活动是有目的，在达到这目的的路上，有不中用的，淘汰了，那些人是用不着怜惜的，怜惜了反而延迟了达到这目的的工作，成了一种罪恶。

---

[1] 《群学肆言》，严复译本，商务丛刊本，p.2，p.306。
[2] Tawney, op. cit., p.114.

神治的日内瓦

以人生作为达到某种目的的工具,自然的生活又认为是和达到目的的途径相异,于是需要规律。克己绝欲,专为尊荣上帝而生活是加尔文所提倡基督徒应有的精神,这是一种极端理性化的生活。

加尔文自己说戒律是宗教的神经。❶ 他的重视戒律一如路德的重视信心,他是怀疑一切不可捉摸的感情,所以信心一定要有外界的表现,守戒律就是表现信心的一个方法。

在 16 世纪的末年他在日内瓦建立了一个神治的国家。1559 年订正他的 inshallah 时,他把详细的组织和戒律都写完了。这辈以上帝的名字统治下的人民受着有史以来最严厉的规律,生活的任一举动都有规定,不能随意,若不守了规律,严酷的刑法不会饶人。从市场上的价格到衣服的尺度,都没有半点自由。❷

当然,谁也不能否认加尔文所理想的社会决非现代资本主义的社会。他对于物价利率都有规定,不得自由。好像和竞争精神相反的。他容许人谋利,鼓励人尽力的生产,以耐苦勤俭为无上的美德,并不是要增进人类的享乐,是要尊荣上帝,他要禁止一切和这大前提相反的一切行为,所以有严格的戒律的制定。在精神上是和资本主义,为了增加利益,减少一切可能的费用,把自己的生命当作谋利的机械的一部分的合理化生活,根本是相印合的。

---

❶ Calvin B.K., iv, ch.xii, Part. 1.
❷ See Tawney, op. Cit., pp.115-119.

他的竞争的精神是在 invisible hand 之下的竞争，所以和规律的生活是相通的。

结　论

在路德和加尔文的理论中，虽已见到资本主义不为享用而生产的精神和他所派生的获利、竞争及理性的精神，而且这些精神都在新教的教义中得到了宗教的意义，或是伦理的根据，但是资本主义的发达是不是一定需要宗教的革命呢？易言之，没有宗教改革，欧洲的近代资本主义亦能有今日么？宗教和经济体系是否有关系，他的关系到什么程度？这些问题在本文的结末，似有讨论的必要。因为：若二者关系只是一方面的，宗教是受经济体系的影响，而经济体系不受宗教的影响，我们的问题亦成了一方面的了。研究经济体系时尽可抛弃宗教不论。若是二者全没有相互影响，则二者都可单独加以研究，不必牵涉在一起。所以除非能说明二者确有相互的关系，（不然）❶本文的讨论全失了意义。新教的教义和资本主义的精神即使是证明了有很多相同之点，这些相同之点谁能说他不是偶然的事实呢？

我们可从地域及职业二项来证明宗教和经济体系的关系，地域证明就是说，宗教派别的分布和经济区域是相印合的，所以二者有一密切的关系。职业证明就是说宗教派别的信徒和职业团体是相吻合的，所以二者不能认为不相关涉的二种现象。

---

❶　括号及其内容为编者所加。——编者

单就加尔文教徒的地理分布而论，与商业区域确有密切的关系，在 16 世纪时，日内瓦及苏格兰是加尔文教的中心，他发达的地域是 Antwerp，London，Amsterdam❶ 一带。17 世纪是以 Nederland 和北美的 New England 最发达。这些地方都是 16、17 世纪工商业的中心，至于以农业为社会经济基础的法兰西及中部德意志一带，加尔文教是至今没有势力。❷

新教教徒和天主教教徒对于职业的兴趣是不相同的。在工厂中当技师的新教徒远超出天主教徒。❸ 历史上法国路易十四的压迫 Huguenots，驱迫至英国，以致促进英国工业之发达是公认的事实。职业兴趣的不同更可于他们的教育中见之。Badan 的地方的调查可以作为一例：

Badan 地方，1895 年调查人口的宗教分配是：新教 37.0%，天主教 61.5%，犹太教 1.5%。在初级以上学校之学生的宗教派别分配如下❹：

	新教	天主教	犹太教
	百分数	百分数	百分数
Gymnasien（重经典文学者）	43	46	9.5
Realgymnasien（重算术科学者）	69	31	9
Oberrealschulen（同上）	52	41	7
Realschulen（同上）	49	40	11
Hogere Burgerschulen	51	37	12
平均	48	42	10

---

❶ Tawney, op. cit., p.104.
❷ 教派和地理分布当然有其他原因，不能尽归于经济状况，此问题可参考 Max Weber, op. cit. pp.35-38.
❸ Max Weber, op. cit., p.38.
❹ As quoted in Max Weber, p.188-189.

在上列表中很明显的表示天主教徒对于技术学识兴趣的缺乏。拥有人口 61.5%，而在 Realgymnasien 里的人只及新教徒之一半，教育的分配既如此，将来职业不言而知。

该地人民的财产的分布亦表现同一现象，可征税的资本：

每 1000 新教教徒平均为 954.000 马克

每 1000 天主教教徒平均为 569.000 马克❶

据以上二端看来，宗教与经济体系的关系的确存在，但是这种关系是一方面的抑是相互的呢？这问题讨论的人已很多。在这里只要据事实举出一点来证明。以社会现象单决定于经济基础的偏见，不是常能解释一切现象的。

事实上资本主义的精神并不是一定要在资本主义的结构成熟之后好像 Franklin 那种充分的资本主义精神，却盛行于当时经济落后的 Massachusetts。计较利益的风气，在 1632 年时在 New England 引起其他地方人的烦言，而当时的 New England 的经济状况还不及南方的诸省。❷

精神生活和物质生活并没有一定谁是因谁是果，他们都是生活系统中的一部分。生活系统常向着调和统一的路上去，所以任何一种生活受外界的物质或精神的影响而发生变迁时，在同一生活系统的各部都不能不发生调适的作用，因而引起其他生活的变迁。

在 16 世纪时中古的天主教教义和新兴的商业活动发生了不调和的现象，这种社会的矛盾，在当时的人民，产生了使人生不能安定的心理冲突，于是有路德及加尔文等社会的领首起

---

❶ As quoted in Max Weber, p.188.

❷ Max Weber, op. cit., p.55.

来设法谋这种心理冲突的解决。路德是中古封建社会的忠臣，想维持传统的组织，但是因为反抗教会的腐败，他的思想有很多地方被中古的叛徒所利用，使路德成了新时代的先驱。加尔文则生长于都市，认为新的经济生活并不和宗教精神相冲突，他的教义中包涵了资本主义的精神，并且给它宗教的意义和伦理的基础，使资本主义的精神不再和宗教精神相冲突，生活系统中发生冲突的二部重得统一。

我们的问题就在16世纪人民宗教生活和经济生活如何调和。并不是要讨论宗教和经济在社会现象谁是因谁是果，我们只叙述一节人类思想的历史罢了。

关于本文的参考书

资本主义成为研究社会学及经济学之重要对象之一，起于 Karl Marx 之 *Das Kapital*（*capital*）1867。Marx 之立场为社会主义，该书对于后来之社会运动有极大之影响，其理论成为社会主义者百世之宗。若从纯粹学术眼光视之，Marx 虽自成一家之说，惟对于资本主义本身，因限于其偏激之唯物眼光，不能完全将其性质分析明白。自 Marx 之后资本主义虽成了极普通之名词，但加以详细研究，苦不得其人。至1902 Sombart 著 *Der Moderne Kapitalismus* 成，研究资本主义者始告一新时代。Sombart 对于资本主义之见解在本文中已有陈述，要之，在方法上和马氏大异，Marx 之研究资本主义是以进化论之眼光及自然科学之方法，而 Sombart 则纯自历史方法入手，以为自然科学之概念与历史科学之概念不同。前者有普遍性而后者无之，前者无时空性而后者绝不能脱离时空。Sombart 又于 1911 年发表其 *Die Juden und das Wirtschaftsleben*（英译 *The Jew and Modern Capitalism*，1913）1913，*Der Bourgeois*（英译 *The Quintessence of Capitalism*，1915）。对于资本主义研究更为精细，最近在 *Encyclopaedia of Social Science* 将其学说作一比较简短之综论，文名"Capitalism"（vol.III 195-208），初述资本主义之概念，分资本主义之概念为精神形式，及技术二项，分别加以申述。后将其演化分为四期，一一将其特性说明。

Marx Weber 于 Sombart 发表 *Der Moderne Kapitalismus* 之后二年，其论文"Die protestantische Ethik und der'Geist'des Kapitalismus"亦发表于 *Archiv für Sozialwissenschaft und Sozialpolitik*（1904-1905）。后收入其巨著 *Gesanmmelte Aufsatze zur Rcligionssoziologie*，1920（宗教社会学）。此书未完全行世之时，Weber 已去世。其初部关于新教及资本主义之关系论于 1930 年自 Talcott Parsons 译成英文，冠以 R. H. Tawney 之序，名 *The Protestant Ethic and the Spirit of Capitalism*。其余部分及关于儒家道家之学说及中国经济情形之关系，均未有译文。Weber 死后，其学生将其在 Munich 之演讲稿整理付印，汇成 *Grundriss der Sozialokonotnik*。由 Frank H. Knight 译成英文，名 *General Economic History*。

Karl Max 以唯物史观来研究社会现象，在社会学方法论上开一新纪元，但是仍有许多现象不能解释。于是学者不能不疑心其方法论上有不完全之处。Weber 创舍弃推求社会现象之因果关系而注意社会中各种现象之关系论。他不否认经济基础在社会现象中之地位，而反对将一切社会现象归于一种原因之定命论。Weber因以资本主义之起源与新教伦理观的关系为例，以证明纯以经济条件来解释社会现象之错误。世人因Weber提出宗教与资本主义之关系而认为Weber提倡资本主义起源于宗教之说。实未明Weber根据之方法论所致。他自己于 *The Protestant Ethic* 之结束说：

> But it is, of course, not my aim to substitute for a one-sided materialistic an equally one-sided spiritualistic causal interpretation of culture and of history. Each is equally possible, but each, if it does not serve as the preparation, but as the conclusion of an investigation, accomplishes equally little in the interest of historical truth.（p. 183）

Weber在社会科学的方法上，是接近德国的所谓历史逻辑派的。在将来社会科学上的影响是可以预料的。但是在英美受其影响尚浅，在人类学方面之功能派Functional School，如□□❶等受这一派方法论上的影响已经逐渐发生良好的成绩了。

其他关于资本主义的研究，注重精神方面者在英美有Tawney及Veblen。Tawney对于资本主义及宗教关系有专著名 *Religion and the Rise of Capitalism: A Historical Study.* 系1922年Holland Memorial Lectures之演讲稿，1926年出版。在序中谓该书之成，受Max Weber之影响最大，但Tawney较Weber之论较为缓和，使读者无误会其偏重one-side之可能。

---

❶ 原文缺字。——编者

Tawney 之著作对于资本主义有详细之探讨者有 *The Acquisitive Society* 一书。若以 *Religion and the Rise of Capitalism* 一书为英国之 Weber，则 *The Acquisitive Society* 当为英国之 Sombart 矣。

Tawney 序文中曾提出英国学者对于宗教及资本主义之研究有贡献者有 Sir William Ashley，有 *The Canonist Doctrine* 一书讨论此题，颇为精到。其外如 Cunninghan. W（著有 *An Essay on Western Civilization in its Economic Aspects* 及 *The Growth of English Industry and Commerce During the Early and Middle ages* 等书），G.O. Brien（著有 *An essay on Medieval Economic Tendency*，1920）。

大陆学者除 Sombart 及 Weber 外，尚有 Troeltsch。Troeltsch 著作者关于此问题最重要者为 *Protestantism and Progress*（1912）及 *The Social Teachings of the Christian Church*（1912）。HE Sée 有 *Les Origines du Capitalisme Moderne*（1926），有英译本 *Modern Capitalism: Its Origin and Evolution*（1928）。

Veblen 之研究资本主义，颇具慧眼，惟于宗教与资本主义之关系并无专论。其 *Theory of Business Enterprise*（1927），*Theory of the Leisure Class*（1924），*Absentee Ownership and Business Enterprise in Recent Times* 等均有能与 Sombart，Weber，Tawney 等互相启发之处。

中外关于资本主义之书，尚有 Hobson 之 *The Evolution of Modern Capitalism: A Study of Machine Product*，尚值得一读，惟并无新见。

关系欧洲中古之历史多矣，但能自社会生活入手，以人民之一般生活为研究之对象者则不易多得，有之当推

G.G.Coulton。Coulton 为研究中古欧洲社会史之巨子，1910 年出版 *Life In the Middle Ages*（N.Y. Mac. co，Cambridge university press）。此书为关于中古生活之选读，集各种记载论著成四卷，第一卷为宗教，民俗及迷信生活，第二卷为科学及艺术生活，第三卷为礼貌，第四卷为僧侣及尼姑等。1926 年由 *The Medieval Village* 出版。中古社会中最重要者唯农村，所以此书自农村经济以至宗教生活，加以详细之叙述，使中古社会之生活跃然于目前，为研究中古社会情形之良史。

关于中古人民之思想，H. O. Taylor 有 *The Medieval Mind: a History of the Development of Thought and Emotion in the Middle Age*（1919）。

Luther 及 Chauvin 之传记及思想，除 Hastings 之 *Encyclopaedia of Religion and Ethics* 均有译载外，*Cambridge Modern History* vol. Ⅱ 亦有专论，如 McGiffert 之 *Martin Luther: The Man and His Work*。Georgia Harkness 之 *John Calvin: the Man and His ethics*，本人著作均甚富。

Calvin 有 *Institutio Christiance religionis*（1536）；*Ioannis Calvini Opera Quae Supersunt Omnia*，Edited by G. Baum，E. Cunitz，and E. Reuss，59 vols. *Corpus Reformatorum* 29-87. Brunswick：Schwetschke，1863-1900。已由 Calvin Translation Society 译成英文者有 48 卷。

新教的历史甚多，如 T. H. Lindsay 之 *History of Reformation*（1916），及其他宗教历史书均有评述。

《芒市边民的摆》序 *

汝康分析了他在芒市那木寨所实地观察的宗教活动，写成这一本《芒市边民的摆》。社区生活中最不易研究的也许就是宗教活动。宗教在文化中的地位虽则早已为人类学家所看重，关于宗教的论著，在人类学文献中虽则已占很大的一部分，但是在理论上和在方法上，却还只能说是在尝试时期。几十年来宗教研究中所偏重的问题已一变再变，初学者非但找不着一本可以模仿跟循的蓝本，而且很容易被纷纭的理论所迷乱。《芒市边民的摆》这本书在人类学中应占什么地位，除非明白了宗教研究发展的过程，也不易估计。因之，我想在这本书前，加这一篇序言，说明宗教研究发展的经过，同时也想借此机会把我个人对于宗教研究的意见附带一说。

一 宗教的科学研究

宗教的特征就在它发生于超自然信仰的基础上。科学是

---

* 本文是作者为田汝康先生著《芒市边民的摆》所作序言。该书是田汝康加入费孝通主持的燕京大学-云南大学社会学实地调查工作站后，在傣族地区的调查成果。原调查报告题为《摆夷的摆》，收入吴文藻主编的《社会学丛刊》乙集第四种；1946年由重庆商务印书馆出版时，改名为《芒市边民的摆》。——编者

限于研究自然现象的，因之，以科学来研究宗教似乎是一个矛盾的企图。可是，不论超自然界是否实有，宗教到底是人类的活动，超自然信仰的本身也是人的信仰，人的活动和信仰还是自然的事物。宗教既有此自然部分，这部分至少可以用科学方法来研究的了。宗教的科学研究并不想推究有没有鬼神，它所发生兴趣的是人对于鬼神的信仰。

对于鬼神信仰发生兴趣的科学家第一个基本问题是人怎样会有鬼神的观念。这并不是宗教徒或神学家的问题，因为他们已经承认超自然界的存在，他们所要问的是超自然界如何和自然界相交通，于是有启示、附身、卜谕、占象等方法产生。从科学的立场上不能假定自然界之外还有一个超自然界。E. B. Tylor 曾说明了人类学家研究宗教的立场："讨究宗教的教义和活动时，将把它们视作是人类理知所造下的神学体系，并不是出于超自然的启示。"[1] J. G. Frazer 也说："上帝和众神的观念是我们从自然的机能中所获得的，并没有求助于特殊的灵感。我们得到这种知识的方法，也不出于我们得到一切自然知识的方法。"[2]

我们一旦采取了这种立场，于是发生了超自然的观念如何形成的问题了。我们既不能假定超自然的实有，则我们的观念不是成了无中生有了么？我们怎能从无得到有的观念呢？还是早期人类学家要求解答的问题。Tylor 提出了他的宗教梦源说，他说超自然的观念是发生在初民对于梦境、昏迷、影子和幻影的解释，在这里我们可以找到感觉并不一定是实有事物的

---

[1] Primitive Culture, p. 425.
[2] *The Belief in Immortality*, vol. 1, p. 11.

复写。譬如我们在梦境中和一个已死的朋友话旧，或是在幻觉中出现了一只狐狸。死了的朋友和幻觉中的狐狸并不存在，可是在我们心理上的确有他们的印象。这种没有实有事物作底子的感觉使一辈"初民哲学家"发觉一件东西有两套性质，一是它的物质，一是它的精灵。前者属于自然界，后者属于超自然界。精灵可以出现在梦境和幻觉中，不受自然的时空所限制。这种信仰 Tylor 称作 Animism，可以译作精灵主义。❶

Tylor 认为精灵主义是宗教的"最低限度的定义"，就是说宗教最原始的方式。他一方面解释了宗教观念的来源，一方面也规定宗教的原始方式。人类学在这时正受着进化论的影响，因之对于宗教进化的阶段特别发生兴趣。对于 Tylor 的理论讨论得最起劲的是精灵主义是否是宗教最原始的方式问题。R. R. Marett 认为魂灵观念已经把超自然力具体化了，不能算是最原始的方式，因为有不少初民社会中连这种具体的观念还没有。他们只有一种广泛不具体的超自然的观念，好像澳洲土人中所见的 mana（魔呐）的信仰。他于是在 Tylor 的精灵主义之前再加上了一个阶段称作 Animatism，可以译作泛灵主义。❷

在另一方面向 Tylor 宗教梦源说攻击的是法国的社会学家 Emile Durkheim。他说："人类的制度决不能建筑在错误和欺骗上，若是它没有自然事物的基础，它就会遭遇阻力，无法克服。"❸ Durkheim 坚持超自然的观念确是表象一种实有事物。宗教的基础是社会。我不妨节译他自己的一段话在下面：

---

❶ *Primitive Culture*，p. 425.
❷ *The Threshold of Religion* p. 15.
❸ *Elementary Forms of Religion belief*，p. 2.

我们对于宗教的研究完全是出发在一个假定上，就是亘古以来，一切信徒们的情操决不能纯粹是出于一种虚妄。宗教经验，若是我们这样称它，既然存在，它一定有一个基础——哪一种经验能没有实有的基础呢？——可是我并不是说造成观念的实有事物一定和信徒们的观念相印合的。只要看我们所有观念，在时间中时常翻陈出新的事实，就能证明我们的观念并没有把它所要表示的实有事物确切地表示出来了。若是一个科学家说我们对于光和热所有的感觉是得自那一种客观的事物时，他并不是说这客观事物即是我们所感觉的样子。……要发现这客观事物的内容，我们得以科学的观念代替普通的感觉来加以考察。这就是我们研究宗教时的方法。宗教的实体虽在不同的神话中表象出来，可是那造成宗教感觉的却是自成一格的实体，那就是社会。❶

上帝即是社会——这是 Durkheim 的名言。这句话的意思就是社会是一个实体，它可以，也一定会给人以感觉。这些感觉形成一种观念。这观念是上帝。反过来说，上帝是人类的一种观念，它是从无数感觉中综合而成的，引起这些感觉的是社会的实体。以太的波动是实体，引起人的感觉是光和热，由光和热的感觉造成我们不同的观念。

社会对于我们个人的力量是无往而不在，个人的行为形式是社会定下的，人和人传意的语言是社会传下的，个人的人格是社会造成的；社会似乎是在我们的身外，个人到处受着

---

❶ *Elementary Forms of Religion belief*, pp. 417-418.

它的限制和强迫；社会又似乎是在我们的身内，不但把个人提出了社会也就消灭，每个人所有的一切哪一部分不是从社会得来？社会给我们保护，却又在监察我们。这许多都是个人从社会得来的感觉，可是社会虽是实体，但又不易捉摸；我们看到的是一个个的个人，社会却存在于这些个人间，我们看到的是房屋器具、文物典章，文化却在这些东西间。社会和文化不是有形具体的事物，所以 Durkheim 称它是自成一格，Sui generis。因之，普通人不能找着这些感觉的来源，而综称之作上帝。——这是 Durkheim 理论。

Durkheim 特别甚至过分注意了宗教活动的集体性，这是因为他说，除了在动作中，社会不易使人感觉到他的影响；除了社会中各分子集合在一起有公共的活动，社会就不在动作中。❶ 这是常受人批评的说法，Malinowski 就说，这种把社会缩小到群众活动的看法把 Durkheim 有价值的学说歪曲了。❷ 其实 Durkheim 不但把社会缩小到了极具体的群众集会，而另一个时候，又把社会太抽象的看成一个普遍永恒的实体。因之在理论上还有一个弱点。他把感觉和观念分得很清楚。社会是引起感觉的实体，宗教是从感觉中形成的观念。我们看见各地各时宗教观念的变异，究竟是出于实体的不同，还是相同感觉所形成的观念不同呢？Durkheim 既认为社会的实体是普遍和永恒的，到宗教观念的变异只有求诸从感觉到观念的过程了。

---

❶ *Elementary Forms of Religion belief*, p. 418.
❷ *Coral Cardens and Their Magic*, p. 235.

二　知识社会学

我们一提起感觉到观念的过程就跌入了知识论的范围里了。在知识论中本有两种相反的极端看法。一种看法是我们感觉不能直接成为观念，它们一定得经过一套范畴，好像时、空、原因、属性等才能有意义。这套范畴并不能用经验来证明，是先天的，用来组织经验的。另外一种看法和外界相通，因之我们无法得到超经验的范畴。

Durkheim 却提出了一种新的调整和看法。他认为经验的确需范畴的组织才有意义，可是范畴不是神秘的能力，也不是先天的，而是从社会得来。他说人有两格，一是他生物基础的机体，二是他社会基础的社员。经验是我们生物层上所得的感觉，而范畴是我们社会层上所得的感觉。经验不能化为范畴，范畴不能化为经验，正等于社会不能化为个人，个人不能化为社会。❶ 这段话虽是 Durkheim 的新见，但不免失之晦隐；而且观念的形成又是社会所组织的，为什么所形成的观念可以因时因地而异呢？除非他承认社会的实体有异，否则就难自圆其说。事实上，具体社区的社会结构确是不同的，各社区里人民的生活方式也常有他们特殊的地方，若是我们比较浅近的一些说，一个社会中所通行的观念是依这个社会的形态而决定，或更简明一些，概念是依生活需要而形成的。这种简单的说法虽不像 Durkheim 的口吻，但是也许和他意思不远。他曾说过："若是人们不同意于一些基本观念，若是对于时间、空间、原因、数目等等没有相同的概念，他们一切的接触都不可能，

---

❶ *Elementary Forms of Religion belief*, pp. 15-16.

因之，连生活都不可能了，社会不能放弃这些范畴，让个人自由选举，不然就会连社会都放弃了。若是要生活，不但需要道德上的契同，而且一定得有最低限度逻辑上的契同。没有了这些，社会也就不能安全地存在。"❶

这几句话，我是觉得很重要的。他虽则接受了传统知识论的主客论题，认为主观有一个观念，则客观有一个相应的事物。主客的重复性是他"上帝即是社会"一语的根基。可是在这几句话中，他却从另一立场来说明观念的发生了。人不是一面镜子，客观有什么，主观映出什么来。人是一段生活，观念，即是最基本的，也不是上帝造人时把他的智慧分给了人，而是人为了要有共同生活而造下的。这既是人造下来应付生活的，只要它有效力，它有没有客观的事物相应，也就不成问题了。这样，他也就抛脱了传统知识论的牵绊了。他把宗教研究离开了神学，同时也一脚踏出了哲学，让神学家去讨论上帝的有无，让哲学家去讨论宗教观念所代表的实体是什么，一个科学的人类学家不必在别人的领域中混了。所以 K. Mannheim 就爽快地直说："一个研究历史的学者可以不必去关心最终的真实是什么了。"❷ 他只要明白某时某地的人相信什么是真的。他们认为某种观念是真的后，发生了什么行为，在生活中产生了什么结果，他不必去追求人们观念背后的事物，因为观念本身是一件实有的事物。它和物质用具一般同样对于人的生活发生作用。

观念和实体的联锁解开了，重把它和生活上的需要结合

---

❶ *Elementary Forms of Religion belief*, p. 17.
❷ *Ideology and Utopia*, p. 71.

起来之后，我们对于观念变异的现象也容易解释。我们不必和Durkheim一般认为人类没有能力使观念和实体完全相符合，因之好像在捉迷藏，永远摸不稳。我们正可以用生活方式的改变，使一套适用于旧生活的观念，不能适用于新生活，力求生活的安全和继续，不能不改变原来的观念。我们也可以用不同生活方式的人民来看他们观念上的差别。这些工作就是Mannuheim所提倡知识社会学的工作。

三 巫术和宗教的功能

超自然的观念是为了实用目的而发生的。在对付他们的环境中，初民误用了交感律而产生巫术。这是早期人类学家Frazer用功能观点来说明超自然观念起源的理论。❶依Frazer看来，巫术和科学的来源是一个，都是人类想利用外界的环境来满足自己生活需要的手段。只是巫术想利用的是超自然的力量。但是宇宙中原本没有超自然力的存在，所以施法的结果并不能达到目的，因之和科学不同，而被Frazer称作假科学了。

Frazer认为巫术既以实用为目的，而结果并不能达到目的，因之，成了一个骗局。巫术的无能迟早是会被人看穿的。这个失望使人发现了自己控制外界能力的渺小，顿觉人生道路上凶涛四伏，失去了把握；当初民失了自信力的时候，他们必然很窘。结果不能不在宇宙之主的皇位上退下来，承认在人之

---

❶ *Golden Bough*, vol. 1. p. 233.

上还有一个全能的神，于是发生了宗教。❶

这个富于戏剧性的故事，是历史还是寓言，我们可以不问。他虽则从实用的立场出发，但结果却是相反，说明了巫术是没有用的，宗教是消极的归宿，可是他却说出了巫术和宗教都是从生活中发生，而且为生活而存在的。

Malinowski 把 Frazer 理论更推进一步，指出巫术和宗教的积极作用，可是他的出发点却是和 Frazer 相同的。他说："无论有多少知识和科学能帮助人满足他的需要，它们总是有限度的。人事中有一片广大的领域，非科学所能用武之地。它不能消除疾病和朽腐，它不能抵抗死亡，它不能有效地增加人和环境间的和谐，它更不能确立人和人间的良好关系。这领域永久是在科学支配之外，它是属于宗教范围。"❷

"经验和逻辑有时会一毫不错的向人说这里是无能为力了，但是人的整个机体反抗着这束手政策，而且常是事到临头，要束手亦从束手。"❸ "当一个人的情感到了他自己不能控制的时候，他的言语举动，以及他的身体内部相关的生理作用，都会让那被遏制的紧张情绪奔放出来。在这种情形下，替代的动作便发生了一种必需而有益的生理功效。"❹ 巫术就是这种替代的动作。

"对于巫术效能的信念，是有它的自然根据的。这种信念的用处在于它能提高做事的效率。可知巫术有一种功能和经验的真理，因为它老是产生于个体解组及将发生生理上错误态度

---

❶ *Golden Bough*, pp. 237-240.
❷ 费孝通等译，《文化论》，商务印书馆，p. 47。
❸ 同上注，p. 49。
❹ 同上注，p. 68。

的时候。巫术正满足着一种生理上的需要。它所克尽的功能，可以用'完整的'一词来形容得最为适切。"❺

"巫术不仅对于个人言，可以促成人格的完整，对社会言，它也是一种组织的力量。"❻"它供给着自然的领袖，把社会生活引入规律和秩序，它可以发展先知先觉的能力，并且，因为它日常和权势相连在一起，便成为任何社区中——特别是初民社区——的一大保守的要素。"❼

自从 Frazer 强调的把有关于超自然的活动分成巫术和宗教之后，人类中曾引起过很多的讨论。❽ Malinowski 则师承 Frazer 仍维持着这分别；他说："宗教创造一套价值，直接地达到目的。巫术是一套动作，具有实用的价值，是达到目的的工具。"❾ 在性质上虽有此区别，但在它们的功能上看，终结都是在完整个人的人格和社会的组织。宗教的发生并不如巫术一般为了要应付实际的急需，而是出于"人类计划与现实的冲突，以及个人与社会的混乱。假如人类没有足以保持完整和供为领导的某种信仰的话，这种冲突和混乱势必发生"。❿

"宗教的需要是出于人类文化的绵续，而这种文化的绵续的涵义是：人类努力及人类关系必须打破鬼门关而继续存在。在它的伦理方面，宗教使人类的生活和行为神圣化，于是变为最强有力的一种社会控制。在它的信条方面，宗教予人以强大

---

❺ 费孝通等译，《文化论》，商务印书馆，p. 70。
❻ 同上。
❼ 同上注，pp. 73-74。
❽ 费孝通译，《人文类型》，第 4 章。
❾ 《文化论》，p. 50。
❿ 同上注，pp. 76-77。

的团结力，使人能支配命运，并克服人生的苦恼。每个文化中都必然的有其宗教，因为知识使人有预见，而预见并不能克服命运的拨弄；又因为一生长期的合作和互助，造成了人间的情操，而这情操便反抗着生离与死别；并且，每次和现实接触的结果，都启示着一种敌对的不可测的恶意与一种仁慈的神意并存着，对于前者必须战胜，对于后者则当亲善。"❶

这是从分析现有各种巫术和宗教活动所得到的结论。我们承认人格和社会的完整是人类集体生活的必要条件。可是我们还得追问这种需要的满足是否一定要超自然的信仰？这是说，宗教和巫术是否和 Malinowski 所谓是文化的普遍和永久的制度？

四　超自然的观念是必要的么？

据 Malinowski 的看法，宗教和巫术是普遍而且是永久存在的。科学尽管发达，它决不能全盘控制自然，使人生中遇不到意外和挫折，人类的计划和现实，个人和社会间的冲突和混乱也永远不会消灭。因之，我们总得有一套对于人生的一贯态度来作完整人格和社会的事务。可是问题是在这套态度中是否必须有超自然的观念？若是宗教和巫术的定义中不能缺少超自然的观念，则我们的问题也就成为宗教和巫术是否是任何文化中必有的部分？

在我们中国传统的人生哲学中常有乐天知命的说法。道

---

❶ 《文化论》, p. 80。

理所谓天命很难说是一种超自然的观念，反而充满着自然历程的素朴意味。畏天命的孔子对于超自然的怪力乱神是绝不谈的。他即使要祭神时，还是不肯承认神的存在，一定要加上一个"如"字。既说是"如在"就表示并不实在有这东西了。冯友兰先生把儒家所谓的天命译作"有意志的上帝和他的意志"❶，似乎还是很成问题的。儒家对于人生中不能克服的不幸，如伯牛之疾、道之不行、圣人见色心动等，心理上是不痛快的，但是不痛快的感情并不引起他们积极的反抗，要一个发泄的替代动作；他们向内求适应，入于消极的畏，和领会的知。即使他们不正面否认有超自然的存在，但也绝不想去利用它来达到人世间的利益，孔子不是说，"敬鬼神而远之"吗？

老庄一派的精神，在这方面，比儒家更进一步，对于人力不及，无可奈何的事情中，连不痛快的感情都不必克服，做到无所畏、无所敬的程度。他们要完全站在自然的境界来看人生，来生活。在生活中放弃了自我的中心，彻底承认人不过是万物之一，是宇宙的一个极小的部分。对于宇宙的道理，它所要做的事，人既不可知，也不用知。他只要老老实实做宇宙的小部分，安分守己顺着自然的历程过日子就得了。Malinowski所谓，"在朴素的人类心理上，或说在生理上，有一种自然的对于死亡的反抗"❷，这自然反抗在庄子就很快地克服了。他太太死后，他起初不免也有一点感慨若有所失的神气，可是只有一忽儿，这感慨就过去；箕踞鼓盆而歌，反而自己批评刚才的

---

❶ 《中国哲学史》，第4章第2节，神州国光社本，pp. 80-81。
❷ 《文化论》，p. 77。

一刹是"不通乎命"❶。这命显然不带丝毫超自然的气味了。

在儒家和老庄的生活态度中，超自然的观念不但不占重要位置，甚至于可以没有位置。当然，天下有多少人能像孔子的谨慎、庄子的豁达？孔庄之后三千年陶养出来的中国文化中，依旧到处有土地庙，生孩子还是为了要吃更饭。可是安时处顺的态度也确是中国人的一项特性。不论这特性好不好，至少也不失为一种完整人格的力量。同时也说明了超自然概念不过是一种完整人格的力量，并不是惟一的力量。

让我们再看巫术和宗教的社会功能。我们看见巫术和宗教在初民社会，以及我们自己的社会中，规定了节令，使工作得到安排，造下许多群众集会的机会，加强了社会的团结，可是这些功能和超自然观念并没有必然的联系。譬如，学校和工厂的星期休息，虽则和基督教教义和仪式相关，但是不信基督教的中国学生和工人，同样可以维持这种工作的安排方式。至于群众集会的机会，除了巫术和宗教，则更不胜枚举。

但有些巫术和宗教的社会功能和超自然观念却是有密切联系的。社会制裁体系中，超自然的概念有着极强的效力。法律所不能控制的地方，鬼神的恐怖，后世的报应却可以管住人的行为。社会的秩序，若没有了超自然观念的维护是否会有一部分要溃决，这是值得注意的问题。道德意识，社会责任心以及警察制度的加强是否可以代替轮回塑像和太上感应篇，现在我们正在试验中。德俄秘密警察的成效，至少也不下于龙言。

宗教在完整社会上还有一个重要贡献就是加强个人的社会意识。关于这一点汝康在本书中发挥得特别明白。社会为效

---

❶ 《至乐》篇。

率起见需要分工,但社会分工之后易使人觉得人和人的差别;而忽略了社会性的基本同一,因之造下社会解体的趋向。任何社会要维持它的团结,必得想法使社会各分子意识到他们的基本同一性,宗教就完成了这工作。在上帝面前,一切人都是他的儿女。在做摆中,经济、政治等割下的界限统被掩盖。这种社会意识可以消灭人间差别的感觉。

可是社会意识的维持,个人间社会性的基本同一的提示,并不是一定要借宗教的力量才能达到,虽则借宗教的力量,也许确是一个最简捷和有效的方法。我曾这样想:民主精神对于社会的基本贡献,可能是和宗教在这方面的贡献是相同的。民主精神所要表现的也就是在个人差别的底层有社会同一性存在。如以一人一票的形式来说,不论实际政治怎样,投一票的活动中强烈地提示了社会分子是同一的意识。这和大家是上帝的儿女一个概念的作用是相等的。用政治手段来维持社会意识自没有用宗教手段来得清楚,广泛。但是我们因之也不能说没有了超自然的观念,社会团结就无法维持。

总结本节,我们从现有巫术和宗教中确看见它们有种种功能,可是这些功能并不是巫术和宗教所独有的,和超自然观念无关的活动也可以满足同样的需要。

五　宗教研究的扩大

超自然的观念在人格及社会的完整作用上的确尽了它的能力,可是我们也看见别的观念同样可以担任这种工作。我说这句话并不是想为巫术和宗教的前途作推测;我只想指出以后对于人格及社会完整体系的研究决不能限于宗教研究。

从人类学本身说，研究宗教的人，好像觉得宗教是一个自足的研究学位，一个完全的制度。即是 Malinowski 也把宗教和巫术在社会制度表中独列一格。❶ 他们没有觉察宗教不过是满足人格和社会完整需要的一个方式，不是惟一的方式。若是有人以资本主义的方式作为经济制度的惟一方式，自会觉得不合，因为经济制度除了资本主义方式之外还有其他方式。把超自然观念所引起的一套活动认为是完整体系的惟一方式，就犯了同样的错误。

我在写这篇序文时，同学李树青先生到乡下来看我，谈起了这个问题，他曾列举了完整体系的三大方式。西洋中古时代是神本主义的完整体系发达的最高点；可是在我们中国却被人本主义所支配；最近自从科学发达之后，西洋的神本主义已受打击，发生了物本主义，苏俄也许可以说是物本主义完整体系的试验。我记得有一次和潘光旦先生谈话，他也曾用天地人三分来说明各种文化基本的差别。

完整体系究应如何分类，历史演变如何，我们现在还不能回答，可是完整体系决不止宗教一种则可断言。试观目前，战争、残杀、疯狂和失常随处都表示从经济关系上已造成了的世界社会还缺乏一个完整体系。原有的神本主义的完整体系虽曾维持过天主教的欧洲，显然已不易有再起的机会。这个新体系的创造自是我们每个人生命所倚的严重事业。除非人类学自甘成为一种古董，落后的"初民"科学，它自决不能在研究完整体系时以宗教范围为已足了。反过来说，人类学在宗教研究

---

❶ 吴文藻，"文化表格说明"，《社会学界》第十卷，附表一，p. 149。

中已为研究各种完整体系立下了一个基础。他们已得到了研究这问题的一套方法和概念。百尺竿头，只余一步了。

汝康在这本书中就把人类学中经了几十年所获得的方法和概念，用具体的例子，介绍给了我们国人。他不但介绍了人类学中最近的成绩，而且也是第一个人用这些方法和概念来实地研究我们自己国内的宗教活动。这是他的处女作，希望他还能继续努力，扩大完整体系的研究范围，完成人类学者尚没有做成的工作。

费孝通
云南大学社会学系研究室
云南，呈贡，古城，魁阁
1941年11月9日

鸡足朝山记 *

一、洱海船底的黄昏

到了海边,上了船,天色已经快黑。我们本来是打算趁晚风横渡洱海,到对岸挖色去歇夜的。可是洱海里的风谁也捉摸不定,先行的船离埠不久,风向突变,靠不拢岸,直在海面上打转。我们见了这种景象,当晚启程的念头也就断了。同行的人知道一时决定走不成,贪看洱海晚景,纷纷上岸。留在船里的只有潘公和我两人。

我留在船底实在有一点苦衷。三年前有一位前辈好几次要我去大理,他说他在海边盖了一所房子,不妨叫做"文化旅店"。凡有读书人从此经过,一定可以留宿三宵,对饮两杯。而且据说他还有好几匹马——夕阳西下,苍山的白雪衬着五色的彩霞,芳草满堤,蹄声嘚嘚;沙鸥傍飞,悠然入胜——我已经做了好几回这样的美梦。可是三年很快的过去了,我总是没有能应过他的约。这座"文化旅店"正靠近我们这次泊船的码头。但现在已是人去楼空,那几匹马也不知寄养在哪家马房里

---

* 1943年2月,费孝通前往大理讲学,途中与众友人前往佛教名胜鸡足山旅行。这次行程兴味盎然又险象环生,作者写下散文名篇《鸡足朝山记》,当年作为"生活导报文丛"之一,由生活导报社出版,潘光旦特为作序。——编者

了。这个年头做人本来应当健忘一些，麻木一些。世已无常而恨我尚不能无情。为了免得自取怅惘，不如关在船底，落日故人，任他岸上美景怎样去惹人罢。

多风少光的船底也有它特别值得留恋的地方。我本是个生长在鱼米之乡的三吴人士，先天是爱船的。10年来天南地北的奔波，除了几次在大海洋上漂泊外，与船久已无缘。这次得之偶然，何忍即离。这一点乡思系住了这两个万里作客的游子。还有一点使我们两人特别爱船的也许是因为我们的眼睛和腿都有一点毛病。潘公有一眼曾失明过，我呢，除了近视之外，对于色彩的感觉总是十分迟钝。潘公是独脚，我呢，左脚也残废过。在船底，我们的缺陷很容易掩饰过去。昏暗的棚子里有眼亦无可视，斗大的舱位里，有脚亦不可动。这里我们正不妨闭着眼静坐，只要有一对耳朵没有聋，就够我们享受这半个黄昏了。

古人时常用"欸乃"二字来代表船，因为船的美是由耳而入的。不论是用橹用桨，或是用桅，船行永远是按着拍水的节奏运动。这轻沉的声调从空洞的船身中取得共鸣，更靠了水流荡漾回旋，陶人心耳。风声，水声，橹声，船声，加上船家互相呼应的俚语声，俨然是一曲自然的诗歌。这曲诗歌非但是自然，毫不做作，而且是活动的。船身和坐客就在节奏里一动一摆，一俯一仰，顺着这调子，够人沉醉。孩子们的摇篮，成人的船，回到了母亲的怀里。

一阵紧风打上船来，船身微微的荡了一下。潘公取下衔着的烟斗，这样说："假如我们在房子里，风这样大就会有些担心，怕墙会倒下来。风和墙谁也不迁就谁，硬碰硬；抵得住，抵；抵不住，倒。在船里就不用着慌，风来了船退一下，风停了，船又回到原位。"我没有说话，倒不是因为我不很能欣赏中国式的"位育"方法，而是因为既然要上鸡山，就得预先学习一下拈花微笑的神气。不可说，不可说。

在船里看黄昏最好是不多说话。但两人相对默然又不免煞风景，于是我们不能不求助于烟茶了。潘公常备着土制无牌的烟丝，我也私自藏着几支香烟，可以对喷。至于茶则不能不索之于船家了。船家都是民家人，他们讲的话，对我们有如鸟语。我向他们要茶，他们只管向我点头道是，可是不见他们拿出茶壶来，于是我不能不怀疑自己的吴江国语在他们也有如鸟语了。那位船家低了头，手里拿着一个小土罐在炭上烤。烤哪样，怎么不去找茶壶？我真有些不耐烦。可是不久顿觉茶香袭人，满船春色。潘公很得意的靠着船板，笑眯眯的用云南话说："你家格是在烤茶乃？"

大理之南，顺宁之北，出一种茶叶，看上去很粗，色泽灰暗，香味也淡，决不像是上品，可是装在小土罐里，火上一烤，过了一忽，香味就来了。香味一来，就得立刻用沸水注入。小土罐本来已经烤得很热，沸水冲入，顿时气泡盈罐，少息倾出，即可饷客。因为土罐量小，若是有两三个客人，每人至多不过分得半小杯。味浓，略带一些焦气，没有咖啡那样烈，没有可可那样腻。它是清而醇，苦而沁，它的味是在舌尖上，不在舌根头，更不在胃里，宜于品，不宜于饮；是用来止渴，不是用来增加身体水分的。我在魁阁读书本是以好茶名朋侪间，自从尝到了烤茶，才恍然自悟30多年来并未识茶味。潘公尝了烤茶说："庶几近之。"意思是他还领教过更好的，我对烤茶却已经很满意了。可惜的是西洋人学会了喝茶，偏偏要加白糖。近来同胞中也有非糖不成茶的，那才是玷辱了东方文化。

当我们和岸上的朋友们分手时,曾再三叮嘱他们千万不要送饭下来。我们想吃一顿船家的便饭,这是出于潘公的主张较多。据他说,幼时靠河而居,河里常停着小船。每当午刻,船家饭熟,眼巴巴的望着他们吃香喷喷的白饭,限于门户之严,总是无缘一尝。从此积下了这个好吃船饭的疙瘩。这一次既无严母在旁,自可痛快的满足一次。我从小在苏州长大,对于船菜自然还有"食"以外的联好。这里虽无船娘,但是也不妨借此情景,重温一些江南的旧梦。

船家把席子推开,摆上碗筷,一菜一肉,菜甜肉香。七八个船夫和我们一起团团围住。可惜我们有一些言语的隔膜,不然加上一番人情,一定还可多吃两碗。

饭饱茶足,朋友们还没有下船,满天星斗,没有月。虽未喝酒,却多少已有了一些醉意。潘公抽烟言志,说他平生没有其他抱负,只想买一艘船,带着他所爱的书(无非是霭理士之辈的著作)放游太湖,随到随宿,逢景玩景。船里可以容得下两三便榻,有友人来便在湖心月下,作终宵谈。新鲜的鱼,到处都很便宜。我静静的听着,总觉自己太俗,没有想过归隐之道。这种悠优的生活是否还会在这愈来愈紧张的世界中出现,更不敢想。可是我口头却反复的在念着定盦词中的一句:

"笛声叫破五湖秋,整我图书三万轴,同上兰舟。"

二、"入山迷路"

在船里等风过洱海,夜深还是没有风。倦话入睡,睡得特别熟。醒来船已快靠岸。这真令人懊悔,因为人家说我不该一开头就白白的失去了洱海早晨一幕最美的景色,这还说什么旅行。可是事后想来却幸亏那天晚上睡得熟,早上又起得迟,不然这天能否安全到达金顶都会成问题。

我们在挖色上岸。据当地人说从挖色有两条路可以上鸡足山。一路是比较远些,一天不一定赶得到;另一路近是近,可是十分荒凉,沿路没有人烟,山坡又陡。我们讨论了一下决定走近路,一则是为了不愿在路上多耽搁一天,二则也想尝尝冒险探路的滋味。何况我们人多马壮,一天赶七八十里路自觉很有把握。独脚潘公另雇一个滑竿,怕轿夫走得慢,让他们趁先出发。诸事定妥后,一行人马高高兴兴地在 10 时左右上路向鸡山前进。

这个文武集成旅队在游兴上虽甚齐整,可是以骑术论在文人方面却大有参差,罗公究是北方之强,隔夜在船上才练得执缰的姿势,第二天居然能有半天没有落伍。山阴孙公一向老成持重,上了马背,更是战战兢兢,目不斜视。坐马有知,逢迎主人之意,也特地放缓脚步,成了一个远远压阵的大将。曾公嫌马跑得慢,不时下马拔脚前行,超过了大队。起初大家还是有说有笑,一过雪线,时已下午。翻过一重山,前面又是一重山。连向导们都说几年没有走过这路,好像愈走愈长,金顶的影子都望不见。除了路旁的白雪,和袋里几支香烟外,别无他物可以应付逐渐加剧的饥渴。大家急于赶路,连风景都无暇欣赏。走得快的愈走愈前,走不快的愈落愈后,拉拉牵牵前后相差总有几里,前不见后人,后不见前人。我死劲的夹着马,在荒山僻道中跟着马蹄痕迹疾行。

太阳向西落下去,而我们却向东转过山腰。积雪没蹄,寒气袭人。路旁丛林密竹，枝叶相叉，迎面拦人。座下的马却顾不得这些，一味向前。会骑马的自能伏在马颈上保全脸面，正襟危坐的骑士们起初还是不低头即挂冠，后来挂冠也不够，非破脸流血不成了。后面追上了我的是曾公，只见他光着头，用着一块手帕裹着手，手帕上是血。我们两人做伴又走了有一二里，远远望见了金顶的方塔，心头不觉宽了一些，以为今晚大概有宿处了。放辔向前，路入下坡。人困马乏，都已到了强弩之末。偶一不慎，马失前蹄，我也就顺势在马头前滑入雪中。正在自幸没有跌重，想整衣上鞍，谁知道那一匹古棕马实在不太喜欢我再去压它了，一溜就跑。山路是这样的狭，又这样的滑，在马后追赶真是狼狈。于是让过曾公，一个人爽性拣了一块石头坐下，悠悠的抽了一回烟。山深林密，万籁俱寂，真不像在石后叶下还有几十个人在蠕动。我从半山，一步一滑，跌到山脚，才听到人声。宋公、曾公等一行正在一个草棚里要了茶水等我们。我算是第三批到山脚的。我的马比我早到20多分钟。后面还有一半人没有音讯。

　　山脚的地名叫檀花箐，但并没有什么花，遍地都是些荒草和新树。那间草棚也是临时搭成的，专门赶这个香期，做些小买卖。这条路本是僻径，很少人往来，我们这样大批人马过境，真是梦想不到的。我们自己借火煮了些饵块。同伴们零零散散，一个个到了。罗公落马跌破了半个眼镜，田公下骑在路上拾得了曾公的破帽。最后到的是孙公，本来已经不很小的鼻子更大了，上唇血迹斑斑，曾经一场苦战无疑。各人都带着一段自己以为了不得的故事，可是行程还没完，离开可以住宿的庙宇最近的还有三四里，所以无暇细说。天快黑了，潘公的滑竿毫无信息。除非打算在草棚里过夜，我们不能再这样等了，于是又跨上马,作最后的努力。

新月如钩,斜偎着对面的山巅,一颗很亮的星嵌在月梢,晶莹可爱。我们趁着黄昏的微光,摸路上山,山间的夜下得特别的快,一刹间四围已黑。马在路上踟蹰不前,于是不能不下马牵了缰爬上山去。人马杂沓,碎石间的蹄声,更显得慌乱。水声潺潺警告着行人提防失足。可是谁还敢停留,一转瞬前面的人马就消失在黑雾里,便没有了援引。山林里的呼声,最不易听得准,初听似乎在前在右。可是一忽又似乎在后在左。我一手拖着似乎已近于失望的罗公,一手差不多摸着地面。爬了好一阵,面前实在已无路可走,在一起的几位也已经奋斗到了最后关头,鼓不起上前的勇气了。山不知有多高,更不知我们脚下的是不是条路,假定是路,也不知会领我们到什么地方去。正在这时候,山壁上好像有一块比较淡色的石头,摸上去很光滑,也许是块什么碑罢。我划了一根火柴,一看,果真是。但是光太微弱,辨不出有什么字。既有碑,一定靠近了什么寺院,绝路逢生,兴奋百倍。转到石碑的背后,不远有一间小屋,屋前的路比较宽大些。宋公等在前开路的派了些人在这里等我们,要我们更进一步。于是大家抖起精神,爬上了山巅。山巅上一片白雪,映出尽头蠢然独立的方塔,那就是鸡足山的金顶了。我们本来约定是第二天才上金顶的,谁知道入山乱爬反而迷到了目的地。

金顶的和尚们见了我们,合掌呐呐,口称菩萨有灵。原来庙里来了一位做过皮匠的县政府委员,坐收香火捐。这倒并不足奇,在这种偏僻的县份里,哪样不能收税?据说是因为省政府下令保护名山,所以县政府在山里沿路设下不少"弹压所"(名目也怪别致),行人过关得弹压一下,缴纳2元弹压费。到了庙里，如果要烧表荐拔亡魂，又得交县政府2元，交委员老爷3元，交了这笔不知什么名目的税，在焚化的表上可以盖上个印，否则无效。所谓无效也者，也许是阴阳官方另有契约规定，其中奥妙，非吾人所可知。这套税收，尽管新奇，犹有可说；那位"皮匠"委员在庙里虽则可以有不花钱的鸦片可抽，但还是不甘寂寞，想早些回家。那天早上威逼着和尚预支税收3000元，若是当夜交不出，就要用刑吊打。金顶的老和尚着了慌，无计可施，只有在菩萨面前叩头求救。据说他求得一签说是有贵人来助，可是等到黄昏，还是毫无消息。不道在日月俱落的星光中，会有我们这大队人马半夜里来敲门求宿，应验了菩萨的预言。老和尚说完合掌念经，是否有意编出来要我们去应付这皮匠委员，我不知道。但是我总觉得这位菩萨也太狠心了一些，为了要救这老和尚的一阵吊打，何必一定要我们受这样一路的罪，受了这罪还不够，还要我们一夜不得安睡呢？

到了金顶安睡本可不成问题的，可是一点名，独脚潘公和几个押运行李的士兵却没有报到。9点，10点，12点，还是没有消息。山高风急，松涛如吼，心念着雪地里失群的受难者，谁还能高卧呢？何况行李未到齐，要睡也凑不足全体的被褥，于是我们这些年纪较轻的索性烤火待旦，金顶坐夜了。

风好像发了狂，薄薄的纸窗挡不住雪线上彻骨的夜寒。面前虽有一大盆炭火，但是鞋底烤焦了，两足还是不觉得暖气，我们用草席裹着身，不住的看着表，面面相觑，说不出什么话。远地从怒风中传来一阵阵狼嚎，连香烟都生了苦味。静默压人压得慌，但又无人能打破这逼人的静默。每个人心头有着一块石头，一直到第二天早上潘公露宿了一夜，上山重见时，这块石头才落地，大家又有了笑容。

早上我们看完了日出,到大殿签筒里抽出一签,签上写着四个字:"入山迷路"。

三、金顶香火

骑了一天马,烤了一夜火,只打了两个瞌睡,天亮的时候,身体疲乏得已经不容易再支持。虽则勉强助兴跟着曾公去看金顶的日出,但是两条腿尽管冷得发抖,骨节里却好像在发烧,嘴里干燥,连接着喝水,解不了半点渴。耳边似乎有无数杂乱的声音,不成句的话,在那里打转。冷风一吹,头脑略略清醒了一些,四肢却更觉得瘫痪。于是我不能不倒头在人家刚推开的被窝里昏昏的睡去了。

一忽醒来,好像是进入了另一个世界。寒风没有了踪迹,红日当窗,白雪春梅,但觉融融可爱,再也找不着昨夜那样冷酷的私威。室内坐满着人,有如大都会里的候车室。潘公安全到达山下的好消息传来后,欢笑的声音更是横溢满堂,昨夜死寂的院子现在已成闹市。窗外人声即使不如沸鼎似的热闹,也够使我回想到早年城隍庙里看草台戏的情景。睡前那种静默的死气和我身体的疲乏一同被这短短的一忽消化无余了。我搓了搓眼睛,黄粱一觉,世界变得真快。

一点童年的梦还支配着我,急促的披衣起来,一直向大殿上去赶热闹。香烟回袅,早雾般笼罩着熙熙攘攘一院的香客。站定一看真有如进了化装的舞场:绿衫红裤,衣襟袖口镶着宽阔彩绣的乡姑;头上戴着在日光下灿烂发光,缨络丁当,银冠珠饰的少女;脚踏巨靴,宽襟大袖,油脸乱发的番妇;腰悬利刃，粗眉大眼，旁若无人的夷汉；长衫革履，入室不脱礼帽的时髦乡绅；以及袈裟扫地，闭目合掌的僧侣，只缺钢盔的全副武装的士兵……这形形色色的一群，会在这时辰，齐集到这超过2500公尺的高峰上，决不是一件平凡的事！也许是我睡意尚存，新奇中总免不了有一些迷惑。

什么造下了这个因缘会合？

带着这些迷惑的心境，我挤出山门。山门外有一个平台，下临千尺，山阴雾底，隐藏着另一个森严的世界。这里乱草蔓延，杂树竞长；斧斤不至，野花自妍。我正在沉思，背后却来了一个老妪，一手靠在一个用着惊奇的眼光注视我的少女的背上。这一双老眼显然没有发觉有人在看她，因为她虔诚的望着深壑，口中呐呐不知在向哪个神明面陈什么心愿。抖颤的一双手握着一叠黄纸，迎风抛去，点点蝴蝶一时飞满了天空。散完了这叠纸，老脸上浮起了一层轻松的怅惘，回头推着那个心不知在哪处的少女，沿着山路转过了墙角。空中的黄纸，有些已沉入了雾海，有些还在飘，不知会飘出哪座山外。

一人呆着怪冷清的，于是又回到庙里。既到了金顶为什么不上那座宝塔去望望呢？这座塔有多少层，我并没有数，有梯可登的却只有一层。因为这还是民国以后的建筑，所以楼梯很新式，是一级一级螺旋形转上去的，每级靠中心的地方很狭。上下的人多，并不分左右，因之更显得拥挤。四壁没有窗子，光线是从底层那一扇小门中射入，很弱。人一挤，更觉得黑。我摸着墙壁跟着人群上去，但觉一阵阵腥气扑鼻，十分难受。登楼一看原来四周都是穿着藏服的男女。他们一登楼就跪下叩头，又绕着塔周阳台打转，一下就跪地，一下就叩头，口里散乱念着藏语，头发上的尘沙还很清楚地记录着他们长途跋涉的旅程。我在端详他们时,他们也正在向我端详,他们眼光中充满了问号:哪里来这一个在神前不低头的野汉?既不拜佛又何必登塔?我想大概他们在这样想,至少他们的虔诚的确引起了我这种内心的自疚。我凭什么可以在这个圣地这样的骄傲?我有什么权利在这宝塔里占一个地位挡着这些信士们的礼拜?于是我偷偷的离了他们走下楼来,塔前的大香炉里正冒着浓烟。

我回到宿舍,心里很不自在,感受着一种空虚,被打击了的虚骄之后留下的空虚。急急忙忙的想离开这佛教圣地的最高峰,催着同人赶紧上路,忘记了大家还没有吃早点。

四、灵鹫花底

以前我常常笑那些手执"指南",雇用"向导"的旅行者,游玩也得讲内行,讲道地,实在太煞风景。艺术得创造,良辰美景须得之偶然。我这次上鸡足山之前仍抱着原来的作风,并没有特别去打听过为什么这座山不叫鸭脚,鹅掌,而叫鸡足。我虽听说这是个佛教圣地,可是也不愿去追究什么和尚开山起庙,什么宗派去那里筑台讲经。

事情却有不太能如愿的时候。那晚到了金顶没有被褥,烤火待旦,觉得太无聊了,桌上有一本《鸡山志》,为了要消磨些时间,结果却在无意中违反了平素随兴玩景的主张,在第二天开始游山之前,看了这一部类似指南的书。这部志书编得极坏,至于什么人编的和什么时候出版的我全没有注意,更不值得记着。零零散散;无头无绪的一篇乱账,可是却有一点好处，因为编者并不自充科学家，所以很多常识所不能相信的神话，他也认真的记了下来，这很可满足我消夜之用。

依这本志书说：鸡足山之成为佛教圣地由来已久。释迦的大弟子伽叶在山上守佛衣俟弥勒，后来就在山上修成正果。在时间上说相当于中土的周代，这山还属于当时所谓的西域。这个历史，信不信由你。可是一座名山没有一段动人的传说，自然有如一个显官没有圣人做祖宗一般，未免自觉难以坐得稳。说实话，鸡足山并没有特别宏伟的奇景。正如地理学家张公当我决定要加入这次旅行时所说，你可别抱着太大的希望，鸡山所有的绝壁悬崖，如果搬到了江南，自可称霸一方，压倒虎丘；但是在这个山国里实在算不得什么，何况洱西苍山，这样的逼得近，玉龙雪山又遥遥在望，曾经沧海难为水，鸡山在风景上哪处不是日光中的爝火。可是正因为它没有自然的特长，所以不能不借助于不太有稽的神话以自高于群山了，而且居然因为有这个神话能盛极一时，招致许多西番信徒，与峨眉并峙于西南。

我本性是不近于考据的，而且为了成全鸡山，还是不必费事去罗列一些太平常的历史知识。一个人不论他自己怎样下流，不去认贼作父，而还愿意做圣贤的子孙，至少也表示他还有为善之心；否则为什么他一定要和一个大家崇拜的人过不去，用自己的恶行来亵渎自己拉上的祖宗，被人骂一声不肖之外也得不到什么光荣呢？对于这类的事，我总希望考据学家留点情。

我们就慕鸡山的佛名，不远千里，前来朝山。说起我和佛教的因缘却结得很早，还在我的童年。我祖母死后曾经有一个和尚天天在灵帐前护灯，打木鱼，念经。我对他印象很好，也很深。因为当我一个人在灵堂里时，他常常停了木鱼哄着我玩，日子久了，很亲热。这时我还不过10岁。在我看来他很像是一个普通人，一样的爱孩子，也一样贪吃，所以我也把他当作普通可以亲近的人。除了他那身衣服有些不讨我的欢喜外，我不觉得他有什么别致之处。我的头当时不也是剃得和他一样光而发亮的么？也许正因为这个和尚太近人，给我的印象太平凡，以致佛教也就引不起我的好奇心。至今我对于这门宗教和哲学还是一无所知。伽叶，阿难，弥勒等名字对我也十分生疏。

我所知道的佛教故事不多，可是有一段却常常记得，这就是灵山会上，拈花一笑的事。我所以记得这段故事的原因是我的口才太差，很有些时候，自己有着满怀衷情，呐呐不能出口，即使出口了，自己也觉得所说的决非原意，人家误解了我，更是面红口拙。为了我自己口才的差劲，于是怀疑了语言本身的能力，心传之说当然正中下怀了。我又是一个做事求急功，没有耐性的人。要我日积月累的下水磨工夫，实在不敢尝试，有此顿悟之说，我才敢放心做学问。当人家骂我不努力，又不会说话时，我就用这拈花故事自解自嘲。可是这故事主角的名字我却一向没有深究，直到读了《鸡山志》才知道就是传说在鸡山成佛的伽叶。我既爱这段故事，于是对于鸡山也因此多了一分情意。

那晚坐到更深人静的时候，也许是因为人太累，倦眼惺松，神魂恍惚，四围皆寂，有无合一；似乎看见一动难静的自己，向一个无底的极限疾逝。多傻？我忽然笑了。谁在笑？动的还在动，这样的认真，有的是汗和泪，哪里来了这个笑？笑的是我，则我不在动，又何处有可笑的呢？——窗外风声把我吹醒，打了一个寒噤。朋友们躺着的在打呼，烤火的在打盹。我轻轻的推门出去，一个枪上插着刺刀的兵，直直的站在星光下，旁边是那矗立的方塔。哪个高，哪个低？哪个久，哪个暂？……我大约还没有完全醒。一天的辛劳已弄糊涂了这个自以为很可靠的脑子。

做和尚吧！突然来了这个怪想。我虽则很想念祖母灵前那个护灯的和尚，可我又不愿做他。他爱孩子，而自己不能有孩子。那多苦？真的高僧不会是这样的吧？他应该是轻得如一阵清烟，遨游天地，无往有阻。这套世俗的情欲，一丝都系不住他。无忧亦无愁，更无所缺，一切皆足。我要做和尚就得这样。鸡山圣地，灵鹫花底，大概一定有这种我所想做的和尚吧。我这样想，也这样希望。

金顶的老和尚那天晚上我们已经会过，真是个可怜老菩萨，愁眉苦脸，既怕打又怕吊，见了我们恨不得跪下来。他还得要我们援救，怎能望他超度我们？

第二天，我们从金顶下山，不久就到了一个寺，寺名我已忘记，寺前有一个柏枝扎成的佛棚，供着一座瓷佛，一个和尚在那里打木鱼，一个和尚在那里招揽过路的香客，使我想起了天桥耍杂的，和北平街上用着军乐队前导穿着黑制服的女救世军。这寺里会有高僧么？我不敢进去了，怕里面还有更能吸引香客的玩意。我既没有带着充足的香火钱，还是免得使人失望为是。于是我借故在路旁一棵大树旁坐了下去，等朋友们在这寺里游了一阵出来才一同再向前。他们没有提起这庙里的情形，我也没有问他们。

我记不清走了多少寺，才到了山脚。这里有个大庙。我想在这个宏丽壮大建筑里大概会有一望就能使人放下屠刀的高僧了。一到寺门前但见红绿标语贴满了一墙，标语上写着最时髦的句子，是用来欢迎我们这旅队中武的那一半人物的。我忽然想起别人曾说过慧远和尚做过一篇《沙门不敬王者论》。现在这世界显然不同了，这点苦衷我自然能领会。

一路的标语，迎我们到当晚要留宿的一座庙里。当我们还没到山门时，半路上就有一个小和尚双手持着一张名片在等我们，引导我们绕过黄墙。一大队穿黄的和穿黑的和尚站着一上一下的打恭，动作敏捷，态度诚恳，加上打鼓鸣钟，热烘烘的，我疑心自己误入了修罗道场。误会的自然是我自己，这副来路能希望得到些其他的什么呢？

和老和尚坐定，攀谈起来，知道是我江苏同乡。他的谈吐确是文雅，不失一山的领袖。他转转弯弯的有能力使听者知道他的伯父是清末某一位有名大臣的幕僚，家里还有很大的地产，子女俱全，但是这些并不和他的出门相左，说来全无矛盾。他还盼望在未死之前可以和他多年未见面的姐姐见一面，言下颇使我们这一辈飘泊的游子们归思难收。我相当喜欢他，因为他和我幼年所遇到的那位护灯和尚，在某一方面似乎很相像。可是我却不很明白，他既然惦记家乡和家人，为什么不回家去种种田呢？后来才知道这庙里不但有田，而且还有一个铜矿。他说很想把那个铜矿经营一下，可以增加物资，以利抗战。想不到鸡山的和尚领首还是一个富于爱国心的企业家。这个庙的确办得很整齐，小和尚们也干净体面，而且还有一个藏经楼，楼上有一部《龙藏》，保存得好好的，可是不知道是否和我们大学里的图书馆一般，为了安全装箱疏散，藏书的目的是在保存古物。

佛教圣地的鸡山有的是和尚，可是会过了肯和我们会面的之后，我却很安心地做个凡夫俗子了。人总是人，不论他穿着什么式样的衣服，头发是曲的，还是直的，甚至剃光的。世界也总是这样的世界，不论在几千尺高山上，在多少寺院名胜所拥托的深处，或是在霓虹灯照耀的市街。我可以回家了，幻想只是幻想。

过了一夜，又跨上了那匹古棕马走出鸡山：若有所失，又若有所得。路上成七绝一首：

"入山觅渡了无垠，名寺空存十丈身，灵鹫花底众僧在，帐前我忆护灯人。"

五、舍身前的一餐

我总怀疑自己血液里太缺乏对历史的虔诚，因为我太贪听神话。美和真似乎不是孪生的，现实多少带着一些丑相，于是人创造了神话。神话是美的传说，并不一定是真的历史。我追慕希腊，因为它是个充满着神话的民族，我虽则也喜欢英国，但总嫌它过分着实了一些。我们中国呢，也许是太老大了，对于幻想，对于神话，大概是已经遗忘了。何况近百年来考据之学披靡一时，连仅存的一些孟姜女寻夫，大禹治水等不太荒诞的故事也都历史化了。礼失求之野，除了边地，我们哪里还有动人的神话？

我爱好神话也许有一部分原因是出于我本性的懒散。因为转述神话时可以不必过分认真，正不妨顺着自己的好恶，加以填补和剪裁。本来不在求实，依误传误，亦不致引人指责。神话之所以比历史更传播得广，也就靠这缺点。

鸡足虽是名山圣地，幸亏地处偏僻，还能幸免于文人学士的作践，山石上既少题字，人民口头也还保留着一些素朴而不经的传说。这使鸡足山特别亲切近人，多少还带着边地少女所不缺的天真和妩媚。

从金顶下走，过山腰，就到了华首门和舍身岩。一面是旁靠百尺的绝壁，一面又下临百尺的深渊。这块绝壁正中很像一扇巨大的石门，紧紧的封闭着，就叫华首门。到这里谁也会猛然发问：门内有什么这样珍贵的宝物，老天值得造下这个任何人力所推不开的石壁，把重门深锁。于是神话在这里蔓生了。

不知哪年哪月，也不知从什么地方来了两个和尚。他们抛弃了故乡的温存，亲人的顾惜，远远的来到这荒山僻地。没有人去盘问他们为什么投奔这个去处，可是从他们仰望着穹苍的两双眼里，却透露着无限的企待。好像有一颗迷人的星在吸引他们，使他们忘记了雪的冷，黑暗中野兽的恐怖。这颗迷人的星就是当时的一个盛行的传说。

释迦有一件袈裟，藏在鸡足山，派着他的大弟子伽叶在山守护。当释迦圆寂的时候，叮嘱伽叶说："我要你守护这袈裟。从这袈裟上，你要引渡人间的信徒到西天佛国。可是，你得牢牢记着，惟有值得引渡的才配从这件袈裟上升天。"伽叶一直在鸡足山守着。人间很多想上西天的善男信女不断的上山来，可是并没有知道有多少人遇着了伽叶，登上袈裟，也不知道多少失望的人在深山里喂了豺狼。我刚才提起的和尚不过是这许多人中的两个而已。

鸡足是一片荒山，顽石上长不出禾麦。入山的得自己背负着食粮维持生活。可是谁也背不了多少米，太多了又爬不高，所以很少人能进入深山。大家却又相信伽叶尊者一定是住在山的最深之处，因之一般都觉得限制他们路程的就是这容易告罄，而且又不能装得太满的粮袋。只有那最会计算，最能载得重，吃得少的，用现代的话来说，最经济的，才能上西天。

这两个和尚走了好久，还是见不到伽叶的影子。打开粮袋一看，却已消耗了一半，这时需要他们下个很大的决心了。若是再前走，当然还有一半路程可以维持，但是若到那时候还碰不着伽叶，上不了西天，就没有别的路可走，除了饿死。要想不做饿死鬼，这时就该回头了。

他们坐下来静默了一会儿。"不能上天，就死。"这样坚决的互相起了誓，提起已经空了一半的粮袋很勇敢的向前走去。一天又一天，毫不关心似的过去了。早上看太阳从东边升起，晚上看它又从西边落下。粮袋的重量一天轻似一天，追求者的心却一天重似一天。粮食只剩着最后两份的时候，他们刚走到这石门口。他们灵机一动，忽然这样想：上西天当然不是容易的，一个人下不了决心的也就永远不会有希望得到极乐的享受，现在我们已经到了最后一天，苦已尝尽，吃过了这最后的一餐，饿死还是永生也就得决定了。因之，他们反而觉得安心不少，用了轻快的心情倾出最后一粒米，在土罐里煮上了。静静的向着石门注视。他们想：门背后一定就是那件袈裟，西天也近在咫尺了。

最后一顿饭的香味从土罐里送出来时，远远地有一个老和尚一步一跌地爬上山来，用着最可怜的声音，向他们呼喊。但是声音是这样的微弱，风又这样大，一点都听不清楚。这两个已经多日不见同类的和尚，本能地跑了过去，扶持着这垂死的老人来到他们原来的坐处。这老和尚显然也是入山觅渡的人。可是因年老力衰,背不起多少食粮,前几天就吃完了。他挨着饿,再向上爬,这时已只剩了最后一口气了。他闻着饭香,突然睁大了已经紧闭了的双眼:

"慈悲!给我一些吃,我快死了。我不能死,我还要上西天!"

这两个和尚互相望着,不作声。这是他们最后的一餐。这一餐还要维持他们几天生命,还要多给他们一些上天的机会。他们若把这一餐给了这垂死的老人,他们自己也就会早一些像这老人一般受饥饿的磨难,早一刻饿死,谁也说不定也许就差这一刻时间错失了上天的机会。这一路的辛苦,这一生,不就是这样白费了么?不能,不能。他们披星戴月,受尽人世间一切的苦难,冒尽天下一切的危险,为的是什么?上西天!怎能为维持这老人一刻的生命,而牺牲他们最后的一餐呢?于是他们相对的摇了摇头,比雪还冷,比冰还坚的心肠,使他们能坚定的守着经济打算中最合理的结论。

除了乞怜外别无他法的老和尚,在失望中断了气,死了。两个和尚在这死人的身畔,默默的吃完了他们最后的一餐。当他们收拾起已经没有用处的土罐,这已死的老和尚忽然站了起来,丝毫没有饥饿的样子,但充满着惋惜的神气向他们合掌顶礼,一直向后慢慢的退去。当他的身子靠上石门时,一声响,双门洞开,门内百花遍地,寂无一人。这老和尚向这两个惊住了的和尚点了点头,退入石门,门又闭上,和先前一般。

门外追求者已看明了一切,他们知道这最后的一餐已决定了他们只有饿死的一个归宿了。家乡和西天一样的辽远,粮袋已经不剩一粒米。深渊里的流水声外,只有远地的狼嚎,绝望的人才明白时间是个累赘。他们纵身一跳,百尺深渊,无情的把他们吞灭了。

神话本是荒诞无稽的。你想这回事即使真是有的,也谁会看见?老和尚是伽叶化身,进了石门,两个和尚,魂消骨碎,怎能回来把这个悲剧流传人间?可是神话的荒诞却并不失其取信于人的能力。所以一直到现在,当你在华首门前,舍身岩上,徘徊四览的时候,耳边还是少不了有为这两个和尚而发的叹息。人们的愚蠢没有了结,这个传说也永远会挂在人们的口上。

我站在石门前忽然想问一下躲在里面的伽叶:"你老师给你的袈裟用过没有?"若是永远闲着,我就不能不怀疑这件袈裟除了为深渊里的豺狼吸引食料之外,还有什么其他的用处。我很得意的自作聪明的笑了。

我在笑,伽叶也在笑,山底里两个和尚也在笑,身上突然一阵冷,有一个力量似乎要叫我向深渊里跳,我急忙镇静下来。自己对自己说:"我没有想上西天吧?"

六、长命鸡

我们从短墙的缺口,绕进了山脚的一个寺院,后殿的工程还没有完毕,规模相当大,向导和我们说:"这是鸡山最大的寺院,名称石钟寺。"我从山巅一直下来,对这佛教圣地多少已有一点失望,大概尘缘未绝,入度无因了。我抱着最后的一点奢望,进入石钟寺。一转身,到了正殿:两厢深绿的油漆,那样秀丽惹眼,尽管小门额上写着"色即是空",也禁不住有一些不该在这地方发生的身入绣阁之感。正殿旁放着一张半桌，桌上是一本功德簿。前殿供着一行长生禄位，正中是我们劳苦功高的委员长，下面有不少名将的勋爵。山门上还悬着于老先生手题的木刻对联，和两块在衙门前常见的蓝底白字的招牌，有一块好像是写着什么佛学研究会筹备处一类的字样。我咽了一口气，离开了这鸡足山最大的名刹。

离寺不远，有一个老妪靠着竹编的鸡笼在休息。在山上吃了一天斋，笼中肥大的雄鸡，特别引起了我的注意。岂是这绿绮园里研究佛学的善男信女们还有此珍品可享？我用着一点好奇的语调问道："这是送给老和尚的么？"虔诚的老妪却很严肃的回答我说："这是长命鸡。"自愧和自疚使我很窘，我过分亵渎了圣地。

"这是乡下人许下的愿，他们将要把这只雄鸡在山巅上放生，所以叫做长命鸡。"这是向导给我补充的解释。

长命鸡！它正是对我误解佛教的讽刺。

多年前，我念过 Jack London 写的《野性的呼唤》。在这本小说中，作者描写一只会里被人喂养来陪伴散步的家犬，怎样被窃，送到阿拉斯加去拖雪橇；后来又怎样在荒僻的雪地深林中听到了狼嚎，唤醒了它的野性；怎样在它内心发生着对于主人感情上的爱恋和对于狼群血统上的系联二者之间的矛盾；最后怎样回复了野性，在这北方的荒原传下了新的狼种。

这时我正寄居于泰晤士河畔的下栖区，每当黄昏时节，常常一个人在河边漫步。远远地，隔着沉沉暮霭，望见那车马如流的伦敦桥。苍老的棱角疲乏的射入异乡作客的心上，引起了我一阵阵的惶惑。都会的沉重压着每个慌乱紧张的市民，热闹中的寂寞，人群中的孤独。人好像被水冲断了根，浮萍似的飘着，一个是一个，中间缺了链。今天那样的挤得紧，明天在天南地北，连名字也不肯低低的唤一声。没有了恩怨，还有什么道义，文化积成了累。看看自己正在向无底的深渊中没头没脑死劲的下沉，怎能不心慌？我盼望着野性的呼唤。

若是我敢于分析自己对于鸡山所生的那种不满之感，不难找到在心底原是存着那一点对现代文化的畏惧，多少在想逃避。拖了这几年的雪橇，自以为已尝过了工作的鞭子，苛刻的报酬；深夜里，双耳在转动，哪里有我的野性在呼唤？也许，我这样自己和自己很秘密的说，在深山名寺里，人间的烦恼会失去它的威力。淡朴到没有了名利，自可不必在人前装点姿态，反正已不在台前，何须再顾及观众的喝彩。不去文化，人性难绝。拈花微笑，岂不就在此谛？

我这一点愚妄被这老妪的长命鸡一声啼醒。

在山巅上，开了笼门，让高冠华羽的金鸡，返还自然，当是一片婆心。从此不仰人鼻息，待人割宰了。可是我从山上跑了这两天，并没有看见有着长命鸡在野草里傲然独步。我也没有听人说起这山之所以名鸡是因为有特产鸡种。金顶坐夜之际，远处传来的只是狼嗥。在这自然秩序里似乎很难为那既不能高飞，又不能远走的家鸡找个生存的机会。笼内的家鸡即使听了野性的呼声，这呼声，其实也不过是毁灭的引诱，它若祖若宗的顺命寄生已注定了不喂人即喂狼的运命，其间即可选择，这选择对于鸡并不致有太大的差别。

长命鸡长命鸡！人家尽管给你这样的美名，你自己该明白，名目改变不了你残酷的定命，我很想可怜你，你付了这样大的代价来维持你被宰割前的一段生命，可是我转念，我该可怜的岂只是你呢？

想做 Jack London 家犬的妄念，我顿时消灭了，因为我在长命鸡前发现了自己。我很惭愧的想起从金顶下山一路的骄傲，我无凭无据蔑视了所遇的佛徒，除非我们能证明喂狼的价值大于喂人，我们从什么立场能说绿漆的围廊，功德的账簿，英雄的崇拜，不该成为名寺的特征呢？从此我就很安心的能欣赏金刚栅上红绿的标语了。第二天我还在石钟寺吃了一顿斋，不但细细的尝着每一碟可口的素菜，而且那肥胖矮小的主持对我们殷勤的招待，也特别亲切有味。

既做了鸡，即使有慈悲想送你回原野，也不会长命的罢？

七、桃源小劫

一天半由大理到金顶，在鸡足山睡了两晚，入山第三天的下午，取道宾川，开始我们的回程。这几天游兴太高，忘了疲乏；我虽则在这几天中已赢得了"先天下之睡而睡，后众人之起而起"的雅誉，可是依我自己说，除了在祝圣寺的一晚，实已尽力改善了我贪睡的素习。在归途上，从筋骨里透出兴奋过后倍觉困人的疏懒，为求一点小小的刺激，我纵马跑一阵，跑过了更是没劲。沿路没有雪，没有花，也没有松林。几家野舍赶走了荒凉和寂廓，满冈废地却又带着疏落和贫瘠。平凡的小径载着几十个倦游归来的人马，傍晚我们才进入宾川坝子的边缘。除了远处那一条金蛇似的山火，蜿蜒绕折，肆意蔓烧的壮观外，一切的印象都那样浮浅。现在连那天晚宿的地名，都记不起来了。

我们在那带有三分热带气息的坝子里，沿着平坦的公路，又走了一天。旅队隔成了好几段，各自在路上寻求他们枝枝节节的横趣。上山时那种紧张，似乎已留在山里，没有带出来，怎能紧张得起来呢？前面吸引我们的不是只有平淡的休息么？若是这路是指向蕴藏着儿女热情的家，归途上的心情，也许会不同一些，而我们的家却还在别条归途的尽头。要打发开路端缺乏吸力的行程，很自然的只能在路旁拾些小玩意来逃避寂寞了。我一度纵马跑到前队跟着宋公去打斑鸠，又一度特地扣住了马辔，靠着潘公、罗公说闲话，又一度约同了一两匹马横冲一阵。琐碎杂乱，使我想起了这一两年来后方生活的格调多腻人，多麻木的归途的心情！这种心情若发生在一条并不是归途上时，又多会误人！我想到这里，心里一阵凉。

我们的归途若老是像前两天一般的平坦，这次旅行也一定会在平凡中结束了。幸亏从宾居到凤仪的一段山路，虽则没有金顶的高寒，却还峻险。盘马上坡，小心翼翼，松弛的笑语也愈走愈少。走了大概有三四个钟点，山路才渐平坦。这一片山巅上有个小小的高原，划出一个很别致的世界。山坡上一路都是盘根倔强的古松，到这里却都改了风格，清秀健挺，一棵棵松松散散的点缀在浅草如茵的平地上，地面有一些起伏，不是高低小丘，只是两三条弧线的交叉，"平冈细草鸣黄犊"大概就是描写这一类的景地。清旷的气息，使我记起英伦的原野和北欧的乡色，惟一使我觉得有一点不安的，只是那过于赭红的土色。

这高原的尽头有一个小村子，马快先到的就在这村子里等我们这些落后者。当我们走进那间临时的憩息所时，里面黑压压的已坐满了一屋人。有一位副官反复地正在和本村的父老们说明在军队里师长之上还有更高级的军官。可是善于应承的乡人口里尽管称是，脸上却总是浮起一层姑妄听之的神气。内中有一位向着他身旁老人用着一点不大自信的语气道："没有了皇帝，师长不是最高了么？"副官的话愈说愈使野老们觉得荒诞了。他讲起了有一种叫日本人的打到了我们中国来了。可是我们的总司令却住在他们认为世界上最远的边境大理府。

"大理府？我们有人去过。知道，知道。"可是那种叫日本人的没有到这地方，那自然还在天边，所以那位副官的宣传也失去了他的效力。

他们送上了一盘烤茶，比我在洱海船底里尝到的更浓。一会儿又泡了一盘米花汤，甜得不太过分。我正在羡慕这个现代的桃花源，话却转过了一个方向。里面有一位问起我们是否认识那位"森林委员"。

"我们杀了一只鸡请他，给了他两百块钱。谁知道他临走还拿走了一床毯子。森林委员是来劝我们种树的。种树倒不必劝，要是凤仪那边人不来砍我们的树，也就得了。"——原来这是桃源里小小的一劫。

他们里面有个当保长的，在外面张罗了半天，到头来要留我们吃饭。桃源里有多少鸡，能当得起我们这批游山委员的浩劫？我小声地向身旁的一位朋友说：我看他们准在打算卖去半个山头才能打发开我们这批比师长还大的人物了。天下哪里还有桃源！

宋公递了一叠钞票给保长，"这是给森林委员赔偿那条毯子的。"他们显然有一些迷惑，很可能有几个老年人在发抖，不知是出了什么乱子。委员老爷连茶都要给钱，一定有什么比拿毯子更难对付的事会发生了。

我们上了马出村时，那几个有些迷惑的老人，又觉得自

鸡足朝山记

己做了什么不应当的事一般,急忙的赶出来,一直在我们后面送我们出村。我一路在猜想他们在这黑屋子里,对着那些狼藉的杯盘在说什么话。直到山口又逢着那面县政府收"买路钱"的旗子时,才收住了自己的幻想。

出山口,路很陡的直向下斜去。我们不能不下了马,走了好半天。半骑半走的又有三四个钟点才到凤仪的坝子里。在凤仪的公路上我们坐了一节马车,一节汽车,又顺便到温泉洗了一个澡,在下关大吃了一顿,星光闪烁中回到大理的寓所。

晚上我沉沉的熟睡了。整个的旅行似乎已完全消失在这疲乏后的一觉中。醒来已是红日满庭,忽然我又想起那些桃源里的人昨晚是否也会和我一般睡得这样熟,这叫我去问谁呢?

1943 年 3 月于呈贡古城

《昆厂劳工》书后[*]

国衡把那本一再改写过的《昆厂劳工》的原稿交给了我,预备送出去付印。我又从头读了一遍。我觉得在研究方法上和在解释目前劳工问题的理论上,还有可以补充及发挥的余地;因之,愿意在书末加上几页附言。

一、预定的研究方案

国衡这本书在方法上更可以代表我们研究室所提倡的"社会学调查"或"社区研究"。我在《禄村农田》的导言里曾提到社区研究和流行的社会调查的分别:"社会调查只是某一人群社会生活的闻见的搜集,而社会学调查或社区研究乃是要依据某一部分事实的考察,来证验一套社会学理论或'试用的假设'的。"换句话来说,社会调查者记录所观察的事实之外别

---

[*] 《昆厂劳工》是史国衡所著的一本关于战时云南工厂组织和劳动状况的社会学调查报告。出版时,费孝通将田汝康的《内地女工》作为附录,并将自己长篇"书后"一同编入,以表明研究室同人对工业研究的设想。1944年,该报告由费孝通翻译,以"中国进入机器时代"(*China Enters the Machine Age*)为书名在美国哈佛大学出版社出版。1946年收入吴文藻主编的《社会学丛刊》乙集第三种,由商务印书馆出版。——编者

无其他责任,而社区研究者则还要用理论来解释所见的现象。社会调查的中心是事实,社区研究的中心是理论。

这一番辨别在一个普通读者也许并不发生任何意义。最近我在云南大学及西南联合大学授课,学生中也有很多不太明白这两种方法上的区别。我觉得要明了这区别也许最好是亲身参加这两种不同的工作;次之,是详细比较在两种不同方法下做出来的报告。在农村经济方面用社会调查方法做出来的报告有 L. J. Buck 的 *Chinese Farm Economy* 和 *Land Utilization in China*;行政院农村复兴委员会的各省农村调查;李景汉的《定县社会概况调查》等。在劳工问题方面有陈达的《中国劳工问题》等。这些著作的书末多附有一套调查表格,调查者根据这些表格在实地访问或观察,把结果填入表内。根据这些表上的数字加以分类和统计,就完成了调查工作。我们社区研究的步骤却并不如此。

社区研究的出发点是一套已有的理论,所谓理论是对于社会现象的解释。由已有的理论发生许多相联的问题。根据这些问题去考察事实,目的是在看我们所持理论是否可以解释这些新事实,若是不能的话就在实地观察中去寻求新的解释,形成新的理论。以前我们所出版的研究报告中,我们忽略了把我们研究经过描写出来,并说明我们带了什么理论下乡怎样修改和怎样充实我们的理论。也许就因为这个原因,所以还有一部分读者不能辨别社会调查和社区研究的差异。在印行这本《昆厂劳工》时,我们不妨把我们在开始此项研究之前所拟定的研究方案附在书后,以备读者的参考。

下附的研究方案是根据我们研究室同人和南开大学丁佶先生,清华大学周先庚先生,沈同先生等共同讨论的结果而写成的，时间是民国二十九年八月。在这方案中，读者可以见到我们在设计这项研究时所持的理论和所提的问题；更可见到社区研究者所带下乡的方案和社会调查者所带下乡的表格不同在什么地方了。下面就是预定的研究方案：

云南工业发达中劳工问题研究计划：

一、我们的问题——我们是想从劳工的一方面来检讨后方新兴工业现在所遭遇的问题，并想从这些问题中看到后方工业发达的前途和限制，借此想指出，若是我们想在西南确立一现代工业的根据地，在劳工方面应当采取的种种措施。

西南的新工业能否维持和发达，单从劳工方面说，是倚于能否吸收和维持足够数目的劳工，和能否保护和提高劳工的技术和效率。我们若是要回答这问题就需要多方面的知识，好像：劳工来源，招工机构，工作动机，待遇和报酬，工人生活，组织以及营养和健康。不但我们要知道厂内的情形，同时我们还得顾到厂外的环境。劳工来源的丰富和枯竭是决定于供给工人的哪些社区的组织和经济处境；招工机构常是利用着社会中的原有的亲属、同乡的关系；工作动机又是系于工人对于新工业的期望和他们对于工作本身的态度；工作效率更牵涉到工人在厂外所养成的生活习惯如何，营养是否充足和适当，健康程度如何等问题。这样看来，我们所提出的问题是须从社会、经济、心理、营养、医学等方面入手才能得到比较完全和能适于实用的答案。

集合多方面的人才，在同一的具体问题上，做有系统的研究，在中国尚是一种尝试。因之，我们对于这个研究的目标拟采取渐进办法；先从小范围做起。在小范围中，确定了研究的问题和方法，各项特殊研究能配合得拢，然后可以推广到较大的范围中去。所以我们研究的对象将先限于昆明附近的工厂，将来才扩充到别地的工厂和为其他性质的劳工。

在开始我们这个合作研究计划之前，不妨先把我们觉得在实地调查中应加注意的问题，汇集文章，以作各研究员的参考。

二、外来的劳工——在分析新工业劳工来源时，第一可以问新工业在劳工方面得了多少当地的遗产？云南在战前有多少工业，保有多少有新工业训练的劳工？这一辈劳工有多少是被吸收在新兴工业中？若是有一部分遗漏在原有工业之中的，是为了什么原因？新兴工业对于原有的简单工业（包括市镇的手工业）是否在争夺劳工？劳工向新工业的移动是否造成了旧有的简单工业的没落和衰败？在这里我们得注意到双方工资的高低，工人在两种工业中所处不同的地位（好像新工业中的工人只负劳动责任，不负营业上之风险），新工业是否可以利用一部分原有工业中的技术和习惯？

若是依我们现有的印象来说，云南原有工业并没有给新兴工业多大有用的遗产。现有的新工业可说大多是平地造成的，他们所利用的劳工，重要的是沦陷区里移入的技术工人和从内地农村中直接或间接所吸收出来的农民。我们不妨先论外来的劳工。

从沦陷区里移入西南加入新兴工业的劳工又可分为两种：第一种是沦陷区中撤退出来没有工业经验的人，他们在后方无法进入农业社区，因而挤入工业中。这种人也许并不多，因为这次大规模的移民似乎并没有影响到和土地拉得特别紧的农村人口。我们这次研究可以旁及的看到这次抗战中移民的性质。

第二种可说是现在内地工业中劳工的主干，就是由沿海及中原工业区里移入的技术工人。这辈人固然是维持现在内地工业的主要力量，但是这个力量是付了很高的代价而得来的，因为他们从沦陷区到内地的移动需要一笔费用。这笔费用直接或间接的得在新工业的账上开销。交通的便利日竣，交通的费用日增，内地要和沦陷区工业争夺技术工人迟早要成为一个严重的问题。

云南的新工业若是靠外来技术工人为主干，则将来在战后是否能维持现有的效率，或能否逐渐发达，就得看西南能否吸住他们？能否继续吸收新的劳工？和能否逐渐把工业干部建立在不易外流的本地劳工身上？这样使我们发生了下列的问题：

什么原因使这批外来劳工到内地来的？若是因为沦陷区工业破坏之后才出来的，则沦陷区工业复兴之后，会不会回去？他们现在和沦陷区的工业区还维持着什么关系？他们在内地的生活是否满意？内地能否满足他们的期望，使他们愿意以此为一生事业的根据地？他们和本地已发生了什么联系？有多少已和本地人结婚成家？他们有没有这种打算？他们本乡有没有家属要靠他们生活的？他们若不安于后方，有多少是出于生理上的原因？多少是出于社会的原因？他们健康和疾病如何？事实上，现在这种工人移入的数目是否日渐在减少？有多少从内地重又回沦陷区的？有多少在云南住了一个时期更向内地进去，加入别地工业的？在现有各地的外来劳工中间哪一个地方，哪一种性质的劳工是最能安定在云南？为什么？

若是内地吸收外来劳工的力量只靠着一时的战局关系，则战事结束之后，很有失去这吸引力的可能。从经济上说，内地交通不便，生产成本较高，是否有余力在工资上提高到能和外边工业相竞争，维持现有技术工人？

假定外来劳工不是建设西南工业的可靠干部，则为西南将来工业打算，最重要的事应当是在借这个抗战没结束的时机，设法赶快在本地工人中训练出一批可以接替外来技术工人的干部来。于是我们可以看一看现在内地新工业中第二个重要来源了。

三、从农业到工业——中国工业化的要义是在把一辈本来农业的人变成工业的人。工业化的过程具体地说来是几百万，几千万的农民脱离农村走到工业都市去谋生，是一个个人生活习惯的改造，是一个个人生活理想的蜕化。这一批人脱离了农村，原有的农业组织必然发生变化。同时，这辈带着土气的农民能否顺利地变成工人就成了新工业是否顺利诞生的关键。西南工业诞生得太仓促，从农业到工业的变化因为时间太短，容易发生种种困难，这些困难也正是我们这次研究最主要的对象。

我们可以先从农村方面来看哪种人在被新工业吸引出来？男还是女？他们和土地的关系是怎样的？他们在农村社区结构中占什么地位？为什么他们会离开农村？他们离开农村是预备长久的呢？还是暂时的？他们是否把出外做工好像出外做官一般视作是得到一些农业资本的手段，打算隔几年有了钱，娶个妻子，买些田地在农村中成家立业？换一句话说，在他们眼里新工业是否系农业梯阶中的一级？

在农村中，我们可以见到这一批劳工外出之后所引起的影响。他们的外出使农业劳动力的供给减少了，是否已减少到农业中缺乏劳工以致田亩荒废？农作粗放？工业和农业是否在争夺劳工？农村人口减少对于土地制度的影响如何？以前那种雇工自营的农田经营方式是否尚能维持？出外的工人和农村里的家属维持着什么关系？他们是否寄钱回家使新工业成为富裕农村的一种力量？都市资本从这条路线流入农村有多少成为农业资本，或成为集中土地权的力量？

这批人怎样脱离农村加入工业的呢？第一，我们须看到招工的机构，这并不只是指工厂招工的章程，而是指实际上农民离村入城所依靠的路线。什么机构使农民和新工业发生接触的？谁在怂恿农民出外，再给他们介绍到工厂里去的？他们是不是在利用原有的亲属和同乡关系？

第二，从农业到工业可以并不是直接的，路上分着站。一个乡曲的农民的语言，习惯，举止，态度和城里工人相差太远，所以时常不能一步就跨入正式的工厂之中。他们得在某种职业中先住一住脚，换一换面目，然后正式加入工业中去。

四、农民在工业中——一个农民从农业走到了工业里若是时间太快，很可以还是带着一身乡下人的气味，他在农业里所养成的一套习惯一时不易脱掉。这一套习惯带入了工厂，使初兴的工业发生种种特殊的困难。

第一个最显著的问题是效率。工业和农业中的劳作性质上有很多不同的地方。工业中大都是单调，整齐，耐久的动作，缺乏变化，可是需要比较集中的注意力。这是和农夫们在田野里劳作有很多刚刚相反的地方。田野里的工作可以悠悠地做，停一忽，抽筒烟；高兴时多做做，不高兴停一下。农民在工业中往往会格格难入，于是工作效率特别低。我们可以从不同时间入厂的工人分组比较他们的工作效率。在这里我们可以在效率的变化上，算出一个农民在工作上变成一个工人所要的时间。

第二是工作的动机。我们在农村中曾经看见过农民们常有的经济打算和都市里的工人不同的。都市里的工人生活在生活程度差异很大的社区中。他们不容易知足，天天想着享受不到的东西；因之，他们要尽量地增加收入，想法多挣工钱，努力在效率上求进步。可是农民们却常在生活程度上自划一个限度，一个人达到这个程度之后，就不再劳作了。若是农民们带了这种打算到工厂中来，工资愈提高，请假的日子可以愈多。很多人感觉到西南的工人们有很多要等钱花完了才再做工的，好像南洋和非洲一带的人民一般，这实在是出于农业习惯没有脱尽的原因。

第三是工人的退伍率。在工业中的农民不过是一种过渡的暂时现象。除非在相当时间，他把农业习惯革除，他是不能长期滞留在工业中的。在过渡期间，一部分是被工业所选择了，一部分却给工业所淘汰了。在一个工业的劳力基础没有安稳的地方，好像有个筛子在筛动，不断在不熟练的工人中挑取合格的。被淘汰的工人人数多寡正代表出一个工业的劳力基础有没有稳固的情形。被淘汰的是否回返农村？重视农业？还是在各个工业间来往流动，构成工业中一辈无赖的工人？

五、劳工的利用和保养——新工业得到了一个工人怎样能好好地利用他？怎样能好好地保养他？使我们所有的人力都能充分利用来振兴我们的新工业。在这问题中，我们得先寻出一个普通工人所能做到的工作效率标准，再把那些可以免除的使工作效率减低的因子，好像营养不足，疾病等，全数除外，然得比较各种不同的工作环境，分别各种不同的体型，进而求出各体型在各种工作环境及各种性质的工作中，在不发生疲乏的程度下，所能做到的工作量和工作时间。也许我们所得的是一套标准，不是一个标准。有了这一套标准，然后我们可以讲到劳力利用得当与否了。

利用劳工不得其当，则工作时间很长，效率极低，同时却破坏劳工的健康，减少他们的工作兴趣，效率会一天比一天退步，以至于退伍。这是工业的损失，也可以说是劳工的浪费，不正当的消耗。因之，劳工利用中我们要提出劳工的保养问题来了。

劳工的保养有两方面：一是不过分消耗劳力，一是尽量调整营养，改善工人生活。我们在这里要知道现在西南新工业的劳工的工作效率是否在日趋下降？工作时间是否过长？工作时间过长的原因何在？工人的食料是否足够维持他们工作中所需的营养？营养不足的原因何在？

营养方面我们不但要做食料成分的分析，而且要注意他们膳食的组织。工人们是否个别在家庭中分食的，还是在工厂中共膳的？若是个别家庭是膳食的单位，则家庭的经济状况是否可以供给他们足够的营养？他们工资中百分之几是用在食料上的？工资若是增加是否可以提高他们营养的供给？若他们是公膳的，营养上的管理比较容易，但是各地人民口味是否会发生问题？

疾病也是消耗劳工的一个要素。我们要知道有多少劳工的停顿和退伍是出于疾病的原因。在云南工厂中有哪些疾病是最多？外来劳工在抵抗疾病的能力是否较弱？他们最易患哪种疾病？

六、劳工上升的社会梯阶——上面已说过西南工业能否有一个安稳的基础，最重要的还是在能否在本地的人民中选出一批有效率的技工。而且，我们觉得战事结束之后，外来的劳工有重返故乡的可能。这是西南工业的一个潜在的危机。换一句话说：为西南工业前途着想，本地劳工干部应当在较短可能期间确立起来。

从一个毫无工业习惯的人训练成一个技术工人究竟要经过多少阶段？这里我们还得先从每一种性质的工业来看，在个别的工业里分着多少种类和阶级？然后把许多工业合起来看，构成着怎样的一个梯阶？一个劳工怎样从一个粗工一直爬到顶上去成一个技师？从甲种简单工业爬到乙种复杂工业？这个梯阶是否有爬不上去的脱节？他是否须离开工厂才能转变走到工业中的上级阶层？

可是即使工业中有着一个可以爬的梯阶，工人们是否有能力一级一级地爬上去呢！工人上升的能力有一部分也许是受制于遗传的智力。因之，我们要分别给各种工人以智力测验。有一部分是限于工业组织本身中有没有给工人增进技术的机会。学习技术的机会是在工厂之内，还是在工厂之外？在工厂里半工半学可以爬到什么阶层为止？厂方对于劳工上升的奖励也是很重要的，好像以成绩来决定工资，在工资之外另加奖金，并选拔有才干的工人升级和改变他的工作，或是给他出外学习较高技术的机会等。

劳工在技术上晋级的阻力也是我们所要注意的一方面。在工人间有没有独占技术的帮会？有没有类似学徒制等的组织？我们在这里又要看到劳工的康健，退伍率和对于工业的态度等。

工业组织的性质有时也是决定工作效率和技术进步的一个要素。一个劳工对于他们所做的工作有没有兴趣要看他是否能了解他所做工作的意义。一个在为私人谋利益的工厂中做工的人，他的兴趣不是工作的本身，而是工作的报酬。可是在一个国家存亡所关的国营工厂中工作的人，很可以在工作报酬之外另有一种工作的动机和工作的兴趣。工业性质不同，组织不同，可以发生技术上和效率上进步的难易之别。在这里工人的教育程度，公民观念等都成了我们应当注意的问题了。

七、这大纲的用意——以上是我们在没有开始工作时所能想到的问题。这大纲的用意是在给参加研究者有所参考，而且使各方面比较专门的研究有一个配合的底子。它决不含有限制研究范围的意思。我们将在工作进行中随时提出修正和补充，甚至结果可以完全改了样子。但是我们既要实现合作研究的结果，就不能放弃有一个整体的全面的大纲，使各方面的研究能相辅相关，不但是形式上的联络，而且是性质上的会同。

二、实地观察

规定了研究的方案，第二步就是选择实地观察的社区。这是相当于自然科学的试验室；所不同的是自然科学的研究者可以依他的问题在试验室里安排他该项试验所需的仪器和设备，他可以用人工来控制研究环境，可是我们研究社会现象的人却没有这种方便。我们没有可以加以控制的社会试验室。社会现象依其自身的推演而发生，并不受研究者的全部控制。因之，我们有所要考察的问题就得去寻一个实际社区来考察，所选择的社区又必须有我们所要观察的现象在发生。譬如，我们在禄村研究之后，发生了一个问题就是在内地农村中手工业的发达对于土地制度会有什么影响，我们要回答这问题就得翻山越岭到易村去，因为我们知道这地方有造纸的手工业可以供我们研究上述的问题。

找到了发生着我们所要观察的现象的社区之后还不一定能进行实地观察，因为实地观察社会现象本身包含着人事问题，研究者和所研究的对象都是人，而且得在一个时候生活在一处，所以他们之间，必然要发生社会关系。即使我们不因此种关系而发生阻碍我们客观观察的感情反应，我们也必须时常注意到自己观察行为会不会引起对方的感情反应因而阻碍我们工作的进行。这并不是研究者个人所能控制的。他若遇着不愿意受人询问观察的研究对象，他的工作也必然不能有结果。所以在我们选择观察的社区时，不但要顾到问题的性质，还得考虑到研究时人事上的方便。

我们为了要实行上述的研究方案，所以曾在昆明附近选择可以观察的工厂。依我们方案中所列的问题说，最好同时有好几个研究员在不同工厂里进行观察，因为在任何一个工厂中不一定能见到我们所要考察的全部现象。而且还有许多问题须在厂外加以观察的。但是人才和经费不允许我们这样做。最初我们只选定了两个工厂，一个就是国衡在本书中所报告的昆厂，另一个是以女工为中心的纺织厂，由汝康负责调查，后来因事停顿，初步报告见《内地女工》。

这两个研究技术上略有不同。在昆厂，国衡是住在工人宿舍里，在工人食堂包饭，因之他和昆厂工人的接触机会较多，而且接触的场合亦较自然，我们并不主张调查者应当全部成为被调查的社区中的一分子，譬如在工厂里调查就得实际做工人，这是所谓直接参加法。事实上，这是不能，亦不必的。

以往人类学者喜欢说他怎样被当地土人认为亲属,怎样容许他参加秘密集会,用以表明他观察的可靠。其实这只是表面上的亲热,实际上一个已长成的人在短期间想变成另一社区中的分子是不可能的。依我们在中国农村中调查的经验,尽管嘴上说得怎样甜,我们在别人眼中,甚至在自己心中,总是当地的一个客人。我们并不求脱去这客人的身份,因为我们只有被认为是客人时,问东问西,看这看那,才不会引人疑忌。试问一个本地人怎会对于风俗习惯,甚至各家收入等发生问题的呢?因为我们是客人,固然有一部分事实人家有时可以不愿讲,可是他们也明白即使给我知道了他们不愿本村人知道的事也没有什么关系,我们反正和他们不站在利害冲突上。在工厂里研究,研究者可以在厂做工,成为工人的,可是既做了工人,而想进行调查时,就会引起误会。所以我们主张研究者,以客人的身份住在所要观察的工厂里去。这样,他不但可以和工人中不同的集团,甚至不和洽的组合往来;他也可以和厂方往来而不引起工人的疑忌。这一点在本书中表现得很清楚。

我在《禄村农田》中已说明我们决不反对数字,我们也不怀疑调查时应当利用表格。我们和社会调查者不同的是在制定表格及规定表格中各项意义的手续和应用表格时的态度。在本书,和我们所发表其他的报告一般,凡是可以用数字表示,而且用数字表示比较更清楚时,我们决不避免用数字。可是我们并不迷信数字。每个数字所代表的意义并不是自明的,而是需要我们加以解释的。我们所用的表格并不是在调查之前加以制定的。我们给予调查员带下乡的是一个启发他思想,引导他观察的研究方案。他根据了这方案在实地观察,在实地思索,凡遇着需要用表格来记录有系统的可用数量表示的现象时,他就在实地里当场设计他所要用的表格的格式。譬如本书里关于工资一项,曾用了"推算的"、"额定的"、"所得的"和"过手的"四个项目来记录。这是国衡在实地观察,思索,根据我们所要知道的问题而建议的格式,并不是抄袭其他调查,依样画葫芦,加以制定的。我们的主张是"表格是工具不是主人",这一点是和社会调查根本不同的地方。

我们可以不以表格为主人是因为我们的调查员是和他所观察的对象有亲密的接触,若是我们没有这机会,我们就不能这样了。譬如我们在纺织厂调查时,因为男女有别,我们不能住在工人宿舍里去和工人们发生长期的和自然的往来。我们只能在一定时间,在特别预备下的谈话室里和她们见面说话。这是十分不自然的。我们既然不能对每个工人有个别的认识,所以我们也不能不在谈话前预定了若干项目。更因为对方不相熟识,谈话也时常不能跳越所预定的项目,我们在这次调查的经验中更明白研究社会现象时所受客观环境的限制,所以后来决定除非我们有一个女的研究员,否则不能对女工有正式的研究计划。

读者读完了本书,再看上引的预定研究方案,就会见到其中有很多问题本书并没有答复的,有些是因为在调查期间厂中并没有发生可以用来答复这些问题的现象。有些是因为须到厂外去观察,而调查者还没有这种观察的机会,有些是因为我们预定方案中所采取的理论不正确,发生的问题没有意义,更有些是因为调查者本人没有观察的训练不能得到答复的。

读者可以在上节知道我们在开始这项研究时抱负是很大的:希望集合社会、经济、心理、营养、医学各方面的人才合作做这个与实际建设有关的研究。我们更想在研究方法上采取集体方式，不但在设计研究方案时，我们曾经过好几次集合讨论，而且希望在实地观察期间，观察者每隔两星期就得回来口头向大家报告所见到的现象，由大家讨论其意义，贡献各人的见解。但是不幸的事发生了，使我们无法实现这企图。先是丁佶先生突然逝世，接着是昆明大遭轰炸，各研究机关分别疏散，对于这研究兴趣的人相见都不容易。我们虽则时而得到周先生、唐先生和沈同先生的关心和合作，但是集合研究计划不得不缩小，普通的讨论只限于我们研究室的同人罢了。于是有许多关于健康及心理方面的测验不能不割爱了。《昆厂劳工》只做到了我们研究方案中社会学一方面问题。其他方面只能留待将来了。

我在研究方案的结尾加重说明这方案所根据的理论，所提出的问题并不是限制研究者观察之用，而只是一些启发的暗示。研究者在实地里应当用他的眼光和头脑去校核我们提出的看法，并且修改我们所根据的理论。在这方面本书是一个很好的榜样，国衡在本书中所发挥的理论实在是已超过了我们在设计这项研究时大家所能想得到的了。我愿意在这篇书后重复提出来，引起读者们特别的注意。

三、工作效率

在研究方案中我们认为中国工业化的基本问题是在如何使一辈农民变为工人。我们更从两方面来规定变字的意义，一是地域上的变动，由农村搬到都市；一是生活习惯上的变动，由独立的，悠悠的农村方式变成合作的，紧张的都市方式。我们更进一步认为工厂里工作效率低，工人退伍率高等阻碍现代工业发展的现象是"出于农业习惯没有脱尽的原因"。这个理论实是偏重个人的看法。一方面我们似乎假定了农业和工业两种生活方式的不相容性，虽则我们在研究方案中并没有明白规定这种方式是怎么样的。另一方面我们又似乎认为从一种方式跳到另一种方式过程中所有阻碍不过是个人生理上在时间中所养成的习惯。让我们先从第二点讨论起。

国衡在实地研究中对于第二点先提出了疑问，他在第九章论厂风时开头就说："从上面几章看来，工厂为改进工人生活在各方面已经尽过很大的努力，可是工人的反应往往适得其反。"我们曾屡次提到这种冲突是新的设施和社会传统未达到调整的时候一个不可避免的现象。不过个人的积习和先入为主的观念，也未必可以覆盖一切，习惯和观念既然是逐渐获得的，也应该可以逐渐脱旧换新。譬如说不相信西医的人就未必永远不可以被说服，或用事实转变他们的成见。我们固然不该希望一个初入工厂的农人很快就了然新式工厂的究竟，但反复的教导，长期的学习也该可以破除他们的成见和惰性了。然则工人的行为实际上何以这样难得就范？战事的影响我们已再三提到，生活紧促，心情难安，确实要负一份责任；但从另一方面看，抗战也还可以激发工人的热情，增加效率，何况他们是在国营工厂做工，他们的工作又和军需发生关联，常以爱国自负的工人又何以会发生怠工玩职一类的行为？所以这一定不是习惯或观念所可以完全解释得了的，其间或许还有别的道理存在。

把新工业不能顺利诞生，归过于劳工在未入厂之前所养成的习惯固然有一部分的确实性，但是，国衡所说并不是完全的解释。若这是惟一的原因则我们工业化的过程也只成了一个教育的过程，除非我们怀疑教育的力量。我们可以希望在时间中终可达到有效的工业建设的了。因之我们的研究也应当偏重于工人个人的生理和心理。若是我们要注意社会因素的话，也不仅是限于如何使工人得到教育的机会罢了。我们在研究方案中，虽没有明说，实在是采取了这个观点。譬如我们说："农民在工业中往往会格格难入，于是工作效率特别低。我们可以从不同时间入厂的工人分组比较他们的工作效率，在这里我们可以在效率的变化上算出一个农民在工作上变成一个工人所要的时间。"我们在劳工的利用和保养中又说："我们得先寻出一个普通工人所能做到的工作效率标准，并把那些可以免除的使工作效率减低的因子，好像营养不足、疾病等，全数除外。然后比较各种不同的工作环境，分别各种不同的体型，进而求出各种体型在各种工作环境及各种性质的工作中，在不发生疲乏的程度下，所能做到的工作量和工作时间。"这些方法上的建议表示了我们在当时还认为影响工作效率的因子是体质和工作环境。所谓工作环境，虽没有说明，所指的也限于光度、空间、温度等物质的设备。这种看法实在是普通工业管理者一般的看法。当国衡对这种看法发生疑问后，我们去参考一下对于劳工问题的著作，就发现有不少研究者同样对这种见解发生了疑问的。最著名的是哈佛大学研究工业的一辈朋友们。让我借这个机会把他们的试验简单地一述，以助证国衡的怀疑是发生得有根据的。

快要20年前，哈佛大学在 Western Electric 公司开始一项关于工作效率的研究。第一步是研究光度和工作效率的影响。他们选了两组工人：甲组在不变的光度下工作，乙组在不同的光度下工作。第一次试验乙组的光度变了三次，分别在24、46、70支光下工作。结果甲乙两组的产量在试验期中都增加了，而且增加得差不多。于是他们把乙组的光度降低，低到10支和3支光。结果乙组的产量不但不下降，反而上升；甲组光度不变，产量也逐渐增加。接着他们又改变方法，向工人说光度已经增加，但实际上并不增加，工人们对于光度的"改变"表示很满意，可是产量却并无影响。他们又说光度减少而实际不减，工人们有些抱怨光度不足，但对于产量也没有多大影响。最后，他们把光度一直降到0.6支光，等于在月亮光下工作，那时产量才开始下降——这些结果似乎说明了光度和产量并无一定的关系。

哈佛大学工业研究工作并没有因此停止。他们又另外选出五个女工在一间种种工作环境都能控制的房间里工作。每隔相当时期，工作环境即加以改变一次，看这些改变和产量有何影响。工作环境中如温度，湿度，睡眠时间，三餐的菜单等等都有记录，产量是有自动的记录机把每节工作所需时间都记下，工作的质地也有等级的记录。这个精细的试验一共有5年之久，记录的卡片真是汗牛充栋。世界上对于工人工作做系统的观察和记录，没有比这个试验更精细、完全和久长的了。结果却和上述的试验一般，在工作环境和工作效率之间，找不出一定的关系来。

研究者还是不死心，继续这种试验。这次是比较各种不同的工作时间和休息。好像起初是让工人在朝上和下午多得每次5分钟的休息，后来休息时间加长，并在不同时间插入短期休息，有一个时期，工人在休息期间还可以吃一些东西。这样试验了两年。起初变更一次休息时间，产量也增加一次，所以试验者认为找到了工作效率的决定因素了。可是试验到第七期，试验者决定恢复未试验以前的状态，依他们的猜想，工作效率也会降低到原来程度，可是事实上却并不如此，产量并无变化。

这是什么原因呢？研究者最后才发觉影响工作效率的并不是他们所控制的工作环境，而是在进行这项试验时所创造的心理状态。为了要进行试验，所以研究者和工人间发生了亲密关系。研究者把试验的意思讲给试验者听，使他们能在试验中和研究者合作。他们又时常因试验的需要访问工人对于各种工作环境改变的意见。他们又和工人在管理室开讨论会，使工人们觉得自己的重要，而且认为他们是在参预由大学教授们主持的科学试验。他们甘心愿意合作的心理使他们工作效率大加提高。

这第七期的试验使研究者发觉到人事试验和物质试验的不同。试验一块石头，石头不知道在被试验，并不改变它的性质。人却不然，人是有知识有感情的。他并不是直接生活在自然世界中，而是生活在他知识和感情所改变过的意识世界中。同样是一种光度，若是在两种心情中看去，可以有不同的意义，因之也发生了不同的反应。以往的试验是只去求光度和反应两者的关系，因为缺了中间的一环，所以结果两者的关系无从确立。在上述的试验中，光度和其他工作环境虽在改变，但是工人们却一贯地在愿意合作的心情中做试验，这种心情决定了工作效率之所以上升不落。他们实在是在试验工人对于工作的态度和工作效率的关系。这样，他们那些温度、湿度等的记录，也并不发生多大试验上的价值了。他们应当用另一种技术去记录工人的态度，他们对于工作怎样看法，他们对于同工和上司有什么感情。这些材料却并不能直接用仪器来测量的了。

1928年，哈佛大学的研究者决定改变他们研究的方法了。他们采取访问谈话的方式去研究工人的态度。他们要发现工作环境在工人心理上所具的意义。起初研究者以为工人的好恶可以直接从他们所说的话中得知。若是有人对于某一件事表示不满，这件事若改良了，他也不再抱怨了。可是经了好久的试验，研究者又发现事实没有那样简单。有时一个人抱怨某项工作环境，若是这项工作环境改过了，他又转移他的不满之感在另外一项事上。不满之感并非由某项工作环境而引起，他不过是借题发挥罢了。有时，有人对于膳食极感厌恶，可是一经申诉，又遇着同情的研究者说了一些安慰的话，膳食实际可以并无改变，可是他却感觉到已经好得多了，厌恶之感也消除了。这些经验，使研究者更觉得工人的行为并不全是由厂内工作环境所引起的。每个人有他的生活史，每个人在厂内有他不同的社会生活，占着不同的地位，遇着不同的人物，各人对他有不同的看法，使他对现有生活有不同的估价。在厂外，他还有他的家庭，朋友和其他往来接触的人。这种种过去和现在的生活情境，以及他对于将来的希望和抱负，都是直接影响他工作效率的要素。

哈佛大学的工业研究也因之更进一步注意到工业组织的本身，因为工业组织是工人生活中主要的社会情境。他们又发现在正式的组织之外，工人中常有种种非正式的组织。工人们依他们的历史、兴趣或其他原因，组织成各种小团体。每个小团体中有它的规范和风气，有些是和工厂所需要的不相冲突，可是也有是不相容的。工人们在小团体里获得他们社会生活中所需的地位、面子、尊荣、名誉等等。他们关心于小团体中的批评可以远过于工资和工厂当局对他的褒贬。在这个社会情境中他们认取他们生活的意义。若是要使工人效率提高，最好是使工人们把工厂看成是他们所关心的生活团体。至少也得要使他们小团体所支持的价值和工厂所需的一套不相冲突——从这方面进行研究，研究的对象不是某种工作环境和效率的关系，而是怎样建立一个合作的生产团体了。

我简单地把哈佛大学工业研究的经过转载在这里，目的是在指出国衡对于我们在研究方案中所提的看法发生怀疑是和哈佛大学研究结果相合的。工作效率并不是一个单纯的生理问题，因之并不和工作环境发生直接的关系。我们在预定的研究方案所采取的看法中也忽略了农业到工业变迁过程所引起的心理情境。一个从农村里出来到工厂里做工，若是没有效率，主要原因也许并不是在他从农村里带来的生活习惯和现代工厂的工作环境不合，而是在工厂里并没有发生一种工人们甘心效力的社会情境。工厂现有的社会情境并不能引起工人们高度效率的原因，一部分固然出于这辈工人生活中还带着农民的习气，可是重要的还得求之于工业组织的本身。

四、社会分层

国衡在本书中就注意到同工作效率关系较深的社会因素了。他叙述了几件目击的纠纷之后接着说："上面我们说昆厂中所发生的几件事态，决不是完全出于偶然的，实有其蓄成激动的趋势。这种趋势的主要源流就在厂中工人与管理方面有一种对立的形势。这形势也并不是凭空而来的，原来在我们的传统社会组织中一向就有这种社会分化,昆厂里面所表现出来的对立,正是从这种分化里发生出来的。"他又说,工厂纠纷"最基本的原因是我们社会里已经有一个劳心和劳力的分野,劳心者治人,劳力者治于人。职员是所谓长衫阶级,代表劳心的一面;工人没有受过教育,是靠体力谋生的粗人,代表了劳力的一面。所以前面提到过的那个监工因为工人的名义不好听,就情愿自己家里贴钱来升他做职员,升了职员就算晋了一个社会等级,比较有光荣,有光荣才有出路。我们的社会阶梯是由仕途入宦途,升官和发财是一套连环。所以从身份,等级和出路去看,职员总要比工人高出一等,在这个社会环境里职员看不起工人,工人对于职员由羡生忌,也正是情理之常。惟其如此,才有职员说工人是小人不可以理喻,才有厂医对职员另眼相看,才有管理员看见工人手指被打断,还说不关重要。两群不同等级的人聚在一起,在上的一层忽略了在下一层的幸福和痛苦,好恶和荣辱正是社会上常有的事……这种态度带进了工厂可以成为从农业过渡到工业的一个大障碍。除非我们工厂里面负管理责任的中上级干部抱定主张,拿出眼光来,一扫这种成见,以生产为前提,把工人看做一体,对他们求了解,具同情,才可以开拓一种新的风气。否则在我们工业建设当中,在劳工的因素上,这个问题将比人力供给更为严重"。

我不避冗长地抄引上面一段话,因为我觉得国衡在这一段话里对于我们在研究方案里所提的理论有了重要的修正。我们把农业到工业的过程看成了个人习惯的改造,上节里我已经说明了这种看法的不完全,可是我们应当怎样重述这问题呢?国衡在上引的一段话里至少已暗示了农业到工业的过程是一个社会结构变迁的过程。农业里所养成的社会结构并不合于工业的需要。国衡所提出的传统社会分化，劳心和劳力的隔离以至于成为社会身份的高下，是可以追溯到农业社会的特性的。这种分化在现代工业阻碍了合作的契洽，以致发生工人与职员的对立，这种心理上的歧视实是现在中国劳工问题的症结。关于农业和社会分化的关系，我愿意在此补充地加以说明一下：

中国农村的基本特性是人口过多。人口过多有两个意思，一是当地资源不足以给人民足够的生活，一是当地经济活动不足以给人民足够的工作。结果一方面是贫穷，一方面是失业。在中国农村贫穷是大家可以目睹的事实，失业却因家属的相互扶持，不像欧美都市中的明显。但是所有研究吾国农村经济的人一致同意农民们至少有一半时间是旷费在不生产的活动中。丰富的人力挤在有限的土地上，使人工成为生产中最便宜的一项。世界上很少国家可以和中国农民的手艺相比，同时也很少国家可以见到像中国农民的胼手胝足劳苦终日的。很多地方畜力都比人工为贵，以致牛马畜力用在农作上的数量远没有人工的多。这样便宜的人工使一切省工的机械失去其意义。一般农民发愁的是没有工做，哪里谈得到节省人力？我们记得当现代交通工具传入中国的时候，反对最烈的是劳动大众。铁路上卧轨，电车被捣毁，因为这些新的工具夺去劳工的生活机会。只有人力车才是不受反对的交通工具，因为这种工具并不节省人力，反而添加人力，人口过剩的东方也是人力车通行的区域！

劳工便宜，工作上不求替力的设备，以致粒粒皆辛苦，劳作总不免是一种血汗之事。因之，凡是能不必劳作而获得生活的人必然会把脱离劳作视为可贵的优裕。有闲阶级就在这种背景里发生了。他们靠了租佃制度把土地交给别人去耕种，而自己享受土地上大部的收获。在人口众多，土地有限的环境中，不愁没有一大批无田无地的穷人，愿意接受苛刻的条件，租地当佃户，于是较大的地主很容易变成不劳作的有闲阶级。劳力者役于人，劳心者役人的社会分化于是成立。

有闲阶级脱离了劳作可以从事于较高的文化活动。他们有钱有闲可以学习那艰难的文字。中国传统的文字决不是一个每天得靠劳作才能生活的人所能学习的，至于经典之类的学问更是须毕生努力，远非这些劳工所能妄想。可是在传统社会中，礼法是维持秩序的纲纪，不读诗书就不配成为维持社会秩序中的权力，于是那些有闲阶级，因有闲而有学，因有学而有势，成了传统的士大夫阶级。役人的劳心者并不是劳其心于生产事业，而是劳心于统治工作。劳力的在被统治中经营维持社会的经济活动。这两种人在社会上形成了高低两种身份。

现代技术的发展使劳心和劳力的性质改变了。在传统的生产活动中动力的来源是我们的肌肉，因之有不必劳心而偏重于劳力的人；而且因为技术简单所以不劳力的人就得凭借权力来获取劳力者所生产的东西，役人的方式于是发生。现代技术是起于自然动力的应用。人并不是动力的供给者，而是动力的运用者，所以生产活动的本身逐渐脱离劳力的性质而成为劳心的性质了。他们不是以劳心来役人而是以劳心来役物。不论是一个车床上的小工，或是一个管理整个工厂的工程师都是运用心思来利用机器以应付物力，所不同的只是应付的对象有广狭罢了。一个工程师可以是要指挥许多工人，他得应付人，可是他应付人是在配合各人所运用的机器以完成共同的生产目的，这是和地主役使佃户或仆役的性质不同。地主是从佃户和仆役的劳力中直接获取他个人的享受，而一个工程师指挥工人是在完成这团体活动的共同目的。在现代工业组织中只有工作和责任的划分，本质上已没有身份的高低。

国衡在本书中指出了在我们的现代工厂中还遗留着传统身份的划分。大多数在厂里工作的人还保留着工人是役于人，职员是役人的观念。工人和职员既是社会上两种高低的身份，而人的本性都是想由低级爬到高级，于是一般工人的心目中，他们的出路并不是在技术上求进步，而是在想抛弃工人的身份，从役于人变成役人的地位。这种传统的观念不变，工人这个阶层也就不容易吸收住肯努力的人才，只有那些爬不上去的人才不得不停留在被社会所轻视的地位上，这些人自不会安心，也不会拼命工作了。而且责在配合团体活动的职员若有意无意地以役人的态度去对付工人，甚至以个人的服役作为升迁工人的原因，分工精密的现代工厂组织中，就会发生配合不拢的弊病。工人和职员间，各级工人间的对立就是分工而不合作的病象。

还有一点我们应当注意的就是在传统农业社会中，劳力到劳心，役于人到役人，被统治者到统治者——是一条社会地位上升的通路。一个处在低级的人若是肯努力，在相当时间内，本人或是他的子孙，可以爬到上级，所以这两级是在一条梯上的，爬得上去的。因之，虽则我们可以说劳于统治的地主们不一定用心思在生产事业上，常成为社会上的寄生阶级，可是这个享受阶级的存在也正给了每个农田上胼手胝足的农民们一个努力的目标。有为者亦若是，多少也是鼓励一个工作者的力量，一个向上的志气。工作有目标，做人有志气，是工作效率的来源。

目前过渡时代的中国工业里，传统观念虽则没有很清楚的改变，传统的事实却已改变了。那种处于工业组织低层的工人们，在观念上被人看不起，在事实上也爬不到被人看得起的职员阶级。一个管理工厂的职员，大部分都得受过中学教育；穷苦人家的子弟须入厂做工来谋生的，很少有得到这种教育的机会。在工厂里做工，可以从小工到技工，但不容易做到一个比较高的职员。职员所必需的文字训练不是一个做工出身的人所容易获得的。国衡曾提到一个由工人出身的管理员不受高级职员的赏识，表示了这个职员在行为和气味上不能进入职员的团体。工人和职员因为来源不同，在礼貌、谈吐、举止、态度上已有不能混合的分化。从工人到职员的上升路径上已有严重的阻碍，上级职员都是大学甚至是留学出身的人，说话时常夹着英文，工人怎能想象有为者亦若是？那个要国衡补习英文的工人，即使学会了英文又会发现还有其他必须补习而比英文更难的东西，使他失去上进的志气。这些事实摆在眼前，怎能使工人们不觉得前途暗淡，一辈子也不过是一个被人看不起的工人。这在汝康所描写的女工中更是清楚。在一个没有前途，没有出路，没有希望的事业中生活，不是三日京兆，暂时驻足，等待有较好的机会，就是因循苟且，敷衍塞责，在烟赌和酒色上去寻求片刻的刺激。

　　国衡这种分析，使我们从个人的生活习惯去解释现在中国新工厂中人事问题，走入了对于社会情境的分析了。在这里我们可以进一步追问，为什么在现代的工厂组织中还会遗留着传统的结构？不但在我们中国如此，即在工业先进的欧美，工厂里也有非正式的组织存在，我在上节介绍哈佛大学的研究时已经提到。这问题使我们不能不讨究到现代工业的基本性质了。

五、现代工业的病症

远在1829年，法国有一位工程师已经注意到这问题。他就是Frederic Le Play。他研究欧洲的劳工从那时起一直到1855年。在这个时期他在欧洲大陆上各处旅行、观察，发现了工业愈发达的地方，生产事业中合作的程度愈低。他为此问题调查了许多不同的社区作比较。写了六大册的报告，从1855年到1879年出版行世。他在第一册里描写欧洲东北部的农业和渔业的村子。这些社区里的人和人有充分的互信和互助，维持着和平和安定。每个个人生活在这种社区里明白：他和团体有什么关系，一举一动对于团体会有什么影响，团体里的礼法对于自己有什么意义。他不必需别人的干涉才去实行某项规范，因为在他这些规范不是限制个人行为的桎梏而是达到个人生活的方便之门。个人和团体的高度契洽下，每个个人间的行为也就配合得像是球场上的队伍。个人的参预团体生活是出于自愿的。

Le Play逐渐向西欧研究过去，工业化的程度也逐渐加深。生活程度是提高了，可是社区生活却"动摇"了，有些而且已经在"解组"中。他又把这些形式的社区详细描写了下来。现代工业社区，依他看来，已经失去了和平和安定的能力。社会规范的权力已被忽视，亲属的联系已被拆散。在这种情形下，秩序得靠腰边挂着武器的警察来维持。每个人不安于他的现实，梦想着更好的去处，永远在不满足的心情下追求新异和刺激。个人间的联系一断，社会的重心也就不再契洽，而在于当前的利害，换一句话，人不得不集合而集合，不是出于自愿的去经营共同生活。Le Play更指出了三种弊端发生：一是财富的误用,财产所有者脱离所有的东西,而寄生在这上面;不利用人和物的关系去增加人和人的联系,反而去增加人和人的对立;二是知识的误用,人对于人事的知识不用来去增加人和人的合作,反而去减低人对于文物制度的信仰而损害它的威权,以致人和人间缺少了认真的精神;三是权力的误用,表现在风俗习惯礼法中的团体权力被人漠视之后,社会秩序的维持只有靠人为的暴力,以致发生彻底的专制,不顾及社会利益的权力习惯或个人的权力产生——一言以蔽之,人和人的合作从自动变成了被动。

接着 Le Play,在法国社会学中有 Emile Durkheim 继起。他更从理论上发挥现代工业兴起之后,都市社区不但是丧失了人和人间的契洽,而且个人也因之失去了他生活的意义。这"一堆散沙般的个人"只在物质享乐上苟延残喘。超于个人的价值已不受人注意,自觉洒脱和漂亮的人靠一些眼前的刺激过他的日子。一旦遇到挫折,他可以抛弃生命来作最后的解决,自杀了事。

依 Le Play 和 Durkheim 的说法,现代工业似乎是一种病菌侵入到和平安定的社区中,用着一点物质的享受,引诱着人们放弃他们生活的意义和人生的愉快,终于走上毁灭之途。他们的看法是否过于悲观,我们暂时放一放不论。有一点我们在这里要提出来的就是自从新的技术发明以来,人类对于自然支配力突然增加。在利用新技术,获取更大的物质享受的过程中,我们需要更多的人的集合,作更细的分工。也许是因为技术进步得太快,这许多被技术条件所集合拢来的人显然还没有在心理上,在感情上,适合这新环境,以致发生了如 Le Play 和 Durkheim 所描写的那一大堆倾于自杀的沙砾般的个人,同时这堆沙砾般的个人在技术上不能不在一个生产系统中工作，进而发生了 Le Play 所说的三大弊病，这三大弊病到今日已表现得没有人再能否认了。100多年前的先见并没有减轻我们在目前所受这三项弊病的磨难！

可是我们却不愿跟着 Durkheim 一般的想法认为是甘心走入这种没有组织的社区中去的，尤其是那些在早年曾经在比较完整的社区中生活过的人，他们不能爽爽快快地从愉快的环境走入不愉快的环境。我们一方面得去看为什么他们走入工业社区里去（假定 Le Play 和 Durkheim 的理论是对的，则抛弃健全的生活接受不健全的生活，显然必有理由，不能是一种自然的过程），另一方面，若是他们不得已而走入了工业社区，他们怎样去适应，怎样在可能范围中去保留他们曾经借以获得愉快生活的组织？这两个问题使我们回到了国衡在这本书里所描写的昆厂了。在这里我们也许可以得到一些线索。本书用事实证明了工业初期劳工的进入工厂并不常是工厂本身的引诱而是社会其他力量逼着他们走上这条路的。而且我刚才所提出：为什么在现代工业中还留着过去传统的组织，甚至不受承认的遗留成为非正式的结构，这问题是否可以用劳工们怀念着过去愉快生活的结构，在个人化了的社区中去追求社会生活的企图来解释？

我们若是修改了"从农业到工业"的公式而代替以"从有组织的社会生活进入无组织的社会生活"，比较上更容易了解昆厂工人们自觉的或不自觉的所遭遇的困难了。让我举一个例子来说："我睡觉的那间房子里，时常听到为了门窗的开关问题而起口角。有时到了熄灯时候，还有人抽烟筒下棋或高声谈笑，闹得全室不安，有人起而干涉，反转来引起更大的骚扰，还有工人半夜起来开了灯忘记关闭，以致天犹未明，已有人受了灯光刺激而早醒，彼此交谈，结果亦影响全室。还有那个18号的帮工，每两周有一周夜班，日间也睡在同一寝室内，其他工人进进出出，自然使他不能入眠，若是遇到有特别的事故，他也靠着一股亢进的精神，和做日班的工人一同行乐。他还告诉我他很爱做夜班，就是因为夜来做工心思很集中，白天没事又可很痛快地玩耍，可是他并未想睡眠不足，会妨碍心身的健康。"

读到这一段话，使我们想到车站等车时的情形，这是一个描写没有社会组织的最具体的记录。国衡虽则用工人们的生活习惯来解释这种杂乱的情形，他的意思是在说他们在家乡本来生活上有秩序的，可是一旦进入这新环境，没有了传统的维持秩序的权威，大家就毫无顾忌地谈笑下棋，口角起来。这显然不只是习惯问题，而是说他们有在秩序生活中过活的能力和经验，可是新环境并没有利用他们这种能力去建立秩序，以致大家顾不得身心的健康了。换一句话说，在这个新环境中，尚没有规定生活秩序的组织，以致使那些人无法无天起来。我觉得这现象并不是工人们没有秩序生活的习惯，而是因为没有秩序的环境使他们无所适从罢了。

或者说工厂并不是没有秩序，依着工厂所颁布的法令，没有一件事有无所适从的道理。这句话同样可以应用到现代的都市，若说现代都市没有秩序自然是不合的。可是现代都市的秩序却和乡村中传统的秩序性质不同。依 Le Play 所分析，一种是自动的，一种是被动的；一种是发生在人和人的契洽中，一种是发生在权力的控制中。在家庭里，出息有序，各人起卧的规则绝不需明文规定，也用不着有具体的权力来维持这种节奏。可是一到了昆厂的宿舍里，明明有一定的规则：什么时候上床熄灯可说全规定了。可是因为不是自发的秩序，所以一旦这些法则没有有效的权力去维持也就等于废纸。同时，我们也可以设想，即使有权力，能否使每个人就范，这是问题，除非这个权力很强，否则不易发生效力。而很强的权力是否可以发生在工人的宿舍里？厂方所以不施行压制的原因也许就在怕得罪了这辈工人，以致引起退厂等事。这里告诉我们一个社会秩序的真正基础不在权力的维持，而在自动的守法。自动守法却出自更深一层的条件，就是 Le Play 所说的必须个人和团体有高度的契洽。

这样讲来，我们至此不能不提出现代工业组织中是否有达到高度契洽的可能了。

在现代工业发达的初期，因为原有的传统社会组织，西欧的封建，不能适合于新技术的利用；握有新技术的是传统社会中没有权力的人，有权力的享受他们传统的特权，不必在新技术中谋发达。新工业没有承继传统的社会结构，反而是一种要求解脱于传统机构的力量。新兴中产阶级兴起，逐渐占领社会的地位时，他们提出了一种新的社会观。他们认为人和人的合作是出于各个人的私利。每个人若能用理智来打算怎样得到最大的利益，社会上才能有最有效的分工体系。这是个自然定下的规律，冥冥之中好像有一只看不见的手，在根据各个人的自私心安排了社会的秩序。在个人说，不必去担心这个秩序，只要一心一意地在竞争中去追求最大的利益。这种社会观在当时的确有它的用处，因为在新技术中开辟了无限获取财富的可能性。在这可能性下需要有胆量，有创造力的人去实现。传统的那种安分的态度不但不合时宜而且是阻碍利用新技术来开拓财富的力量。这种"成功即是道德"的信念打破了社会身份的拘束，使当时的人集中力量来推动这新的生产力。可是也就是这个经济个人主义使一般企业家忽视了组织生产力时的人事要素。经济个人主义把社会看成了只受需要和供给配合的市场，把人看成了一个合理计算的经济动物。在这种看法之下，一方面发生了正统派的经济学，一方面发生了 Le Play 所描写的现代工业社区的病症。

在一个竞争有自由，成就根据竞争的秩序里，个人工作的动机可以是对于将来成功（并不限于经济的收入）的期望。最显著的例子是工业初期的美国，有无数从世界各地移来的劳工，愿意为多得一些工资而接受 16 小时以上的工作。他们反对缩短工作时间因为他们的注意焦点不在工作当时的甘苦，而是在未来的荣誉和生活。为未来，他们尽可牺牲目前。他们愿意这样不顾死活地追求未来，是因为当时美国的经济中，有着充分的机会来酬报努力的人，竞争是成功之路，一点都不假。如洛克菲勒，如卡内岐，哪个不是个穷小子出身？在这时，工业的效率似乎是不大成为企业家所担忧的问题。到了第一次世界大战之后，即是像美国这样的新大陆，经济机会在现有的社会结构中，已不是可以作为努力者的报酬了。大企业家统治了经济机构，一切的利益都集中到他们手上去了。于是一辈在工业里工作的劳动者除了每星期每月所得到的工资外，别无什么可以期待了。"为什么要努力工作"也就成了一个问题。当然企业家可以用开革工人，甚至用长期停雇来威胁工人，使他们不敢不拼命工作。可是这种鞭笞的方法永远不会达到目的的。工人们终于组织起来，用罢工、怠工以及一切同样不顾道义的手段来对付企业家。这种劳资间的冲突暴露了经济个人主义已不适宜于成熟了的工业组织。一辈有见之士，也逐渐看到目前的经济秩序中已发生了很严重的毛病。在 1933 年，Sir Arthur Salter 就说，一个社会的秩序中决不能缺少"集合的决心"。在 Sir George Paish 的 *The Defeat of Chaos* (1941) 里更具体地用"愿意合作的精神"来说明世界经济秩序所必需的要素。他们都感觉到 200 年来对物的技术确已大大的增进了，可是被对物的技术所联系的庞大人群（从工厂起到整个人类）之间却表示出他们契洽的精神在同一期间非但不增加，而且反而退步了，退步到不必有专门学识如 Le Play 如 Durkheim 才看得到，就是每一个经营工厂的管理员都切身感觉到工人的效率问题了。

最先，一般发生效率问题的人，并没有想到这是社会结构本身的一种病象，而是以为可以头痛医头，脚痛医脚的。他们注意到疲乏的生理基础。哈佛大学工业研究所最早也是从生理上来研究疲乏的原因的。从工人个人血液里的毒素慢慢研究出来，一直到心理和社会原因。在过去十几年中工业人事的研究里逐渐分出两种倾向，一是从现有工业实际需要着想，为种种病态求取治疗的方法，好像是对于疾病的研究发生临床治疗的医术。哈佛大学的 F. J. Roethlisberger 就注意到怎样去诊断，怎样去了解病情，同时也指出了治疗时医生们应取的态度，以及若干已有效验的技术，好像谈话，讨论，意见箱等等。他注意人事调整，以获得充分合作的技术问题，所以他觉得人事上的毛病和身体上的毛病一样是每一个病症有它的特殊性。天下没有万应丹，人事上也没有一个可以解决一切问题的方案。每一件事，每一个人，凡是发生不能顺利工作时，就得依事依人加以诊断。

在一个已经有很长久历史积重难返的结构中，若发生了病症，第一步自然是求医疗治。可是社会制度毕竟不是生物机体。生物机体是无法改造的，有改造可能的话也是需要极长的时间；社会制度是人造的，所以也是人所能改的。若是我们发现了现有工业制度中有着病症，我们不但可以就这机构内加以治疗，也可以改造这机构本身，取消这种病根。在我看来，我们没有理由相信人类发明了新的技术就永远不能再恢复传统社会中高度契洽的社会组织。现在固然是因新工业兴起而发生了社会解组的现象，这可以看做是一个过渡的情形。若是人类还想绵续不绝，必然不能长久维持现在这种用新技术来互相残杀，互相对立的局面。从科学里得到的力量可以提高我们生活也可以促进我们的死亡。怎样能利用新技术来生产，更以增强了的生产力来提高我们的生活是我们必须解决的问题，合理的工业组织是其中的一部分，也是最基本的一部分。

我们在这里固然不能提出一个简单的方案，但是我们可以说的就是：这本书至少可以使那些讨论中国工业建设的人注意到工业制度本身的问题。工业建设不只是盖厂房，装机器；而是一个新社会组织的建立。在这新社会组织中我们得利用科学知识所发生的新技术来谋取人类共同的幸福。在这组织中一切参加的人必须有高度的契洽。我们决不能因目前工业组织中的种种病象而回头。过去传统社会中确曾发生过契洽，每个人都能充分领略人生的意义，可是这种传统组织并不能应用新的技术。新技术已因分工的精密，使我们互相依赖为生的团体范围扩大到整个人群。我们不能在小团体中求契洽以为满足。从新技术中所得到的力量已使我们若不用以来求与人类的契洽，即将毁灭这没有契洽而生活已打通了的世界。我们也不应成一个悲观主义者，觉得人类贪了物质上的便利，出卖了灵魂，更因灵魂的丧失，连肉体都不能保存。我们面前只有一条路就是确认现有社会组织没有完成一个新的蜕化，我们得在过渡时期的病症中去探求一个新秩序的方案。头痛医头，脚痛医脚虽然在小范围中可以见效，但是这究不是根本的办法。我们可以承认疗治性的人事调整的价值，但是我们觉得，我们还有一个责任去讨究一个比目前工业组织更能适合于应用新技术，更能有效率，也更能促进人类幸福的组织。

我们这番话似乎离开本书的本题太远了。可是我们从国衡在本书中所提出的看法中再引申出去自然不能不使我们推考到工业社会的本质上去。在我看来，这本书使我们已经可以明白现在昆厂里所发生的种种人事上的问题是现代工业中普遍的现象，是出于从有组织的传统社会变化到能应用新技术的新组织中过渡时期的现象。在这过渡时期因为社会的解组，生产关系并没有建立在人和人的契洽之上，因之传统的结构，因其曾一度给人以所需的契洽，遗留在新时代成为非正式的潜在结构。这些潜在结构一方面固然满足着人们的社会需要，另一方面却阻碍了新技术的有效利用。

这种理论是这次研究的结果。我在这书后重述这理论的意思是在指明我们的方法，怎样从理论出发进入我们实地观察，观察的结果怎样修改原有的见解，形成一套新的理论。这套新的理论又将为我们以后实地观察的出发点。读者把我们在本节里所提出的看法和我抄录在前面的研究方案对照一看，就可以明白理论和观察的关系了。我因为有些读者看了我们社会学丛刊乙集的报告之后,而不明白社区研究与社会调查的分别,所以在书后加上这几页说明这本报告中理论和观察是怎样联系起来的。

> 云南大学社会学系研究室
> 魁阁,大城,呈贡,云南
> 1944 年 12 月 18 日

迈向人民的人类学[*]

在这样一个时刻，千里迢迢，远涉重洋来到这北美胜地丹佛，接受应用人类学学会给我今年的马林诺斯基纪念奖，我的心情已经远远超过了寻常的欣慰和感激。这一时刻把我带回到了42年前我和我的这位在我这一生的学术事业上打上了深刻的烙印的老师分手时的情景。他再三叮嘱我，一定要把对中国社会文化的研究继续下去。他对我们中国人民和中国文化怀着深厚的同情和爱慕，具体地表现在他对我们这些中国学生的那种诲人不倦、关怀体贴的教育上。他期望他所创导的社会人类学的研究方法也能在中国的社会科学的园地里做出可能的贡献。可是时至今日，就我来说，岁月飞逝，成绩安在！在这一时刻，要我来接受以纪念他的名义授予我的荣誉，除了深深地感到惭愧之外，我还能说什么呢？更使我不安的是在这位老师的巨星陨落之后不久，世事的变化使我和海外同行长期阻隔。今天又能欢聚一堂实属喜出望外，但试问我能带些什么来奉赠给久别重逢的老友呢？如果朋友们容许我冒昧地利用这个讲台来叙一叙我个人这多年来从事社会人类学或社会学这门学科的经历和体会，我将感激你们的宽容，这种私人间的恳谈其目的

---

[*] 本文系1980年3月作者在美国丹佛接受应用人类学学会马林诺斯基奖的大会上的讲话。——编者

无非是在疏浚那一度被堵塞的思想渠道，为今后的切磋砥砺扫除一些障碍。但愿别久增情谊，枝异见新妍。

回想起来，我师事马林诺斯基教授为时不久，只有两年，从1936年到1938年。我就教于他的门下并非出于偶然，实有我内在的原因。这些原因中首先可以提到的是我学习社会人类学的动机。我在 *Earthbound China*（1944年）一书的导言中有过一段自白。当时作为一个30年代的中国青年，处于民族和国家存亡绝续的关头，很容易意识到个人与社会集体的密切关系，而觉悟到不解决民族和国家的前途问题也就谈不到个人的出路。要在这个史无前例的大变动的时代里心安理得地做一个自认为是有意义的人，当时像我一样的那些青年人，开始认识到必须对我们所生存在其中的中国社会有清楚的理解，因而要求摸索出一条科学地研究中国社会的道路。

今天我一上来就提到我这一生学术活动的出发点可能是恰当的。因为今天聚集在这里的来自世界各地的朋友们，都是矢志于应用人类学这一项学术事业的人。我早年所追求的不就是用社会科学知识来改造人类社会这个目的么？科学必须为人类服务，人类为了生存和繁荣才需要科学。毋需隐瞒或掩盖我们这个实用的立场，问题只是在为谁实用？用来做什么？我们认为：为了人民的利益，为了人类中绝大多数人乃至全人类的共同安全和繁荣，为了满足他们不断增长的物质和精神生活的需要，科学才会在人类的历史上发挥它应有的作用。

抱着这个目的，这些要学到一些能改造社会、为人民服务的有知识的青年人不能满足于当时学校里、课堂上所传授的有关中国社会的书本知识。他们中间有一些人跑出了书斋，甚至抛开了书本，走入农村、城镇等社区去观察和体验现实的社会生活。

社会生活本身归根到底是一切社会知识的来源，这一认识开动了当时的一些青年人的脑筋，开展了当时被称作"社区调查"的这项通过实地观察和体验社会生活来了解中国社会的学术活动。

这种研究中国社会的方法对当时的青年人是有吸引力的。我就是提倡和实行这个研究方法的积极参预者。但是通过实地观察体验得到的许多资料怎样去整理、分析、解释以达到认识中国社会的目的呢？为了解决这些问题，我找到了马林诺斯基教授的门上。在这位老师的指导下，我把去英国前在我家乡一个农村里所记下的调查资料，整理和编写成《中国农民的生活》（1939年）这本书。这本书是实践上面这段话的一个试验。

我这位老师主张到活生生的人们社会里去研究人类社会，这是很早就闻名于世的。这正是我不远千里求教于他的吸引力。早在1926年，他在纪念他的老师弗雷泽的著名的文章《初民心理中的神话》里已经写下这样号召："我将邀请读者们走出关闭着的理论家的书斋进入人类学开阔的园地里的新鲜空气。"这种人类学开阔的园地里的新鲜空气就来自他自己多年和当地居民生活在一起的大洋洲的一群名叫特罗布里恩德的小岛，一个和我们自己的社会一样充满着悲欢离合、动人心魄的戏剧般的人生的舞台。我并没有问过他，什么动机驱使他背叛了他前辈那种闭门冥索的经院派传统，去开创出一个当时不免令人侧目的非正统的学派。对于像我这样从改造社会出发而追求科学的社会知识的人来说，他的这种主张似乎是不成问题的自明之理。也正是因为这样，长期以来使我对这位老师在人类认识自己的社会生活的自觉上所做出划时代的贡献没有能予以充分的估计。最近，重读他早年的一些著作，才体会到他同当时统治着人类学领域的传统观点决裂是一个多么值得我们后辈敬佩和学习的榜样！这一个决裂，我觉得今天在这里提出来，也是十分有意义的，因为我认为这一突破在根本上为应用人类学破了土、奠了基，使他能够在1938年果断地宣告："人类学一定要成为一门应用的科学。"

他号召人类学者到过去一直被认为是非我族类的野蛮人的原始社会里去参预他们的生活，进行观察和体验。这不只是人类学研究方法上的创新，更重要的是为历来被侮辱为还不够人的标准的那些"野蛮""未开化"的化外之民恢复了人的尊严和地位。在他这支文质并茂的笔下，又生动又令人信服地使读者理解到了人类的集体生活尽管形式上多种多样，但是根本上存在着一致的共性。当前地球上各地的居民，尽管由于地理与历史条件的差别，经济文化发展的程度有所不同，所采取的生活方式有所殊异，但是他们都是人，都具有人所共有的发明创造的才能，都具有发展进步的资质。他们都是通情达理、有思想、有感情的人。把人和人、民族和民族之间划下具有质的差异的不可逾越的鸿沟，是完全出于一些人的偏见、臆度或别有用心，和客观事实绝不相符，所以是不科学的。不幸的是，过去的人类学的传统中却充满了这一类不科学的偏见，而这些偏见一般又以道貌岸然的学者衣冠来掩饰。与这些不科学的传统相决裂，需要勇气和才能。我感到幸运的是我所师事的这位老师不仅具备了这些条件，而且及身看到，由于他不断的努力，这门曾经为那些屠杀、欺侮、剥削、压迫各殖民地人民的暴主们提供理论根据的人类学开始转变成为一门为建立一个民族平等的世界，为各族人民发展进步而服务的学科。在今天这个应用人类学者的集会上，回溯一下这个学科的历史转折点，也许并不是多余的，尽管新的一代人类学者或者会认为人类社会文化的基本一致性已是自明之理，世界上各民族的共同繁荣是必然要实现的前景。如果真是这样，那么我在这里只需要向他们提醒一下，这种基本认识的确立是得来匪易的。我们不仅要珍惜这些信念，而且要对前人留给我们的遗业做出充分的估价。这正是为了我们自己应当承担起当前历史给我们的任务。也许我们还需要有比前人更大的勇气和才能，才能真正地实现一个能使科学知识完全为人民服务的世界。

我们必须看到，科学本身是一定社会文化的构成部分，它既对社会文化的其他部分发生着推动和限制的作用，而其本身也受到其他部分的推动和限制。研究人的科学，包括人文学科和社会科学，和当时当地的政治、经济等等方面结合得更为密切。所以我们对一位学者的评价决不能忽视他所处的时代和他所在的社会在这时代里所处的地位。我们既要从他的具体处境里去理解他在推进时代前进中所起的作用，而同时又要看到他受到时代所给他的局限性。

我这位老师所处的时代和我们当前所处的时代有相同的地方，也有不同的地方。他是第一次世界大战之后崭露头角的人物，而现在离开第二次世界大战的结束已有30多年了，其间已超过半个世纪。当今虽然我们还依然生活在新的世界大战的阴影之下，世界上还存在着各种称霸的强权，大多数民族的人民还在受贫穷和饥饿的折磨，但是第一次世界大战后还作为胜利品来瓜分的殖民地现在在世界地图上并不能再公然出现了。这个变化对我们这门学科不能不说是相当重要的。因此回想起我那位老师当时进行人类学研究的情况，我们也就不应当忘记那时的殖民地制度所给这门学科的烙印。

当时的人类学者总是把自己的研究领域限制在殖民地上的被统治的民族。现在看来这未免是人类学者的自我嘲弄——把自命是研究人的科学贬低为研究"野蛮人"的科学——而在当时,还不过是一代人之前,却是金科玉律。这种传统曾使得我们这位号召走出书斋去研究人的青年也只能走到那些受着异族统治的殖民地上去。更不幸的是在殖民地上被统治的居民的眼中,前来跟他们生活在一起寻根问底地到处观察的外来者和统治他们的人是属同一族类。殖民地制度中统治者和被统治者的关系,白种人和当地居民的关系,给了当时人类学实地调查者难于克服的科学观察上的局限性。调查者与被调查者,或是观察者与被观察者之间既不太可能有推心置腹的相互信任,那就限制了调查到的或观察到的社会事实的真实性和深入性。

尽管很多亲身体验这种局限性的人类学者能以无可奈何的心情来摆脱由此而产生的苦恼,但是这种客观上存在的调查者的环境总是会曲折地反映在调查者内心的感受上。就是以我们这位以善于处理和当地土著居民关系著名的老师来说,在他的著作的字里行间还是不难找到当地居民对他的调查活动的反感。我固然没有向这位老师触及过调查者在调查过程中内心活动的问题,但是当我听到这位老师一再对我说,要珍惜以中国人来研究中国社会这种优越的条件,他甚至采用了"引人嫉妒"这个字眼来表达他的心情时,我有一种直觉的感受——也许是我的过敏——他在科学工作中所遭遇的,在他所处的时代和他所处的地位所难于克服的,存在于调查者与被调查者之间的那一条鸿沟,一直是他内心的苦恼的来源。

我猜测我敬爱的老师的内心活动应当说是不适当和鲁莽

的。不同时代的人有不同的苦恼，这是我们共同的体会。我常常喜欢置身于前辈的处境来设想他们所苦恼的隐情，试问：尽管当时有些人类学者已经摆脱了那种高人一等的民族优越的偏见，满怀着对土著民族的同情和善意，他所做的这些民族调查对这些被调查的民族究竟有什么意义呢？究竟这些调查给当地居民会带来什么后果呢？那些把被调查者当作实验室里被观察的对象的人固然可以把这些问题作为自寻烦恼而有意识地抛在脑后，但对一个重视人的尊严的学者来说，应当清楚这些问题所引起的烦恼并非出于自寻，而是来自客观存在的当时当地的社会制度。我有时在读完了我这位老师的著作后，突然会发生这些问题：这些可爱的特罗布里恩德岛民现在怎么样了呢？他们自己有没有读到过这些关于他们社会生活的分析呢？他们读了之后对他们的生活会发生什么想法呢？他们对自己的社会会采取什么行动呢？……我这些遐想带给我的是一种怅惘和失望，因为许多人类学者所关心的似乎只是我们这位老师所写下的关于这些人的文章，而不是这些人的本身。这些活生生的人似乎早已被人类学者所遗忘了，记着的，甚至滔滔不绝地谈论着的，是不是可以说，只是他们留在我这位老师笔下的影子罢了？我有时也不免有一点为我的前辈抱屈。他们辛辛苦苦从当地居民得来的知识却总是难于还到当地居民中去为改善他们的生活服务。我有时也这样想，这种在我看来令人惋惜的情况现在是不是已经改变了呢？在人类学中那种把调查对象视作自然资源一样任意挖掘来为自己谋利的行为确已被现代的人类学者予以正义的抨击，但是产生这种行为的根源，时代的局限，是否已经消除，那却还是个值得我们正视的问题。

我在上面所说的这些话，固然是由于想起了我这位老师而引起的，其实也是反映了自从和他分别以后我自己从事这门学科中所遭遇到的种种矛盾。我尽管怀着改善农民生活的宿愿开始我调查农村的工作，而且正如我老师所羡慕的那样，我在本国进行这种调查，但是我在一段时间里还是受到了当时社会条件的局限。

以我最早的江村调查来说，我是这个县里长大的人，说着当地口音，我的姐姐又多年在村子里教农民育蚕制丝，我和当地居民的关系应当说是不该有什么隔阂的了。但是实际上却并不是这样简单。当时中国社会里存在着利益矛盾的阶级，而那一段时期也正是阶级矛盾日益尖锐的时刻。我自己是这个社会结构里的一个成员，在我自己的观点上以及在和当地居民的社会关系上，也就产生事实上的局限性。这种局限性表现在我对于所要观察的事实和我所接触的人物的优先选择上。尽管事先曾注意要避免主观的偏执，事后检查这种局限性还是存在的。从我亲身的体验中使我不能不猜测到，在殖民地上进行调查工作的白种人所遇到的局限性可能比我在家乡农民中所遇到的还要严重得多。

如果我的话说到这里就结束了，我想我在朋友面前只重复了大家多少已经体验到的矛盾，一种沉重而无可奈何的心情不应当是我和久别的朋友重叙时的气氛。我敢于回忆我前面所讲的那个时代的人类学者遭受的苦恼，那是因为我在和各位分离的期间，还体验到另一种情况，其中有一些经验，我认为可能对解除我上述这些苦恼有所帮助。

接着我要讲的是我在1949年我们中国人民得到解放以后我在学术工作方面的一些经历和体会。人民中国的建立对我们中国人民是一个历史性的巨大变化。这个变化必然影响到我们中国的每一个人和每一件事。我这个人和社会人类学这门学科也发生了很大的变动。当然，过去30年本身是一个不断变动的时期，我个人的遭遇和这门学科的遭遇都发生过很大的曲折和波动。我今天不是来叙述这一段历史，而是想讲一些我在这段经历中所身受的而认为对上面提到的问题有关的体会。这些体会涉及到三个方面：一是我们怎样决定我们调查研究的问题？二是我们这些调查者与被调查者的关系是怎样的？三是调查者对自己调查的后果采取什么态度？

在解放以前，如上所述，推动我去调查研究的是我们国家民族的救亡问题，敌人已经踏上了我们的土地，我们怎么办？我们在寻求国家民族的出路。这也就决定了我们调查研究的题目。人民革命的胜利使我们彻底改变了过去殖民地半殖民地的地位，彻底改变了过去严重地受着外国帝国主义和国内封建阶级的控制的状态。摆在中国人民面前的是一个怎样迅速建成一个社会主义现代化国家的问题。要解决这个问题，需要科学知识。这就给解放以后的中国社会科学指引出了总的方向。

以我个人的经历来说，解放后我就投入有关我国少数民族的研究工作。我们的中国是一个统一的多民族的国家，曾经存在过民族压迫，解放后，各族人民一致要求改变这种不合理的状态，实现民族平等。我们的各级人民代表大会里要有各民族的代表参加，我们的少数民族聚居区要建立民族区域自治。各民族可以使用各自的语言文字，对于各个民族的风俗习惯和宗教信仰也受到合理的尊重……这些是实现民族平等的根本措施。要落实这些措施，许多具体的民族情况必须要搞清楚。比如，中国究竟有哪些民族？各有多少人？分布在什么地方？——这些基本情况，由于长期的民族压迫，在解放初期我们是不清楚的。通过调查搞清楚这些情况的任务就落到了民族研究者的头上。过去学过社会人类学的人参加到这项工作中去是理所当然的。我在进行这项调查工作时的心情确是和过去不同的。因为这项工作的目的性很明确，我明白这项工作的意义，只要我努力工作就有可能实现我一心愿意它实现的事情，所以我的主观愿望和客观要求是一致的。在这种情况之下工作，我必须说，对个人是一种难得的幸福。

我所参预的研究工作是跟少数民族地区人民的要求和政府在民族方面的工作的开展相适应的。各少数民族为了要改变它们历史上遗留下来的落后面貌，发展它们的经济和文化，要求进行必要的社会改革，而这些改革却必须从它们本民族当时的发展阶段出发，由他们本民族人民自愿进行。这里就需要这一种科学研究——如实地分析各民族的社会当时已达到了什么发展阶段，用我们的话来说，就是它们属于哪一种社会形态，是奴隶制还是封建制等等。我们过去在社会人类学里学到的那些有关社会发展的知识在这项研究工作中是很有用处的。当然，我们研究各民族的社会历史，目的是在帮助各民族发展起来，而在研究过程中我们需要比较社会学的知识和社会发展一般规律的理论作为我们分析具体社会的工具，这就是说，我们的理论是和实践相结合的。我们并不是为了解而了解，为提出一些理论而去研究，我们是为了实际的目的，为少数民族进行社会改革提供科学的事实根据和符合少数民族利益的意见。所以这可以说是一种应用的人类学。

应当指出，我们这种科学研究工作虽则是为当时国家的政治工作服务，但是既不是从属于政治工作也不代替政治工作。我们的政治是为广大人民服务的政治，它必须要根据社会经济的客观规律和各个民族的具体情况办事，所以需要科学调查作为依据。科学调查的任务就在于它如实地反映客观事物，它不应当以任何个人的意志为依据。它服从于客观事实的要求而不服从于主观的不符合实际的行政意向。它固然是为政治服务的，但它只提供对客观事物的知识。对解决实际问题做出决定的则是政治工作者，科学工作者不应当也不可能代替政治工作者去为解决实际问题做出决定，科学工作者只为政治工作者提供实际情况和意见。

我们这样的调查研究在根本上改变了调查者和被调查者的关系。实现民族平等和帮助少数民族发展起来，不仅是调查者的目的，也是被调查者的要求。因此我们完全可以把调查的目的公开地告诉被调查者，而且被调查者完全可以懂得和乐于接受这项调查工作。我自己常常想到解放前在农村里调查时遇到的苦恼，那就是被调查者并不真的理解我为什么要去进行调查，这种调查对他们有什么好处，他们可以认为我并无恶意而容忍我向他们寻根问底，但是也不免引起一些人的怀疑和讨厌。由于有过这种经历，解放后，我在少数民族中做调查工作时也就特别感觉到温暖和亲切，像是在亲人中向他们学习一样。这里其实并没有什么窍门，只不过是因为被调查者明白并相信调查者是为他们服务的，是要解决他们自己的问题，实现他们自己的愿望。在这里用调查者和被调查者来区别双方已经是不切合实际了。因为事实上是双方在共同工作，把客观存在的社会现象和问题如实地反映出来，以充实和提高人们对这些社会现象和问题的认识。从这种切身体会中我似乎见到了社会科学的一种新的境界，就是社会科学的调查研究完全可以帮助人类摆脱改造社会的盲目性和被动性，进入科学性和主动性。

当然，在我们实际调查工作中，由于历史上遗留下来的民族隔阂，有时也存在着需要耐心克服的困难，但是这些困难在我们的社会里是可以克服的。调查工作中调查者与被调查者水乳相融的关系是可以建立的，也就是说，我预见到的那种境界是可以实现的。

我们这种调查研究也为调查者带来了一个新的问题，那就是对调查后果的责任感。尽管调查者和被调查者新的关系使调查者可以得到更能确切反映客观社会事实的条件，但是人类对自己社会生活的科学认识实在还是处在开始阶段。以人类对自然的知识来和他对社会的知识相比较，其间的差距是十分明显的。因此在这种水平上一个社会科学工作者要为改造社会的实践服务难免发生力不从心的情况。前辈的人类学家一般不关心他自己的调查对被调查者的影响，因而也不发生对被调查者负责的问题。即使有人注意到这个问题也只是从个人的道德观点着眼的。至于谁运用他调查的材料来做什么事，这些事对被调查者产生什么后果，似乎已超出了学术界考虑的范围了。我们固然可以理解在那种理论和实践、学术和政治互相脱离的社会制度中，追究科学工作者对其工作所引起的社会影响和责任是不现实的。但是在我们这种社会制度中，理论和实践相结合，科学要为政治服务，科学工作者对自己工作的社会后果的估价是必要的。这不仅是个人的道德问题，而且是人民的利害问题，也是社会研究怎样日臻于科学化的问题。只有不断在实践中检查理论的真实性才能不断推进研究工作的科学化和使研究工作成为促进社会发展的动力。

但是也必须说明，我们并不是已经在中国建立起了有系统的应用社会人类学，因为在向这个方向迈进的途中，出现过一些干扰和阻碍。我们的道路是曲折的,特别是在一段时间里,新中国曾出现了逆流,受到封建法西斯主义的"四人帮"的严重破坏。惨痛的经历,给了我们许多值得牢记的反面教育。其中一条就是社会调查的目的一旦脱离了广大人民的利益,而用来为那些反动的掌握了一部分权势的人服务时,调查可以蜕化成逼供,用来打击和株连反对他们的人。这种所谓调查实际上是捏造和虚构,不仅是不科学的,而且是反科学的,结果给国家和民族带来了巨大的灾难。这段历史证明了一个真理,就是科学的、对人民有用的社会调查研究必须符合广大人民的利益;也就是说真正的应用人类学必须是为广大人民利益服务的人类学。这就是我在题目中所说的人民的人类学的涵义。

我是为了纪念我的老师马林诺斯基教授而来到这里和同行们见面的。我们一起在这个时刻回忆了这近半个世纪人类学的发展,不由得我们不对这一位杰出的应用人类学的开路人表示敬爱和感激。他无愧于被推崇为现代人类学的缔造者,在他已经为后辈一致所公认的许多功业里,我个人作为一个曾经体验过半殖民地人民生活的人,特别感激他从科学的实践里确立各民族对自己文化的自尊心和对其他民族文化平等相待的基本准则。对当前世界上各族人民来说,这是相互促进、共同发展的必要前提。

在我和海外的同行们分别的三四十年里,我从正面的和反面的教育里,深刻地体会到当前世界上的各族人民,确实需要真正反映客观事实的社会科学知识来为他们实现一个和平、平等、繁荣的社会而服务,以人类社会文化为其研究对象的人类学者就有责任满足广大人民的这种迫切要求,建立起这样一门为人民服务的人类学。这门学科的目的——请允许我瞩望着不应当太遥远的将来——应当是使广大人民对自己的社会具有充分的知识,能按照客观存在的社会规律来安排他们的集体生活,去实现他们不断发展的主观愿望。这门学科目前还只是一部分学者的奋斗目标。我愿意和在座的许多志同道合的朋友们一起,竭尽我的余生,向建立这一门人民的人类学而迈步前进。

1980 年 3 月

社会调查自白[*]

1984年7月23日到8月4日的两个星期里,我在中国民主同盟中央组织的暑期"多学科学术讲座"里做了有关社会调查十讲。盟中央组织这个讲座的目的,是在贮存和扩散老一辈学者致力一生所得的一些知识,免得失传,有损国家的智力资源。我虽是这个讲座的倡议人之一,但是自问论资论学都够不上格,只是主持其事的钱伟长同志一意坚持要把我列入讲员之列,实在无法推托,勉为其难,滥竽充数,自觉惭愧。我所做到的只是在相当炎热的气温下,总算没有迟到,没有缺课。至于所讲的内容,只是些平时我常讲的有关本人从事社会调查的经过和体会的话。

我在课堂上讲话的习惯是事前大体上打一个腹稿,上场后即兴发挥,缺点是不拘章法,不求面面俱到,长处是不受框框限制,使一些听众受到言外的启迪,激发自动的思考。这十讲并非例外。我只把自己过去所做过的社会调查编排个次序,从民族、农村、家庭、小城镇到知识分子和智力资源,各讲一讲。讲我为什么想到做这些调查,怎样调查,又有什么体会。另有两讲是答复问题,共十讲。其中并没有多少技术性的指导,也

---

[*] 本文系1984年作者在民盟中央组织的暑期"多学科学术讲座"上的系列演讲,1985年由知识出版社出版。——编者

说不上有什么高深的哲理,只是一个科学工作者对自己工作的自白罢了。

我讲话时录了音,讲完后请听我讲的上海大学李友梅同志,根据她听讲的笔记,参照录音,整理了一个稿子。在这样炎热的日子里足足花了有一个星期的紧张劳动,是很辛苦的。我在此表示我的感谢。稿子到了我手上,照例压积在我的书桌上,腾不出时间来校阅。入秋,上海大学沈关宝同志来北京,我就抓住他帮我把这份讲稿看一遍。他觉得对具体的社会调查方法讲得太少,所以把第二讲重新编写一遍,补足了我这次讲话中的一些缺漏。同样要向他表示感谢。直到冬尽春至,跨了一个新年,我才挤出时间修改了一次。错失和疏忽的地方还是不少,只能请读者多多关照了。

一、引 子

为了在中国智力总库里留下老一辈知识分子学术生涯所积累的经验和知识,为了我们这个通过新陈代谢而得以绵续长存的社会,民盟中央举办了这次"多学科学术讲座"。来这儿听讲的有全国各地的同志,能有机会和大家一起学习和讨论,我非常高兴,希望能得到好的收获。

我们正面临着新技术革命的挑战,正需加速智力开发以缩短我国与先进国家的差距。因此,科学地培养人才,合理地使用人才,就成为我国在全球性挑战中能否取胜立足的关键,这是当前最迫切的一项任务。人才培养,智力开发,要靠我们已有的智力库。在我们现有的智力库里,七八十岁的老知识分子已经为数不多了，而且属于他们未来的时间也不多了，这是自然法则，不可抗拒。我在1980年时说过一句话："大概我身边只有10块钱了，一年用1块钱也只能用到80岁，到那时就做不了什么事了，即使活着也顶不上大用，用起来或许还会害人。"这样说是因为我清楚地意识到属于自己的时间有一定的年限。这一点是年轻人感觉不到的，青年人往往把自己的生命与无限的时光等同起来，其实二者不是一回事，有时还会产生激烈的矛盾冲突。日本电视剧《血疑》用的就是这样一个主题：当一个人知道自己没有多少时间可以活的时候会怎么样？这里不但有自己怎么办的问题，也有别人怎么对待的问题。这部影片的主题给人以不少启发。

70至80岁的这辈老知识分子的时间虽不多了，然而他们在中国智力结构里有一个特殊的地位。他们受过严格的、有系统的教育，大都学有专长，各有成就。他们毕生积累的做学问的经验，对于我们国家来说是一份不可多得的财富。现在他们年事已高，来日不多，再不把宝贵的知识传给后人，将对我国现代化建设事业和接班人的培养造成无法填补的损失。人死了，他的知识也随着去了，这是很可悲的。要知道，任何知识都不属于哪一个人私有的。它是全社会实践经验的积累，是共同智慧的结晶。个人从社会里得来的知识应当回到社会里去，这就要靠代代相传。后一代要在前一代人的思想基础上进一步更新发展。这是一个要发挥主观能动性和创造性的过程，而不是计算机或电脑所能替代得了的。因此在老一辈本身来讲，除了充分发挥余热，继续做出贡献外，还必须主动地做好培养接班人的工作，使自己的知识和经验得以延续和发展。

这部分老知识分子大多毕业于抗战之前的高等院校。那时有不少学校有浓厚的学术空气和良好的学习环境。他们在学校念书，也都有各自爱好的专业，大多能在博览各种书籍、广泛而又迅速地接触各门知识的基础上专门化。这种既有广度又有深度，二者相辅相成的知识传递方式，使学生一走出校门就能独立地进行科学研究。因此，尽管此后战乱不断，社会环境险恶，大部分人还是在科学领域做出了成就。可惜的是，全国解放后我们对科学文化学习、传授的规律性东西不予重视。相反，在1952年全国大专院校做院系调整以后，理、工科分家，文、理科分家，搞专科分院制。学习各门专业的不强调普通数理化的基础，更谈不到文史的基本知识。攻读文科的不了解当代自然科学和技术的新发展。进入了一个专科就不管其他科目了。学校的规章制度还限制了其他方面学习的机会和条件。过去清华、北大的课程就不像现在这样限得死死的，那时鼓励学生在学完必修课的基础上跨学科听课，窗台上都有人趴着听课。只要学校承认你是它的学生，听哪门课都可以。在这样的情况下，学术空气自然也就浓厚起来。大家碰头就能谈论交流，念人类学的遇上学语言学的马上就会说到一起去，和学生物的也能讨论一番。

所谓学术，就是人对宇宙实体的认识反映，物质和精神世界本身浑然一体，并没有分门别类。当然人在认识它的时候必须有分析，要有先后秩序；人们之间还要有分工，各有偏重，但人为分割的各部分之间是互相联系着的。假如我们把这种分割绝对化，单刀直入，只专一门，在某一个孤立点上做学问，那么就不可能真正揭示客观世界存在的奥秘，也就不可能有新的学术成就可言。比如学写文章应当学会写杂文。学术研究也应当搞点"杂文"。"杂"，就是多样化，多种学科的互相交流，互相渗透，融会贯通，全面发展，这样才能有学习和研究的深度。

当年，我们在大学里学习的时候，十分重视基础知识。就我自己来说，我的底子就不是现在一般的底子。我学医预科是准备上医学院的。那时医学制度要求两年预科、五年专科。预科就是打底子，包括自然科学的底子，如物理、化学，主要是生物、心理。还学哲学、逻辑、外文、国文，国文里还有版本学。我是在这个基础上转入社会学的。社会学念了三年又转学人类学。

人类学是一门知识广阔的学科，从体质到语言、到文化，直到考古。文化、语言、体质都有历史的纵向区分（如猿人、智人与现代人等）和地域的横向区分（如亚、非、欧等洲）。我是在清华研究院学的人类学，我之所以能学体质人类学是与我有两年医预科的基础分不开的。在清华补习了解剖学和动物学，由于研究需要还学了数学。

总之，应当是在广泛的学术基础上去搞专门学科的，有了一定的基础才能进入研究阶段。基础与专题研究犹如学与习的关系，基础强调"学"，研究重于"习"，学多了才能论及习。学习二字，学字当先。研究一门学问，一要讲基础，二要讲主观能动性。我在研究生期间，老师只给出题，出完了就让我自己去做，平时很少见面，老师只是在晚上散步时来我的研究室检查我的工作。我的资料都摊在桌上，他看了看，没有问题就走了。有问题就给我留个条，上面写着"重做，错了"，也不说错在哪里。我得重新把一个星期辛辛苦苦做出来的结果再做一次。为了找出错的原因，我开动脑筋。老师并没有给一套现成的公式。怎样答题，怎么改错，从来就是我自己的事。久而久之，我懂得了做学问要用自己的腿走路的道理。可以说迄今为止，我一生中所做的研究都离不开那时的基础。

客观地说，我们现在面临的世界比过去复杂得多，我们对这个世界的认识也越来越感到困难。因此，我们更应该看到自己的不足，看到我们现有的知识微不足道。可是，现在许多大专院校仍然是文、理分科，隔科如隔山。教学方法还是教师照本宣科，学生死记硬背，知识面越来越窄。近年来，我们是引进了不少先进设备，但先进的科学文化又引进了多少？我们现在的教育制度和教育方法是过去从苏联搬来的，现在苏联改了，我们还是那一套。看来，我们并不了解别人，也不认识自己。

我们老一代向前看，看到的是下一代。下一代是国家的未来，我们有责任去引导他们，做一点我们力所能及的事。

我这一辈子做了不少事，应当把我的好经验、好传统传授给下一辈，其中最主要的也是希望能继续做下去的就是认识中国社会，为中国社会尽一点力。然而，中国社会如此之大，又有悠久的历史，一个人的一生想要穷尽对她的认识显然做不到。可是，社会科学工作者的任务，首先就是认识中国社会，这是一个矛盾。解决这一矛盾的惟一途径是脚踏实地做研究，一辈子不停顿，世世代代不间断，积有限认识为无限认识。这就要求我们首先从现实出发，实事求是地探讨客观规律。科学之道在于实事求是，科学结论不能靠主观臆想。诚然，人在认识客观世界的时候不免会产生偏见，会或多或少地掺杂一些主观的东西。我们要正视这一点，正视它正是要在实践的基础上去克服它。不断地克服主观偏见就意味着我们的认识在逐渐深化，使之更接近客观实际。

我想把我自己作为一个标本让你们解剖。自30年代到80年代正好是50个年头，我写的《从事社会学五十年》可作为你们解剖用的材料之一。我的《学历自述》为大家提供了关于我的学历的梗概，可以说是一幅速写，你们不妨先看一遍，再来认识我这个人。社会学在停顿的30年间，受到了批判，我从批判里学到了很多东西，其中最重要的一条就是要学会解剖自己。今天我希望大家也来解剖我，当然今天的解剖不同于过去的"大批判"，而是科学地分析一个人的思想过程，从中获得有益的经验教训。有个美国人把我解剖了一下，写了一本传记，一位日本人看了后说："他把你写成了一个西方化的学者，而你不是。"看来各人看法不同。我这个人到底怎么样？希望大家在读我的书的时候，看看我的思想有没有中国的特点，这些特点又是怎么表现出来的，以及找出我在书中所讲的根本东西是什么。有人认为我的书好看，其实那些最好看的地方正是功夫最不到家的地方，因为道理讲不清楚，就要耍花腔。花腔的确能吸引人，但那只是才华而不是学问。我的哥哥曾批评我："才胜于学，华多于实。"说的就是功夫不到家。所以我希望青年人千万不要学我的笔法。我们所处的世界是无穷变化的世界，学习容不得半点停顿。人们都知道百万年前"北京人"已经知道生火，可是至今还有人不会生炉子，所以，学习是无止境的，到老也学不完。当然我们学习的目的不是去搞科举，不要为升级或提职去大写文章，要从认识中国社会出发，多了解一些中国人是怎么生活的。了解别人才能对自己有所认识。我写过一篇文章发表在《读书》杂志上，叫《我看人看我》。我说我喜欢看人看我，因为很多事，自己身在其中，模糊不明。这一点我想大家会有同感。学社会学的人不但要学会认识中国社会，同时也要学会认识自己。过去封建领主的信条是"民可使由之，不可使知之"，而在当代社会，民必须有自知之明。人只有懂得自己才能掌握自己的命运。关于这个道理，我不想多花笔墨了，大家可以自己去体会。

既然请你们来解剖我，就得开一个书单。最近两年我的旧著已经重印的有《重访英伦》（湖南人民出版社出版），包括《初访美国》和《留英记》两篇在内，都是反映我早年在国外生活时的观感；《生育制度》（天津人民出版社出版）是我40年代在大学讲课时写下的对家庭理论的探讨；正在印的《美国与美国人》（三联书店出版），是我第一次访美后写的；已出版的《访美掠影》是我第二次到美国所看到的情况，由于时间不长，只呆了两个月，所以叫"掠影"；还将重印的是《乡土中国》，这是讲乡土性社会特点的书，是从具体调查中抽象出来的；关于社会学的文章加以汇集起来的小册子有《民族与社会》、《从事社会学五十年》、《社会学探索》等。第四本叫《论小城镇及其他》还在印刷中。我还喜欢写短篇杂文，已出版的有《杂写甲集》和《杂写乙集》，我还打算继续写短文，大约每年可以出一小册，丙集、丁集这样出下去，不知还能出几集。

开列书单无非是提供解剖对象，解剖手术还是要你们自己动手。这就是说不要企望能从我的这次讲课里得到一套现成的模式和答案。我们一起来做尝试，打破原先的框框，跳出过去习惯的那一套教学方法。因此，在这十讲里我不想从任何结论出发，不讲什么定义，只讲我的一生是怎样从事社会调查的，以及这些调查是怎样影响我的思想的，希望大家在其中找出解剖我的突破口，并有所收益。

二、社会调查概述

有些同志很想通过这次讲座得到关于社会调查的定义，还希望从这儿带走一套现成的社会调查方法，以便回去向领导汇报，并照此办理搞调查。我想提醒有这种想法的同志，那是不现实的。我不想从定义出发讨论问题，也不专门介绍各种具体的调查方法。我要讲的是社会学研究怎么入门，怎么调查，是我个人的体会，给你们作参考，起一个样本的作用。

给一个样本，或者即便是开出一套方法来，都不能把它作为教条去照搬，而只能是从中得到某些启示。要知道任何一种社会调查的经验和方法，都是别人从彼时彼地的具体的社会调查中获得，并加以总结提高的。而接触到的客观事物、现象都因人、因时、因地而异，各有其不同的内在联系，有着千变万化的发展过程，有不同的类型。所以，我们不能用某一个模式去硬套，也不能机械地搬用某种方法去分析具有不同特点的研究对象。

硬套和搬用本身，就是不符合马克思主义的实事求是的原理的。我们进行社会主义建设，要根据我国的特点，把马列主义与中国的实际相结合。我认为这也是社会调查的思想原则和根本出发点。我们学习马列主义应当学习它的科学的世界观与方法论，而不是局限于某些具体的结论。这就是说，我们要重视从过去历史经验中得出的规律性的东西，用以指导今后的认识过程；与此同时，我们更应强调在事物的不断发展中总结新经验，研究新问题，得出新东西。关于这一点，我想大家一定懂得很多，希望我们都能以此作为这次学习的指导思想。

下面就社会调查的过程，概要谈谈社会调查的一些方法问题以及我的认识和体会。

从科学研究的角度来说,任何调查都必须经历一个既要符合客观事物、现象的发展路线,又要符合人们的认识路线的过程。现在一般把这一过程分为四个阶段,即定题、计划、实施和总结。这四个阶段一环紧扣一环,使我们对要认识的事物从无知到有知。但这一过程并不是单一性的,它是从整个人类认识史中抽取出来的小小的一步。事实上,这四个阶段总是在作周而复始的循环运动,后者步着前者的足迹继续走下去,人类的知识不断积累,认识逐渐深化。

我们知道,不管认识过程分为多少阶段,怎么符合事物发展的路线,调查者在各个阶段的实际行动与表现,却不是过程本身所能完全控制的。因此,社会调查能否取得成功,关键还在于研究者的调查态度。能不能实事求是,敢不敢坚持真理,能否与人民群众建立起亲密无间的合作关系,都离不开有没有一个认真的态度。

这里特别需要指出,社会调查不同于物理、化学等各门自然科学的研究。自然科学工作者对他们研究对象的态度好坏,丝毫不影响对象的性质及其反映。可社会调查所面对的是与我们同样的活生生的人,是处于一定历史时期、一定社会集团的"社会人"。在这种情况下,研究者的立足点在哪里,态度是否诚恳,被调查者要先了解清楚了才能回答问题。这就是说我们要调查他,他先得"调查"你,然后再决定是否让你调查他。这个互相调查的过程很微妙,一旦被调查者发现你的调查态度不那么诚恳,或者你的调查会对他们的社会生活带来损害,他们就不愿意接近你,不肯说出真心话。由此可见,社会调查不仅仅只是一项科学研究,还有群众工作的内容在内。

我常说起为什么毛泽东同志开了几个座谈会，到会的也不过是几个人，他就能写出《中国社会各阶级的分析》一文，解决了中国革命迫切需要解决的实际问题，这是因为他靠了两条：第一条是他出身于农村，并有意识地接近农民群众，亲身体验他们的生活，这就使他对农村经济状况，农民生活十分熟悉，并有直接的感受。第二条是他十分虚心地通过利益相同的农民去检验、核实自己的想法，使农民体会到他是为人民谋利益的，因而取得了农民的信任，成了农民的知心朋友。

我看这两条社会调查的经验过去适用，现在仍然适用。中国的社会特点是中国长期的历史造成的，而人民群众是历史的创造者和见证人，我们要得到真实客观的资料，就得虚心诚恳地向人民群众学习，甘做他们的小学生。立足于为人民服务，做群众的知心人，有了这样的思想基础，才能有诚恳的态度，社会调查的成功才有保证。

社会调查的第一步是定题阶段，即要确定一个调查的主题。初看起来，定题似乎很简单，只要研究者抓出一个题目就行了，但实际做起来不容易。问题是你的研究题目从哪里来？你又如何去做选择？

要使人类由盲目、被动适应社会环境，变为有计划、积极主动进行社会实践，我们就得对现实中出现的新情况、新问题加以研究和探索。例如，我在下面要做专题讨论的小城镇研究，那是在农村调查的基础上提出来的课题。当时由于落实了正确的政策，农村的农业、副业和工业都出现了新的起色。可是我们发现农村的富裕不那么稳固。如江村农民的养兔副业，就随着海外兔毛市场的涨落而波动，一时间家家户户都养起了长毛兔，没过多久又纷纷杀兔吃肉。看来在农村地区没有一个相对稳定的经济中心，农民的命运就只能操纵在别人手中，这就提出了小城镇建设的问题。由此可见，社会调查的题目，从根本上说是来自于社会实践的发展。当然我们也不排斥有些研究课题的提出，是从对原有理论的质疑开始的。如我对生育制度的探讨，可以说是从"人为什么要生孩子"这一问题引起的。这两种课题往往被区分为应用研究和基础研究，但这种区分并不是绝对的。如小城镇的研究就不仅仅是应用研究，它对我国的社区、社会变迁等基础理论的建树，将具有相当重要的意义。

现在社会调查的题目不是少了，而是太多，我们应付不过来。在这样的情况下，应当按轻重缓急做出有秩序的安排，先研究什么，后研究什么，要有所选择，合理安排。对某个研究者来说，也要循序渐进，逐步扩展研究的题目。选择调查课题的一般原则是既要考虑实际的和理论的意义，即它的迫切性；又要充分估计到它的可行性，要力所能及。在选题上常常容易犯的毛病是脱离实际，想搞大理论，搞一个完整的体系，看不起"小题目"，忽视知识的积累，以致老虎吃天，无从下口，自己给自己出难题。这样的教训是不少的。

在确定题目以后，要有一个制定研究计划、方案的阶段，这是社会调查的第二步。

计划的制定不能靠关在屋子里苦思冥想，那种像电影里表现的指挥官对着地图想出来的作战方案，在实战中未必行得通，多半要吃败仗。因此，计划阶段的首要任务，就是深入实际，对具体的研究对象作仔细详尽的观察，从一点或几个点的经验来作计划的依据。这叫做探索性的调查，即先探探路子，为大规模的正式调查作先导。江苏的小城镇研究至今没有全面铺开，我们所做的只是从吴江县开始，在苏南、苏北等地区选点作了观察。在此基础上，现正在设计一套合理可行的指标，打算在今冬明春对全省的小城镇来一个"卷地毯"，即普查性的问卷调查。我们的探索调查搞了两年，可见订出研究计划并不容易。

进行探索调查要肯学习、肯钻研、善于思索。除了在对具体的对象作观察时要有这种学习的精神外，我们还要向书本和一切有这方面知识的人请教。我们要尽可能地收集与研究课题有关的文献资料，对别人已有的研究结论和研究过程作认真的分析，达到借鉴的目的。通过实践、书本两方面的学习、探索，就可以着手制定研究计划了。计划中包含的内容有界定研究范围，拟出调查提纲，明确调查指标以及确定调查的方式等等。这些内容不再一一细述，我只想谈谈调查的方式问题。

以调查对象的范围宽度为标准，社会调查有三种基本的方式。第一种是普查，普查是对研究范围内的所有对象一个不漏地进行普遍调查的方式，例如人口普查等等。第二种是抽样调查，即从整体中用一定的方法抽取出一部分具有代表性的对象（这一部分对象就组成该整体的样本）进行调查，并将对样本的调查结果推论到整体。国家统计局的家计调查、企业管理质量调查等，大都采用这种方式。第三种是典型调查，国外所称的"个案研究"大体相似于典型调查。这种方式的研究对象只有一个或还不足以构成样本的少数几个"典型"，研究者通过对典型的、全面的、历史的考察和分析，达到对事物性质的深入了解。

这三种调查方式各有各的长处和短处。普查所得的资料完整性强，但由于调查量大，项目就不可能很细，全面深入性差；它的结论的可靠程度高，但调查的成本（如人力、物力、费用等）也高，调查的周期长。抽样调查虽然大大缩小了直接进行调查的范围，节省了时间与成本，并在一定的可信度上起到认识总体的作用，但它仍未能解决调查的深入性问题，而且抽样与推论都需要掌握一定的统计技术。典型调查克服了深入性差的缺陷，通过对典型的全面、详尽的考察，起到深入认识事物性质的作用，不失为一种较理想的方式。但由于它缺乏范围上的广度，结论就往往具有很强的条件性。普查、抽样调查和典型调查的特点规定了它们各自的适用性。前两者能表现事物整体的数量特征和事物间的数量关系，因而适用于定量的研究。后者能发掘事物的内在特征和内在联系，因而适用于定性的研究。事实上，客观事物总是具有性质与数量两种规定性，所以我们在调查中往往同时采用几种不同的方式。

社会调查的第三步是收集原始资料的实施阶段。收集资料是一项艰巨的工作，它的方法主要是观察和访问。

观察，是指用我们的感官去注意、反映我们周围的社会现象以及它们发生、发展的过程。认识社会必须观察社会，认真观察社会是取得感性知识的第一步。当然一切有观察能力的人都在观察社会，但科学研究的观察与一般的观察不同，它是一种带有目的的有计划的观察，即为获取原始资料而进行的观察。科学研究不能离开原始资料，而原始资料的可靠程度，就在于我们对事物观察的细致、全面和科学性。前几年，我有一个老朋友搞了一个生物实验。有人怀疑他的原始资料，因为别人在重复这个实验时得出了不同的结论。有人说可能显微镜片上有问题。仪器发生了故障，会出现不同的结果。类似的情况在观察社会时同样存在，因此我们在做间接观察、直接观察或参与观察时就得反复核实原始资料的准确性。

间接观察是指利用别人对那些已经发生过的社会现象的记录，这种原始资料主要是由前人写成的历史资料。历史资料往往由于时代不同、笔者认识的片面性而出现差错。顾颉刚先生在"五四"时期就提出"古史辨"，要重新整理古史。这确实是一个严肃的学术问题。现在有些研究历史的同志就缺乏这点思考。比如对待历代传下来的史料，我们应该反复查一查，是谁、是在什么历史条件下写的，有没有搞错，版本对不对，不能太轻易地相信它。对此，我在大学里念过目录学、版本学，很有用处。

直接观察是指对现实的、正在发生的社会现象所做的观察与记录。照理说这种观察的偏误较少，但我还是要常常对自己发问"可靠不可靠"？我过去在搞人体测量时，往往几次测量的结果都不一致，问题出在什么地方呢？后来才知道是自己没有站稳，两手震动，造成被量的人也摇摆和移动位置，毛病还在于我自己的观察角度不同。由此可见，原始资料的形成由于收集者所处的历史时代条件、生活环境条件和操作方法的不同而有一定的局限性。我们在观察中应当注意到并尽量避免这种局限性。

"参与观察"是指研究者参与到要观察的社会团体、社会过程中去做观察的一种方法。我们提倡的联系群众、实行"三同"等，就是这种方法的具体化。采用这种方法对研究者提出了很高的要求，那就是你必须做到放得下、进得去、出得来。首先你不能摆出一副学者的派头，要放下架子，使自己处于与被调查者同等的地位。这样才能得到群众的信任，进入他们的社会生活之中，亲自体验他们的行为意义和喜怒哀乐的情感。但是你毕竟是一个观察者，所以最终你还必须从这种情景中超脱出来，做符合客观的记录与描述。为此，我们不得不提出在进行社会调查之前对调查人员进行系统的训练问题，包括怎样进入角色，怎样观察记录，怎样找出问题等等的方法训练。

访问是收集被调查口述资料的调查方法。在实际的调查过程中，访问总是与观察同时并用的。但是由于西方社会的习俗是不愿意别人闯入他们的生活的，加上近年来现代通讯工具的发达和普及，在西方社会学界便出现了非面对面接触交谈的间接访问方法，如利用电话、调查问卷邮寄等方式的调查。据我看来，这些方法虽在取得某项资料上具有快速、经济的优点，但收获毕竟很有限，也很肤浅。在我国，由于调查者与被调查者的根本利益的一致性，我们还是应当强调那种有深度的直接访问，包括个人谈话和召开各种类型的调查座谈会。

调查者与被调查者之间根本利益的一致并不意味着二者一接触就能谈得来，就能建立起互相信任的关系。所以访问的基础是与被调查者搞好关系，使自己成为他们可以信赖的朋友。历次调查经验告诉我们，没有这一层关系要达到一个好的结果是不可能的。在彼此互不相识，没有一定的关系之前，缺乏信任感，连搭上话都困难，更不要说谈出真实情况了。在菲律宾与澳大利亚之间的洋面上有一个小岛，岛上的居民对外边去的人都有一定的戒心，他们对突然来的人都要问一问："那是什么人？来干什么？"我想任何被调查者都会有这种出于防卫心理的反应，只不过程度不同而已。所以，建立调查者与被调查者之间的信任关系对于我们取得真实可靠的访问资料是非常重要的。信任是感情交流的基础，有了信任和感情才能相互合作，才能得到真心话，才能保证资料的真实性。

在另一方面，我们也不能凭被调查者口头上说的是真心话就能保证资料的真实性。我们在选择别人的答题时要多动脑筋想一想,即从逻辑分析的方法仔细辨别出什么是真话,什么是假话。"四人帮"横行时期的"外调"根本得不到真话。调查到我,又问我别人的情况,我不愿说真话连累别人,可是不说话就要挨打,怎么办?我只得用另外的方法去骗他们,还要骗得有道理。这种"外调"走到了科学的反面。在当今资本主义社会里,用金钱可以去买到情报,因此,情报有的正确,有的则全属虚构。美国还有不少"职业性"的被调查者,他们总是在一个地方接受别人的调查,你要什么他就讲什么。我们现在也有组织参观团到某个地方,常常听到一套专门的介绍的情况,我们可不能根据这些介绍就完全信以为真,随便下一个结论。除了逻辑的辨别方法,在访问中还要注意到各种情景下的不同反应,所谓察言观色是也。如果我们去了解家庭中的婆媳关系,可能会出现媳妇在场时婆婆夸媳妇,媳妇不在场婆婆又骂媳妇;哪是真,哪是假,不能不依据情景做仔细分析。情景还包括调查者本身的加入和访问器具的应用。你带着一个录音机去调查访问某某婆婆和媳妇,很可能什么也得不到。你进门后与媳妇多应酬几句,婆婆很可能不对你说心里话。总之,你的身份,你的行为都会在一定程度上改变事物的真实性。对于参加调查人际关系的同志来说,不能不懂得这一点,不能不自知自己所扮演的角色。

社会调查的最后一步是整理资料、分析资料和得出结论的总结阶段。在引出调查结论的过程中,我们的分析重点要放在以下两个方面:第一,要注意分析社会生活中人们彼此交往的社会关系和社会行为,掌握人与人之间相处的各种不同的模式,认清各种角色在特定的社会历史条件下和特定的社会关系中是怎么表现其固有的特征的。第二，要注意分析社会的某一部分或某一现象在整个社会结构及其变化过程中所处的地位和所起的作用。从性质上与数量上找出社会的这一部分或这一现象与其他部分或其他现象之间的互相联系、互相影响、互相制约的关系，从而达到认识社会整体的目的。

要进行资料的分析就得掌握分析的工具。现在有不少分析的方法，诸如典型分析、统计分析、比较分析、历史分析、结构功能分析、系统分析等等。方法虽多，但它们都是围绕着"点与面""质与量""因与果"这三个关系展开的。

点与面的关系就是事物的特殊性与普遍性、共性与个性的关系。在进行分析时，我们首先要对收集的资料加以分类。分类就是依据某种性质的规定把相同的事物归并起来，将相异的事物区分开来。这种性质的规定就是该类事物所具有的共性。那么这一共性从何而来呢？它来自于我们的典型分析，典型只是事物中的一个点，它有它的特殊性，但普遍性寓于特殊性之中，我们要从典型中看到它所代表的普遍性。因此，典型的意义是它在同类事物中具有的代表性。但是典型的代表意义有一定的限度，有人说我是知识分子的代表，我说我不过是某一种知识分子的代表，而不是所有知识分子的代表。这就是说，一个人的行为、思想和感情，只能代表与他相似的那一类人。

在现实生活中，常常用"这个"或"那个"来泛指各种类，然而无论是个人或团体，都不是生活在类别界线十分明显的世界里，而往往是在一个不同类别融合交织在一起的环境之中。因而典型尽管是"这个"或"那个"的代表，在"这个"或"那个"范围内具有普遍意义。但是典型不是独立存在的，它与周围事物相互联系着，只是在某一方面比较突出该类事物的特点，而在另外一方面却不一定能突出该类事物的其他特点。这就是我们在做分类时必须要看到的事物的共性与个性的关系。

对典型的分析方法，就是毛泽东同志所倡导的"解剖麻雀"的方法。"解剖麻雀"，需要深入到事物的内部，不是泛泛的表面化的描绘。我们的分析不仅要有地点、有时间、有人物，还要有行为、有感情、有思想，把作为一个类型的某一事物的发生、发展过程解剖得清清楚楚，并把重点放在说明它的内在特征、它的内部联系及它与其他事物的区别上。

质与量的关系反映在分析阶段就是定性分析与定量分析的关系。定性分析实际上就是从典型分析开始的，它重在对事物的质的方面进行全面的、历史的、纵深的考察。典型分析是定性研究的主要方式。定量研究一般是在某种质的规定下表现事物的数量特征和数量关系。由于定量分析难以深入到事物内部作考察，因而弄得不好，那些普查、抽样调查、问卷调查等，得到的结论只能在数量上给人一个表面形象，甚至是一种虚像。因此为了正确把握事物的数量，我们在做定量分析之前应当先做好定性分析，然后再通过量的表现来进一步加深我们对性质的了解。这就像我们去粮店买米那样，总先要看看米好不好，通过对米的成色的鉴别再确定自己买多买少。

从定性分析到定量分析，是我们对事物分析的基本方式，这也就是我们从微型调查入手，逐步扩展到宏观调查的过程。微型调查使我们抓住本质的东西，把握住方向，做到心中有底。宏观调查则体现出数量的比重，它反过来对先前的定性分析加以限制和划定范围，使我们做到胸中有数。因此，定性与定量是相辅相成的，我们在对事物分析过程中都不能偏废。

因果分析是社会调查者的兴趣所在。一种社会现象的发生、变化导致并决定了另一种社会现象的产生和变化，前者被称为因，后者被作为果。然而，在现实社会中，由于事物间的普遍联系与相互制约，因果关系的表现并不那么简单，而要复杂得多。有的一因多果，有的一果多因，有的多因多果，有的互为因果。因此，有的学者还试图以社会实验的办法来确定因果关系。比如按照美国一些学者的研究，认为黑白人种之间的歧视问题是由于从小开始的生活隔离造成的。于是美国的一些学校便在黑白人同校上下了不少功夫。然而这个办法并没有多大的作用，看来还没有找到种族歧视的真正的原因。因此，要确定社会现象和事物间的因果关系，不能只凭一些表面的偶然的联系。

造成社会现象之间因果关系复杂化的根本原因，是人所具有的主动性和创造性。这就是说，社会规律并不是如同数学公式所规定的那种完全确定的关系，而是在无数偶然现象中所蕴藏的那种必然趋势。我们做因果分析时，首先应当明了这种趋势性的规律，然后求具体现象之间的因果关系，并遵循在发生的时间上，因在前，果在后；在关系上，因果产生共变联系的两个原则来做分析。

至此，我只是概要介绍了社会调查的过程。希望大家进一步去学习社会调查的具体方法，对它有更清楚的认识。但我认为，具体方法的掌握离不开方法论的指导，归纳起来说就是三句话：坚持马列主义理论的指导，实事求是，理论联系实际。走群众路线，建立调查者与被调查者之间真正一致的密切的关系。从为人民服务的立场出发做调查，为我国的"四化"建设，真心实意地尽自己的力量。

三、民族调查

　　为什么要研究少数民族？为什么我的调查生涯要从少数民族开始？从人类学和社会学的角度看，民族调查可以说是认识社会与文化的基本功。要认识社会与文化，必须对各种不同的社会与文化进行比较，有比较才有鉴别。你们说我是男的，没有女的怎么知道我是男的呢？这很清楚，比较出来的嘛！当年我去广西前，当时我的老师史禄国先生说过，要认识自己生活的系统，先要找一个同自己生活习惯不同的社区进行实地观察。去少数民族地区观察，既可以看到与自己不同的生活方式，还能从比较中认识自己的生活方式。就这样，我们找到了广西大瑶山地区的花蓝瑶人做调查。

　　民族调查的重要意义还远远超出它的学术性。各民族在平等的基础上共同繁荣是我国社会主义制度建立以后一贯实行的基本政策。我们进行科学的民族调查，可以避免那种盲目地从定义出发识别民族的倾向，实事求是地认识中国的少数民族，深入地了解他们的历史、他们的语言、他们的要求，并从以往历史上民族矛盾和民族合作的经验教训中，找到共同繁荣的道路。

　　从当前到今后一个时期里，民族调查将是我们社会学研究的重点项目之一，包括我在民族地区进行的"边区开发"的课题。这一研究课题主要是要了解：边区资源、民族发展、人口流动等方面的情况。我国的少数民族只占10亿人口中的6%，但他们占的地方很大，差不多是国土的60%。而许多重要的资源却在少数民族所居住的地区。人口的分布对资源分布来说是极不相称的。边区的经济建设落后于内地的客观事实，影响到我们四化建设的大局。由此提出了一系列的问题，诸如怎样改变人口、资源的不相称状态？怎样帮助少数民族缩短他们和汉族间的经济、文化差距？怎样使内地的智力、财力、劳力有计划地流向边区，促进边区的开发？怎样使少数民族接受并欢迎这种支援和促进？这些都是值得我们去探索、研究的大课题。因此，无论是过去、现在还是将来，无论从理论上看还是从实践上看，民族调查的工作必须加强。

我一生做过几次民族调查。最早的那一次是我同我的前妻刚刚结婚后进行的。我带了体质人类学的测量仪器，俩人一起到了广西的大瑶山，即现在广西金秀瑶族自治县。当时瑶山的交通状况和现在完全不同，我们整天爬山，走村串户，收集了不少材料。关于体质测量方面的原始材料，在国民党在昆明迫害民主教授的事件中失落在云南，到现在还没有找到。我爱人王同惠在调查途中不幸遇难后，我把根据她对大瑶山花蓝瑶的调查材料写成了一本小书，名叫《花蓝瑶社会组织》。当时印了几千份分送友人。有些图书馆里还有保存。我打算重印这本书。我认为这本书简洁明了，没有废话，希望它有一天能同大家见面。由于我青年时代主要是从比较的观点出发去研究少数民族的，所以对于瑶族人民今后的发展方向，瑶族在我国社会经济发展中的前途等问题，都没有加以考虑。在当时对于各民族的关系问题，我也是没有着重研究的。

从瑶山出来以后，我对少数民族的研究中断了很多年。从个人的心理状态来说，我不愿引起对往事的痛苦回忆。从瑶山里出来以后，一直到解放初，我差不多都在搞农村的调查研究。

我于1950年起参加国内的民族工作。曾随同中央访问团并担任贵州分团和广西分团的团长，到贵州和广西少数民族地区进行访问和调查。

1952年调到中央民族学院工作。1955年到贵州进行民族识别，1956年到1957年参加了人大常委会组织的少数民族社会历史调查，到云南进行工作。这一时期，我是主要宣传党的民族政策，并在接触少数民族时进行了一些调查研究工作。

一到贵州我们就碰到一个理论问题，即"民族"这个概念问题，它是决定民族识别标准的理论基础。这个问题到现在还不能说已经完全解决。问题是怎样发生的呢？记得我们到贵州不久，就听到关于"汉裔民族"的说法。一些当地人说他们过去是汉族人，后来变成少数民族了。他们中有一部分人称自己是"穿青"，达二十几万人。还有自称南京人、里民子、羿子等十几种人。他们使用的语言很多是汉语，但这些人坚持自己和汉人不同，表示不愿做汉族。这一来就引起了这些人是汉族还是少数民族一部分的问题，如果是少数民族，就产生了是独特的民族还是其他少数民族的问题。新中国成立后，各民族都有权利当家做主，每个民族在人民代表大会里应该有自己的代表。识别哪些人是一个民族，哪些人不是一个独特的民族，也就牵涉到各级人民代表大会里各民族代表名额的问题。所以民族识别是一个理论问题也是一个实际问题。

我们访问团开始在掌握识别民族的标准时，主要的理论根据来源于斯大林关于"民族"的定义。斯大林的定义指出，一个民族有四个要素：共同的地域、共同的语言、共同的经济和共同的心理素质。从定义上去理解，大家觉得很清楚，可是联系实际却不容易。我们对《毛泽东选集》里提到过的各个民族，都给以承认了，但是在提到的各民族之后还有"等等"二字,这"等等"的内容要我们来填进去。没有搞清楚的不能随便填,当地人不同意的也不能填进去。结果,在实际要填的时候,发现这四条标准不容易解决我们的问题,至少靠这四条标准是不够了。穿青人等与汉族有共同语言,却坚持说自己不是汉族人,说明他们与汉族在"心理"上有距离。那么这算不算"心理素质"上有区别呢?能不能就说他们是少数民族呢?少数民族舞蹈中最早被送上舞台的是"阿西跳月"。我们说他们是彝族里面的阿西人,因为他们的语言、生活方式和其他彝族大同小异。但他们过去一直自称"阿西",没有听说过"彝族"。种种情况说明,从一个定义出发会发生许多问题。这就要求我们针对我国的实际情况,真正去搞清"民族"概念的涵义。

一切概念都是从历史的经验里总结出来,而在当时社会生活中起作用的,因之,总是同一定的历史条件相对应的。"民族"是个音节,是个词汇,我们要研究它是从哪儿来的,它代表什么东西,人家用它又代表什么东西。斯大林的民族概念是怎么来的呢?他说得很清楚,因为资本主义的发展需要有一个共同市场,共同的市场形成人们生活的共同地域,大家共同来往又形成了共同的语言,又因为对立斗争产生共同的意识。比如法国与德国战争不已,德意志形成了一个民族,共同对付法国人。所以,斯大林提出的民族定义,是一个合于资本主义时代欧洲大部分地区的概念。但这个"民族"概念和苏联多民族的实际结合时发生了困难,不得不提出几个性质不同的名词:没有发展到封建社会的这类"人们共同体"叫部落;没有发展到资本主义社会的这类"人们共同体"叫部族;发展到资本主义社会的"人们共同体"才叫民族。如果我们机械照搬上述定义的话,处在奴隶制度下的凉山彝族就不能算作民族了，封建农奴制度下的西藏人也不能算作民族了。

从我国历史上看，中国人开始使用"民族"这个词汇，是在汉族人民反对清朝统治中国的时候。"民族"这个词可能是梁启超那批人从日本引进的。满清统治者对其他民族的歧视和压迫，激起各族人民强烈的民族自我意识和民族尊严感，又在各民族共同反抗外国帝国主义列强的斗争中，出现一个中华民族的概念。在我们的革命文献里，"民族"两个字实际上有两个用法。讲"中华民族"时包括了汉族、满族和其他几十个少数民族；讲具体民族时，指的是中国领土内部的几十个民族。洋人侵华的时候，我们各个民族在帝国主义的压迫下，一致感到"我们"是一个完整的"中华民族"，我们是一个根上长出来的，命运与共的人，能够坚持不懈地团结抗敌。尽管事实上"中华民族"里的人们来源不同，居住地点不同，语言有差异，但是有共同的"所属"，即"我们"，在普通语汇里叫作"自己人"。因此，"民族"概念是活的，不是死的，是一个发展的概念。民族现象是一个复杂的社会历史现象。

大家是否注意到，我们在很多问题上向苏联"一边倒"过，但在民族问题上却没有一边倒。这不是无意识的，而是有意识的没有倒。中国自己的历史决定了我们不能跟苏联走，采用民族联邦的体制，而坚持了统一国家。根据中国民族现实的客观特点，我认为"民族"概念本身应包括了三个层次的涵义。第一层是中华民族的"民族"，这是中国历史发展决定的，确确实实存在一个中华民族。第二层是组成中华民族整体的各个具体民族，中华民族正是中华民族的民族性和各个具体民族的民族特点的对立和统一。所谓民族特点是一个民族从历史过程中形成的、适应其具体的物质和社会条件的特点。在统一体的内部，应当承认部分的特殊性，并以此来实现民族平等和团结。第三层是中华民族里各个民族内部的各种"人"，如广西金秀瑶山里的五种瑶人。我有两个学生后来去那里调查后写出了《盘村瑶族》。这里面所叙述的"盘瑶"就是瑶族中的一种人，概念上就是属于这一个层次。明确了"民族"概念涵义的层次，我们国内的民族识别标准就清楚一些了。苏联搞了民族自决权，成为由加盟共和国组成的"联邦共和国"。我们没有抄苏联的，而是充分尊重少数民族的意愿，实行民族区域自治。各民族在平等的前提下走向繁荣、进步。在这里，我应当声明一下：我这种看法只是我个人的体会，是否合于科学的实际，完全应该敞开讨论，如果有不同意见，也只是学术上的争论。

我国少数民族发展、演变的历史，使我逐渐得出一条道理，即民族识别不能从定义出发，不能离开一定的历史条件，否则我们的识别工作就会偏离实事求是的科学路线，既无法区别具体民族，又看不到一个民族发展的前途。这条道理可以推而广之，适用于所有的社会调查。

建国初年，配合民族识别工作进行的调查研究，初步了解了各民族的基本情况，为各少数民族参与人民政权及在少数民族聚居区建立民族区域自治，提供了一些事实依据。同时进行的全国各少数民族的语言调查，为各少数民族改革和创造文字打下了基础。随后由人大常委会主持的少数民族社会历史调查，着重研究少数民族的社会性质。这些工作都取得了可喜的成绩。

1978年以后的几年里，我又几次访问了金秀瑶族自治县，在新的形势下从事民族研究。波及全国的十年浩劫，使党在解决民族问题上的基本政策，即实行民族区域自治，受到了抵制和破坏，以致损害了民族大家庭的友爱团结，阻碍了各少数民族经济文化的发展。当务之急在于认真落实民族区域自治的政策，发扬各民族自治地区的优势，发展经济、文化，缩短和消灭历史所造成的差距，实现各民族事实上的平等，加速我国的现代化建设。

少数民族的经济、文化发展同汉族相比，有很大差距。但我们坚决反对西方资本主义社会的那种民族关系，大鱼吃小鱼；美洲和澳洲的土著民族，基本上就硬是吃掉了。西方的少数民族，过去有两种前途：一种是走同玛雅文化被毁灭的道路。美洲土著玛雅人在葡萄牙人的野蛮侵入中死完了。澳大利亚土著民族绝灭的例子也是属于这种前途。另一种是像北美印第安人那样的前途。欧洲移民驱赶印第安人时，他们反抗过，赢得了极少数一部分人的生存权利。但本民族的经济、文化没能发展起来，现在变成了博物馆里展出的活标本，作为引诱旅游者观赏来赚钱的设备。

我们是社会主义国家，我们的宪法规定了少数民族是中华民族大家庭的当然成员。我们各个民族之间相处的原则是平等、团结、进步。确实，民族平等在政治上、法律上已经做到了。但经济上、文化上的差距却不是靠法律上讲平等便能轻易改变的。所以，在法律上平等了，经济上、文化上的不平等现象还是存在的。

怎样实现事实上的平等呢？我相信，各民族的亲密团结是很重要的一条。过去，在历史上有一些民族不愿和汉族及其他少数民族团结在一起，不愿成为我们这个民族大家庭的成员，一出去就落入别人手中。你经济上不如人家，一下子就跌倒了，人家才不管你名义上那个"独立"的标签呢！所以，我们中华人民共和国里的各个民族必须团结一心，这是实现事实上平等的重要保证。不仅汉族和少数民族要团结，而且聚居在一个地区的各族人民也要亲密团结，讲平等，才能使我们伟大祖国变成多民族共同繁荣、欣欣向荣的社会主义国家。

在加快实现民族平等的过程中，我们是用承认差别去促进平等的。所谓承认差别指的是给予各少数民族特殊的经济、文化待遇。如果给予少数民族和汉族以相同的经济、文化待遇，那么少数民族的发展速度将永远赶不上汉族的发展水平。特殊待遇是什么？是指给予一定的条件，让少数民族能使自己发展得比汉族更快一些。没有汉族的帮助，少数民族现存的差距很难克服，这是很现实的。我们作为走在前面一点的汉族，要想尽一切办法创造条件，在经济上、文化上促进少数民族的发展。作为少数民族，决不能满足在法律上已经取得的平等地位和规定的特殊待遇，要坚决地采取开放的态度，通过自己的艰苦奋斗取得不断进步，赶上先进水平。如果自己不站立起来，客观条件好了，反而会倒退。我们确信，中国的少数民族在党的领导下，有充分的条件站起来，可以成长，可以繁荣。繁荣不是人家给的，是自己争取来的。以上是我在民族调查中所得到的体会和对民族政策的理解。是否正确请大家讨论指正。

今后的20年，对于少数民族来说，是个严重的关键时刻。我在参加民族工作中使我的感情向着少数民族这一边。少数民族当前的处境，我总是不能感到满足。我觉得，实现真正平等的关键归根到底是生产力的大发展。生产力提高了，经济不平等的现象才能真正消灭。如果不改变当前我国各民族在人力资源、财力资源、智力资源分布得十分不平衡的状态，少数民族生产力大发展，看来还仅是一句空话。怎样去改变这种状态，应当是当前民族发展所提给我们民族理论工作者的一个迫切课题。

在生产力发展的同时促进文化的发展是极为重要的。有的少数民族文化比较发达，像朝鲜族的文化艺术，在普及方面就超过了汉族。锡伯族原是满族的一支，清代分化出来。整个满族使用汉族语言以后，锡伯族仍然保留了满族的语言。我们的许多满文档案，锡伯人都懂。他们中许多人对新疆的13个民族的语言都能讲一点，成为少有的语言"天才"民族。但从少数民族整体看，文化发展的担子是十分沉重的。他们在发展现代文化上要做出的努力特别大。少数民族学会汉语就要花很多时间。但如果不懂得汉语，对他们各方面的发展都是个严重阻碍。当然，我们强调学习汉语，是在各民族有权利发展自己语言的前提下提出的。他们从小学会讲的本民族的语言，应当受到其他民族，特别是我们汉族的尊重。但不是说他们一辈子就只需要学一种语言。我们汉人为了要接受新的科学技术，不是也在学习外国语吗？少数民族的经济不甚发达，生活简单，语言中的名词就比较少，不能表达现代社会的复杂生活。他们固然要发展他们的语言，但与此同时，他们也要学习汉语、学习外国语，科技文化才能追得上去。

学习外语并不是丢脸的事。世界各国的人都要学习一点外国语言。日本最爱学习人家的东西，成了发展最快的国家之一。中国的唐代文化很发达，日本就跟着中国学，吸收了好多汉字。后来我们在各方面停顿了，他们就转而跟着其他国家学，他们的语言也不断跟着变化。现在的日文相当复杂。外国人去学日语，要懂汉字，也要懂它的注音符号，还要懂里面直接吸收的外文，其中直接吸收的英文词汇很多。我看将来人类发展的趋势，很可能每个人都要学会多种语言。我们现在应当积极想办法缩短学语言的时间。

怎样帮助少数民族发展经济和文化？怎么开发祖国的边区？这是我近来一直在考虑的问题。虽然我的年龄和体力不允许我再像50年前那样在瑶山爬山串户，但我可以把今后几年的力量放到这个问题上去。我已经自己做出了决心，今后几年里要向边区进军，今年已开始在内蒙古、甘肃做了初步探索，对开发边区这个课题找出一个具体的研究方案。这是一个综合性的科学研究课题。胡耀邦同志提出的种草种树是开发边区的第一步。那就意味着还要有第二步、第三步……一直走下去。怎样利用我国东部的智力、财力、劳力来开发西部的资源？东部对西部的支援，必须要以当地各族人民欢迎为前提，这就是互利互惠；而且必须通过民族特点和加速少数民族经济文化来进行。怎样通过这一过程使各民族的团结能更进一步的加强，真正做到我离不开你，你离不开我。这些课题是很清楚的。但是怎样能使这些课题在民族研究中取得应有的地位，看来还要经过一番努力，才能实现。建设要大上，科学要先行。我们要有饱满的积极性，包括群众和科学家两个方面的积极性，才能把工作做好。

四、农村调查

我一生的希望，也可以说我过去工作的中心，而且今后还要继续坚持下去的，就是能认识中国社会，首先是农村社会，弄清楚中国农村社会究竟有哪些基本特点。世界各国都在迈向现代化，我们也不可能例外，但要设计我们自己的道路。这就先得要求我们认识中国历史所造成的特点。我从青年时代到现在，主观上不能说不尽力，这个问题还不敢说已经搞清楚了。但我愿意把自己在这问题上摸索的经过，作为一个标本，请大家来一起进行解剖，看一看我这一个人为搞清这个问题，50年来走过的道路是怎样的？搞到了什么程度？这样搞法对不对？有哪些东西已经不合时宜，陈旧了，要更新了？有哪些东西还有用？

中国社会的一个基本特点就是大量人口集中居住在土地不太广阔的宜耕地区，在这个地区出现了人多地少的状态。我们从很古时代起，绝大多数人历来以五谷为主要食物。集约种植五谷作物的农民构成了中国绝大多数的人口，他们是中国文化源远流长的深厚基础。要认识中国社会，认识中国人，不认识农民生活，不认识农村经济是不行的。由此可知，农村调查是达到我们认识中国社会、解放中国社会问题的最基本的手段和途径。我对中国社会的看法、对中国传统农业经济向现代经济转变方式的看法，几乎都是在农村调查中累积起来的。三中全会以来，我国的人民大胆地创造着我们未来的道路。这条道路不是哪一个人想出来的，而是中国人民自己在深厚的民族文化基础上创造出来的。我们现在逐步看得清楚了些，每一个对农村做了认真调查的同志一定也会看清楚的。

我对中国农村做的第一个比较深入的微型调查，是在江苏太湖附近的开弦弓村进行的。

我在广西负了伤，在广东医治了几个月，1936年暑假回到家乡，离出国上学还有一些日子，所以想到乡下去休养一下。我姊姊费达生正在开弦弓村开办一个农民的生丝精制运销合作社。在这个村子里盖了一个厂房。我就借了一间卧室，待了下来。

在村子里住下了，我又想到利用这机会了解一些农民的生活。说是调查其实也有点过分，只是无心植柳柳成荫。我是在和这村子里的人们接触中，一步步深入到他们生活各方面去提问题。我是本地人，加上我姊姊和这村子里农民的关系，农民朋友们总是有问必答。我随手记下了许多对我来说是新的知识。到我离开村子的时候，笔记本里的材料已经不少。因而想不妨整理出一个系统来，写成一本有关农民生活的书。

随后我就上船出国。当时去英国必须坐轮船。我记得我坐的是一艘意大利邮船叫白公爵号。从上海到意大利上岸要走好几个星期。我待得无聊，就把手边的调查材料拿出来，编成了一本稿子。到了英国进伦敦经济学院报到。人类学系有一位副教授，名叫雷蒙德·弗思（Raymond Firth），他担任做我的导师，我告诉他打算把《花蓝瑶社会组织》作为我的博士论文的底稿，同时又讲到了手边还有一本关于中国农民生活的调查初稿；他了解了两篇的内容之后，建议我以后者为基础写我的论文。不久，马林诺斯基（Malinowski）教授从美国回来，把我调到他自己手上来指导。经过两年，我写出了一篇《开弦弓，一个中国农村中的农民生活》，作为博士论文，得到了学位。

博士论文答辩那天晚上，马教授请我吃饭。在饭桌上他想起了一件事。拉起电话机，叫通了 Routledge 书店的老板，说定了由该店出版我这篇论文。但是后来书店老板为了便于推销，建议改一个书名，叫《中国农民的生活》，但保存这书的中文名称《江村经济》刻在扉页。

我说这一段经过，因为这个书名曾引起一个研究方法上的问题。我只调查了一个农村就能说是中国农民生活么？书名一改动，这个问题是应当提出来澄清的。

我首先要说明，如果只调查了一个中国农村，把所调查的结果就说是中国农民生活的全貌，那是以偏概全，在方法上是错误的。如果说明这只是一个中国农村里的农民生活的叙述，那是实事求是的。但问题是只叙述一个中国农村里的农民生活，有什么意义呢？这也就提出了这个解剖一只麻雀来研究麻雀的微型调查在科学方法上有什么价值的问题。这个问题就比较复杂了。

我最近读到一本我的老同学，英国剑桥大学前人类学教授利奇（Leach）爵士的一本名为《社会人类学》的小书。其中提到了我近50年前所写的那本书。他肯定这本书的价值是在分析了中国农村社区各个制度间的内在联系，使局部统一在整体之中；那是得到了英国社会人类学里功能学派的要旨。他把是否代表中国农村的这个问题避开了。我自然感激他的好评，但是必须说明，这不是我的初衷。我并不是就村论村，把这个村作为应用功能分析方法的标本。我的目的确是要了解中国社会，而且不只是这个小村所表现出来中国社会的一部分，还有志于了解更广阔更复杂的"中国社会"。在这个意义上说，出版社改用的书名却道出了我的本意。可是我自己把这一本书只看成是我毕生工作的一个起点。我在大瑶山的调查虽没有完成，但可以说明我心目中的"中国社会"是连少数民族都包括在内的。

我把江村调查看作是我进入这个"了解中国社会"的领域的开始，但是怎样把微型研究和宏观研究结合起来呢？也就是怎样答复一个一个小村子的调查能加成一幅中国社会的整体面貌呢？这是一个值得考虑的问题。但当时我所能做的只有单枪匹马地在小范围里进行观察。这是我这个研究者本身的条件。我只有充分利用当时现实的条件去接触实际，那就是《江村经济》一类的调查。

我并没有停留在利奇教授所肯定的界线上，我并不满足于对一个社区进行内在联系的分析，绘画出了一个系统的网络，对各部分间搭配得如此巧妙而做自我欣赏。不，我把《江村经济》的清样校阅完毕，即匆匆返国，一到昆明就投身到内地农村的调查之中。我这个行动说明我心里有一个看法，我想去发现中国各地不同类型的农村，用比较方法逐步从局部走向整体，逐步接近我想了解的"中国社会"的全貌。

事实上没有可能用对全中国每一个农村都进行调查的方法去达到了解中国农村全貌的目的。这不是现实的方法。所以怎样从局部的观察看到或接近看到事物的全貌呢？统计学上的方法是随机抽样，依靠机率的原理在整体中取样，那是根据被研究的对象中局部的变异是出于机率的假定。可是社会现象却没有这样简单。我认为在采取抽样方法来做定量分析之前，必须先走一步分别类型的定性分析。那就是说只有同一类型的事物中才能适用随机抽样的方法。定量应以定性为前提。先分出有男女的定性区别，才能分别在男女中抽样研究有关问题的比量。

我是从这个认识的基础上，开始在"内地农村"里寻找与江村不同的类型。江村是人多地少、工农相辅的苏南农村类型。我在昆明附近的禄丰县附近找到一个没有手工业的农村，学名是"禄村"。禄村农民的生产和收入主要是耕田。我对这个农村进行了微型分析，写出了《禄村农田》。于是再在滇池附近去找手工业较发达的农村来比较。我和张之毅同志一起在易门县找到一个这样的村子，我们叫它"易村"，这个村子种了很多竹子，用来编织和造纸。后来，张之毅同志写成了一本《易村手工业》。他后来又到滇池南边马帮云集的玉溪县，去调查了一个受到商业中心影响较深的农村，我们叫它"玉村"。写成了一本《玉村农业和商业》。我今天不去讲这些调查的内容，只是要说，我们这样做是在找不同类型的农村，进行比较。我在1943年初访美国时，在芝加哥大学根据这些内地农村的调查编译了一本书，名叫 *Earthbound China*，意思是"被土地所束缚的中国"。

我在昆明从事内地农村调查这一段时期里，指导我调查方法的想法就是上面所说的类型比较法。这个方法我至今认为还是有价值的，但是也已经看到它的不足。我在美国从事编译时经常接触雷德斐尔德（Redfield）社会人类学教授的一家人。他是芝加哥社会学派奠基人罗伯特·派克（Robert Park）的女婿，也是接班人。他和我不谋而合也主张微型分析，但是他后来也感到研究一个文化较高的农民社区，应当注意到这个社区在经济上和意识形态上与城镇的联系。这就对我过去的方法指出了不足之处了。对中国农村的调查不能限于农村，因为在经济上它是城乡网络的基础，离开了上层的结构就不容易看清它的面貌。在意识形态上，更受到经济文化中心洗练过用来维持一定时期的整个中国社会的观念体系所控制。这里存在着一个立体的上下关系，基础和上层建筑的关系，但是怎样在微型分析的基础上来进行这方面的调查研究，当时我并没有真正解决。

我从美国回来后，一方面我要负担云大和联大的教课任务，一方面由于政治局势的变动，国民党反动派在昆明掌了权，对民主运动进行压迫，我下乡的条件就减少了。我利用这段时间，把我研究的重点转移到整理我过去调查的心得，在讲课中就家庭问题和农村问题发挥我比较有系统的论述，后来编成《生育制度》和《乡土中国》两本书。《乡土中国》就是我企图从农村社会的基础上来解剖中国传统社会结构和基本观念，而构成一种"乡土社会"的类型。这就不限于一个具体的农村，而是指向中国农村的基本性质。

我从昆明回到北平后，接着写一系列短文，提出了城乡关系、权力体系等问题，这些文章后来都收集成小册子，在《乡土重建》、《皇权与绅权》里。美国雷德斐尔德夫人把其中一部分翻译成英文，在芝加哥出版，书名 *China's Gentry*（《中国的士绅》）。我提到这些是要指出，调查是基础，本身受着一定理论的指导，而也为提出理论性观点做了准备。理论和实际是永远不能分离的。这是我自己治学的经验。至于指导我调查的理论是否正确和我后来发挥出来的理论是否正确，那是另外可以讨论的。在治学的方法上我是这样做的。

从全国解放的1949年到1957年的8年里，我的研究重点转移到了民族问题上，所以不在这里多谈了。只要提到一笔，因为我重访英伦时在母校认识的一位同学格迪斯（Geddes）教授，他参加了澳大利亚文化代表团来访问中国，得到周总理的批准，到江村去做短期考察，因而引起了我重访江村的计划。当时我取得领导上的准许，偕同中国科学院经济研究所里一些年轻学者一起，又到江村去调查了一个多月。我有事返京，写了《重访江村》一文，原定分三次在《新观察》发表，可是刚发表了第二篇，反右斗争开始了，这篇文章没有写完。

从那时起到80年代,我一直没有机会做农村调查。

直到1981年,我第三次去访问了江村。后来在英国以《三访江村》为名发表了我的感受。1981年以后我每年都去江村。我还介绍我的学生住入村里,调查各自的研究课题。

近两年在江苏展开的小城镇调查,在一定意义上可以说是江村调查的延伸、扩大。小城镇调查研究,是农村调查的新开拓、新高度。关于这方面的详细经过,后面有专讲介绍。

下面想谈谈我在几次农村调查中形成的对中国社会特点的一些看法。

旧中国是一个典型的乡土社会,具有很浓重的乡土特点。这些特点是怎么形成的呢?几千年来,汉族人赖以生存的经济基础主要是简单的农业生产方式,通过种植业的收获取得食物。种庄稼的悠久历史培植了中国的社会结构。其中的上层建筑、意识形态是用来维护这个经济基础的。中国的传统文化我曾称之为"五谷文化"。

"五谷文化"的特点之一,是人和土之间存在着特有的亲缘关系。1911年美国威斯康星大学的一个农业学家金(King),曾在中国、日本调查农业,著有一本《五十个世纪的农民》。他是从土地为基础描写中国文化。他认为中国人像是整个生态平衡里的一环。这个循环就是人和"土"的循环。人从土里出生,食物取之于土,泻物还之于土,一生结束,又回到土地。一代又一代,周而复始。靠着这个自然循环,人类在这块土地上生活了5000年。人成为这个循环的一部分。他们的农业不是和土地对立的农业,而是协和的农业。在亚洲这块土地上长期以来生产了多少粮食,养育了多少人,谁也无法估计,而且这块土地还将继续养育人,看不到终点。他称颂中国人是懂得生存于世的人。

我在农村调查里也得到同样的观念。我在《乡土中国》里叙述了人们怎样在农业社会里把人同土地结合在一起，生于斯，死于斯。土地生产四季循环不已，人也是死了的回到土地，又生出一代新的人来循环不已。这个循环构造了乡土社会人的特点。

五谷文化的特点就是世代定居。人以在土地上种植粮食为生，土地是不能移动的，人们跟着也必须定居，聚居在一定地方，过着一种自给自足的生活。人粘在土上，只是不得已才离乡背井。所以乡土社会是富于地方性的，人口流动小，村与村都可以自成一体，互相隔绝。理想的形式用老子的话说，是"鸡犬相闻，老死不相往来"。自给自足的传统反映到现在就是"小而全""不求人"的封闭经济。

被土地束缚住的人的生活方式是种田种出来的。种田规定了他一定的空间流动性，规定了人同人的接触面，相互往来的人中没有陌生人，整天在熟悉的人之间过生活。熟悉是人们从长时间里、多方面的社会接触中所发生的亲密感觉。老是在熟悉的环境、不流动的社区里生活，人们会产生一种不善于适应而且想回避新事物的性格，就是那种老话中所谓土气十足的性格。在一个范围大、流动多而快的社会里，人们就会发生一套和乡下佬针锋相对的性格。我在《美国人的性格》里说过，美国是个移民组成的国家，"萍水相逢，尽是他乡之客"。水上浮萍，根不相连，浪潮把它们冲涌到了一起。在这种社会里，人们彼此之间相处，没有什么"人情"、没有什么道义可讲，一切靠法律办事，连剥削也得按法律办。欧洲近代的思想家们宣传了多年的思想，就是人生下来就是平等的，都有独立的人格，人们一起生活应当靠个人同个人订立的契约来维持。有些学者把人际关系区分为两种，一种是"生而有"的关系，如不能选择的自己的父亲和母亲，这种关系称作 status，可译作"身份"。另一种是"自由意志决定"的关系，称作 contract，就是契约。西方的立法精神就是从"契约"观念出发的。契约是具有"自由意志"的"法人"间缔结的。西方"自由"这个观念就是从这里生出来的，"人权"的观念也是从这里生出来的。

西方社会里公私要分划得清楚，走出小家庭之外，人和人得公事公办。不得介入私人关系，在英文里叫 impersonal。朋友见面要先打电话约见，到了人家家门要叩门，得到了允许才能进门。如果直接闯到别人家里去就会认为是一件失礼之事。在我国，朋友间就不能斤斤计较，越是要好，越是不分彼此，也就越 personal（私人的）。到人家家里去，推门就进，即使敲敲门，说声"我"，就行了。在熟人的世界里，一声"我"就能判断来的是什么人。进而，彼此关系熟悉到一定程度就不用说话了，语言也变成多余的了。我们现在在天天接触新的面孔，接触到的只是这个人的一个方面。换一个人接触时又可以是另一方面，这样就冲淡了对每一个人完整的形象，要亲热也不会亲热起来。这种情形就和传统的乡土社会不同了。

乡土社会的结构有个特点，就是以一己为中心，社会关系层层外推。我称之为"差序格局"。差序就是像石子投入水中引起的波纹，一圈圈推出去，愈推愈远，愈推愈薄：我，我的父亲、母亲，我的兄弟，兄弟的老婆，嫂子家的弟兄，我孩子的舅舅等，构成一个由生育和婚姻所结成的关系网。这个网可以一直推出去，包括无穷的人，正所谓"一表三千里"。这和以个人之间契约来结成的团体不同。团体是有边有际，在这个界线之内人人平等，规定下不同权利和义务，像是一匣火柴捆成一扎。一个人可以以不同"法人"的资格进入不同团体，团体又可以"法人"资格进入更大的组织。是和"差序格局"不同的，所以我称它作"团体格局"。

重农轻商也是乡土社会的另一个特点。熟人社会里怎好意思谈赚钱。你到瑶山去看看，挑货郎担做生意的都是汉人。为什么瑶民自己不做生意呢？他们会告诉你，我们都是亲戚朋友，怎么好要钱呢？在我国传统社会里，商人的地位最低，士、农、工、商，商是老四，倒数第一。在汉代农商孰重曾引起过一场大辩论。结果是重农派胜利了。这是乡土社会的本色。司马迁写了《货殖列传》，后世还有人为他惋惜，怎么这样的大手笔竟给商人们做传记。在我们的传统观念里，商人是敲竹杠的，是寡情无义之徒。他们斤斤计较，重钱不重情。不要说大家闺秀，连乡村姑娘也不愿嫁给做生意的人。这种轻商的意识形态背后，有着很深刻的封建传统。现在仍然流行"商贩中有没有好人"的疑问。你去做生意，大家都看着你，说你是走歪门邪道，这对经济发展是大为不利的。

意识形态是从生活里生出来的。中西社会历史不同，形成人们各自不同的思想和人生观。西方的现代社会充满了浮士德式的精神，是个动的，充满矛盾、创造、破坏的社会，崇尚攻取追求，讲究不断探索的精神。人们爱问人是什么东西？死了会怎样？关心死后的"天堂"。中国的传统社会充满了亚普罗式的精神，是个按生态循环继续下去的社会，继承的是老祖宗的传统，还要代代传下去。传统就是权威。满足于守，追求静，害怕变。连月亮有圆缺，好花有谢落都会引起诗人的伤感。西方现代社会赞美日新月异，认为古老的事物落后了，老年人落后了,后来者居上,下一代应比前一代强。中国传统社会称道越老越好,老成才能持重,认为一代不如一代。"五四"掀起的新文化的思潮,就是想跳出这个传统框子,可是这个框子有它的经济基础,生产不发展看来是不那么容易跳出的。

当前,我们正在从一个乡土社会进入到一个现代化的社会。这个变化简直太生动了!从每一个社会细胞里面,即每一个家庭里面,都能看到这样的变化。我们农村调查的新课题也应当从这里面去寻找。

农村里有了小型工业,媳妇变了,婆婆也得变。这真可叫作思想改造!以前那一套吃不开了。怎么变的?这个问题很有意思。

我曾提到过,在40年代,昆明乡下有一批农民进厂做工人。史国衡同志研究了这些人的变化和遇到的问题。我们再来看现在,农村里发展了工业,农民不一定要跑到北京、跑到石景山去当工人,而是就在本乡从事工业劳动了。不打散他们的家庭,而是把工厂搬到他们的身边。这个变化对他们的思想产生什么作用?我们不妨观察一下亦工亦农的人们,他们的思想同单纯务农的人是否已有区别?和城市的工人又是否还是不同?

我认为,这是我们几千年来养成的乡土社会向工业时代过渡的比较妥当的道路。工业放在某一个地方,它对经济变化的作用,一般人都能看到。不容易看到的是农民怎样变成工人,他们的意识形态和精神世界怎样变化。我们的农村调查不能只停留在农民收入提高多少这些方面,还应当深入到精神生活里面去,进行触及灵魂的变化。这一点需要我们下更大的工夫。

要了解农民不能单凭几个数字。要了解在他们脑子里的思想活动比获取统计数据更难。你不懂得传统农业社会的基本特点，不懂得农民的过去，不懂得传统怎样支配他们的行为，就不懂得农民，更不会懂得正在变化中的农民。

生产力变化背后是人的变化，生产力的发展冲击着人的社会关系。我们要抓住人的变化，抓住8亿农民的特点，把"土头土脑"的"乡下人"迈向现代化的一步步脚印通过研究描绘出来。

另一个课题是农村商业流通的变化。我们的传统社会重农轻商，流通不发达，保存着大量不通过货币的物物直接交易。这次我到连云港时，在一个公共汽车站碰到了一位中年妇女，见她拿着一大包花生。我问她，这些花生是从哪儿买的？她说是舅舅送的。深入一问才知道她家住在附近的一个县里，那里出大米，这里出花生。舅舅家要吃米，她这个做外甥女的就把米送来，舅舅每次都要回送给她定量的花生。严格说来这不能算是交易，但舅舅如果老是不给花生，外甥女恐怕也就不给他送米来了。在这个意义上说，米与花生不但物物交换，还要靠亲戚朋友来流通。由此可见流通渠道是多种多样的。

近两年农副业上去以后，生产力一提高，马上冲击原有的流通渠道。几个星期前，我写了一篇关于农民要汽车的文章。农民写信向我要汽车，我说这是一个重要信息。农民要流通，要现代化的流通工具，冲出自给自足的小圈子，这不是应当予以重视么？流通要工具，要社会性的交换渠道，要流通的物质基础。农村生产商品化程度一高，生活好起来，对商业流通的要求就强烈了。这个要求也冲击了我们脑筋里对于"商"的传统观念。如果还是按士农工商那样把商人看做"臭老四"，还有谁愿意来做生意呢？我们要抓住这个课题认真搞一搞。

外国人已经能够到月球上看我们了。我们同国外的差距相当大。现代科学技术的发展不断改变着人同人、人同自然之间的关系，我们老一套中的不少东西保不住了。我是小镇上生长大的人，还是很喜欢镇上的茶馆。到那里坐着，喝一碗茶，下一盘棋。可是形势不允许了。我不能再像我父亲70多岁时那样，每天早上到苏州城小店里吃顿早点，每顿都有新花样，而且便宜得很。然后回来休息一下，找个朋友，到茶馆里落座下盘棋。我可不行了，我们不能赶上人家，我怎么能安心在茶馆里吃茶呢？时代变了，时代对我们的要求也变了。这个变化一直从农村基础上变出来的。我们的农村调查必须抓住这一个出发点，从变字上做文章。

我从1936年开始江村调查，到后年就是50年了。这50年是人类历史上罕见的大变化，这是一个了不起的大题目。我打算明年，1985年，再去江村深入调查，能在1986年写出一本《江村五十年》。这是我的主观愿望，还不知道老天肯不肯玉成此事。这要到后年再说了。

五、家庭调查

我自己所做的有关家庭的调查是结合民族调查和农村调查进行的。我写的《生育制度》就是在这些调查基础上进行的理论分析，自成一家言。

"家"，或者叫"家庭"，是客观存在的事实。养生送死，也是客观存在的事实。在一般人眼里，不过是人生出来了，长大了,和一个异性结婚,然后又生孩子,老的时候要别人养他,最后免不了一死。就是这么一个过程。我提出这样一个问题:人为什么要生下来?有人觉得问得离奇。我对"家"的兴趣,对家庭的观察,对人类生育制度的研究,却正是由这个问题引起来的。

人们的养生送死,几千年来主要是在家庭这个社会细胞里进行的。称家庭为社会的细胞,就是因为它是人类社会里最基本的生活单位。从家庭入手研究社会,不仅有我们个人的生活体验作为观察的基础,也便于我们从最基层的角度去认识社会。

我对家庭的研究,第一步就是直接观察,从中取得生动的、可靠的第一手资料。1935年,我同我的爱人王同惠一起,到广西金秀瑶山,调查花蓝瑶人的社会组织。我因为带着体质人类学调查的任务,白天和我的爱人不在一起调查。她每天晚上把她调查的情况讲给我听,我就提问题。我们一起研究,研究完了第二天再去调查。不幸的是,那次调查的代价过于沉重,我自己落入陷阱受了伤,爱人为救助我献出了生命。她死后,我把她调查的材料,以及我们天天晚上一起讨论的内容写成《花蓝瑶社会组织》。我对家庭、对社会的一些基本观点就是从那时的讨论分析中开始形成的。

我在养伤期间到了太湖附近的"江村",我以更大的注意力从各方面观察江村农民进行基本经济活动的单位"家",从"家"的结构、职能,到在"家"内生活的一切活动。并对观察到的情况做了记录。后来写成《江村经济》一书,这本书里有关家庭的分析占了相当大的部分。

我对家庭的观察,不是盲目地看。主要的方法还是采用比较的方法，为了比较而观察，在观察中进行比较。文化背景同我们很不相同的花蓝瑶，江村的农民，西方的美国人，他们的"家"和家庭生活有什么不同，又有什么相同。在比较中看到中国社会的特点，亦看到各民族各国家庭的共同点。

怎样去分析观察到的事实呢？我采用的方法用现在的话讲，叫作系统分析方法。生活中的一切现象都是相互关联的。相互关联的事物组成了客观存在的系统。系统分析，不仅要把组合成系统的各个部分（即组元）在系统内部的地位与作用搞清楚，而更重要的是要把系统内部各部分之间的相互关联反映出来。这种关联是客观的，动态的。它不能凭我们的想象来描述，而要从千变万化的生活行为里边找出客观的联系和运动，由此得到一个系统的本来面目。我和王同惠在瑶山时，每天晚上讨论白天得到的材料，就是沿着这一逻辑的线索，从一个家庭，包括些什么人，到家庭成员之间的关系，一直到由许多家庭组成一个整体的社区生活的结构，把事物和现象间的内在联系比较清楚地从事实里抽取出来。在《江村经济》一书中，我从"家"开始，到"财产继承"，再到"亲属的推广"；又从家庭生活中的简单分工，工作日历开始，到社区的职业分化，再到农业、手工业、流通、财政金融；最后将二者在与土地关系上结合起来。由此我分析了中国的农业问题和农村的各种关系，指出了"被土地束缚住"的社会的特点。

我的写作方法与别人不同，是在教学中围绕一个问题对学生谈想法，讲完一课就写出一章，《生育制度》和《乡土中国》就是这么写出来的。《生育制度》所述的是我个人对社会怎样新陈代谢、几千年里中国社会怎样维持世代之间关系的一套比较完整的看法。

我们的感性知识告诉我们：社会是一个个的人组成的，是一套社会身份如父亲、母亲、女儿、儿子、教师、学员……组成的。没有不死的个人，可社会却不能因成员死亡而消亡。社会要"生"下去。个人总是要死亡，就发生了这个社会与个人生与死的矛盾。只有采取用新生的成员代替死亡的成员，才能维持住社会的延续，这就是社会的新陈代谢，社会这个实体靠了这个作用才能延续下去。实际上，我的身体里没有一个细胞能随着我的出生一直活到今天。作为一个生物机体，每个人身上的细胞都是不断生出，不断死亡的，可我还是我，"我"是个连续性的实体。费孝通嘛，隔多少年人家还认识我。整体没变，构成我这个人的细胞却变了。但如果所有的细胞同时死了，我也就不存在了。社会要继续存在下去，同样要解决依靠成员的新陈代谢。有人"退"出社会，又有人"进"入社会。社会中的"生育制度"就是为了解决这一矛盾的需要而产生的。

人是哺乳动物，人之"生"并不只是一个自然现象，还是一个社会现象。我在一个电视节目看到：一个母亲管教孩子，孩子不服管，就说你为什么生我，又不是我自己要到这世界上来的。这话很有道理，妈妈怎么回答得上呢？在一个人"生"出来之前，为这孩子的出生就发生了一连串的社会活动。这还没有出生的孩子的爸爸和妈妈要结婚，要经过社会的允许，这个爸爸的爸爸妈妈要为爸爸和妈妈的结婚积钱，造房子。假如没有这套，世界上就不能有"我"这个人了。一个人生出来了也并不是"自在"的。他一下就进入了一个先于他存在的社会结构，已经为他规定了种种行为模式。每个新生的人都要从头学起。人正是靠了学习，继承文化的传统，掌握生活的本领，取得一个个社会身份，成为社会承认的成员和文化的继承人。他不仅自己学会了就算了,还要生出孩子来,把这套生活的本领教给孩子,一代一代地传下去,不这样,不但人类不会有今天这样的文化,世界上也没有人能活得下去了。

我们在日常生活中的许多行为动作发生得极其自然,以致从不去考虑应该怎样做和为什么这样做的问题。我们习惯了,习惯成自然。孔子说:"学而时习之,不亦乐乎。"我们生活的基础就是靠了这些学来的习惯。习惯本身是看不见摸不着的,我们的生活离不开这些"习得"的"惯例"。你不能创造一套个人专用的语言,只能从小起去学大家已经用了很多年的语言。否则别人就不懂你的话。

人的语言、人的行为模式、人的身份等等,不是哪一个人创造出来的,而是积在社会里的个人创造,成为社会共同的"遗产",是文化的积累。我们的行为都可以说是继承文化的"复制品"。当然每一个复制品不可能同真品完全一样,但有一个模式竖立在那儿,复制品即使有差异,也是万变不离其宗。每个人通过"学",掌握这种模式,不学就不能生存下去。

梅兰芳在台上演《贵妃醉酒》时,身份是杨贵妃,下了台是一个以演戏为职业的梅兰芳自己。实际生活也是这样,每个人都是在一个个"角色"之间"串",表现出各种不同的身份。什么叫身份?身份就是一套社会共同的行为方式。行为方式有它的思想感情的内容、有表现它的动作。一个人的一生中,必须通过"学习"掌握社会中整套与他的各种身份有关的行为方式。

人还要学习使用社会性的交流工具。共同的心理要用共同的语言表现出来。两地分居照样可以发生联系。一个妻子不识字,画了几个图寄给丈夫,丈夫懂了。因为这是两个人之间共同的东西，别人就不能懂。要使普天下的人都懂，就需要共同理解的传达工具。个人创造的东西成为社会的东西以后，就成了人类的共同财富。然而人类共同的财富不一定每一个人都能享受。不少音乐名曲，我不会欣赏。我的外孙女儿就说我没有音乐细胞。我对音乐这个共同财富就不能享受，要能享受得经过学习，也许不能说没有音乐细胞，只能说音乐细胞没有起作用。

人生下来时什么也不懂，可是经过学习，逐步变了。人与动物不同，人能思维，能创造，在原有社会的基础上创造新社会。在这个意义上，社会是人造的，没有人就没有社会，没有人的创造力，就没有社会的进步。因此，社会同个人，对立又统一。

生育制度中的生育，包括生与育两层意思：生出一个人来；再把这个人培养成为社会成员，以接替由死亡造成的社会空缺。这个过程什么社会都要有，只是方式不同而已。人要老，还要死。为了人这个必然的死，社会就必须发生这一过程，即社会的继替。倘若人类与其他生物一样，具有生而有之的遗传本领，那么继替的过程就简单容易得多了。可惜在社会关系中人的遗传因子只发生潜在的作用。不经过长期的学与习的过程，人无法与他人进行交往；社会也决不允许一个"自然人"进入到自己的机体。因此人类社会的延绵不能靠生物性的继替，而只能是社会继替。既然是社会继替，社会就得规定一套继替的方式。诸如人怎么生法，包括谁与谁结合，谁来接生等等；人怎么死法，包括葬礼等等，即所谓养生送死。为了使"自然人"长成"社会人"，为确保社会新成员填补死者的社会空缺，还得有对孩子抚养、教育的种种规定。在我们的社会里，父亲就有责任对孩子进行"管教"，从小坐要有坐相，吃要有吃相，错一点要打屁股。这一大套规矩就构成我们所说的生育制度。生育制度保证了社会继替的顺利进行，维持了社会的完整和稳定。

生育制度的历史来源，我不太清楚。不过，各个社会的生育制度是由它一定的文化决定的，这一点大概没有什么疑问。因为各种文化不同的社会都有各不相同的一套继替方式。因此，我认为生育制度是一个与社会并存的普遍范畴。正由于生育制度取决于社会文化，则文化的变迁也会导致生育制度的变化，这就是说，在过去、现在和将来，生育制度都有不同的表现形式，然而不管形式怎样变化，它必须包含生殖与抚育这两个基本现象。

我写出这本书以后，有各种批评。吴景超先生说，这本书好，里面讲的道理，是我以前没有想到过的。潘光旦先生说，这是你一家之言，并不是全面的分析。但我想，我的分析没有离开实际，不是空想，不是推测。我是根据各种社会养生送死的事实总结出来的一般规律。

生殖、抚育这些事情在社会里是由哪些社会团体担负呢？主要是家庭，也可以说家庭总是担负生育任务的社会团体。家庭成员之间的关系是以"生"同"育"为基础形成的关系。什么是家庭？家庭是个译名。我们中国人口语里经常用的是"家"，涵义很宽，如家里人、自家人等等。英文 family（家庭）的涵义也很宽，但在人类学、社会学里，是指夫妻以及他们的尚未成年的子女，这是一种三角结构关系。所以作为科学用语，家庭指的是这样一个基本三角，由"夫""妻""子女"构成。各种变化逃不出这个基本三角。多夫、多妻、多子，总是从这个基本三角形变化出来的。具体的"家"可以缺少任何一方,"家"成为一个概念,就是这个三角。它是一个社会团体、社会组织,是组成大社会的基本单位,是社会的细胞。

各种文化背景下的家庭形式是不同的,但各种社会结构中的家庭,其成员间的关系是一定的,有权利,有义务。从夫妻关系、亲子关系产生的母子、母女、父子、父女等等关系。夫妻关系、亲子关系是组成家庭不可缺少的,缺了任何一项,就不是一个完整的家庭。家庭生活方式,即以家庭为单位发生的衣食住行的生活,生产、流通、消费的经济行为,以至娱乐活动等等,是人类共同生活中最基本的场所。在这个基本核心之外,还有由此而推广出来的亲属系统。在亲属制度上外国和中国是不同的。

不同社会里的家庭具有不同的特点。就拿"共同居住"来说,英、美及欧洲各国的家庭,结了婚的孩子不与自己的父母居住在一起。我有一次给外国人写信说,请带你的"家庭"一起来玩。他把他的夫人和所有未成年的孩子都带来了,可他的那些结了婚的孩子都没有来。因为结了婚,就成立了自己的家庭,有独立的主权,父母不能管他,已被视为"家庭"之外的人了。

再拿"育"来说,他们那里的孩子18岁以前不是法人,父母有责任、有权利管教。到了18岁这条线,社会地位发生了变化,是一个社会成员了,有他(她)自己的法律地位,一个"法人",有独立的社会地位。父母对他抚育的责任也就完了。里根的孩子失了业,拒绝他父亲给他的支助。如果靠了父亲的地位来谋生活,是对他的侮辱。他们的整个社会都是这么认为的。在我们这里,孩子伸手向自己的父亲要钱是不会难为情的。如果我的女儿有困难而不接受我的帮助，我会认为这是对我的侮辱。

不同特点的家庭反映出不同的社会结构，中国社会与西方社会的"养生"公式就不一样。中国的公式是：$F \leftrightarrows F_1 \leftrightarrows F_2$，叫反馈模式，也可叫反哺模式。上面的双向箭头表示父母养育了自己的孩子；待到自己老了，孩子反过来赡养父母。这种模式是复合的，可以超过世代，如儿子死了，孙子接着赡养；再不行外孙也要赡养。这成为理所当然的事情。在农村"养儿防老"的意识是显而易见的。与此同时，孩子成年后，父母的责任也没有完。俗话说儿女再大，在父母眼里总是孩子，只要父母在，你到老都得受管教，尽管你也在管教自己的孩子。西方的公式是：$F \rightarrow F_1 \rightarrow F_2$，叫接力模式。失去了一个反箭头，表示子女无须赡养父母。我生育子女，子女又各自生育自己的子女，每一代只管下一代，而且只管一段时期，子女一成年，父母的责任也就完了。在那样的社会里当一名教授，工资尽管很高，但很早就要想办法，考虑退休以后怎么办？生了病怎么办？把一项一项的费用、保险安排好了，才放心。上述两种模式都有自己的好处，也各有短处，天下没有十全十美的东西。

这几年对家庭发展趋势的调查表明，中国的大家庭数目和小家庭数目都有增长。你们可以看一看全国五城市家庭调查的报告。我在考虑，假定我们真的走上西方的道路，应该表现为主要是小家庭数目的增长。而当前我们中国三代人的直系家庭也在增长，这说明了什么？究竟是核心家庭还是三代直系家庭成为我国家庭的基本模式呢？我觉得，在中国人的思想里，只要具备共同居住的条件，一般则倾向于有一对已结婚的子女同父母住在一起。今年春节里，据说铁路上有1亿人流动，干吗呢？有相当一部分是要同父母聚一聚。我们子女不是常常一有空就带了孩子到祖父、祖母家去的吗！不像西方，一对夫妇到了周末想到去探望父母的不多，大都带着孩子到海边去了。我这么说现在还没有调查数字作证。我希望做这样一个调查，想知道有条件的话愿与父母住在一起的已婚儿子占百分之几。农村吃大锅饭时，分家分灶的很多，搞生产责任制以后，不少分灶的人家又合在一起了。城市的核心家庭增多，我认为是户口政策的限制。个人进入城市，结了婚，成了家，在乡间的父母不能住到城里来。很可能一有条件就会涌入城市，使三代直系家庭为数大增，这些设想，都还得由各地的家庭调查来否定或肯定。

目前对于家庭的调查研究，我认为还要从以下两个方面着手。一个方面是，农村经济变化对家庭结构变化的影响，看变化的内容。另一方面是，家庭职能的演变。譬如，教育以前是家庭的事情，现在有一部分由学校管了。学校是一个超越家庭的社会单位。又如，为什么我们生产责任制一下子就搞了起来？为什么家庭作用这么大？家庭的生产职能在家庭的历史发展中是逐步移出的。公社化后，生产职能移到生产队。事实证明，并不利于经济发展。现在家庭又成了经营单位，生产职能增强了。家庭结构、职能的变化，会带动家庭成员关系的变化，包括相处的关系、相互的责任、相互的感情的改变。我们研究的对象本身在改变，我们就得从实际出发，既要看到实际情形的改变，又要看到是什么力量促使着它改变。以上是我对今后家庭调查课题的看法。

六、小城镇调查

小城镇研究,是从农村研究的基础上提出来的。有人说我小城镇题目抓对了。其实,30年代我在家乡调查时就提出了"人多地少、农工相辅"的看法。虽说那是40多年前的事,但说明小城镇研究是有根的。那时想研究却又缺乏研究的条件,发展小城镇还没有成为客观的事实。现在经过了那么多年,明白了许多道理,我们从大量事实里看到了我国农业发展的趋势。中国要走出一条具有自己特点的社会主义道路,首先要使老百姓富起来。农村责任制成功了,接踵而来的自然是发展小城镇的问题,所以我说是时间到了。小城镇问题不是从天上掉下来的,也不是哪一个人想出来的,它是在客观实践的发展中提出来的。

1981年,我四访江村时,发现了农村建设中存在着许多值得研究的问题,特别是看到了农村的发展与小城镇建设的密切关系。所以,1982年就决定从农村升上一级,去调查研究作为农村政治、经济、文化中心的集镇。应该说这是客观现实要我们这么做,要我们去认识这些现象。

小城镇调查始终坚持了两条原则:一是实事求是,二是走群众路线。实事求是就是到现场去亲自观察,理论联系实际。走群众路线就是同各层次的实际工作者密切结合,和他们一起开展工作、讨论问题。从实事求是,走群众路线的原则出发,进入有计划有步骤的实地调查。我们第一步先了解江苏吴江县内各镇的基本情况,然后加以分类。分类的目的是在突出这些镇各自的特点,找出镇与镇之间的共性和个性。实际上做了定性分析的一部分。第二步是在分类的基础上进行分层,从高层次和低层次的关系上看镇与镇之间的内在联系。层次划分实际上规定了各镇"乡脚"的大小范围。第一步和第二步是横向的和纵向的分析,打破了以前在概念中兜圈子的习惯。第三步根据不同的类别和层次,定点、定人、定题。第四步进入实地调查,收集资料并进行分析综合。最后一步是请各方面的人员一起来听汇报交流,直到请专家"会诊",开创了理论工作者和实际工作者结合讨论问题的新局面。

我们在小城镇的调查中学到了不少东西,弄清了许多我们以前并不清楚的各种现象间的联系,因而使我们的理论研究不断走向深入。关于小城镇研究的详细内容,请大家去看《小城镇 大问题》这本书。今天我想讲一讲我自己在实地调查中是怎么发现问题的。

要说小城镇这个问题是怎么在我的脑子里发生的,还得追溯到30年代我刚进入开弦弓村调查的时候。我从周围的现象中感到有一股外来的力,在制约着村子的经济活动和社会生活,这股力发自村子外边的镇。那时,我抽烟很凶。到村中小店买烟,不料店里不卖整包的烟,只是一支一支的零售。店主对我说想买整包的烟去叫航船带。意思是说委托航船到镇上去买。我觉得奇怪,为什么这么大的一个村子连一包烟都不卖。村里人明明在抽烟。这个问题为我开出了一条调查的线索。我开始了解商店,商店的规模大小、卖什么东西、每日营业额多少等等。结果和我想象的不同,商店出售的东西,品种和数量都很少。我想农民大概能自给自足,烟抽得少。可是农民家里来了客人怎么办?生活中总需要酱油、盐和日用品,这些不能自给的东西,到底靠谁来供给呢?我想起店主曾经说过的那条航船,于是我就注意起航船的活动。

原来，航船是一条很普通的农家运货的小木船，每天早上，在航船摇出村子前，村里的人便招呼船老板托这捎那，这家提个瓶子托买酱油，那家递上篮子捎点其他什么东西。船老板根本不作记录都随口一一答应，接下瓶子和篮子便放进船里。我当时既佩服船老板的好记性，还怀疑他会不会搞错。其实这大可不必，因为在这个熟人的社会里，人们彼此都了解得清清楚楚。农民家庭没有什么秘密，各家的房子是开放性的，谁家打个架四邻都听得见，消息流传得特别快。船老板能记得那么多事，其实也是这个原因。那时，从村子到镇上，水路要航行一个多小时。我跟着就坐航船到镇上去。当航船一靠岸，等候在河边的商店学徒一拥而上，抢着做各种生意，而船老板自己却去茶馆里落座喝茶了。直到下午事都办完了，航船才离镇返村。船老板在镇与村的流通线上很有点威信，村子里的米、蚕丝都靠航船运到镇上的米行和丝行。船老板因此每到年终能从镇上的丝行、米行等，得到一定的佣金和报酬。由于航船每天往返于镇、村之间，镇上的店老板和行经理也就对村子里的需求情况非常了解了。在镇旁的河面上停泊着二三百条船，镇周围的农副产品都集中在那儿。

商品流通是有区域性的。农村是生产地，产品集中的中心地就叫做镇。镇上的商品所能销售到的范围叫做"乡脚"，可称为腹地，就是集镇所服务的区域。每个镇拥有一定的农村作为自己的腹地，成为这个区域商品集散中心。

当时我的调查到此为止不能再进行了。一是时间不够用，二是我一个人单干不行。后来我的同学杨庆堃先生在山东就这方面做了专门的调查研究。在他之后，一个外国人叫斯金纳（Skinner）的，在四川平原也做了比较细的调查。他根据"地方志"和实地调查的资料，考察了中国城镇的发展史，写出不少文章。有个日本人把我们长江三角洲的镇的经济发展史也做了研究。虽然我当时未能进入这一层次调查，可是，总感觉到了小城镇这种社区的存在对于农村和农民生活所发生的作用很大。

到了80年代，我有条件更上一层楼了。现在不是我自己单干了，有了一个课题小组。确实，调查一个市镇要比调查一个农村复杂困难得多，没有一组人不行。一个村子，只要找几个熟人，大体的情况就能摸到了，我可以在短短的一个月里做出结果来。这是因为：第一，村里的干部要比镇里的干部更了解自己管理的区域，因此他们可以为我提供详细可靠的资料和情况；第二，我自己可以结识一些对村子熟悉的朋友，通过他们再进一步摸清情况。到了镇上可不行，镇上人头复杂，航船就有几百条。这次小城镇研究我还得从家乡做起，我对那儿比较熟悉，先前有过一些了解，也有一点群众关系，所以我于1981年带了课题组的同志去探探路。探路就是把问题找出来。

我们到的第一个镇是盛泽镇，镇长给我们介绍情况时，说到现在人口2.6万人，这时我问：解放时有多少人？他说2.2万人。我一听觉得全国的人口在30年里增加了一倍，怎么这儿只增加了约1/5。接着我又问：最近人口是不是又增加了？他说是增加了，从农村里来的，但没有户口。我越听越觉得里面有文章。实际镇上住的还不止2.6万人。常住人员中有1/3不在户口册上，比如："农民工"等，都不计在内。那么，盛泽本镇增加的人口到哪里去了呢？如果不了解中国人口增长的情况，很可能从这里听不出问题来，我由于有了这方面的知识，所以没让问题滑过去，没想到还一下子就找到了小城镇研究的突破口。

当时春节快到了,我们决定过了新年再去调查。在苏州的宾馆里,我碰到一位招待我们的干部,正巧是盛泽镇人。从他那里,我找到了镇本身人口增加而没有记在现有镇内人口数上的人的去向。我很高兴他能对我说一些关于盛泽镇的情况,可是要过年了,他可不能早几天回家。他说晚两天回家不要紧,只是车子太挤,成千上万的人要回去,不容易买到车票。我说:好哇!我就是要找那2万上下的人!原来他们都到了上海、苏州的城里去了。我从这里抓住了一个关键的问题:为什么镇上的人口30年增长得这样少?后来我去调查时得知,除了个别例子,吴江原有的很多镇,人口都下降。直到党的三中全会以后才回头上升了一些。

我们一个镇一个镇地去走访。在铜罗镇我们算了一笔细账,包括哪一年走多少人,走的原因等等。铜罗镇的人说,土改时走了不少人,后来"对私营改造"又走了不少人。可是人走了给镇上留下什么后果呢?许多小店铺、茶馆关了门,粮食部门的干部代替了镇上的米行。接着又合并了不少小单位,原来在那里做生意的人统统被当作"资产阶级"或"资本主义尾巴"被赶跑了、割掉了。

像铜罗镇这样的情况在其他小城镇也不同程度地发生过。几乎都是因为镇的原有职能即流通渠道发生了变化,所以人才走了很多。不是走到乡下去就是走到城里去了,如果这种现象仅仅局限于一个镇的话意义还不大,但是全江苏省、全国差不多都出现了这种现象,它的意义就大了。胡耀邦同志1980年到云南视察,看到保山县的板桥镇萧条冷落、破旧不堪的情景,便说要恢复小城镇,发展农村的商品经济。要使农村的知识分子留在农村，为建设新农村服务，必须建立农村的政治、经济和文化中心。他的话对我们启发很大。可在天津市，这些话传达下去了，半年过后一查，连影子都没有。县里只抓农业生产，不搞商业，工业也不抓，走的还是老道。现在天津不同了，乡镇工业大发展，在华北走在前列了。

三中全会以后，江苏的小城镇很快兴旺了起来。看到这种情景，我们起初都以为大概是流通渠道有所改进引起的。可是事实与我们的推测不同，直到现在商品流通不畅通还是个严重的问题。苏南小城镇的兴旺是由于有了工业，这是个新东西。镇从繁荣到萧条，又从萧条到繁荣，这个过程就需要问几个为什么，不要一上来就根据书本上的老话下定论。我们看到的苏南的情况是工业先出来。当时，农业生产力还没有很快发展，商业系统的供销社还在国营化的圈子里出不来。商业局和供销社一个在镇上，一个在乡下，加上粮食局、水产局等，把住了所有的流通渠道。其间只有一个因素变化了，那就是农民自己办起来的工业出现了，那时叫社队工业，现在叫乡镇企业。

社队工业我比较熟悉。30年代我姐姐就在江村搞了生丝精制运销合作社。可那时是由一个专科学校负责帮助一个村子的农民办的，一离开学校师生的帮助，农民就办不起来了，因为当时不存在农民办工业的条件。尽管想了很多办法支持它，日本人一来就全完了。日本入侵者仇视中国的丝绸业，他们到震泽以后，做的第一件事就是把丝厂炸掉。农民害怕了，自己把村里合作社的机器拆掉了，一点都不剩。这是我在30年代讲的"人多地少、农工相辅"的结局。经过了40年，人更多了，地更少了，可是一直没有正视人多地少的问题，除了70

年代开始采取了计划生育的措施外,不是从积极方面去发展生产力来解决人口问题。在农村里人口在涨,而生产上的措施还是维持原来的那一套,"以粮为纲"。60年代有一阵人们觉得工分不值钱了,"大锅饭"越吃越少了。产值赶不上产量的增加,人均收入更赶不上产值的增加。到了70年代,出现抢工分的现象。一闹,才感到人口太多。可是大城市进不去,镇上又萧条,在无奈何之下,一股无法再压抑的力量促使大家走上了发展社队工业的路子。

现在看来,人多地少只是发展社队工业的内在因素,而"文化大革命"这一特定的社会条件是它的客观条件。"文化大革命"中下放的很多干部,去农村插队的知识青年和退休回乡的工人,在当时起了不小作用。第一把知识带下去了,第二把社会关系带下去了。那时,城里生产不能正常进行,任务完不成,于是工业就下乡了。

社队工业是集体性质的,其收入除了向国家交税,不需纳入计划经济。这样,赚了钱可以直接提高农民收入,办学校,支持小镇的建设。大家知道有一种比芝麻粒还要小的药,叫"六神丸",装"六神丸"的瓶子要有个小小的橡皮塞。塞子虽小,力量不小,它支持了震泽镇上的一所重点中学。这所中学办得很好,相当一部分要归功于办了生产"六神丸"瓶塞的小工厂,为教学提供了不少资金。当然这个厂并不是社队厂,但道理一样。社队工业的发展使农民尝到了甜头,整个苏南各地出现了新的局面。吴江县有个莘塔镇,处于上海与江苏的边界上,是个水荡密布的地区,像迷魂阵一样,水网错纵,像天津的街道,不识路的人转不出来。解放前土匪很多,又乱又不安全,许多人出走到上海做工、当保姆。现在这些人看到家乡变化可喜，便回来搞工业了。他们生产各种各样的灯泡，有的还外销。他们利用汽车底盘敲出保健车、小客车等各种车辆，还搞电梯的装配，四年时间就使自己的乡镇换了新貌。他们用三百几十万元钱建造了新的电影院，改造了街道。莘塔镇的变化不仅是吴江县的普遍现象，而且在整个苏南地区都能看到。沙洲的欧桥大队，许多人都去参观过。第三世界国家的人去参观的时候说："你们已经现代化了。"我到他们的招待所一看，比北京的"一招"还要高一级。此外还有说书的书场、电影院、托儿所，原因就是搞了工业。

我在1980年春节在人大会堂发过一次言，介绍了苏南社队工业的发展。当时还引起了不少不同意见。有人说社队工业挖了社会主义的墙脚，是不正之风，是资本主义复辟的温床，各种帽子都有，问题提得很严重。那么办社队工业究竟是对的还是错的呢？不同意见持续到去年下半年，中央直接派人去调查。1984年的1号文件、4号文件才肯定了乡镇工业在社会主义经济里的地位。我说对任何事物的认识一定要有个过程，不同意见能够发表是个好事。有了不同意见，我们就能既看到它的坏处，又看到它的意义；反复进行研究，再下结论，制定一个合乎实际的政策。这个过程是好的，是民主的，不是戴了帽子不许说话。很多知识分子从这个事情的经过里受到了鼓舞，感到我们有了作风上的改变，有了实事求是，有了群众路线。

为了进一步探索小城镇问题，我们对苏南的调查总结了几条："无农不稳"，即没有农业，经济站不稳；"无工不富"即没有工业富不起来；"无商不活"，即没有商业经济活不起来；"无才不兴"，即没有教育和科学文化就不能继续前进。

以上所说的只是苏南的经验，苏北小城镇的情况怎样，还需要做直接观察，然后再做比较分析。于是今年我们越过了长江，到苏北进行调查。苏北原是比较落后的地区，有些地方在解放后长期吃粮靠救济。直到80年代才成了提供商品粮的基地。那么，在农业生产迅速发展后，苏南的经验能不能适用于苏北呢？

为了寻求答案，我们按照江苏经济发展的不平衡性划分了三个区域，即苏北、苏中和苏南。苏北包括四个半市：徐州、连云港、盐城、淮阴及扬州的一半。苏中包括两个半市：南京、镇江、扬州的一半。苏南包括：苏州、无锡、常州、南通四个市。这个划分不同于地理区的划分；地理区的划分依据是长期的稳定的地理条件。我们是按当前经济发展水平的特点来划分的，可以称为社会经济发展区。这三个区域的经济特点，以工农产值的比例作为主要指标，苏北工少于农，苏南工多于农，苏中是工农各半。

在苏北地区内部发展也不平衡，该区的西北片与东南片不同，西北片是工3农7，由此产生了很多特点。其中的一个显著特点，是作为经济文化中心的小集镇比较少，停留在不发达的日中为市的赶集的阶段上。这一片的工业几乎全都集中在县城里，出了县城就看不到像样的工厂了。从西北片向东到连云港，工、商业的情况就逐渐好转。到盐城就出现了农6工4的比例。扬州以南则为对半开。在西北片，自徐州向西，一个沛县、一个丰县，一路上看不到工厂的烟囱。县里都仅有一个镇，我称它为"独生子女"。沿公路两旁只有几个石灰窑，可是县城里搞得好漂亮，我说有点像搞"计划生育"，独生子女得的"奖励"。县城之外的商业主要靠"赶集"。从地图上看，徐州是南北的交通要道，应当说是交通便利的地方，而且还出煤。有这样的优越条件,照理它周围地区的经济应当发展快一些。我小学时就念到"陇海路",现在"陇海路"两旁的人还在那儿赶集。这一片地方农业是赶上来了,可工业微乎其微,远远落在其他地区的后头。

从整个苏北的情况看是农超过工,生活水平不如苏南。对应了"无工不富"的经验。那儿有一种空气,认为只要靠种粮食就能上去。与以前那种吃粮靠救济的日子相比,现在成了商品粮基地,这的确是个大翻身。但据此以为城乡关系已经拉平了,农民收入与镇上人收入一样,没有差距了,因而满足于搞好农业。我说这不是有希望的路子,因为单一化的农业生产,路子还会越走越窄的。我们应当把目光放远些,苏北应当重视在工业发展上与苏南的差距。

在苏南,工农比例普遍达到了7∶3,沙洲县是8∶2,最高的少数大队已达到了9∶1。这种总产值中,工业产值占绝大多数的情况,并不意味着该地区农业生产的衰退,恰恰相反,工业比例的升高稳定了农业,使农民生活的提高有了保障。如前年农业遇灾,苏南不少地方农村的人均收入,还是增加了100多元。未下去调查以前,我怎么也不会相信农民家里会有"空调"设备,还有"万元户"。下去一看,才知道这并不奇怪。因为不少乡村的个人收入相当于副教授级,村子里屋顶上密密麻麻都是电视的天线。这些都是办工业引起的变化。

看来,苏北还应当多注意乡镇企业的发展。粮食固然要种好,可是走哪一条路可以富得更快、富得牢靠,应该仔细研究。苏北地区原先的亩产低,国家的征购任务轻,现在粮食多了,粮食部门收不了那么多余粮,农民卖不出去,只好喂鸡,这是好办法。鸡多了商业部门又收不了,农民只好自己用自行车拉着下江南卖。跑到上海来回要一个星期，能赚一些钱。流通渠道不通，年轻人就跑出去做长途运输与销售；他们带点儿饼，一个钱不花，睡在路旁，又苦又累，然而收入还是有限。实在卖不了的粮食就搞小粮仓。以前是靠救济粮，现在成了商品粮的生产基地之一。领导还没有处理过这样的局面，粮食收购、保管、销售整个儿跟不上。

苏北的外流人口中，具有工业技术的不多。苏南人在上海做工，家仍在乡下，平日寄钱回家。上海的钣金工无锡人特多，有人称之为"无锡帮"，在上海机电行业中独占鳌头。解放初，他们还不断从家乡介绍人去上海。在上海这个工业城市里培训出大批无锡技工；无锡社队工业的发展就靠了这批人回来。这批人与上海各工业系统有种种关系，通得上"路"。这是他们工业发展的历史传统基础。苏北呢？据说上海市民中有100万人祖籍在苏北，可他们的家乡没有得到这些在上海的家乡人的支持。离乡时大都是出卖劳动力，拉洋车，干码头工人。上海的许多粗重的工种几乎都是苏北人干的。他们没有机会学会技术。两种不同的人口流动，结果大不一样。苏北的盐城算是惟一的例外，工业产值到50%了，一查问，他们办工业还是靠了上海的技术力量。我写的《小城镇——苏北初探》，概要叙述了苏北的情况和出路问题。

在许多方面，苏北具有自己的特点。在对这一地区调查时，我们发现了一个很有趣的事情。地图上标示的地名，很清楚地表现出地区集镇发展程度的特点。徐州东北面叫"楼"的居多，无"集""镇"名。向南有好几个县，带上"集"字的地名就多了。到连云港附近有了"镇"名。再往南称"镇"的地名多起来了，带"集"字的地方相应地减少了。

什么叫"集市"？我查了《康熙字典》里的"市"字。它是买卖之所，即人们在约定的时间卖出买进、交换物品的地方。一般称"赶集"，赶，就是要紧紧地走。赶集的人要在当天回家，所以集上最热闹的时刻是在中午，称"日中为市"。

买卖发达了，出现了货币。没有货币的时候，人们是以物换物。经济活动发达了开始出现专业的商人，最早就是那些贩子，他们把别人生产的东西买下来，转手卖给消费者，就是所谓"流通"，商品由他们转手。《康熙字典》引用汉代人的著作中已经提出在市集上有贩夫贩妇，他们等到太阳偏西，带着自己生产的东西来赶集的农民手上还有没有找到卖主的货物，挑回去太重，就愿意廉价出售，这些贩夫贩妇就把这些东西买下，第二天再用高一些价钱卖出去。贩子就是商人。随后商人渐渐多了起来，各自找到固定的地点，设一个临时售货亭。久而久之固定下来成为店铺。店铺多了，就连成了"街"，街连街就是镇。

在传统概念里，镇里的经商者被人看不起，人们提到"贩子"就讨厌。不仅社会主义反对资本主义，封建主义也反对资本主义。历史上有帝王将相，文人学士，就数"商"的地位最低。这种概念影响现在，人们至今还有人认为商、贩是"敲竹杠"的，商人不是好人，是搞资本主义的。这个传统真厉害，我们从小就听到这套东西。看来，意识形态里的东西有顽强的惰性，它与物质世界的发展之间，可以有很长的一段惰距，不容易转过来。

或许正是这种惰距的反作用，使商品流转的畅通无阻，要比落实责任制难得多。责任制搞得快，是因为有家庭做基础。流通，若是好人不搞，必然是坏人去搞，传统就是这么看的。当然，责任制也不是没有阻力的，"万元户"也不那么好做，有的还要一家一家去送礼，怕别人说你"暴发户"。人们一听"暴发户"，还会有好脸色吗？传统是忌讳这个的，不如不发财来得好。我说这种思想要改变，但变起来很艰巨。例如，讲究效益与劳动密集型两个概念，我们往往倾向于只接受后者。因为传统观念是不讲效益的，农业与小手工业的生产方式就是今天做不了，没关系，明天接着做，明日何其多！其实，只有劳动密集，不讲效益，生产率还是上不去的。由此可见，心灵深处的旧东西太根深蒂固了，我们的责任就是要把在现实生活里看到的现象，以及支配这些现象的观念，有条有理地揭示出来，用大家都懂的语言写出来。

小城镇研究的深入，需要我们花更大的气力。就拿"集"这一个字来说，抗战时，我在内地看到的"赶街"，同现在苏北的大李集是不同的，前者是集，后者是集加镇。苏北所称的那些集镇，实际上还处在苏南的镇和云南的集中间。社会学研究所的张雨林同志，在苏北整整搞了半年工夫，就是想弄清楚这个"集"。其中很有些道理，现在的盐城天天"赶街"，摊子正在逐步变成店铺，集也在逐步转化，在那块地方，集与镇的界线开始分不出来了。这里内容很丰富，值得我们去深究。

我们在分析一个个具体的镇的基础上，看到了一种现象，镇，如果不同政治相结合，它就可能衰落下去。但是，政治中心不一定是最好的经济中心。因为，经济中心是以自然条件与经济发展相结合而确定的，这是一个值得注意的课题。

一切事物都处在变化发展之中，对小城镇的研究，今后还会出现新的内容。"七五"规划将继续把这个研究深入下去，希望我们大家都做有心人。

七、知识分子和智力资源调查

我对知识分子的调查是密切和各时期的知识分子问题相结合的，因此，我得讲一讲我国的知识分子问题。

知识分子作为社会中的一个特殊阶层，在不同的历史时期有着不同的地位和作用。在中国社会主义时期，这个阶层应放在什么地位？其作用如何评价？这些问题很早就提出来过，也有过一些结论，可是在实际工作中没有得到真正的解决。回想新中国成立之后的发展时期，国家建设急需知识分子的协力合作，而由于当时的历史条件，对如何使用知识分子存在着不同的看法：一种看法，认为中国的知识分子一般是爱国的，过去受过帝国主义和国民党的压迫，解放后就存在着为人民服务的积极性，为了社会主义建设就应该放手使用。另一种看法，认为旧社会过来的知识分子阶级烙印深，在头脑里充满着封建、资产阶级的思想，必须和民族资产阶级一样进行社会主义改造。前一种看法，直到70年代后期，党的十一届三中全会之后才占上风，在过去近30年里，后一种看法越来越压倒一切，"十年动乱"达到了高峰。

我在解放前就参加了中国民主同盟。民盟是一个知识分子组成的政治团体。解放后，我在民盟中央担任文教工作，经常接触知识分子。当然更重要的是我自己就是一个有代表性的知识分子。当时民盟的工作，主要是执行党的团结改造知识分子政策，我当时对这个政策并没有怀疑。清华一解放，我就主持当时所谓"大课"，就是全校师生共同学习社会发展史等马列主义理论课程。我写过一篇记述清华进行思想改造工作的文章，讲"艾思奇三进清华"，写得有声有色，在《学习》杂志发表后,陆定一同志还叫我去,批评我火气太大,用现在的话说是太"左"了。我当时作为一个知识分子的感受,反映在我那个时期所写的许多篇文章里,后来收集成一本小册子叫《我这一年》。现在可以认为是一本历史研究的资料,确实反映了当时知识分子的心情。

我在这段时期,一直注意收集知识分子的思想情况,陆续通过民盟组织向党反映,很得到领导上的重视。1956年,国务院成立了个专家局,专门处理知识分子问题,我被任命为副局长。我曾向领导建议两件事:一是建立智力档案,把中国究竟有多少专业人才摸摸清楚;二是实地调查知识分子里存在的问题,设法促进他们的积极性。我自己就衔命利用去西南进行民族调查的机会,顺便通过民盟的机构进行知识分子调查。

最近,我读到周恩来总理1957年4月24日在中共浙江省委扩大会议上的讲话节录,里面曾提到过我的这次调查。他说:"各民主党派联系群众的方面不同,可以听到一些不同意见,对中国革命和建设是有利的……如民盟,它在知识分子圈子里可以听到更多的意见,有一次我来杭州,回去时在飞机上看了费孝通先生的一篇文章《知识分子的早春天气》,把知识分子心灵深处的一些想法都说出来了。共产党内也有不少能写文章的知识分子,但这样的文章我看是写不出来的,就是有这种想法也是不写的。"[1]周总理所提到的那篇文章,就是我从西南调查知识分子回来后写的。这篇文章的政治评估是另外一回事,这里我只想说,周总理是认为它写到了"知识分子心灵深处"的。

---

[1] 《周恩来统一战线文选》,第349页。

我怎样摸到人们心灵深处的呢？我想关键是在调查者与被调查者的关系上。我是以帮助盟员同志们解决阻碍他们发挥积极性的问题为目的的，而民盟同志也是真心实意的想积极工作，在社会主义建设中发挥作用。所以双方有共同的基础。其次，我自己是个知识分子，和其他知识分子心心相印，有共同语言。我有一次曾说，我见到钱伟长不用说话，看他的这副面孔就知道他心里在想些什么了。这当然是夸大之词，但是我确是在"知识分子圈子"里容易听到真心话的。

一切科学结论是否符合实际，首先是要看它所根据的素材或所谓数据是否真实。我在知识分子里进行调查，能得到比较真实的素材，不能不是由于我自己是个知识分子，而且在当时说，是个知识分子所信得过的人。这个道理适用于一切调查工作。要做好社会调查，必须首先建立好调查者与被调查者的关系，要互相信任。这个道理，也可以用"十年动乱"时"四人帮"派出来的外查内调来作反证。我自己当时是个经常要被调查的人，要从我的口上找到适合于"四人帮"用来诬害人的材料。我心知其意，所以总得千方百计说假话来掩护我所认识的人。这是个极端的例子，但是也说明了，要从别人口上取得实情，没有一定相互信任的关系是不行的。在资本主义国家里用金钱来收买。在我们是以"共同利益"为基础。这个看法我在《迈向人民的人类学》一文中，有比较详细的说明。

我在调查时采取的具体方法，主要是串门访友，然后找出一些问题，如党对知识分子的信任，他们所得到的待遇，业务工作上的条件等等，分别开专题座谈会，和盟员同志共同商讨。由于我对这样搜集来的材料具有亲切的感受，所以比较容易接近人们心灵深处。

我这段时期对知识分子的调查，带来的个人遭遇，在座诸位是都知道的。我本人是个知识分子，自然应当接受中国知识分子共同的命运。这是历史决定的大事，没有什么可以抱怨的，以我个人说，最遗憾的是在我自己的学术生命里丧失了20多年，那是无可追补的。当我有条件恢复调查工作时，我在1981年又受民盟的委托，去西南进行知识分子调查。这次调查是配合党落实知识分子政策的工作。在20多年中，像我一样遭受冤屈的知识分子为数众多，遍布全国，极左路线造成的创伤是极大的。这些冤案要平反、改正，所以各民主党派要出力帮助被害的成员得到正当的处理。

我在上述的目的外，还想趁这个机会，多了解一下当前知识分子中还存在些什么问题。到了地方上初步一摸，就发现这次调查和上一次调查的情况已有一定的区别，这区别倒不只是在调查对象这方面，也包括在我自己这方面。一转瞬间我已过了20多个年头了，像我一样年纪的知识分子还活着的已经不多了。现在知识分子队伍绝大多数是中年知识分子。如果我依旧采取串门访友的办法来找问题，限于接触面，一定不容易抓到要害。在和我年纪相近的知识分子中，主要是冤案错案的问题，免于遭殃的人不多。但是，中年知识分子中，这不是多数人的问题。要去发现中年知识分子的问题，由于我直接熟悉的人不多，所以采取了用问卷开始的方法。我和少数中年盟员一起搞出了一套问卷，发给了昆明市的全体盟员，经过统计，使我发现，中年知识分子问题的严重性，他们的收入低、生活负担重、身体多病，而且工作繁重。我就根据这次调查的结果，迅速向领导反映，引起了重视。

就在这次调查中，我对知识分子问题的认识上有了新的体会。过去我心目中的知识分子问题，是一个一个知识分子所感受到的问题，比如，收入低、身体差、不受信任等等。经过这次调查，我自己觉得眼界扩大了一些，看到了我们国家整个智力资源的问题。当然，我向专家局提出搞知识分子专业档案时，也有了这种想了解中国在各门学科中，有多少实力的问题，但是不经过这一次"文化大革命"，我是不会这样深刻地感到开发智力资源这个问题的重要性。

这里牵涉到对知识的认识问题。知识固然是在一个个人的头脑里，离开个人就不能有知识。但是每个人都没有从母胎里带来什么知识，母胎里带来的只是得到知识的能力，一切知识都是在出生之后学习来的。孔子的《论语》第一句就是"学而时习之"，颇有见地。人的生活方式是靠学习来的，不是生来就会的。这也就是人之所以和其他动物不同之处。学习就是知识传递。从哪里学来的呢？个人知识的来源是社会。社会是众人的知识库，这个库房物质上是社会上所有人的头脑，而其内容则是这个社会长期历史的累积。个人的知识取之于这个宝库，然后加上个人的创造，又回去保存在这个宝库里。储存在这宝库里的知识总和，就是我所说的智力资源。

"四人帮"给我们国家和民族带来最大的损失就是削弱和损害了我国的智力资源。个人的冤屈事小，国家智力资源的损失事大。因为在现代世界上，还是个列国争雄时代，而决定胜败和存亡的，就在智力资源的强弱。物质破坏很快可以恢复，而智力资源却是件"百年树人"的长线事业。

我们要充分认识到智力资源对自然资源的作用。知识分子是生产力的一部分，是科学开发的生力军，是中国社会主义建设中不可忽视的力量。他们过去就为国家创造了大量财富。

李四光之前，人们不知道中国有石油，点灯要买洋油。可是，李四光懂得地球结构产油的原理，结合中国实际，得出中国有石油的结论。现在，我们快要成为一个产油国了。这个例子说明自然资源只有通过智力资源才能发生经济效益。

我们中华民族要继续发展下去，要走到人家的前面去，那不是件说空话能做得到的事。我们必须实事求是地分析一下中国智力资源的实况，据1952年普查，我国至少有2.2亿人是文盲或半文盲，受过高等教育的人不过1000万，这和现代先进国家的差距太大了。如果我们还不能看到问题的严重性，那么等待我们的只能是失望和痛苦。记得汉朝的刘邦，起初最瞧不起儒生，说打仗靠力气，要识字干什么。后来得了天下，才使他悟出了这个"天下能马上得之，不能马上治之"的道理。我想，这个历史总结，人们不会不知道，可就是没有决心去接受这教训。

日本为什么发展得这么快？我看这与他们总结了维新以后的经验，抓了智力的培养是分不开的。第二次世界大战时，日本人对美国的原子弹毫无办法，它把日本炸成一片废墟，给日本人民带来极其严重的灾难。就在这样艰苦的条件下，日本政府决定，小学教员的工资不许降低，孩子们吃的粮食由国家供给。三十几年过去了，这批当年的孩子都成了现在的骨干力量，他们的智力水平，能够接受最新的科学信息，他们对日本的发展起了决定性的作用。现在应该承认，人家那样做是对的了。50年代时，我国与日本的发展水平差不多。相隔三十几年，差距拉得这么大。有些东西拿来了，我们还不会用，甚至上了一些当还不自觉，还以为人家是好意。想起来真叫人痛心。

我国 30 岁左右的人，在上中小学时正逢"文化大革命"，是黄帅们的天下，一代人的智力发展就这样被损害了。一个人抄走的东西可以重新取回来，可是一代人的智力损失，怎么弥补，却是个大问题。许多青年虽然在大学念了几年书，可是出来到了工作岗位才发现自己掌握的东西太少，太有限，甚至用不上。他们是今后的骨干，有多少人呢？一年 1000 万；五六年有多少人啊！确实是一代人的问题。

我们的知识分子队伍正处在青黄不接的时候，下一代接不了上一代。我自己的水平本身这么低，可是要找一个接替我的人都很困难。难怪人家说，现在有几个教授能上讲台，不用讲稿就能讲课的？可是，我碰到的老师却都是这样的，从来没有照本传达的教学法。当前的中年知识分子，毕业于"文化大革命"前，一入大学就碰上"四清"，上山下乡，念了多少书？现在努力、补课都感到吃力了。再往下去问题也更多，一上高中就文、理分科。说一句不客气的话，这不是搞教学，而是在搞科举。我们的祖国正要靠他们来复兴，他们是我们国家的本钱，难道我们不应该多想一想怎样恢复和发展智力资源的问题么？！

再说农民，虽然他们有进步，可是这个进步看来不是靠文字。为什么文盲这么多？农民为什么不要识字呢？第一位的原因是生产力落后，知识传授还是靠传统的口口相传的办法，以个别知识、个别经验为基础，不追求普遍原理。其次是生产关系落后。很长一段时间里，我们的制度是吃大锅饭的性质，没有知识照样吃饭，出现了反知识、反理性的潮流。可是一旦实行了责任制就感到知识不够用，有些人连种田都得重新学习。

工厂也有这个问题，许多人边生产边补课，人人都感到知识不够用。现在我们应当研究技术工人怎样培养，在哪里培养等问题，这是关系到中国能不能现代化的问题。

智力资源的调查，是一个宏观的调查，我从昆明的民盟盟员知识分子调查开始，又倡议建立智力档案。过去我们国家的人事档案是为阶级斗争服务的，祖宗几代的阶级出身很完整的记下来，甚至道听途说的"小报告"，也原封地保存在档案袋里。这些显然不能适应当前现代化的要求了。是不是能搞个专业档案呢？凡是有专门技术和有学术专长的人，把他们的情况如实的上档，有了电子计算机，要用某种人才，一下就能找得到姓名。其实，我的业务档案在美国早就储存起来了，连别人的文章里引用过我的著作的频率都有数据。这并不是件难于做到的事，但总得有人动手做才能实现。为此，我倡议民盟带个头。现在表格已经发给了全部成员，明年（1985年）春节前后，就可以训练一批人员，在各地把资料输入计算机。听说教育部也已为全国高等院校的教师作了登记，也输入了计算机。接下去是怎样利用这些数据进行分析研究了。

要开发智力资源，离不开教育，民盟作为一个智力集团，拥有几万个各级学校的教师。因此，为了配合党提出的教育改革，已经多次在盟内进行讨论，把各种意见整理出来，向领导反映，这也是一种调查工作。社会调查，在这个意义上说，也就是领导在被领导中走群众路线的方法。这个方法可以适用于各部门的工作，是行政工作科学化和现代化必须采取的方法。我想在这里附带说几句。

我们在天津开始过有关家庭问题的问卷调查，后来天津市政府采取了这个方法，在去年进行了一次民意测验，称作千户问卷调查，就是在天津市内抽出1000户做样本，让他们填写在生活上感到困难的是哪些问题。有了这个调查，天津市政府就根据群众的意愿，定出当年要为市民解决哪些问题，做哪些事。这样取得了市民的赞扬。有人主张在中国也搞美国盖洛普式的民意测验，我并不支持，因为我相信我们完全有条件通过天津那样的"千户问卷调查"，更真实地反映群众的意见，因为我们社会主义国家，一切工作是以人民利益为出发点的，所以一定能够通过人民直接主动的参预，取得更正确的民意反映。

从智力资源的概念出发，不但注意到了它和教育的关系，而且也注意到它的流动和效率。这就结合到了我上面在民族调查中所提到的，知识分子从边地外流和倡议智力支边这件事。另一方面是智力怎样扩散的问题。1984年我到内蒙古赤峰去开展边区开发的调查时，在翁牛特旗的驿马吐科技村，看到新的农业知识怎样从村领导一级，传递到农民手上变成提高农业生产的力量。这项研究阐明，在一定文化程度上，知识的运动是必须通过一定的层次。在文盲和初小程度的农民中，以驿马吐村为例，从村一级到生产户，中间有五个科技知识传递的层次。这是因为在这些生产者中间，主要是以直观口传为知识流通的媒介，如果和现代化的国家相比，差别就很显然。比如，拿我在加拿大参观过的一个农场来说，一共有1000英亩的土地，只有一个四五十岁的"农民"管理，田间作业全部是机械化。这个曾受过高等教育的"农民"，从杂志上取得机器更新的信息，又从说明书上看到怎样装备和运用这些新机器。其他科技知识可以直接从大城市里取得，通过文字为媒介。

智力的开发离不开信息，所以智力资源的研究和信息的研究又联上了。我们在乡镇企业的研究中，就着重调查了在这种企业里信息所起的作用，而得到社会经济区域发展的概念。这说明社会调查是不断发展的，它是和理论密切结合的。它不仅是社会研究资料的来源，也是社会理论逐步深入的门径。客观存在的社会事实，互相制约和互相促进，密切结合成一环扣一环的系统。我们只有勇于接触实际，解剖实际，顺着事物之间的内在联系，就能一步深一步地反映出存在于实际之中的规律，那是社会学发展的不二法门。

现在我们正处在改革的时期。要改革确实也不容易，问题太多、太复杂。我们不能凭主观意识，对什么不满意就改掉什么，要找原因，搞调查，还要因地制宜。我觉得中央的担子很重，我们大家都要出把力，把最需要创造，也是最困难的时期渡过去，进入我们共同想望的美好的未来。

听了今天的课，想必大家会感到做一个知识分子不容易吧！大热天我可以在家写书，比这儿舒服多了。可是我还是挑了一个不舒服的事做了。为什么呢？我总希望我们这个智力结构能改变一下，要对历史损失的部分进行补课，这不是空话。要帮助一切受损害的人尽可能复原，需要我们做许多繁重的工作。有的老同志退休了，有了一套安适的房子，我说这很好。可是我还不能这么做，许多事还没做完。在座的有些同志千里迢迢赶来听课，出了不少汗，我希望你们的汗水没有白流。想想我们的智力资源的处境，怎么不急起直追，为它的发展做出一些贡献？！"亡羊补牢，未为晚也"！你们还有几十年的时间可以工作。我虽则年纪大了，自己的时间不多了，但是对大家还是抱着很大的希望。

八、社会学的重建和发展

在中国各大学里停顿了近30年的"社会学",于1979年又复生了。

在1978年提出恢复社会学的时候,社会上真正了解这门学科的人可以说是寥寥无几。几十年的宣传都说它是反动学科,没有做出过正确判断。这不是哪一个人的过失,是历史过程造成的。学过"社会学"的人,思想也很复杂,因为他们自己是当时当地社会意识形态的一部分。经过"大批判",在口头上为了"过关",说了一些批判的话。事实上旧的社会学确实有很多与中国社会不相适合的地方,甚至有阻碍社会发展的作用。我们批判揭露了它的坏的一面,人们可以从反面吸取有益的教训。亦因为这些,不少人对正面的东西也持着怀疑和保留的态度,不敢加以肯定了。无论怎么说,停止一个学科总是不对的。胡乔木同志在1978年与念过社会学的老先生聚会,商讨怎么恢复这门学科时,表示过去的做法是不对的。他指出了,从学科的内容上要变,要更新,要我们站得高一点,对自己、对学科本身都要有正确的认识。

人在对客观事物进行认识的过程中,总会受到社会条件的制约。事实告诉我们:一个人是跳不出他所处的社会地位的,他的看法和思想,反映了他的地位,他总是从这个地位出发去看客观事实。其次,人的认识也永远不会完美无缺,没有绝对真理,只有相对真理。人的认识总是随着事物的发展而不断发展、更新。它是在原有的基础上肯定一部分、否定一部分,另外还要创造一部分。对于"社会学"的认识也是这样。然而,社会学毕竟停止了几十年。要人们放弃已经长期改行的专业再来从事屡遭批判的"社会学",心里终究不那么踏实,没有多少把握,自然要心有余悸。

1979年,胡乔木同志又说,不能等了,希望能在各大学办社会学系,把架子搭起来。这一任务无疑就落在我们身上,尽管那时各人还有顾虑。

我要说说我自己是怎么会下这个决心的。在十年浩劫里,我们许多社会学界的老师、朋友没能像我这样活过来。我这余生可以说是得之意外。我觉得,我应该好好地用它来在事实上证明"社会学是一门可以为人民服务的学科"。为了给前人昭雪,为了实现我早年的宿愿,也为了使后人不背上包袱,一种责任感,成了一种内在的力量,使我毅然打消了先前的顾虑。同时,从继续认识中国社会的意愿出发,我要在我的晚年为社会学学科的重建尽点力。

要使更多的人都来从事社会学研究工作,首先要改变"怕"的状况。而变"怕"为"敢"的关键,是摘掉社会学"反动"的帽子。摘帽人应是党内的负责同志。1979年3月,酝酿成立社会学研究会,一些老先生和党内支持恢复社会学的同志,以及社会上同情社会学的人,都来参加了。会上,胡乔木同志讲了社会学与历史唯物主义的关系,并且强调历史唯物主义不能代替社会学,指出社会学是在马列主义思想指导下,科学地研究中国社会的一门学问。

每个中国人都知道,中国社会是个什么样子,问题是知道得并不自觉。人类还没有完全达到"自觉"的境界。人们首先认识的是社会外部的客观世界,即自然界,人们把自身的运动,即具有主观意识的人所构成的社会发展,作为客观世界的一部分来加以科学研究,历史还不长。而这正是社会学的出发点。那么，人们自己怎么去观察自己呢？最深刻的体会当然来自自己的生活和熟悉的人的生活，文学家往往由此写出最生动的篇章。但社会科学家与文学家不同，他们的任务不仅要表达社会生活的各种现象，还要比较不同类型的生活方式，找出共同点及其变化的规律。在现实世界里，自己观察自己、科学地分析自己，并不容易，更多的是观察别人、观察别人的社会生活。有的文章道理讲得不错，而实际上只是讲了社会上一部分人的流行观点。有的还用了不少数字，却没有扎扎实实的分析。在认识自身的基础上去认识别人，这一点似乎还没有很多人做到，以至于人类发展到现在，仍然是被动多于主动。大家都说不愿意打仗，但战争阴影一直存在。善良的人们提出"和平共处"的原则，但真正接受的却不多。由此可见，当今的世界是什么样子了。世界要有光明的前途，人类就得"自觉"。现在我们的社会主义建设才刚开始从被动的状态走向有控制的、人民自己可以做主的、符合一定客观规律的"自觉"的方向。

当时，乔木同志的表态，的确起了很大的作用，打消了不少人的对社会学的"余悸"。但是，要真正改变社会上对社会学的种种看法，还得靠我们自己拿出实际的成果，要通过我们的努力才能取得普遍的理解、信任和支持。否则，诸如社会学这门学科究竟对社会有什么用处等疑问，将永远存在。这就是说，要使社会学在社会科学大家族中占有其应有的位置，我们就得在马克思主义科学原理指导下，开展脚踏实地的研究工作，为认识中国社会，推动社会主义现代化建设，做出有实效的贡献来。

然而，任务的艰巨和当时队伍的状况极不相称。我曾讲到，我国智力资源和形势要求之间的差距，这在社会学这园地里表现得特别大。因为它受到的损害最大,过去学过社会学的人留到今天的已经很少。

1957年我曾为社会学苦苦哀求过,不要断子绝孙,多少留一个种。可是不行,种也不许留。相隔几十年,即使当时学过社会学或者接触过社会调查的人现在都已忘了。好在我们国家学过马列主义、做过实际工作、对中国社会有认识有知识的人还不少,可以吸收其中的有志者从事社会学研究。这些同志虽来自其他各个学科,可是从社会学学科综合性的特点来说,是符合要求的。到1979年3月,我们成立了"中国社会学研究会",随后又在中国社会科学院筹备成立社会学研究所。当时只有几个编制人员,从民盟借了一间房子,就这么一点重建的"家当"。自从50年代初,各大学停办社会学系已经过去30年了。30年前的那一套东西,早已陈旧和不适用了。为了了解国外社会学发展情况,我于同年春季,参加了中国社会科学院代表团去美国访问,想借这个机会与国外建立一些联系。可是时间只有一个月,要在一个月里把断了那么多年的关系建立起来,是不容易的。幸好,我写的书他们还在念,我的名字他们没有忘记。靠着这点便宜与一些大学搭上了桥。这30多年,由于各国的社会在飞速发展、变化,社会学作为研究社会的学科也发生了很大变化。在西方,社会学是一门很热门的学科,理论与方法都发展得很快。可是由于我们国家的社会性质不同,西方社会学的许多东西不能拿来就用。先得了解一下他们一些新东西是怎样发生的,为什么有这些变化,对我们有没有用,用得上还是用不上。

我有个在大学里一起读社会学的老朋友,杨庆堃教授,在美国教书。出自爱国,他愿意帮助我们建立这门学科。他

30年来没有离开过社会学，一直在匹兹堡大学工作，后来是该校的荣誉教授。通过他，我们请到了一些美国的社会学家，要他们来讲讲他们作为美国社会学家是怎么研究美国社会的。可是一开始，就碰上了语言这一关，他们不能讲中文。而且我们对于这些年国外社会学出现的新名词、新概念太陌生，所以听讲的人感到十分费劲。这样，又逼着我们想另一种办法，去请会说中国话又懂外国概念的人来讲学。杨庆堃教授又介绍了香港中文大学的一些社会学教师来给我们讲课，请来的专家都说广东音的普通话。经过两期学习班，班里的一些学员决心要搞我们自己的社会学，培养我们自己的教师，编写自己的教材。

1980年，就在暑期学习班上留下了一些愿意投身于创建这门学科的同志。通过进一步的学习，查阅中国早期的和外国的社会学著作，吸收其中对当前社会主义建设有用的部分，进行集体备课。《社会学概论》的编写，就是在那时被提到日程上来的。编《社会学概论》的目的，是培养教师，培养能在各大学开出社会学这门课程的教师。我在这件工作中担任组织者。我绝不把意见强加给别人，原则就是不要有框框，只能松绑。我说搞错了不要紧，责任我来负。因为人对事物的认识，不可能一下子就认识清楚的。培养一个人也不是一阵风就能吹起来的。该书初稿出来以后，在南开大学的社会学专修班上进行了第一次试讲，广泛听取大家的意见。经过了好几次修改，现在这本书已经作为试用本出版了。这本书的水平不高，而且一定有许多地方由于初创，难免有差错，我希望它能起到抛砖引玉的作用，在试用时对于任何差错或者不当之处，请大家予以纠正和改进。

在培养教师和准备教材的同时，上海复旦大学分校、中山大学、南开大学、北京大学先后成立了社会学系。到今年（1984年），这些大学都已招收本科学生和研究生，上海复旦大学分校，后来改称上海大学，已有社会学本科毕业生。南开大学培养的社会学研究生已毕业了一批，他们是新中国自己培养的第一批社会学专业人才。据说社会上对社会学毕业生需要量很大，可谓供不应求。除了上述四个大学已建系之外，南京大学、武汉大学、四川大学、云南大学等，都开了社会学概论这门课程。我想，一个大学有了6门社会学专业课程，招本科生就不发愁了。这6门课是"社会学概论"、"社会学研究方法"、"社会心理学"、"比较社会学"、"社区分析"、"社会学史及西方社会学理论"。其他，还可以开设"人口问题""家庭问题"等专题课程。

我们在编写教材时，首先要实事求是，从中国的实际出发，以认识中国社会为目的，写出符合我国国情的，具有中国特点的教材。要达到这一要求，编写者必须要走向社会，进行社会调查。中国的社会学离不开对中国社会的调查。离开了生动、丰富的中国社会现实，社会学的内容就必然空洞无物，从根本上说也就失去了存在的意义。

从1982年开始，我们的力量便向社会调查方向转移。小城镇调查就是其中比较大的一个调查课题。现在各省都搞起来了，安徽动员了1000多个干部，做了三个月的调查，材料很丰富。安徽农村经济复兴的第一个突破是生产责任制，第二个突破可能是小城镇。目前他们的乡镇工业的产值，还只是江苏的1/10。但是在今年（1984年）一年中，就翻了一番。山东各地发展得不平衡，沿海的烟台乡镇工业发展快，人均收入同苏南地区不相上下。在津浦线路以西地区，这两年农业生产发展很快。鲁西南的棉花翻身就像苏北的粮食翻身，造成一种满足于农村只靠种田的思想。这是目前工业发展不快的重要原因。今年（1984年）中央4号文件下达后，人们才开始注意这个问题。辽宁的进展也相当快。天津的沿海地区乡镇工业正在兴起，大邱庄的工农业比例达到9∶1，搞得很出色。综上所述，从全国来看，乡镇工业都在发展进步。这一形势向我们提出了许多新的课题，小城镇的调查与研究要赶快跟上去。

从总体上说，小城镇调查研究的进展包括两个方面：第一，它是由点到面，从定性到定量的全面分析。其中抓点就是"解剖麻雀"，根据对点的定性分析来制定一个全面的调查指标，进行全省的普查，从定量分析中显示出各区域的特点。第二，应当考虑全国性的战略规划。以前所观察的只是从一个特点，即以"人多地少、农工相辅"为基础搞现代化，看到的是局部现象。现在要面向全国，抓住全国的特点。过去由于人口分布不平衡，工业集中在大城市，造成城乡差别和地区差别。现在我们要走工业扩散的道路，使原来人少的地方把人员吸收进来搞工业。

中国是一个大国，人多地也多，问题在于人口分布不均衡。西部大半个中国的人口密度，每平方公里不过十几人到几十人，青海、甘肃、新疆、西藏的有些地区，甚至少到每平方公里只有几个人。而沿海地区的密度达每平方公里几百人，自然资源与人员的比例正好相反。以矿产说，西部远多于东部。面对全国的这种布局，我们就不能只局限于江苏南部现有的经验。太湖流域的工业兴起在形式上虽然与南朝鲜、日本、香港、新加坡这四只小老虎类似，可是人家是因为国家或地区的资源少才去进行加工，搞技术密集型的工业。而我们现在搞的是劳动密集型的工业，人都挤在那里。我们国家并不乏资源，只是有资源的地方，经济落后，养不住人，人就少，又没有技术、智力，没有财力，所以长期不能开发。因此，我们在搞活人口这盘棋中，现在还只走活了一个眼。这个眼还仅仅局限于小城镇的兴起使人口不再往大城市过度集中。还有一个棋眼是开发边区，只有到边区开发出来才能吸收大量人口，根本解决我国的人口的困境。

苏南这个地区，从农村来的人口压力比过去轻松了点，可是其自身的人口增长率还是相当高。抓计划生育是一个办法。另一个办法就是支边，使生产力从东面促进西面。全世界的经济是北半球高于南半球，"南北对话"就是指支援南半球，出现了三个世界的局面。所谓的"南南会议""南北对话"等活动，就是在寻求这三个世界内部或相互间合作，以消除经济差距。我们国内则是东西部的问题。在社会主义制度下，我们决不能靠一方吃掉另一方的办法去解决，而且用东部的力量促进西部的发展，用沿海的发展促进边区的发展。解决开发西部的问题不能像美国那样，白种人去了，赶走大批土著的印第安人。我们社会主义的民族政策，是在区域自治的基础上实现民族大团结，走共同繁荣的道路。如何以东部的人力、物力、财力、智力、技术去帮助西部发展，这是一个综合性的课题。种草种树是第一步，种下去的要能存活是第二步。同时我们东部的人力、物力、财力、智力进去以后，要受到西部各民族的欢迎，这样才能团结一致，协力发展。现在课题的总方向定了，但具体去做还要花很大的力量。

最近，我看了新疆同志写的关于"盲流"问题的文章。

其中讲到一部分汉人在乌鲁木齐周围，不守法，也管不住，造成很强的破坏性。对于这种现象，我们一定要好好分析，要认真研究，制定正确的政策和一套办法来。否则，即使把他们遣送走了，他们还是要返回去的。黑龙江省花了几千万块钱用于遣返移民，仍然没有解决问题。"文化大革命"中，很多知识青年上山下乡到了北大荒，花了不知多少钱，留下的却寥寥无几，没有落根。为什么西北的生态平衡不能恢复起来？为什么我们搞了"包钢"这样的大型企业，连第二代都安排不了？与其说是我们的工作太缺乏考虑，倒不如说事先了解得不够。要人去生产钢，却没料到人要娶妻成家，要生儿育女，要生活下去。忽视了这些因素，就造成了第二代找不到职业的问题。包钢不得不全包下来，结果是人浮于事，劳动生产率受到影响。这个教训使我们认识到，走好人口这盘棋的第二个眼不容易。一定要花很大的力量去进行科学的调查研究。这是我今后研究计划中的重点项目。

到21世纪，中国的文化经济中心应该在有充分自然资源的地方。也就是说，我们的中华文化要回到老窝去。我很希望我们的调查要抓住发展战略上的重要问题，以协助解决具体问题为目标，继续走实事求是和群众路线的路子，达到对中国社会的有系统的、比较完整的认识。

现在我们得到了社会的支持、党的支持。我们正做着超出我们能力的事情。因此，还得特别重视研究队伍的建设。我们的队伍从"老弱病残"开始变得生气勃勃，社会学研究后继有人，我为我们的下一代感到高兴。可是在高兴之际，又感到我们还有压力。压力来自我们同先进国家的差距，尤其在科学技术方面。我们要争口气，要像参加奥运会的运动员那样，为夺得金牌不惜付出最后一点努力。

自1979年到现在,已经5个年头过去了。回顾这5年走过的路,我们经过了四个阶段:从复生到进入重建为第一阶段;师资培养、教材编写为第二阶段;建立社会关系,培养专业人才为第三阶段;第四阶段是为认识中国社会,使社会学具有中国特点,开展规模较大的社会调查。这四个阶段只是纵向的发展,每一个阶段的横向发展并没有结束,我们还在加紧努力干下去。对我来说,应当是最后的冲刺了。

社会学学科在我们国家还很年轻,希望大家都来关心它的成长,使它成为对人民,对四化建设有益的学科。同时也请大家提意见,帮助我们提高,使我们在原有的水平上进步得更快。

1985年1月28日于北京

人的研究在中国[*]

缺席的对话

80岁可能是一条年龄界限,跨过了这条线,一个人会觉得心情上轻松、自由些,因为余下的岁月已不大可能改变这一生已铸下的功过了。他可以有平静的心情来检视过去在人生道上留下的步步脚印了。我感谢中根千枝教授和乔健教授给我这个机会,出了一个题目《人的研究在中国——个人的经历》,要我在他们为祝贺我80诞辰召开的"东亚社会研究"讨论会上作一次发言。这个题目的意思是要我回顾一下,我在人类学这门学科里做了些什么。当然我的工作能否代表中国的人类学界,那是很难说的。但我既然是中国人,我在这门学科里所做的工作无可否认是人类学在中国的表现。而且我的工作至少也反映了我同时代的学术方向。

但是这个题目从何答起呢?这很为难了我。

当我正在考虑这个问题时,乔健教授给我寄来了一本书:Sir Edmund Leach 写的 *Social Anthropology*(1982)。Sir Edmund 是我在 LSE 上学时的老同学。我们的友谊也并没有因几度隔绝而冲淡。1981年访英时,我还跟他一起在 Cambridge

---

[*] 本文原刊于《读书》1990年第10期。——编者

他的书斋里纵谈了一天,没有想到这是我们相叙的最后一次。当我们同窗的时候,在我们讨论班上,他是个雄辩出众的青年。他那种爽直、明快、尖锐的词锋给我留下了难忘的印象。这次在捧读这一本可能是他最后的著作时,我立刻感到他那可爱的性格至老未衰,可惜的是这样的英才未获长寿。

读完了他这本书,我顿觉写这篇发言有门了。这是因为他在这本书里评论了其中有我一份的中国几个人类学者的著作时,提出了两个问题,启发了我的反思。

他提出的两个问题是:

一是像中国人类学者那样,以自己的社会为研究对象是否可取?

二是在中国这样广大的国家,个别社区的微型研究能否概括中国国情?

Edmund 对这两个问题都抱否定的态度。先以第一个问题说,他尽管承认人类学者不妨研究自己的社会,而且有些中国人类学者就是这样做了。但是他态度鲜明地说:"无疑的,这种样式的实地研究,对没有经验者我是不会推荐的。"他接着列举了四本从 1934 年到 1949 年以英文出版的中国人类学者的著作,并一一加以尖刻的评论。在他看来,其中除了一本,可巧是我的 *Peasant Life in China*(《中国农民的生活》,即《江村经济》),在一定程度上(up to a point),研究自己的社会看来是有好处的,其他三本都被他作为这种研究方法不足取的例证。失败的原因他认为可能是出于"他们的眼光看来已被私人而不是公众的经验所产生的偏见所歪曲了"。

Edmund 对人类学者研究自己社会的那种他自认是"我的消极态度",跟我们共同的老师 B. Malinowski 恰恰是个鲜明的对照。后者在我那本 *Peasant Life in China*（1939）的序言里说："如果自我认识是最难获得的，那么无疑的，研究自己人民的人类学是实地调查工作者最艰巨的，但也是最有价值的成就。"

两人都用了"无疑的"那种坚决的口吻说出了相反的态度。前者认为中国人研究中国社会是不足取的，很少成功的。而后者却满腔热情推荐这种方法，认为在人类学这门学科里这是"标志着一个新的发展"。

Edmund 的态度和论调是不足为奇的。熟悉他的人都会赞赏他这种不与人苟同，特别是对他的师友不轻易附和的为学作风。今天，我在这里重提这个不同见解的对比，而且参与了议论，使我的心情又回到了 LSE 二楼 Malinowski 的 Seminar Room。辩论出自意见的不一致，结果也许并不一定导致认同，但至少可以使双方都看清楚意见不同的来源，而达到相互的认可。使我懊丧的是今天 Edmund 已无法到场。我相信如果他在场的话，必然会报我以会心的微笑。他很可能同意我至少会明白我的看法，就是我们的分歧归根到底是出于我们并不都是英国人，包括 Malinowski 在内。我们各自的文化传统带来了"偏见"或更正确些应说是"成见"。这些"成见"有其文化根源，也就是说产生于 Edmund 所说的公众的经验。在这点上我和 Edmund 还是不一致的，因为他认为中国人类学者没有把他们的研究工作做好是由于私人经验所产生的偏见。他所谓公众经验，在我的理解中，就是指民族的历史传统和当前处境。

我并不明白为什么 Edmund 放弃他成为一个工程师的前程而闯入人类学这个园地的。我自己知道我为什么要学人类学，入学的动机可能是我们两人同在一个学术领域分道扬镳的根源。我原本是想学医的，但是后来放弃了成为一个医生的前途。因为，那是我自觉地认识到"为万民造福"比"为个人治病"更有意义。可见我的选择是出于一种价值判断。

个人的价值判断离不开他所属的文化和所属的时代。我是出生于20世纪初期的中国人，正是生逢社会的剧变，国家危急之际。从我的这种价值判断出发，我之所以弃医学人类学是可以为朋友们所理解的。我学人类学，简单地说，是想学习到一些认识中国社会的观点和方法，用我所得到的知识去推动中国社会的进步，所以是有所为而为的。如果真如Edmund所说中国人研究中国社会是不足取的，就是说，学了人类学也不能使我了解中国的话，我就不会投入人类学这门学科了，即使投入了，也早已改行了。

我从来没有隐讳过我选择人类学的动机。Malinowski已经在上述那篇序言里替我说明，我为什么闯入人类学里来的。正因为他同情我，他写下了一句用意深长的话："人类学，至少对我来说，是对我们过分标准化的文化的一种罗曼蒂克式的逃避。"这不能只看成是自嘲之语。他在用沉痛心情谴责当代西方人类学者那种内心的无可奈何之情。

我不敢冒昧地把Edmund也包括在这一类西方人类学者之列，但令人深思的是他在这本学术自述式的书里却根本否定了人类学是一门科学。他说："社会人类学并不是一门自然科学意义上的科学，也不应当以此为目的。如果要说它是什么，其实不过是艺术的一种形式。"这句话的涵义，各人可以有不同的理解，我却联系上了Malinowski上面所说的那句话，他的意思可以理解为，在西方人类学门内至少有一些学者把它作为表演才华的戏台，或是更平易一些，是一种智力的操练或游戏，或竟是生活中的消遣。我本人对这些动机并无反感。在一个生活富裕，又是竞争激烈的社会里，当个人谋生之道和社会地位已经有了保证之后，以人类学来消磨时间或表现才能，确是不失为一种悠悠自得的人生。可惜的是，我自己明白，我没有条件这样来对待这门学科，事实上也走不上这条路子；即便走上了，也不会觉得愉快的。

Edmund 锋利的思路又发现了个使像我这种中国人类学者为难的题目，就是上面提出的第二个问题：个别社区的微型调查能使你认识中国的全貌么？

这个问题的矛头直指我的要害，因为如果我学人类学的志愿是了解中国，最终目的是改造中国，我们采取在个别小社区里进行深入的微型观察和调查的方法，果真能达到这个目的么？个别入手果真能获得概括性的了解么？

Edmund 对这个问题仍然是否定的、消极的。他在第一个问题上是放过了我，我感谢他还说了些好评，但在第二个问题上却想逮住我了。他用了回护我的口吻来表达他不相信我这样做能"了解中国"的。他说："费虽称他那本书为《中国农民的生活》，他并不冒称他所描述的社会体系是整个国家的典型。"又说："这种研究并不或不应当自称是任何个别事物的典型。这样做的兴趣是在它本身。"

Edmund 对我的回护我是应当领情的。但是他的意见我只能接受一半。我确是没有意思想把那个调查过的江村作为整个中国所有千千万万的农村的典型；也没有表示过，研究了这个农村就能全面了解中国国情。这本书的英文书名是出版社给我加上的。它原本是我的博士论文，题目是 *Kaihsienkung: Economic Life of a Chinese Village*（《开弦弓：一个中国农村的经济生活》),而且英文的扉页上还印着"江村经济"四个字。当这本书翻译成中文时并没有用"中国农民的生活"而还是"江村经济"。Edmund 是知道这经过的。

我也同意,解剖一个农村本身是有意义的,所以是有趣的。但我必须老实说,我的旨趣并不仅限于了解这个农村。我确有了解中国全部农民生活,甚至整个中国人民生活的雄心。调查江村这个小村子只是我整个旅程的开端。因此如果 Edmund 看法是正确的,就是从个别不能概括众多,那么我是走入了死胡同了。所以我必须正视 Edmund 所指出的问题,并在实践中证明他的看法是似是而非的。从个别出发是可以接近整体的。

这个问题在我写完《江村经济》时已经意识到,而且国内不少评论也集中在这个问题上。我对此心中是有答案的。我这样想:把一个农村看作是全国农村的典型,用它来代表所有的中国农村,那是错误的。但是把一个农村看成是一切都与众不同,自成一格的独秀,sui generis,也是不对的。

也许是受了我早年所学的动物学和解剖学的影响,我对客观事物存有类型(type)的概念。一切事物都在一定条件下存在,如果条件相同就会发生相同的事物。相同条件形成的相同事物就是一个类型。同一个类型里的个别事物并不是完全一样的,类型不是个别的众多重复,因为条件不可能完全一致的。我所说的类型只是指主要条件相同所形成基本相同的各个体。

以江村来说,它是一个具有一定条件的中国农村。中国各地的农村在地理和人文各方面的条件是不同的,所以江村不能作为中国农村的典型,也就是说,不能用江村看到的社会体系等情况硬套到其他中国的农村去。但同时应当承认，它是个农村而不是牧业社区，它是中国农村，而不是别国的农村。我们这样说时，其实已经出现了类型的概念了。所以我在这里和Edmund辩论的焦点并不是江村能不能代表中国所有农村，而是江村能不能在某些方面代表一些中国的农村。那就是说形成江村的条件是否还形成了其他一些农村，这些农村能不能构成一个类型？

如果承认中国存在着江村这种的农村类型，接着可问，还有其他哪些类型？如果我们用比较方法把中国农村的各种类型一个一个地描述出来，那就不需要把千千万万个农村一一地加以观察而接近于了解中国所有的农村了。请注意上面我多次用了"逐步"和"接近"两个词。通过类型比较法是有可能从个别逐步接近整体的。Edmund喜欢用数学概念来表述事物，我这里所说的"接近"也就是微积分里的基本概念。

用实践的经过来说容易讲得明白些。1938年我从英伦回国，也正是我校读完 *Peasant Life in China* 一书的清样之后，抵达中国抗战时大后方的云南昆明。我只休息了两个星期就下乡去调查昆明附近禄丰县的一个农村，我把它称作禄村。禄村和江村所有条件不同，江村是在沿海传统经济比较发达的地区，是个具有传统家庭手工业又从上海传来的现代工商业较深影响的农村。禄村是个远离现代工商业中心的内地农村，这个农村的农民几乎全部依赖农田上的收入来得到生活。江村和禄村具有不同的条件，给了我实践类型比较研究的机会。云南的内地农村具备的条件还是有所不同。我们沿着滇池转，发现了三个不同类型，禄村之外还有易村和玉村。我们把这三种类型的比较在1941年用英文写成了一个简略的英文论文，称作

Three Types of Village in Interior China（《中国内地农村的三个类型》），由当时的太平洋学会印发。这里我们就用了 types 这个字在论文的题目里了。云南三村的详细的情况，1943 年我在美国写成了 *Earthbound China* 一书（中文本《云南三村》尚在印刷中）。这本书在我看来在人类学方法上是和《江村经济》相衔接的，是类型比较法的实验。但在西方并没有受到像《江村经济》那样的重视，看来这并不是西方人类学者所感兴趣的方法，因而也没有引起 Edmund 的注意。也许这时西方的人类学者已把我看成是一匹不受学术领域中各科边界约束、四处乱闯的野马了。

这匹野马，写完了 *Earthbound China*，有 30 年没有在人类学界出现。我上面所说的逐步接近的诺言也难以为继了。但是当我在年过七十之后，重新回到早日驰骋的领域时，我还是坚持了原来"逐步接近"的方针，不仅在江村追踪调查，了解它在这半个世纪里的变动，而且把研究对象从农村提高了一个层次，进入了小城镇的范围。

当然老马也只有老方法。我把类型比较法从农村用进了小城镇。先在我家乡的几个小城镇开始，逐步进入长江三角洲的四个经济比较发达的市，两年后又扩大到江苏全省。第四年我就闯出省界，分两个方向前进：一是沿海从江苏到浙江，经福建到广东的珠江三角洲，再进而接触到广西的西部。另一路是进入边区，从黑龙江到内蒙古、宁夏、甘肃和青海。其间又去过中国中部的河南、湖南、陕西。中国的沿海、中部和西部在最近 8 年里我大体上都访问过了。

这样的年纪和这样广阔的"田野"，原来在江村那样的微型调查我本人是做不到了。幸亏我这段时期并不像过去那样只能单枪匹马地上阵，现在已有个小小的队伍，由一些青年学者边学边工作，在各个据点进行直接的观察。我们由于和当地政府工作人员密切合作，也有条件用问卷的方法，由点及面地做广泛的数量调查。更由于有了计算机的帮助，大量统计资料能够比较快地整理出来，江苏全省小城镇的抽样普查就是一个尝试。这使我们更能接近于对中国全貌的了解。

由于我自己意识到这一生中能利用来做研究工作的时间愈来愈短愈少，我不能不多看些地方。所以我的习惯是每走一个地方就把我的感受写下，仔细的调查研究留待别人去做。我称之为开路破题的工作。我写下的这一类的文章是不少的。其中一部分早期的作品已经由芝加哥大学出版社汇集了一本 *Rural Development in China*，去年（1989）出版，不能直接阅读中文的朋友，可以从中看到一些例子。

我想用我本人的经历，正如本文题目所要求我的，来答复 Edmund 向我们中国人类学者提出的问题。我可以告慰于关心我的朋友们的是，我幸而在晚年能得到这 10 年可宝贵的机会来继续我的初志。当然，我并不敢说对中国的国情已有多大的了解，但比 50 年前是了解得多了一点。更使我高兴的是，40 年代根据我所调查的资料和从而所得出的认识和形成的对农村发展的见解，到了 80 年代逐步地经过实践的考验，已证明不少是符合实际的。这也使我更相信认真地以人类学方法去认识中国能有助于中国的发展。人类学是可以成为一门实用的科学的。

我很羡慕 Edmund 有深湛的哲学修养和优异的学术环境。我知道，像我这种务实的人对他提出的问题所做的答复是不容易说服他的。但是我认真地想一想，我这种在 Edmund 看来也许是过于天真庸俗的性格并不是偶然产生的,也不是我个人的特点,或是产生于私人经验的偏见,其中不可能不存在中国知识分子的传统烙印。随手我可举出两条:一是"天下兴亡,匹夫有责",二是"学以致用"。这两条很可以总结我自己为学的根本态度。

想不到2000多年前的孔老夫子对我这一代人还会有这样深的影响。孔老夫子还不是主张少在看不到摸不着的玄理上去费脑筋?他周游列国还不是为了寻觅有用于社会的机会?务实的精神潜移默化,渗入学术领域,结果使像我这样的人,毫不自觉这是古老的传统,而投身入现代的学科里,形成了为了解中国和推动中国进步为目的的中国式应用人类学。在一定意义上说,这种学派的形成并不是出于任何个人的创见,很可以说是历史传统和当代形势结合的产物。

我和Edmund意见的分歧,对一个有人类学修养的人是完全能理解的。这里不存在谁是谁非的问题,而是属于不同传统和处境的问题。我们不仅能相互容忍而且能相互赞赏。我们不妨各美其美,还可以美人之美。这是人类学者的应有共识。

不幸的是人类学在现代世界上还是少数人的珍品,远不是普通人的常识。可是在这个各种文化中塑造出来具有不同人生态度和价值观念的人们,由于科技的急速发展,已经生活在一个你离不开我,我离不开你的小小寰宇之上了。他们带着思想上一直到行为上多种多样的生活方式进入共同生活,怎样能和平共处确是已成为一个必须重视的大问题了。由于文化的隔阂而引起的矛盾会威胁人们的共同生存。从这个角度去看我这次和Edmund的缺席对话,其意义也许不只限于我们少数不同国籍的人类学者的共同兴趣,而可以联系到今后世界人类怎样进入21世纪的问题。

  我虽然已经年过八十,对今后人类的关心看来并不是杞人忧天。人类学者是否有责任在建立文化容忍的精神方面做出一些贡献?谢谢今天的各位朋友,让我们一起为人类学的不断前进做出努力。

1990年7月25日

个人·群体·社会[*]

一生学术历程的自我思考

年近谢幕，时时回首反思多年来在学术园地里走过的道路，迂回曲折；留下的脚印，偏谬杂呈；究其轨迹，颇有所悟。趁这次老友会聚，略作自述，切盼指引，犹望在此生最后的尾程中勉图有所补益。

一

对"社会"历来有两种基本上不同的看法。一是把社会看作众多个人集合生活的群体。严复翻译sociology作"群学"。众人为群，一个个人为了生活的需要而聚集在一起形成群体，通过分工合作来经营共同生活，满足各人的生活需要。人原是动物中的一类，衣食男女，七情六欲等生活需要，来源于自然界的演化，得之于个人的生物遗传。在这些方面人和其他动物基本上是一致的，只是生物界演化到了人这个阶段出现了超过

---

[*] 本文是作者在香港中文大学社会科学院和北京大学社会学人类学研究所联合主办的第四届两岸三地中国文化与现代化研讨会上的发言。——编者

其他动物的智力。人被生物学者称之为 homo sapiens，sapiens 就是智力的意思。凭此特点人在其满足需要上具备了超过其他动物的能力。人和人能通过共识和会意建立起分工合作的体系，形成了聚居在一起的群体。

严复把 sociology 译作群学，以我的体会说，是肯定活生生的生物人是构成群体的实体，一切群体所创制的行为规范，以及其他所谓文化等一切人为的东西都是服务于人的手段。

另一种看法却认为群体固然是由一个个人聚合而成，没有一个个人也就没有群体，这是简单易明的。但是形成了群体的个人，已经不仅是一个个生物体，他们已超出了自然演化中的生物界，进入了另一个层次，这个层次就是社会界。在这个层次里一个人不仅是生物界中的一个个生物体，或称生物人，而是一个有组织的群体里的社会成员，或称社会人。社会是经过人加工的群体。不仅不像其他动物群体那样依从生物的繁育机制吸收新的成员，也不像其他动物一样，每个人可以依他生物遗传的本能在群体里进行生活。在人的社会里，孩子须按社会规定的手续出生入世，生下来就得按社会规定相互对待的程式过日子；在不同时间，不同场合，对待不同的对象，都得按其所处的角色，照着应有的行为模式行事。各个社会都为其成员的生活方式规定着一个谱法。为了方便做个不太完全恰当的比喻，像是一个演员在戏台上都得按指定了的角色照剧本规定的程序进行表演。每一个歌手都得按谱演唱。社会上为其成员规定的行为模式，普通称为规矩，书本上也称礼制或法度。它确是人为的，不是由本能决定的；是经世世代代不断积累和修改传袭下来的成规。通过上一代对下一代的教育，每个人"学而时习之"获得了他所处社会中生活的权利和生活的方式。不仅如此，如果一个社会成员不按这些规矩行事，就会受到社会的干涉、制裁，甚至剥夺掉在这个社会里继续生存下去的机会，真是生死所系。

社会在自然的演化中是继生物世界而出现的一个新的但同样是实在的世界。这个世界是以生物体为基础的，正如生物体是以无生的有机体为基础一样。生命的开始，出现了生物界，生物群体的发展，出现了社会界。人还是动物，但已不是一般的动物，人的群体已不是一般的群体，上升成为社会。从这个角度来看，社会本身是个实体，生物人不能认为是社会的实体，而只是社会的载体。没有生物人，社会实体无法存在，等于说没有有机物质，生物实体无法存在一样。有机物质是生命的载体，生物人是社会的载体。实体和载体不同，实体有自己发展的规律，它可以在载体的新陈代谢中继续存在和发展。正如一个生物人是由无数细胞组成，个别细胞的生死，不决定整个人的寿命。个人的生命正是靠其机体细胞的不断更新而得以延续。同样的社会里的个别成员，因其尚属生物体，还是受生物规律的支配，有生有死，但并不决定社会群体兴衰存亡。因之，生物实体和社会实体是属于自然演化过程中的两个层次。人有两个属性：生物人和社会人。

这一种把社会看成比生物群体高一层次的实体和把社会只看成是人的群体的生活手段，从理论上说是两种不同的看法。

二

我初学社会学时，并没有从理论入手去钻研社会究竟是什么的根本问题。我早年自己提出的学习要求是了解中国人是怎样生活的，了解的目的是在改善中国人的生活。为此我选择了社会学。现在回头看来，我是受上述第一种看法的引导而进入这门学科的。把社会学看作是一门研究人们群体生活的行为学科，很符合严复翻译的意思，社会就是人类的群体。更符合我的主观倾向的是社会所规定的一切成规和制度都是人造出来，满足人的生活需要的手段，如果不能满足就得改造，手段自应服从人的主观要求。中国人民在我这一生中正处在社会巨大变动之世。如果社会制度不是人类的手段，那就好像谈不上人为的改革了。

我第一本翻译的社会学著作是乌格朋（Ogburn）的《社会变迁》。那时我还刚刚和社会学接触。这本书给我的印象很深，因为我很同意他的科技进步引起社会变迁的理论。科技变迁了，社会的其他制度也得相应地变迁，不然就出现社会脱节和失调。科技的进步是人为的，是人用来取得生活资源的手段，其他部门向科技适应也得出于人的努力改造已有的制度。这个理论对我很有吸引力。我把这本书翻译成中文，在商务印书馆出版，也可算是我进入社会学这个学科的入门标记。今天提到这件事是想说，我是无意地从上述的对社会第一种看法进入这个学科的，我说无意地因为我当时还没有领会到还有第二种看法，所以并非有意的选择。

接着我在燕京大学学习的最后一年，适逢美国芝加哥大学的派克教授来华讲学。我被他从实地观察来进行社会研究的主张吸住了，据说这种方法来自人类学，我就决心去学人类学，虽然我当时对人类学还一无所知。我从燕京大学社会系毕业后，由吴文藻先生介绍考入清华大学研究院跟史禄国教授学人类学。史禄国原是帝俄时代国家科学院里的人类学研究员。十月革命时他正在西伯利亚和我国东北考察，研究通古斯人。当时俄国发生了革命，他不愿回国而留在中国进入了当时的中央研究院，后来又和同事们合不来，转入清华大学教书和著书。人类学在中国当时还少为人知，我投入他的门下，成了他所指导的惟一的研究生。

他依据欧洲大陆的传统，认为人类学所包括的范围很广，主要有人类体质、语言、考古、社会和文化。可说是人和人文的总体研究。他为我定下了一个6年的基础学习计划，包括体质人类学、语言学和社会人类学三个部分，规定我以两年为一期，三期完成。我从1933年先修体质人类学，同时补习动物学，作为第一期。按清华大学的章程，研究生学习只规定至少两年，没有限期。我就准备按他的学习计划进行，预备修完三期。到1935年暑假我结束了第一期，学会了人体测量和体质类型分析，写出了两篇论文，经过考试委员口试及格，按清华的章程，两年后考试成绩优秀可以取得清华公费留学的资格。1935年正逢史禄国的休假期，而且他自己又另有打算，决定休假后不再继续在清华任教。所以他为我做出了新的安排，1935年暑假后到国内少数民族地区进行调查一年，然后1936年由清华公费出国进修，他不再自己指导我第二和第三期的学习计划了。

我按他的意见，1935年暑假到广西大瑶山，现在的金秀瑶族自治县去进行实地调查。我携带了人体测量仪器以进行体质调查，并有前妻王同惠同行，共同进行社会调查。该年12月结束了大瑶山里的花蓝瑶地区的调查后，准备转入附近坳瑶地区时，在路上迷失方向，遭遇不幸事故，我自己负伤，前妻单独离我觅援，溺水身亡。我在医伤和休养期间按和王同惠一起搜集的资料写成《花蓝瑶社会组织》。这是我第一个社会实地调查的成果。

按史禄国所设计的学习进程，这是我超前的行动，因为社会人类学这一部分是安排在第三期学习计划里的。在编写这本书之前我只阅读过史禄国关于满族和通古斯族的社会调查，印象并不深，而且我对社会学理论也并没有系统地学习过。回想起来，从史禄国老师学到的也许就是比较严格的科学态度和对各个民族在社会结构上各具特点、自成系统的认识。所谓各有特点、自成系统就是指社会生活的各部门是互相配合而发生作用的，作为一个整体就有它独特的个性。我通过瑶族的调查，对社会生活各部门之间的密切相关性看得更清楚和具体了。这种体会就贯穿在我编写的这本《花蓝瑶社会组织》里。我从花蓝瑶的基本社会细胞家庭为出发点，把他们的政治、经济各方面生活作为一个系统进行了叙述。

瑶山里所取得的体质测量资料我没有条件整理，一直携带在行李里，最后在昆明发生李、闻事件后仓促离滇全部遗失，花蓝瑶的体质报告也就永远写不出来了。但这并不是说我这两年体质人类学的学习对我的学术工作上没有留下影响。除了我对人类的生物基础有了较深的印象外，在分析类型进行比较的科学方法也为我以后的社会学调查开出了一个新的路子。

我原有的学习计划既然发生了改变，1936年暑假我就准备出国，并由吴文藻先生安排，决定到英国LSE跟马林诺斯基学习社会人类学。比史禄国给我预定的计划，免去了语言学的一节。

从瑶山回到家乡我有一段时间在国内等候办理出国入学

手续，我姐姐就利用这段时间为我安排到她正在试办农村生丝精制产销合作社的基地去参观和休息，这是一个离我家不远的太湖边上的一个名叫开弦弓的村子。我利用在村里和农民的往来，进行了一次有类于在瑶山里的社会调查。我带了这份在这村子里收集到的有关农民生活的调查资料一起到了伦敦。

我根据这批开弦弓的调查资料写出的提纲，首先得到了当时我在伦敦的导师 Firth 的肯定，随后又得到 Malinowski 的注意，当即决定他自己亲自指导我编写以中国农民生活为主题的博士论文。当时我并不明白为什么我能获得这样顺利的学习机会。后来在有人看到我的论文后，向我提出了个问题：你怎么会在没有和 LSE 接触之前，就走上了功能学派的路子？那时我才明白我从史禄国那里学来的这些东西，着重人的生物基础和社会结构的整体论和系统论，原来就是马氏的功能论的组成部分。我当时只觉得马氏所讲的人类学是我熟悉的道理。我们相见以前，已有了共同的语言。

回到我第一节里提出对社会的两种看法，我在这个阶段还没有做出明确的选择。原因也许在我当时并没有意识到除了第一种看法之外，还有第二种看法，和两种不同看法的区别。这表明我在理论上不够敏感，也就是功底不深。

我对史、马两位老师理论上的特点直到现在也不敢说已经了然。我听说史禄国后来看到了我那本《江村经济》时曾经表示过不满意的评论。我模糊地感觉到在他的理论框框里，我这本书是找不到重要地位的。但由于我没有吃透他的理论，我还不敢说哪些方面引起了他不满意的反应。

对马氏的理论我多少有一些揣摸。按他已经写出来的有关文化功能的理论，按我所理解的程度来说，基本是属于我上述的第一种看法。马氏的功能论的出发点是包括社会结构在内的，文化体系都属于人用来满足其基本生物需要及由生物需要派生的各种需要的手段。这一点他一直坚持的，同时他也承认文化的整体性，就是说人为了满足其需要而创造出的文化是完整的。说是完整就是完备而整体的。它必须满足人作为生物体所有全部需要，本身形成一个整体，其各部分是相互联系和配合的一个体系。简单说是整体论和系统论。

他提出这一套理论是有其历史背景的，他是个人类学中主张实地调查的先行者。他长时间住在 Trobriand 岛的土人中间，学会土语，直接参与土人的集体生活。他深深觉得要理解一个群体的生活必须从整体上去观察他们怎样分工合作，通过有系统的活动来维持他们的生活，也就是满足他们的需要，而人的一切需求都是从人作为一个生物体而发生的。食色性也，是从人是动物的这个属性上带来的。从这个基本的生物需要出发，逐次发生高层次的需要，如维持分工合作体系的社会性的需要等等。他用这个理论来批判当时在人类学界盛行的文化传播论、历史重构论等等，因为这些理论都是把文化要素孤立起来，脱离了人而独立处理的。比如当时就有些学者把图腾信仰脱离他所发生的具体群体而研究其起源、流动和在人类整个历史发展中的地位等等。他以当时盛行在欧洲的人类学作为靶子，针锋相对地提出功能论、整体论和系统论。这在人类学学科史上是一次革命性的行动，使人类学的研究回归到科学的行列。

三

马氏自己称他的人类学理论是功能学派。他的所谓功能，就是文化是人为了满足其需要而产生的，所以都是有用的手段，文化中各个要素，从器物和信仰对人的生活来说都是有功能的，功能就是满足需要的能力，简单说就是有用的。功能这一词是英文 function 的译文。这词在英文中原有两个意义，一是普通指达到目的所起的作用，二是在数学里的函数，如果说甲是乙的函数，甲变乙也随着要变。马氏称自己是功能学派实际上是一语两义都兼有的。但在叙述他的理论时却常强调第一个意义，比如他在论巫术时就强调它在支持实际农作活动的节奏和权威的作用，用来批判过去认为巫术是未开化的人思想上缺乏理性的表现，是一种前科学或假科学思想的产物。19世纪在欧洲人类学充满着当时通行的民族优越感，把殖民地上的土人看成是未开化的野蛮人，把土人的生活方式看作是一堆不合理的行为。功能论是针对这种思想的批判，但是这种理论走到极端，认为文化中一切要素都是有用的，又会给人以存在就是合理的印象。这个命题在哲学上常受到批判，在常识上也和社会的传统中颇多对人无益而有害的事实不能协调。至于把满足生物需要作为功能的基础更是不易为普通人所接受。因之当马氏的功能论在人类学中盛极一时之际，就有不同的看法出现。而且就出现在也自称是功能学派的阵营里。最突出的是曾到过燕京大学讲学的 Radcliffe-Brown。

布朗也是主张实地调查而且主张文化整体论和系统论的人类学者。但是他认为功能的意义不必挂上有用无用的鉴别上，更不应当和生物需要挂钩，他把功能意义做数学中的函数来讲，那就是把功能的含义去掉了马氏所强调的一半。当时我们这些年轻的学生，经常把他们两个看成是在唱对台戏的主角。对我这个对理论缺乏敏感的人来说，在这场争论中除了看热闹之外，并没有认真思考加以辨别，而实际上却被这个争论带进了我在本文开始时所述对社会的两种看法的迷阵里。当我接触了功能派的先锋法国涂尔干的著作之后，对第二种看法发生了兴趣。他比较明确的把社会看成本身是有其自身存在的实体，和生物界的人体脱了钩。

我在医预科和在体质人类学课上受到的基础训练和社会文化和生物挂钩原是比较顺理成章容易接受的。但是我对社会的看法却被马、布的争论所动摇了，特别是联系到在瑶山和在开弦弓的实地调查的经历，使我逐渐倒向布氏的一面。我在初步进入社区的实地调查中所得到的感受值得在这里回忆一下。

当我踏入一个社区时，我接触到的是一群不相识的人。我直接看到的是各个人在不同场合的行动举止。这一片似乎纷乱杂陈的场面里，我怎样从中理出个理解的头绪呢？这时我就想到了社会行为是发生在社会所规定的各种社会角色之间，不是无序的而是有序的。如果我从这个角度去看在我面前展开的各个人的活动，就有了一个井然的秩序。不论哪一家，我们如果用父母、子女、亲戚、邻居等社会角色去观察这些似乎是杂乱的个人行为，就可以看到在不同人身上出现重复的行为模式，比如不论哪一家，母亲对儿子之间相互的行为都是类似的，成为一种模式，而这套行为模式却不同于妻子对丈夫，甚至不完全相同于母亲对女儿之间的相互行为。我在实地调查中才理解到一个社区中初看时似乎是纷杂的众人活动，事实上都按着一套相关的各种社会角色的行为模式的表演。再看各种社会角色又是相互配合，关关节节构成一个网络般的结构。从这个结构去看这社区众人的行为就会觉得有条有理，一点不乱。而且这个有条有理的结构并不是当时当地的众人临时规定的，而是先于这些人的存在，就是说这些人从小在生活中向一个已存在的社会结构里逐步学习来的。这就是个人社会化的过程。这个结构里规定的各种角色间的相互行为模式也是个人在社会中生活时不能超出的规范，一旦越出就有人出来干涉，甚至加以制裁。也因之在一个外来的调查者所能看到经常都是些按照社会模式而行为的行为，有时也可以见到一些正在或将会受到制裁的超规行为。作为一个人类学者在实地调查时，通常所观察到的就是这些有规定的各种社会角色的行为模式。至于角色背后的个人的内在活动对一般的人类学者来说就是很难接触到的。

我的社区调查不论在瑶山或在江村，现在回头来看，是不够深入的，还是满足于社会角色的行为模式，因而影响了我对社会的看法，把它看成了自成格局的实体，表达得最清楚的是我根据讲课内容编出的《生育制度》。

我本人的具体经历也影响了我学术观点的形成，所以在这里得补充几句。我是1938年离开伦敦的。那时，我国的抗日战争已进行了一年，我的家乡已经沦陷，原在沿海的各大学都已迁入内地。所以我只能取道越南回国，到达昆明，在当时的云南大学和由清华、北大、南开联合的西南联大工作。实际上，我到了云南，立即继续我的社会调查，接着以罗氏基金对燕京大学的社会学系的资助在云南大学成立了一个社会学研究中心，由于避免轰炸，设立在昆明附近呈贡的魁星阁，普通就称魁阁。从这时起，我的学术环境是相当偏僻和孤立的，除了少数原来的师友外，和外地及国外的社会学界几乎隔绝。不仅我们在当时和自己这个小圈子之外的思想很少接触，而且没有收集和储藏过去社会学书籍和资料的图书馆，我们对国内外过去的社会学遗产也得不到运用。这种缺乏消息交流对学术思想的发展确是一个很大的限制。现在回想起来，就能看到这种特殊环境的确对我自己学术思想有很大的影响。影响之深不仅是当时孤陋寡闻，而且造成了自力更生，独树一帜，一切靠自己来的心理，一直发展成为我后来不善于接受新的社会学流派的习惯。

1943年我虽则有由美国国务院的邀请参加了当时所谓"十教授访美讲学"的机会在美国住了一年，但是我却利用这时期，忙着编写魁阁的调查成果。在美国几个大学的同行协助下写出了 *Earthbound China* 和 *China Enters the Machine Age* 两书。说实话我并没有用心去吸收当时国外人类学和社会学的新思潮。比如我在哥伦比亚见过 Linton，在芝加哥见到 Redfield，在哈佛商学院见到 Elton Mayo，我在编写上述两书时都得到了他们的关切和具体协助，但是我对他们的著作却没有深入的钻研。除了我回国后翻译过 Mayo 的一本著作外，对其他几位老师的著作并未认真阅读。至多是吸收了一些皮毛，为我已在胸中长成的竹子添些枝叶。

我在老朋友面前无需掩饰，从40年代后期起，直到70年代结束前一年，我在国际的社会学圈子里除了两次简短的接触之外是个遗世独立的人物。

四

回到我在昆明这一时期，我们在魁阁研究工作是按照《江村经济》所走出这条路前进的。这条路我们称之为社区研究。社区这个名词是我这一代学生在学时所新创的。其由来是1933年燕京大学社会学的毕业班为了纪念派克教授来华讲学要出一本纪念文集，我记得其中有一篇是派克自己写的文章需要翻译，其中有一句话"community is not society"，这把我们卡住了。原来这两个名词都翻成"社会"的，如果直译成"社会不是社会"就不成话了。这样逼着我们去澄清派克词汇里两者的不同涵义。依我们当时的理解，社区是具体的，在一个地区上形成的群体，而社会是指这个群体中人与人相互配合的行为关系，所以挖空心思把社字和区字相结合起来成了"社区"。

社区这个概念一搞清楚，我们研究的对象也就明确了，就是生活在一个地区的一群有社会关系的人，社区可大可小，一个学校，一个村子，一个城市，甚至一个民族，一个国家，以至可以是团结在一个地球上的整个人类。只要其中的人都由社会关系结合起来，都是一个社区。有了这个概念我们实地观察的对象也有了一定范围。我当时就提出可以在瑶山进行民族集团的社区研究，也可以在各地农村里进行社区研究。在1933年这种社区研究就在燕京大学学生里流行了起来。我到了昆明还是继续走这条路子。

还应当提到的是魁阁研究工作标榜的特点是比较方法与理论和实际结合。在接受派克社区研究的概念和方法时，同时是由吴文藻先生为首提出的社会学中国化的努力方向。燕京大学的学生就是想通过社区研究达到社会学的中国化。社会学中国化其实就是社会学的主要任务,目的是在讲清楚中国社会是个什么样的一个社会。通过社区研究能不能达到这个目的呢?当然我们要说明中国社会是个什么样的社会,科学的方法只有实地观察,那就是社会调查。但是有人就质问我们,我们的研究对象如是一个具体的社区,那也只能是中国的一部分,你们能把全国所有的农村城市都观察到么?社区研究只能了解局部的情况,汪洋大海里的一滴水,怎能不落入以偏概全的弊病呢?我们对此提出了比较方法和理论与实际结合的对策。我在这里不能详细加以说明,好在我前年在东京的一个讨论会上发表的《人的研究在中国》的发言中已经答复了这个问题,这里不再重复了。

这里我想说的是社区研究的理论基础是直接和1935年到燕京大学讲学的布朗有关的。他在美国芝加哥大学开讲的人类学课程,就称作为比较社会学。社区研究接纳了布朗对社区的系统论和整体论的看法。我想只有从每个社区根据它特有的具体条件而形成的社会结构出发,不同社区才能互相比较。在互相比较中才能看出同类社区的差别,而从各社区具体条件去找出差别的原因,进一步才能看到社区发展和变动的规律,进入理论的领域。

魁阁的社区研究从1938年到1946年,一共只有8年,而且后来的三年由于教课任务的加重和政局的紧张,我自己的实地调查已经无法进行。所以魁阁的工作只能说是社区研究的试验阶段。这种工作一直到80年代才得到继续。

魁阁时期的社区研究基本上是瑶山和江村调查的继续。如果把这两期比照看看,这一期除了继承整体性和系统性之外,加强了比较研究同理论挂钩的尝试。先说比较研究。如果要从我本人的经历中寻找比较研究的根源，还应当推溯于我在清华研究院里补读比较解剖学和跟史禄国学习的人体类型分析。我们既然已在由内地看到了和沿海不同的农村在社会结构上存在着差异，我们更有意识地在昆明滇池周围寻找条件不同的农村进行研究，用以求证我们认为凡是受到城市影响的程度不同的农村会发生不同的社会结构的设想。这种方法上的尝试，我在 Earthbound China 一书的最后一章里做了系统的申说。这不能不说是魁阁的《云南三村》比了瑶山和江村的研究在方法及理论上提高了一步。

比较研究的尝试在另一方面更使我偏向于本文开始时提出的对社会的第二种看法，就是把社会作为一个本身具有其发展的过程的实体，这种思路难免导致"只见社会不见人"的倾向，也进一步脱离马氏的以生物需要为出发点的功能论，而靠近了布朗重视社会结构的功能论了。

五

魁阁后期，由于兼任云大和联大两校的教职以及当时政治局势的紧张，我不便直接参与实地调查，所以有更多时间从事讲课和写作。也可以提到，当时直线上升的通货膨胀使个人的实际收入不断下降，而我又在1940年成了一个孩子的父亲。我们在呈贡的农村里赁屋而居，楼底下就是猪圈，生活十分艰苦。因之，我不能不在固定的薪金之外，另谋收入，我这个书生能找到的生活补贴，只有靠我以写作来换取稿费。我在当时竟成了一个著名的多产作家。大后方的各大报纸杂志上经常发表我的文章，我几乎每天都要写，现货现卖，所得稿费要占我收入之半。写作的内容，不拘一格，主要是我课堂上的讲稿和对时事的评论，以及出国访问的杂记。这段时间里所发表的文章后来编成小册子发行，其中比较畅销的有《初访美国》《美国人的性格》《重访英伦》《内地的农村》《乡土中国》《乡土重建》《生育制度》《民主·人权·宪法》等。

这许多为了补贴生活而写下的文章里，其实更直接暴露我的思想，而我的思想也密切和我的学术思路相联系的。现在回头翻阅一看，其中很明显地贯穿着我在上面所说的向社会实体的倾斜。我的三本访外杂写，实际上是把英、美的社会分别作为各具个性的实体所谓民族性格来描述的。尽管其中我常用具体看到的人和事作为资料，我心目中一直在和中国社会做比较。比如我把住处经常迁移的美国城市居民与中国传统的市镇和乡村的居民相比较而以"没有鬼的世界"来表明美国社会的特点。文内尽管有人有事，而实际是把它们做文化的载体来处理的。

我在美国时特别欣赏 R. Benedict 的《文化模式》和 M. Mead 的《美国人的性格》，我根据 Mead 这本书，用我自己的语言和所见的事实写出了《美国人的性格》一系列文章，并编成一册。这里所说的社会性格都是超于个人而存在和塑形个人的社会模式。这不是把社会看成了超人的实体的思路么？我又写出了《乡土中国》一系列文章，也许可以说和《美国人的性格》是姐妹篇，现在看来，这种涂尔干式的社会观已成了我这一段时间的主要学术倾向。

上面已提到这种倾向在理论上表白得最清楚的是在1946年完成那一系列《生育制度》的文章。我明确地否定家庭、婚姻、亲属等生育制度是人们用来满足生物基础上性的需要的社会手段。相反的，社会通过这些制度来限制人们满足生物需要的方式。这些制度是起着社会新陈代谢的作用，甚至可以说，是为了解决生物界中人的生命有生有死的特点和社会实体自身具有长期绵续、积累和发展的必要所发生的矛盾，而产生的社会制度。我说如果从以满足两性结合的生物需要作为出发点，其发展顺序应当是说由于要满足两性结合的需要而结婚生孩子，接着不得不抚育孩子而构成家庭，又由子孙增殖而形成亲戚，这种一环扣一环可说是"将错就错"形成的社会结构。如果反过来看由于社会需要维持其结构的完整以完成其维持群体的生存的作用，必须解决其内部成员的新陈代谢的问题，而规定下产生、抚养新成员的办法，而形成了"生育制度"。这个制度并不是用来使个人满足其生物上性的需要，而是用婚姻和家庭等规定的制度来确定夫妻、亲子及亲属的社会角色，使人人能按部就班地过日子。这两种对"生育制度"的不同理解正好说明功能派里两派的区别。

我这本《生育制度》是在1946年和潘光旦先生一起住在乡间时完成的，他最先看到我的稿纸，而且看出了我这个社会学的思路，和他所主张的优生强种的生物观点格格不入。当我请他写序时，他下笔千言，写了一篇《派与汇》的长文，认为我这本书固然不失一家之言，但忽视了生物个人对社会文化的作用，所以偏而不全，未能允执其中。

他从社会学理论发展上提出了新人文思想，把生物人和社会人结合了起来，回到人是本位，文化是手段的根本观点。这种观点我们当时并没有会通。而且我们当时的处境并没有条件和心情展开学术上的理论辩论。我把全书连着这篇长序交给商务印书馆出版后,自己就去伦敦访问。1947年回国,我和潘先生虽则同住一院,但却无心继续在这个社会学的根本观点上进一步切磋琢磨,这场辩论并没有展开,一直被搁置在一旁。经过了近半个世纪,潘先生已归道山,我在年过八十时才重新拾起这个似乎已尘灰堆积的思绪,触起了我的重新思考,这已是90年代的事了,留在下面再说。我这本《生育制度》实际上结束了我学术历程的前半生。

1947年在英国访问以及回国之后到1949年北平解放,这段期间从我写作上说我曾称之为"丰收期",北平的《中建》周刊、上海的《观察》周刊和《大公报》经常有我的文章,但我所写的主要是时事评论,其中固然表达我对社会的基本观点,而且通过《观察》及三联书店出版了我在抗战时期所发表的文章的集子,一时流传很广,成了当时的一个多产作家,但是回头来看,这段时间,在学术思想上并没有什么新的发展。

六

如果限于狭义的学术经历来说,我觉得可以把《生育制度》一书来作为我前半生学术经历的结束。自从1930年进入社会学园地时算起到1949年解放,一共是大约20年。接下去的30年是一段很不寻常的经历,包括解放、反右和"文革"的中国大变革时期。这一段时期里我的思想情况在 Current Anthropology 杂志发表的1988年10月我和Pasternak(巴博德)教授的谈话记录中有比较直率的叙述,这里不用重复了。但是联系上面所提出有关对社会性质的根本问题时,我觉得有一些补充，说一说我近来才有的一点新的体会，足以说明我后半生学术思路的若干变化的由来。我越来越觉得一个人的思想总是离不开他本人的切身经历。我从解放后所逢到的我称之为不寻常的经历，必然会反映在我其后的学术思想上，以致立身处世的现实生活上。我如果完全把这段时间作为学术经历中的空白是不够认真的。

在比较这一生中前后两个时期对社会本质的看法时，发现有一段经历给我深刻的影响。我在前半生尽管主张实地调查，主张理论联系实际，但在我具体的社区调查中我始终是一个调查者的身份去观察别人的生活。换一句话说，我是以局外人的立场去观察一个处在另一种生活中的对象。我自身有自己的社会生活，我按着我自己社会里所处的角色进行分内的活动。我知道我所作所为是在我自己社会所规定的行为模式之内的，我不需犹豫，内心不存在矛盾，我所得到别人对我的反应也是符合我的意料的。这就是说我在一个共同的社会结构中活动。尽管这个社会结构也在变动中，这种变动是逐步的，而且是通过主动能适应的变动。我并不觉得自己和社会是对立物。

但是在解放之后的一段时间里，我自己所处的社会结构发生了革命性的变动，那就是说构成这个结构的各种制度起了巨大变动，在各个制度里规定各个社会角色的行为模式也发生了巨大变动。表演得最激烈的例子发生在"文革"的高潮中。作为一个教授的社会角色可以被他的学生勒令扫街、清厕和游街、批斗。这种有着社会权力支持的行为模式和"文革"前的教授角色的行为规范是完全相悖的。当然"文革"这种方式的革命是很不寻常的，但是在这不寻常的情景中，社会的本来面目充分显示了出来。我觉得仿佛是置身于一个目的在有如显示社会本质和力量的实验室里。在这个实验室里我既是实验的材料，就是在我身上进行这项实验。同时，因为我是个社会学者，所以也成了观察这实验过程和效果的人。在这个实验里我亲自感觉到涂尔干所说"集体表象"的威力，他所说的集体表象，就是那"一加一大于二"的加和大的内容，也就是我们通常说的社会的本质。这个实验证实了那个超于个人的社会实体的存在。

但就在同时我也亲自感觉到有一个对抗着这个实体的"个人"的存在。这个"个人"固然外表上按着社会指定他的行为模式行动：扫街、清厕、游街、批斗，但是还出现了一个行为上看不见的而具有思想和感情的"自我"。这个自我的思想和感情可以完全不接受甚至反抗所规定的行为模式，并做出各种十分复杂的行动上的反应，从表面顺服，直到坚决拒绝，即自杀了事。这样我看见了个人背后出现的一个看不见的"自我"。这个和"集体表象"所对立的"自我感觉"看来也是个实体，因为不仅它已不是"社会的载体"，而且可以是"社会的对立体"。这个实验使我看到了世界是可以发生这种不寻常的社会结构革命性的变动。这种变动可以发生在极短的时间里，但是极为根本地改变了社会结构里各制度中社会角色的行为模式。为期十年的"文革"在人类历史上是一次少见的"实验"，一次震度极强烈的社会变动。我的学力还不够做更深入的体会和分析，但是我确是切身领会到超生物的社会实体的巨大能量，同时也更赤裸裸地看到个人生物本性的顽强表现。

从这次大震动中恢复过来，我初步体会是做个社会里的成员必须清醒地自觉地看到社会结构的不断变化，尽管有时较慢较微，有时较快和较为激烈。处在社会结构中的个人，应当承认有其主动性。个人的行为既要能符合社会身份一时的要求，还得善于适应演变的形势。学术工作也是个人的社会行为，既不能摆脱社会所容许的条件，也还要适应社会演进的规律，这样才能决定自己在一定历史时期里应当怎样进行自己的学术工作。这种自觉可说是一方面既承认个人跳不出社会的掌握，而同时社会的演进也依靠着社会中个人所发生的能动性和主观作用。这是社会和个人的辩证关系，个人既是载体也是实体。

这点理论上的感受，虽则一直潜伏在我的思想里，在我"文革"后的公开讲话中也有所表达，但是还不能说已充分落实在后半生的学术工作中。"只见社会不见人"还是我长期以来所做的社区研究的主要缺点。

七

下半生的学术生涯，可以说从1978年开始，直到目前一共有15年。刚从"不寻常"的经历中苏醒过来时，我就想既然得到了继续学术研究的机会，就该把30年丢下的线头接下去，继续从事社区研究，而且这时我对社区研究本身的功能有了一些更明确的看法，正如我在和巴博德教授谈话中所说的，我们做的研究实际上是发挥人特有的自觉能力，成为自然演化的一种动力。人类社会是不断发展的，表现为生产力的不断增长。我们就得有意识地把中国社会潜在的生产力开发出来，提高人民的生活水平。这个进化观点我是早就接受了的。解放之后我又接受了当时的马列主义学习，认识到生产力是社会发展的基本推动力。这种思想和我早日翻译的乌格朋的《社会变迁》中强调科技的发展也正相合。我的《江村经济》调查就是接受了我姐姐改革蚕丝生产技术的启发而进行的。所以我在80岁生日那天以"志在富民"四字来答复朋友们要求我总结我过去80年所作所为的中心思想。"志在富民"落实到学术工作上就是从事应用科学,所以我把调查看作应用社会学。这一个思路,我有机会于1980年2月在美国丹佛接受应用人类学会授予我马林诺斯基奖的大会上发表的《迈向人民的人类学》讲话时,得到公开发表的机会。

1981年我又接到英国皇家人类学会授予我赫胥黎奖的通知,并由我的老师Firth建议,要我在会上介绍江村在解放后的变化。为此我特地三访江村进行一次简短的调查。就是这次调查引起了我对当时正在发生的乡镇企业和小城镇的研究兴趣。从那时起我就抓住这个题目不放,组织了一个研究队伍,跟着农村经济发展的势头,从江村一个村,扩大到吴江县的七个镇。然后一年一步从县到市,从市到省,从一个省到全国大部分的省;从沿海到内地,从内地到边区,不断进行实地观察,直到现在已经有10年多了。我每去一地调查常常就写一篇文章,记下我的体会。10年来已积了近40篇,其中大部分已收集在今年出版的《行行重行行》一书中。这一系列文章还在继续写下去,可说是我下半生的主要学术方向。

这一系列文章在理论上说是以《江村经济》为基础的。把社区的经济发展看成是社区整体发展中的一个主要方面,并和其人文地理及历史条件密切联系起来,进行分析。我看到在不同条件下社区发展所走的路子不同,于是我又应用比较观点分出不同模式,并提出"多种模式,因地制宜,随机应变,不失时机"的发展方针。更从城乡结合的基础上升到经济区域的概念,逐步看到整个中国发展过程中形成的区位格局。这种社区研究是以农民自己创造的社会结构为出发点,分析这种结构形成的过程,它所具有的特点,并看出其发展的前景。这是实事求是的看法,而其目的是在使各地农民可以根据自身所处的条件,吸取别地方的经验,来推动自身的发展。所以可以说这种社区研究是应用社会学,一门为人民服务的社会科学。

回顾我这60年的研究成果总起来看还是没有摆脱"只见社会不见人"的缺点。我着眼于发展的模式,但没有充分注意具体的人在发展中是怎样思想,怎样感觉,怎样打算。我虽然看到现在的农民饱food暖衣,居处宽敞,生活舒适了。我也用了他们收入的增长来表示他们生活变化的速度。但是他们的思想和感情、忧虑和满足、追求和希望都没有说清楚。原因是我的注意力还是在社会变化而忽视了相应的人的变化。

翻阅我这段时间里所发表关于社会学的言论时,我看到我思想确是已经改变了一些原来对个人和社会关系的看法,我不再像在《生育制度》中那样强调社会是实体、个人是载体的论调,而多少已接受了潘光旦先生的批评,认识到社会和人是辩证统一体中的两面,在活动的机制里互相起作用的。这种理论见于我在1980年所讲的《社会学和企业管理》及《与医学心理学者谈社会学》里。

《社会学和企业管理》是我在第一机械工业部的讲话,在这讲话里我提到了1944年我在哈佛商学院遇见的埃尔顿·梅岳教授,他曾在芝加哥的霍桑工厂里研究怎样提高劳动生产率的问题,做了一系列实验。起初他采取改变各种工作条件,如厂内的光线、休息的时间等,来测验工作效率是否有相应的提高，结果确是上升了。但梅岳认为并没有解决提高工作效率的关键问题。他接着再把实验倒过来做，一一取消了这些客观条件的改变，出于大家意料之外的，工作效率却依然上升。他从中得到了一个重大的发现，原来不是客观条件的改变促使了工作效率的上升，而是他的实验本身起了作用。因为工人参与了这个实验，自己觉得在进行一项有意义的科学工作，从而发现了自己不仅是一个普通拿工资干活的机器，而是一个能创造科学价值的实验者了。这个转变提高了他们的积极性。梅岳在这里发现了普通"工人身份"后面潜伏着一种"人的因素"，这个因素是工作效率的泉源，梅岳的"人的发现"改变了美国的工厂管理。联系我们所关心的问题来说，他是使社会身份，即社会规定的行为模式，背后这个一直被认为"载体"的个人活了起来了。使行为模式变成人的积极行为的是潜伏在社会身份背后的个人。其实我们在舞台上评论演员时，总是看他是否进入了角色。进入了角色就发挥出演员的积极性，演好了戏，演唱的好坏还是决定于演员本人。明白这一点，个人和社会的关系也就明白了。

上面提到的第二篇讲话是我在北京医学心理学讲习班上的讲话。我最初的题目是《神兽之间》，意思是说人既是动物而又已经不是动物，人想当神仙，而又当不成神仙，是个两是两不是的统一体。社会总是要求"满街都是圣人"，把一套行为规范来套住人的行为，可是事实上没有一个人是甘心情愿当圣人的，即便是我们的至圣先师孔老夫子也是到了快死的70岁时方才做到"从心所欲不逾矩"。但是人又不能不在社会结构里得到生活，不能不接受这个紧箍咒，小心翼翼，意马心猿地做人，所以我用了Freud所说的三层结构来说明人的心理构成：一是 id（生物性的冲动）、二是 ego（自己）、三是 super-ego（超己），id 就是兽性，ego 是个两面派，即一面要克己复礼地做个社会所能接受的人，一面又是满身难受地想越狱当逃犯。Super-ego 就是顶在头上，不得不服从的社会规定的身份。我当时指出神兽之间发生的形形色色的矛盾正是（精神病）医生要对付的园地，神兽之间有其难于调适的一面，但是普通的人并不都是要挂号去请教精神病医生的。那就是说神兽之间可以找到一个心安理得做人的办法的。于是我得回到潘光旦先生给我《生育制度》写的序言里所提出的中和位育的新人文思想。

新人文思想依我的理解就是一面要承认社会是实体。它是个人在群体中分工合作才能生活的结果，既要分工就不能没有各自的岗位，分工之后必须合作，岗位之间就不能不互相配合，不能没有共同遵守的行为规则。有了规则就得有个力量来维持这些规则。社会是群体中分工合作体系的总称，也是代表群体维持这分工合作体系的力量。这个体系是持续的超过于个人寿命的，所以有超出个人的存在、发展和兴衰。社会之成为实体是不可否认的。但是社会的目的还是在使个人能得到生活，就是满足他不断增长的物质及精神的需要。而且分工合作体系是依靠个人的行为而发生效用的，能行为的个人是个有主观能动性的动物，他知道需要什么，希望什么，也知道需要是否得到了满足，还有什么期望。满足了才积极，不满足就是消极。所以他是个活的载体，可以发生主观作用的实体。社会和个人是相互配合的永远不能分离的实体。这种把人和社会结成一个辩证的统一体的看法也许正是潘光旦先生所说的新人文思想。

我回顾一生的学研思想，迂回曲折，而进入了现在的认识，这种认识使我最近强调社区研究必须提高一步，不仅需看到社会结构，而还要看到人，也就是我指出的心态的研究。而且我有一种想法，在我们中国世世代代这么多的人群居住在这块土地上，经历了这样长的历史，在人和人中和位育的故训的指导下应当有丰富的经验。这些经验不仅保留在前人留下的文书中，而且应当还保存在当前人的相处的现实生活中。怎样发掘出来，用现代的语言表达出来，可能是今后我们社会学者应尽的责任。对这个变动越来越大，全世界已没有人再能划地自守的时代里，这些也许正是当今人类迫切需要的知识。如果天假以年，我自当努力参与这项学术工作，但是看来主要是有待于后来的青年了。愿我这涓滴乡土水，汇归大海洋。

1993 年 7 月 24 日

我的第二次学术生命*

这本"随笔"文集是我从已经发表过的存稿中,选出一部分大体上符合"大系"编者的需求标准而编成的。所选的文章不属专题性的学术论文,而是学术性的随笔,与学术问题有关的杂文,或是各种学术会议上的发言,特邀的演讲稿,和受记者、学人采访的记录等。从全书来说似乎缺乏系统性,各篇之间并无紧密的连续性。但既是出于一人之笔,一人之口,思想理路是一贯的,如有出入也是发展上的变化,看来也并不多。

本书限于篇幅,如果要求它能包罗作者学术思想的整体性,实难办到。首先是我生命尚未结束,过去60年在学术园地里所做的工作,多属探索性质,尚未达到完整的程度,相距还远。从写作时间上说,这本文集中所挑选的一些文章,只是近15年里的作品。这些文章多少可说是这一段学术生命中留下的脚印,串联起来也许可以成一条由若干点形成的虚线,隐藏着我这个还在发展中的思路历程。要我用话语简短地、清楚地总括这条历程,实感功力不足,火候未到。

我从这个历程中剪取从80年代初到90年代中为止的这

---

* 本文系作者为《费孝通学术文化随笔》(中国青年出版社,1996)所写跋语。——编者

一段时期是我意外得到的"第二次学术生命"。意外是指这段生命的取得我确是没有预料到的。自从50年代的反右斗争起,接着又经过触及灵魂的"文化大革命",为亲人痛惜,路人侧目,不仅别人甚至自己,对我早年的学术思想早已全盘否定。我也口服心服地认为我的学术生命已告结束。不料70年代后期世态剧变,我如大梦初醒,重又回到正常生活的轨道,拾起了我的学术工作,所以称之为我的"第二次学术生命"。

我还记得1980年在当局宣布为我"改正"的那次座谈会上,我说过:"我袋里只有10块钱了,不该随意零零星星地买些花生米吃,而应当集中起来买一件我心爱的东西才是。"意思是当时我年已七十,估计自己可能还有10年的生命。这段生命我不忍再白白消费掉了。所以当众下了决心,要用10年时间来夺回失去的20年。言犹在耳,转瞬间到了1990年。在一次朋友们为我祝寿的宴会上,有位主人突然问我,你能否总结一下,一生想做到的是哪件事。我未加思索,脱口而出"志在富民"四个字。其实这就是我10年前想用此得之意外的"第二次生命"来购取的那件心爱的东西。我本是个教书先生,没有钱,又没有权,怎么能去富民呢?那就只能靠我这脑瓜子里的智力来为富民事业想办法,出主意,这也就是我所谓的"学术"。至于我所有的"学术"属于通常所标明的哪一门、哪一科,我觉得无关宏旨;称之为社会学也好,称之为人类学也好,反正我只学会这一套。这一套是否够格称学术,我想还得看它是否抵用,能不能富民为断。

我在第二次生命里所走的学术道路其实还是早年走过而被迫中断的老路。这条路就是从观察人们的实际生活中去理解他们怎样适应和利用具体的客观条件,通过人际关系,依靠上辈传下的知识和自身创造的办法，取得生活上的需要和解决生活上的问题，从而形成的一套物质设施和社会结构相互结合的体系；并在时间中观察其社会经济上的变动，从其效果上辨别出是发展还是倒退。我在这15年中继续采取这个实地观察的方法到各地农村去调查，然后"想办法、出主意"帮助各地的农民脱贫致富。我觉得高兴的是想的办法、出的主意由于顺着改革开放的总形势，有些已取得了成效。这也使我对自己所走的学术道路有了信心，使我深深地感到生逢盛世的幸会。

总的说来，我这第二次生命得之偶然，过得愉快，自己觉得满意。有时也能略略地尝到一点霭理士在他《我的生平》序言所说的话的滋味。他说："我的一生有时像是用流血的双脚走向基督受难的圣地。凡是我的双脚踏过的地方都盛开了芬芳的玫瑰。我已在任何一个方面都尝到了天堂里的愉快。胜于理解的宁静牢住我心。青年时所打算的一生事业在半个世纪里能得到完成，和它所给我的安慰，不能不说是已超过了我梦寐所求。"当然，我不是基督徒，不信上帝和天堂。但是在我的第二次生命的15年中我有时也得到过超过了梦寐所求的安慰。

现在回想，我在这第二次生命开始的70岁时确是没有想到老之将至。80岁还是没有服老，每年用1/3的时间在各地奔波。越是穷地方，越是要去。现在已是85岁了。不服老可能已做不到，同时也觉得应当想想身后之事了。人作为一个生物个体，生命终究是有限期的。我没有长寿的愿望，关于生命的长短，听天由命而已。但是我明白由一代代个体所构成的社会却可以常青不老。每一个时刻，每一个个人都享受着前人所积累的遗产，也在为后来者创造生存和发展的资料。人是依靠世世代代积累下来的文化生活的，文化本身离不开历代个人的创造。这些创造也就使子子孙孙能绵延不绝,使人类继续存在而且不断发展。从这个角度看去,生物的人固然不能永生,但生物的人所创造的文化却可永葆青春。杜甫的骨肉早已腐朽,而杜甫的诗歌却至今还活在人们的心中,构成一代代活着的人的精神实质,怎能说它已随杜甫的肉体而化为乌有呢?人之所以异于禽兽的也许就是这一点之差。"苟日新、日日新,又日新"此之谓也。

人原是有生物人和社会人这双重性。两者可以合一,也可以分离,社会人是可以离开生物人而存在的。当其存在,仍在社会上发生作用,没有死,还是活的。古人所谓立德、立功、立言就是指利用生物人活着的时机,立下一些不朽的或是比肉体消亡得比较缓慢的社会存在。我在进入85岁时,心头考虑的正是这个"身后之事",这些还会影响我身后还活的人的事。我本人固然不一定能是个跨世纪的人物,但不能不想到生活在21世纪的人,不想到自己对生活在21世纪的人所负有的责任。

我认为,我们不应轻视我们这一代人所处的历史机遇。这是一个人类历史大变动的时代,一个个由封闭自给的小群,融合形成一个全球一体的大社会的时代。形成要一个过程,这过程要多少时间,我不敢预测,看来经过不论多少迂回曲折,全球一体的大社会势必出现。如果出现的是它的反面,人类将终结,甚至是地球的终结。历史不是自动变化的,是一代代人创造的。如果我们从积极方面去希望,就应当为我们所希望的历史趋势出一把力,为21世纪的全球一体化铺平一点道路,这也就是我上面所说我们这一代人的责任。这也就是我在上面所说的"身后之事"。

进入 85 岁时,我想到的"身后之事"是向前看的,因为"身后"在时间上现在还是在我的前面。同时我也不能不回头看看,因为决定前面的是留在后面的那一段过去了的事。我并不是担心后人对我这一生的毁誉。眼睛闭了,后世的毁誉对我本人是无所谓的。我活着的时候,别人对我的毁誉已经够变化多端了,身后更会仁者见仁,智者见智。知我罪我,不必我费神动心。但是自己却应该有一点自知之明,有个评估,有个交代。我对自己过去的学术成果的评分,已经多次表白过,是不高的。这倒并不是虚伪的自谦,或是对苛求的自卫,我自认为是实事求是的。

怎样评估一个人的学术成果?我认为,应当采取吴泽霖的"天平"。他是以个人得之于社会和对于社会做的贡献做天平上两端的砝码。很显然如果一个社会中的人都是取用得多而产出得少,结果必然使社会走向倒退,表现在贫穷落后上,反之则欣欣向荣,日趋进步。个人亦然,有人得之于社会的少,就不应要求他产出得多,两端平衡才算及格。得多于出,不论出多少,还是不能给高分。

用这个天平来评估我自己,应当说我是属于得多出少的人。只从学业的一方面说,我在同代人中就学的条件就比较优越,甚至可说是少有的。我生在一个重视教育的家庭,我父亲是江苏省的"视学",即教育督导员,我母亲是首创蒙养院(即幼儿园)的当时妇女界先进人物。我的父母上有祖母和她守寡的妹妹,下有子女五人,我是老五。一家九口的生活全靠父亲微薄的工资来供养。母亲在家以有限的收入经营管理这个小集体。当她病重时,曾要我几个哥哥根据历年的日用账进行统计分析,按各项支出画成曲线并列在一张表上。用红线表示的教育费用高高居上。她指着这张表说，她的理财原则是量入为出，先扣除教育费用然后以余额安排其他项目。我曾在一次全国政协会议上的发言中重复我母亲的理财原则，希望国家也能采用。我母亲按这个原则把五个子女都培养成才。在她临终时说，除了最小的一个外，我对子女的教育是尽了力的，结果也能使我放心。她除外的一个就是我。我当时还是个中学生。我进大学是靠我姐姐的支持，进入了研究生院以后就靠国家的公费，完成了我的学业。一生督促着我不敢自暴自弃的还是我母亲的那句遗言。

在学校里从小学到大学和研究生院，从国内到国外，我又有幸受到许多教师接近于"偏爱"的关心、指引和培养。他们不仅给我言教，更重要的是身教。屏息静思，历历在目。这些难忘的情境，常常在我杂文中流露。再以第二次生命的过去15年来说，我所得到的学术工作条件的优越也不同寻常。一开始我家乡的省领导就对我的农村调查做出了"要人给人，要钱给钱"的支持，其后在统战部、政协、人大的支持下，我能经常闯南走北，东西穿梭（除下西藏和台湾）几乎走遍全国。所到之处，上下合作，左右协力，穿门入户，热情接待。这一切都是社会给我学业的投入。以此沉重的砝码压在天平的一端，立刻显出了我产出的单薄和轻微了。在这客观的事实面前我怎敢做出强自提高的评估呢？

尽管我自知我的学术不够成熟，但出于我另一种考虑，还是凡有所见，不忌被人菲薄，乐于公开发表。早年如此，晚年还是这样。这15年中追随着农村社会经济的发展，在各地调查观察，"走一趟，写一篇"，写完就发表，向读者汇报，其中大部分已汇编在《行行重行行》一书中。我这样做，自有我的打算。这就是想实现我用脑用笔来参与这一段旷世难逢的大变局的发展，并希望这样的参与能起到推动这个发展过程的前进，以尽我的天职。

再说一点，这也有关我上述对个人"身后"的理解。我在这个世界上活了80多年，寿命不算短促。作为一个生物个体生命熄灭之后，还应当留给后来的人一些对他们生存和发展有用的东西，一点文化遗产。我相信我所身逢其境的20世纪大变局中见到的情节，对21世纪的人应当是有启迪的，至少可以知道我国的农民怎样走出贫困的过程。这里包含着中国人民的智慧和胆略，是永葆青春的民族精神在这个历史阶段的表现。我所抱歉的是自己学力不足，没有把这精神更确切地、更明白地表达清楚，但所表达的事实会长期的在今后的历史中发出光和热。

如果天假以年，我还是要在这条路上走下去，至于还能走多远，那就难说了。

1994年12月9日于北京北太平庄

人不知而不愠[*]

缅怀史禄国老师

1991年8月在辽宁丹东鸭绿江边度暑。丹东是个满族的聚居区,据1990年人口普查,丹东地区满族人口超过100万人,占全地区总人口的40%以上,已有三个县,岫岩、凤城、宽甸建立了满族自治地方。我抽出几天时间访问了附近的满族农村。在访问过程中我回忆起半个多世纪前,我在清华大学研究生院读书时曾读过当时的老师史禄国教授在20年代写的《满族社会组织》一书。引起我对满族研究的想法,如果有机会再去现场深入调查一次和史氏旧著的内容相比较,不是可以看到这个民族在最近70年里的变化了么?我把这个意思告诉了陪同我去度暑的潘乃谷同志。假期结束回到北京,她立即在北京大学社会学人类学研究中心里说服了高丙中同志,参与这个研究课题。她先在北京图书馆找出了这本久已被人遗忘的旧书进行翻译,作为这个课题的初步工作。1993年暑季译文原稿送到了我的手上,并且说这本译稿已由商务印书馆接受出版,希望我写一篇序文。写序我是不敢的,因为这本书的作者是我的老师,按我自订的写作规矩,在师承上不许越位。我只同意在

---

[*] 原刊《读书》1994年第4期。——编者

书后写一篇记下一些对这位老师的追忆。

1933年暑假前,距今可巧正是61年前,燕京大学的吴文藻老师带着我去清华大学登门拜见史禄国教授。为了这次约会,吴先生是经过一番考虑的。他认为发展中国的社会学应当走中国化的路子,所谓社会学中国化是以"认识中国,改造中国"为宗旨的社会学必须从中国本土中长出来。为此他费尽心思要培养一批年轻学生做这件事,他在这年又邀请了美国芝加哥大学的派克到燕京大学来做客座教授,传授实地调查的社区研究方法。这套方法据派克说是从现代人类学里移植过来的。西方当时人类学者都必须参与到具有不同文化特点的各族人民的实际社会生活中去,通过切身的观察、理解、分析、总结,取得对实际的认识。这种参与研究对象的实际生活的方法被称为实地调查的社区研究方法。派克和他的学生们就采用这种方法去调查芝加哥的都市社会,建立了被称为芝加哥学派的社会学。吴先生就有意采用这种方法来建立中国的社会学。这是他的意图,要实行这个意图就必须培养一批人。当时我正好是燕京大学社会学系毕业班的学生,成了他看中的一个培养对象。

要培养一个能进行社区实地调查研究的社会学者,在吴先生看来首先要学会人类学方法,于是想到了就在燕京大学附近的清华大学里的一位教人类学的史禄国教授(以下简称史氏)。燕京和清华两校是近邻,但是要送我去从史氏学人类学却不是那么方便。吴先生为此先说服了清华的社会学及人类学系在1933年招收学人类学的研究生,更重要的一关是要说服史氏愿意接受我这个研究生。这却是个不容易过的关,因为这位教授据说生性怪僻,不易同人接近。为了要他愿意收我这个徒弟，吴先生特地亲自带着我去登门拜见。换一句话说，先得让他对我口试一番，取得了他首肯后，才能进行正规手续。

史氏是怎样一个人？他对自己的身世守口如瓶，我一直不清楚，也不便打听。直到我打算写这篇后记时，才查了他自己的著作和请一位日本朋友帮我在东京搜集了一些资料，关于他的学历才有个简要的梗概。从这个简历中也可以明白为什么他有个不很和人接近的名声。

这位日本朋友复制给我的英文本《国际人类学者人名字典》(C. Winters 编，1991年出版，以下简称《人名字典》)中有关史氏简历的条文，由 A. M. Reshetov 执笔，原系俄文，由 T. L. Mann 译为英文。史氏的原名是 Sergei Mikhailovich Shirokogorov（他所出版的著作署名时名尾不用 v 而用 ff），在中国通用的汉名是史禄国。这个汉名是否由他自己起的，我不清楚。但是至少是他认可的。

史氏的生卒年月有两种说法。一是上述《人名字典》说他1887年6月2日生于 Suzdal（俄罗斯），1939年10月19日死在"北京"（当时我们称北平，在日本军队占领时用什么地名我不清楚）。但是《北方通古斯的社会组织》（以下简称《北方通古斯》）中译文的译者前言里另有一说，在他名后附有（1889—1939），意思是生在1889年，比前说迟两年。中译本说是曾"利用原著和日译本"。我请那位日本朋友查了这书的日译本，译者是川久保悌郎、田中克己。在译者跋文里有"教授1889年生于俄罗斯古都附近其父的庄园里"，可见第二说来源于此。这两年之差，不易断定何者为误。

据汉译《北方通古斯》译者前言：史氏"1910年毕业于法国巴黎大学人类学院，回国后在圣彼得堡大学和帝国科学院从事研究工作，1915年被选为该院人类学学部委员（时年26岁或28岁）。曾于1912年至1913年在俄国后贝加尔和1915年到1917年在我国东北多次进行民族志学、考古学和语言学调查。十月革命以后流亡我国。从1922年至1930年先后在上海、厦门、广东等地的大学任教和从事研究工作。1930年以后在北平辅仁大学、清华大学任教，并到福建、广东、云南和东北等地进行过学术调查。1939年逝世于北平"。

史氏在《北方通古斯》自序中说："1912年和1913年我曾到后贝加尔做过三次考察，1915年到1917年期间我又去蒙古和满洲做了考察……1917年科学院又派我前往中国的蒙古以及西伯利亚毗邻的各地方，使我得以继续过去几年的考察。但是我的工作还没有完成，因为整个远东，特别是西伯利亚各地，陷入不安定状况而几次中断，我的研究性质改变了，新资料的搜集几乎限于汉族（体质）人类学的问题。""1917年俄国旧政权崩溃以后……决定返回圣彼得堡……1917年结束的第三次考察，持续了两年多……1917年末在北京进行了对满族的考察……从1918年春季以来……我再也没有到通古斯人和满人居住地区去考察的机会了。"从史氏的自述中可以看到，他对通古斯人及满族的实地考察主要是在1912—1913年和1915—1917年这几年中。他又提到过1920年离开西伯利亚时丢失过一部分资料，表明1917年后还去过通古斯人的地区，看来没有进行正规的调查研究。

《人名字典》记着1918—1922年他是在海参崴大学工作。他自己在所著Ethnos专刊的前言中说："经过了10年的思考，1921—1922学年在海参崴的远东大学讲'民族志'这门课程的引论里阐述了这个理论。"这说明1922年流亡到中国之前曾在海参崴的远东大学里住过一年。

1922年他曾到过上海，但他在上海的情况，我不清楚。据他在《北方通古斯》的序言中表示感谢上海商务印书馆总编辑王云五和英文部主任邝富灼，还有上海巡捕房的人，说明他在上海和当地的社会是有联系的。后来不知哪一年他受到了厦门大学之聘担任研究教授。就在这段时间里他编写和准备出版这本著作。这书的序言是1928年7月在广州写的。当时他是否在中山大学任职我没有确证。我认识的一位民族学家曾经和史氏一起去广西或云南考察过，是和中山大学有关系的。但是这位朋友几年前已逝世，我也无从追问了。据日译本译者的跋文说：他是1930年秋到北平辅仁大学及清华大学任教。我只知道他和辅仁大学的许多欧洲学者往来较多，但是否担任教授的职务不敢肯定。依我1933年起跟他学习的两年中，没有听说他兼任过辅仁大学的课程。

我是1935年和他分别的，他就在这年的暑期按清华的惯例：教授工作5年后有休假出国一年的权利，去了欧洲，但由于一直没有通信，他的行踪我无法得知。我1938年返国正在抗日战争时期，北平已经沦陷，情况不明。我所见到从北方南下的人中，没有提到过他。直到抗战胜利后，我于1947年回到北平，听说他已逝世。据《人名字典》他是1939年10月19日死的。《北方通古斯》日文本译者跋文中记着1942年在北平访史禄国夫人的事。当时她住在景山山麓。他的夫人是1943年去世的。

从上述史氏简历中可以看到他一共享年50岁或52岁。在这半个世纪中有2/5的时间，约有20年，是用在打学术基础的受业时期。由于他出生于帝俄末期的世家，深受彼得大帝传下来的向西欧开放和向东亚扩张的基本传统影响，后来他留学法国和研究通古斯人。《北方通古斯》日文本译者说他受的是"古典教育"，用我们的话说是欧洲早期的通才教育，着重学习数理化文史哲的基础知识和掌握接通欧洲文化的各种语言工具。他在大约20岁时进入法国巴黎大学，在当时西欧文化的中心，接受资本主义上升时期的实证主义思想的熏陶。他接受进化论的观点，把人和人所构成的社会和所创造的文化看作是自然的一部分，企图用科学方法来探讨其发展变化的规律。

他确是从当时欧洲学术最前沿起步的。当时欧洲的人类学还是在研讨文化起源和发展阶段上徘徊，希望从"原始社会"和"野蛮人"中寻找到人类文明的起源。直到第一次世界大战之后才突破了这种"古典"人类学的传统。史氏就在这时投身到人类学这门学科中的。他扬弃了坐在书斋里用零星汇集的资料沿主观思路推论的那种历史学派和传播学派的老框框，采取了当时先进的亲身实地观察的实证主义的方法。

从人类学的历史上看，他和波兰籍的Malinowski（1884—1942）、威尔士籍的Radcliffe-Brown（1881—1955）和德裔美籍的Kroeber（1876—1960），都是第一次世界大战之后初露头角的所谓现代人类学的创始人。这一代的人类学者基本上都走上了所谓功能论的路子。以我的水平所能理解的限度来说，史氏在这些人中出生最晚，生命最短，所讲的人类学包罗最广，联系的相关学科最宽，思维的透射力最深，但是表述的能力最差，知名度最低，能理解他的人最少，因而到现在为止，他的学术影响也最小。

史氏的造诣和弱点与他的经历是分不开的。他学术的旺季无疑是1910—1917年的大约7年时间。当时他在俄罗斯帝国科学院里是一个受到上一代栽培的多才多艺、风华正茂的青年学者。26岁当选院士,三次参加受到国家支持的人类学实地考察队,而且在1917年革命狂潮初起时还受到人类学博物馆馆长的安排,再去西伯利亚考察。从他当时已初步形成,后来发表有系统的综合性的民族学理论框架看,不能不说他是个多才,而且勤奋好学的青年。他除写作之外还善绘画。在他那本《北方通古斯》里插入了两幅自绘的彩色画。他有一次对我说,用绘画来写生比摄影更能突出主题。他对音乐也具有深厚的欣赏力,他夫人是位钢琴能手。我在他的书房里和他谈话时常听到隔壁传来的琴音。他有时就停住了话头,侧耳倾听,自得之情另有一种神采。所以我说他不仅多才而且是多艺。

具有这样天赋的青年,在当时浓厚而严格的学术气氛里,他获得了他一生事业的结实功底。但是正在他学术旭日初升之际,无情的历史转变给他带来了严厉的打击。他从1917年起就走上了坎坷的命运。他在《北方通古斯》的自序里透露过,1917年前在各地调查时,一路受到官方的殷勤协助,其后一下变成处处跟他为难的旅行。从1917—1920年他仆仆道上,行旅匆匆,甚至行李遗失,资料被窃。最后不得不远走海参崴,仅一年就开始告别祖国,过着流亡异乡的生活。

在这里插入一小段和我另一位老师Malinowski(以下简称马氏)的对照,也许可以加深对这两人遭遇不同的认识。马氏出生于波兰的Cracow,当时属奥匈帝国。他的父亲是个有名的语言学家。他大学毕业后留学德国,后来从1910年起又到英国留学,1914年由英国伦敦大学资助去澳洲调查研究。欧战爆发奥匈站在德国一边对抗协约国。那时他正在澳洲调查,被列入敌国人士,行动受到限制,不得离境。但由英国学者担保，可利用这时期在澳做学术研究，因此他有机会从1915—1918年几次深入Trobriand岛，参与土人社会生活。他用观察和体会结合的生动资料写出了惊动一时的著作，一举成名。加上他纯熟的英语和优美的文笔，扩大了影响，成了两次大战之间社会人类学功能派的带头人。

回头看看史氏，他在中国虽然也取得了大学里的职位，但他所讲的那一套理论，在中国不可能为同辈学者所理解。何况他又不能用他母语做媒体来表达他的学术思想，只能借助于他自认驾驭尚欠自如的英语来发表他的著作，传播面狭而且不够透彻。于是两人及身的社会声望自然不可同日而语了。

史氏在1930年进入清华之前的生活我不清楚。据我从别人口上所得来的印象，他所接触的中国同行学人对他至多是以礼相待，甚至由于莫测高深而采取敬而远之的态度。在清华园里和他有来往的倒是生物学系的一些教授，这是我从同乡的生物学系助教口上听来的。他们系里的教授有疑难的问题，多去请教他。我想这是事实，因为我在清华时的工作室就是在生物馆里，占有一大间实验室，而且我可以到生物学系所开的课程去做正式附读生听课并做实验，老师们对我也很优待。这些都是出于史氏给我的安排，表明他和生物系的关系似乎比和自己的社会学及人类学系更亲近些。

人类学在清华园里知道的人不多，史氏作为一个世界级的学者，知道的人更少。他不但在清华里不知名，甚至全国全世界在当时知道他而能理解他的人也是很少的。他在学术本行里有往来的人据我所知道的只有在辅仁大学里的一些欧籍学者，而且大多数是天主教神父。天主教神父从明朝以来就是传播西方学术到东方来的桥梁。这座桥到民国时就只留下了辅仁大学这一个小小据点了。

史氏深居简出，与世隔离，自有他的苦衷。他是个回不了家乡的学者，而所以回不去，或不愿回去，是因为家乡已经变了色，对他是合不来的。至于他怎样能立足在中国的高等学府里，其社会政治背景我是说不上的。只有一次我在他家坐谈，突然看见他神色异常，因为隔窗见到了几个外国人走向他家门。接着又见他夫人匆匆出门去把来人打发开了。他当时那种紧张的表情，给我留下不易忘怀的印象。后来有位朋友私下同我说，苏联的克格勃是无孔不入的。我当时也不大明白这句话的意义，但模糊地理解到我这位老师这时的表情是有点大祸临头的味儿。我怎敢多问呢？

他在清华园里是个孤僻的隐士。生活十分简单，除一周在教室里讲一两堂课外，整天关在书斋里翻书写作。闲下来就听夫人弹钢琴。傍晚两人携手散步，绕清华园一周，每日如此。他这种遗世独立的生活，养成了他那种孤僻的性格，使人觉得他是个很难接近和相处的怪人。这和当年我在伦敦时见到的高朋满座，谈笑风生的马氏正好是个对照。同是异乡流亡客，世态炎凉处两端。

人是社会的动物，最怕是没有人懂得自己，周围得不到自己所期待于别人的反应。在这种处境里连孔子都会兴叹"莫我知也夫？""知我者其天乎。"人之相知是人和人所以能结合成社会的基本纽带。没有共识就不可能有社会交往。孩子哭妈妈就知道他饿了，喂他奶吃。这就是相知的基本模式，也是社会的基础。

一个学者也是为了要社会上明白他所思考、所推敲的问题，所以竭尽心力表达自己的见解，即使四周得不到反应，他总是想著书立说，希望远方也许有人、身后也许有人会明白他的。这是司马迁的所以负辱著书，留言于后世，"疾没世而名不称也"。我说这段话，眼前似乎出现了这位成天伏在书案前的老师。他不就是这样的人么？孔子说"人不知而不愠，不亦君子乎"，这句话紧接在"有朋自远方来，不亦乐乎"之后，不能不使我猜想他正是希望远方有个明白他的人能来见他。

史氏在世之日，恐怕深知他的人是不多的。我总觉得似乎是有一条界限，把他的后半生排除在当时的学术圈子之外。他去世后，1986年我三访英伦，在LSE的一次座谈会上，在休息期间有一位英国朋友，紧紧拉着我的手用喜悦的口吻说："史禄国在苏联恢复名誉了。他的著作被公开了，肯定了，而且承认他是通古斯研究的权威了。"这位朋友知道我是史氏的学生。因为我把史氏的名字列入1945年出版的 *Earthbound China* 一书的扉页上，作为纪念我的三位外国老师的首位。所以这位朋友知道我和史氏的关系，把这个好消息通知我。同时我也了解到史氏不能回国的原因，他在祖国曾是被归在"反动学术权威"一类里的。这个标签的涵义我自有深刻的体会。名要搞臭，书要禁读。1990年8月我有缘去莫斯科访问苏联的科学院，接待我的人证明了1986年我在伦敦听到的话。我作为史氏的学生也叨了光。

当我收到那位日本朋友寄来《人名字典》的复制件中有下面一句话："他又是被推崇为第一个给Ethnicity（民族性）这个概念下定义的人。"《人名字典》这一条文的作者引用史氏的原话："Ethnos是人们的群体，说同一语言，自认为出于同一来源，具有完整的一套风俗和生活方式，用来维护和崇敬传统，并用这些来和其他群体做出区别。这是民族志的单位——

民族志科学研究的对象。"原文出于何书没有说明，我无法核对。

我最初读到这句话时，觉得十分面熟。这不是和近几十年来我国民族学界背得烂熟的民族定义基本上相同，就少了共同地域和共同经济这两个要素？怎么能把这个"经典"定义的初创权归到史氏名下呢？再看写这段话的人署名 A. M. Reshetov，看来是个俄籍学者，而且条文下注明是从俄文翻译的，译者署名 T. L. Mann 以示文责由著者自负。这本字典是1991年出版的，出版社的名字在复制件中查不到。写这条文的日期当在我去访问莫斯科前后不久。我思索了一会，才豁然开朗。史氏在世时，这种话在苏联是不会有人敢说，更不会见诸文字，而是送到国外出版的字典里公开发表的。

还应当说明的是，我在用中文翻译上面这句话时也很尴尬。史氏用的 Ethnos 是他的专用词，采自拉丁文，在《牛津英语字典》直译作 Nation。史氏采用拉丁古字就是为了要避开现代英语中 nation 一词，因为 nation 在19世纪欧洲各民族强调政治自主权时，把这词和 state 联了起来，成为 Nation-State。State，是指拥有独立主权的国家，于是 Nation 也染上国家的涵义，比如联合国的英文名字就是 United Nations。为了把民族和主权国家脱钩，他采用了拉丁文 Ethnos。为了不再把浑水搅得更乱，我就直接用 Ethnos，原词不做翻译了。

由于史氏对用字十分严格，不肯苟从英语的习惯用法。这也是普通读者不容易读懂史氏著作的一个原因。他用词力求确切性，于是许多被各家用滥了的名词总是想违避，结果提了不少别人不易了解的新词。他抛开通用之词，采用拉丁文原字，使其不染附义，Ethnos 是一个例子。更使人不易理解的是用一般的英文词汇加以改造而注入新义,如他最后亲自编刊的巨著的书题名为 *Psycho-mental Complex of Tungus*。Psycho 原是拉丁文 Psukhe 演化出来的,本意是呼吸、生命和灵魂的意思,但英语里用此为字根,造出一系列的词如 psychic,psychology 等,意义也扩大到了整个人的心理活动。晚近称 Psychology 的心理学又日益偏重体质成分,成为研究神经系统活动的学科。史氏总觉得它范围太狭,包括不了思想,意识,于是联上 mind 这个字,创造出 Psycho-mental 一词,用来指群体所表现的生理、心理、意识和精神境界的现象,又认为这个现象是一种复杂而融洽的整体,所以加上他喜欢用的 complex 一字,构成了人类学研究最上层的对象。这个词要简单地加以翻译实在太困难了。我近来把这一层次的社会文化现象简称作心态,也是个模糊的概括。

他强调心态研究原是出于他研究通古斯人社会文化中特别发达的 Shamanism 萨满信仰。萨满是一种被通古斯人认为是人神媒体的巫师。过去许多人把它看作迷信或原始宗教,但史氏则采取实证主义的立场,把它作为一种在社会生活里积累形成的生理、心理的文化现象来研究,并认为它具有使群体持续和适应一定客观环境的作用。这是功能学派的基本观点。

马氏的巫术分析也是采取这样看法的,但是没有像史氏那样深入到生理基础去阐明这种社会行为的心理机制,所以我认为在这方面马氏在理论上没有史氏那样深入。

史氏的人类学和马氏的人类学的差别也许就在这里。马氏也把文化看成是人类为了满足人的生物需要的手段,但是他没有走进生物基础里面去,而满足以生物基础的"食色性也"为他研究社会文化的出发点,去说明各种社会制度的功能和结构，就是如何在满足生物需要上起作用。史氏的生物学基本训练似乎比较深透些。他把人类学的出发点深植于人体的本身。他更把人体结构和生理机制看作是生物演化的一个阶段，尽管人类比前阶段的生物种类发生了许多质的变化，但这些变化的基层还是生物的机制。他甚至在他的 Ethnos 理论中说："在这些单位（Ethnos）里进行着文化适应的过程，遗传的因素在其中传袭和改变，在最广义的理解上，生物适应过程即在这单位中进行的。"

他的 Ethnos 论最精彩的分析是可以用算术公式来表示的一个可视作 Ethnos 单位，即民族认同的群体，在和同类单位接触中所表现出各自的能量。这能量是这单位的地、人、文三个变量相生相克的综合。地包括生存的空间和资源，人包括成员的数和质即生物基础，文是人造的环境，包括社会结构和文化积累。三个变量相生相克的关系中表现向心力和离心力的消长。在相接触的各单位间能量上平衡的取得或失却即导致各单位的兴衰存亡的变化。所以他的理论的最后一句话是"Ethnos 本身是一个不断变化的过程"。人类学就是研究 Ethnos 的变化过程，用我们的话说就是民族的兴衰消长，是一种动态的研究。

史氏把体质人类学作为人类学的基础训练就是这个原因。而且他所讲的体质人类学决不限于体形学（人体测量学），而要深入到生理现象，从人体形态的类型发掘其生理上的差异，一直到人体各部分生长过程的区别。如果停止在这里，还是生物学的范围。他在理论上的贡献也许就在把生物现象接上社会和文化现象，突破人类的精神领域，再从宗教信仰进入现在所谓意识形态和精神境界。这样一以贯之地把人之所以为人，全部放进自然现象之中，作为理性思考的对象，建立一门名副其实的人类学。我用这一段话来总结史氏的理论，自己知道是很冒失和草率的，也就是说完全可能和史氏理论的真实思想有很大的距离。但是作为我个人的体会，在这里说一说也算是写下我向他学习了两年的一些心得。

正因为他把人类作为自然界演化过程中出现的一个阶段，我时常感觉到他的眼光是一直看到后人类的时期。宇宙的发展不会停止在出现了人类的阶段上。我们如果把人类视作宇宙发展的最高阶段，或是最后阶段，那么等于说宇宙业已发展到了尽头。这似乎是一种人的自大狂。在读了史氏的理论后，油然而生的一种感觉是宇宙本身发生了有"智力"的这种人类，因而产生了社会文化现象，其后不可能不在生物基础上又冒出一种新的突破而出现一种后人类的物体。这种物体所创造的世界将是宇宙演化的新阶段。当前的一切世态不过是向这方向演化积累过程中的一些表现罢了，Ethnos 只是其中的一部分。这样说似乎说远了，但正是我要说明为什么我感到他和马氏相比在思路上可能是高出了一筹。正因为史氏的理论宽阔、广博、深奥，又不幸受到文字表达上的种种困扰，他之不易为人所知是不足为奇的。我虽则跟他学了两年，但还是个不太了解他的人。自惭自疚，为时已晚。

也许我是史氏在中国惟一的及门弟子。但是由于客观的原因，我没有能按照他在我们初次见面时为我规划下的程序完成学业，可说是个及门而未出师的徒弟。他给我规定了三个学习阶段，每个阶段用两个学年。第一阶段学体质人类学，第二阶段学语言学，第三阶段才学文化人类学。其间还要自学一段考古学。这个规划看来是重复他自己的经验。体质、语言、社会及文化和考古是他自己的学术基础程序。在他留下的著作中可以看到他从这些学科的训练中所取得的知识，怎样纯熟地运用到他所从事的人类学研究中去的。

他1922年后在上海、广州和北京的时间，由于他不熟悉汉语，无法进行社会调查，但是他还是利用他在体质人类学的基础训练，在各地进行人体测量。1924—1925年间发表了三本有关华东、广东、华北的中国人体质研究的科学报告。他还应用他在体质方面的研究成果，为中国古代史上人口流动做出过富有启发性的推测（见《北方通古斯》中译本第228页附图）。这三本有关中国人的体质研究至今还是空谷足音，并无后继。

史氏在人类学方面主要的贡献是在通古斯人的研究。他所著有关通古斯人的社会组织和心态研究这两大巨册现已得到高度的声誉，成了举世公认的权威著作。从他有关通古斯人和满族的著作中，读者必然会体会到他在语言学方面的根底。他不仅能掌握当地民族的语言文字去接触和理解各族人民生活，而且用以分析各民族的社会组织和文化的发展。史氏不仅能纯熟地说通古斯各种语言，而且对语言本身进行深入研究，最后完成了《通古斯字典》，用俄语对译。我在从《人名字典》有关史氏简历所附著作简目中得知这本字典1944—1954年已在东京出版。我衷心地感到慰藉，史氏坎坷的一生，终于抵达了他向往的目标，从人类的体质、语言、社会和文化所进行的系统研究环节都做出了传世的成果。他没有辜负历史给他的使命，为开拓人类学做出了先行的榜样。

1935年暑假我刚学完他安排给我的第一阶段的课程，就是体质人类学后，我们就分手了。他当时因在清华已届五年，按校规可以由清华出资送他去欧洲休假。我当时即听他的嘱咐去广西大瑶山调查当地的瑶族。他还为我装备了全副人体测量仪器，并从德国订购了一套当时高质量的照相机，不用胶卷而用胶板。我用这照相机所拍摄的相片有一部分发表在《花蓝瑶社会组织》和《江村经济》两书里，颇受出版社的赏识。这应归功于这相机的质量而和我的手法无关。

我还应当记下，他特地为我和同行的新婚妻子各人定制一双长筒皮靴，坚实牢固，因为他知道西南山区有一种有如北方蝎子一般专门叮人下腿吸血的"蚂蟥"，穿上这种靴就可以防害。他用自己田野工作的经验，十分仔细地给我做好了准备工作。当时谁也没有料想到就是由于这双皮靴竟免了我受一生残废的折磨。因为我们在瑶山里出了事故。一个傍晚的黄昏时刻，我误踏了瑶人在竹林里布置下的捉野兽的机关。当我踏上机关时，安放在机关顶上的大石块一下压了下来，幸而我向前扑得快没有打着我的头，而打在我的腰腿和左脚上。我腰部神经当即麻痹，而左脚奇痛，原来左脚骨节被重石压错了位。如果没有这双坚实的皮靴挡一挡，我的左脚一定压烂，如果流了血和感染了，这左脚也必然完蛋了，甚至我的生命也可能就此结束了。后来我妻子独自出林求援溺水身亡，事过后瑶人劈林开路把我们一死一伤的两人抬送出瑶山。死者已矣，我经过半年的医治，才能拄杖行动，但左脚骨节错位，至今未复。我没有和妻子全归于尽，寻根应当归功于老师送给我这双皮靴。这是我毕生难忘的事。

至于我这位老师对我的教育方法，从简道来，就是着重培养我自己解决问题的能力。他从来不扶着我走，而只提出目标和创造各种条件让我自己去闯，在错路上拉我一把。他在体质人类学这一课程上从没有做过一次有系统的讲解。他给了我几本他自己的著作，就是我上面提到的关于中国人的人体研究。并用示范的方法教会了我怎样使用人体测量的仪器。随着就给我一本日本人所著的关于朝鲜人的人体测量的资料，完全是素材，就是关于一个个人的人体测量各项数字，一共有500多人。接着就要求我根据这些素材，像他所做过的分析那样，找出朝鲜人的人体类型。怎样找法就由我在他的著作中去捉摸。

他为我向生物学系借了一间实验室，实验室的门有两个钥匙，他一个，我一个。他就让我独自在实验室工作，但是任何时间他都可以自己开门进来看我在做些什么。我们在工作室里见面的机会并不太多。因为他这两年主要的工作，是在编写和刊印他的《通古斯人的心态》巨著。每天主要的时间是在他自己的书斋里埋头工作。可是每天傍晚总要和他夫人一起绕清华园散步一周。当他经过生物馆时，就可以用身边带着的钥匙开门进入我的工作室。我这时大多已回宿舍去了。他正好可以独自查阅我堆在桌上的统计纸，看到错误时就留下"重做"的批语。我一看到这字条，就明白一个星期的劳动又得重来了。

《朝鲜人的体质分析》交卷后，他就替我安排去驻清河的军队测量士兵的体质，每周两次，由驻军派马队来去接送。士兵测量结束后，在暑假里，他又替我接洽妥当到北平监狱，测量犯人的体质。分析这两份资料又费了我一个多学期的时间，独自埋头在这个工作室里打算盘和拉算尺。这又是他的主意。他只准我用这两种工具进行计数。我问他为什么不引进一些较先进而省时间的计算工具。他的答语一直记在我的心里。他说："你得准备在最艰难的条件下，还能继续你的研究工作。"

其实这又是他自己的经验总结。他在体质人类学上的贡献,就是靠这两种工具做出来的。他这句话却成了他对我一生的预嘱,只是我没有能像他一样不自丧志地坚持研究。在1957年之后我浪费了足足20年。我更觉对不住这位老师的是瑶山里所取得的资料,在李、闻事件中遗失在昆明。我没有及时地把这批资料分析出个结论来,以致悔恨至今。不幸的事还不止此。我的两篇关于朝鲜人和中国人的体质分析的毕业论文,也在抗战时期清华图书内迁时,被日机炸沉在长江里。到现在我在体质人类学上并没有留下任何可供后人参考的成果。史老师在我身上费的心计,竟至落了空。

我和史氏在1935年分手后没有再见的机会,他给我规定下的三个学习阶段,也没有按预计完成。我1936年直接到伦敦跟马氏学社会人类学了。到现在我才深刻地意识到这个跳越的阶段没有把语言学学到手,正是我一生学术研究中主要的缺陷。不听老人言,苦果自己受。

我跟史氏学习虽只两年,但受用却是越老越感到深刻。我在别处已经说过,如果要追究我近10年来城乡发展研究中所运用的类别、模式等概念,其来源应当追溯到我埋头在清华园生物楼里的两年。那时不是天天在找体型类型和模式么?至于我在民族学上提出的多元一体论更直接从史氏的Ethnos论里传来的。前人播下的种子,能否长出草木,能否开放花朵那是后人的事。我这一生没有做到,还有下一代。值得珍视的是这些种子,好好保留着,总有一天会桃李花满园的。让我把这种心情,写在这本《满族社会组织》的中译本的书后,传之后世。

1994年2月癸酉除夕于北京北太平庄

从史禄国老师学体质人类学[*]

一

回想起 60 年前的这个时间,我正在清华园生物楼二楼的实验室里,埋头在统计方格纸上"爬行",打算盘,拉计算尺,分析我手头的人体测量资料。这样的生活一共有两年,1933—1935 年跟史禄国教授学体质人类学。入学不久他给了我一本一位日本学者发表的朝鲜人的体质测量资料,和他所著的两本书,一本是 *Anthropology of Northern China*,1923(《华北体质人类学》),另一本是 *Anthropology of Eastern China and Kwangtung Province*,1925 (《华东及广东省体质人类学》),要我按他在这两本书里所用的方法对这份朝鲜人的资料进行分析。这项工作足足费了我一年时间。这是我踏进人类学领域的第一步。

当史老师接受我当他的研究生时为我规定了一个学习计划,包括三个步骤:体质人类学、语言学和社会人类学,每一步要花两年工夫。按这个计划我在 1933 年秋季起走第一步,学体质人类学,同时补上了一门动物解剖学,用的教本是 *History of Human Body* (《人体的历史》),作者姓名已不记得。

---

* 原刊于《北京大学学报》(哲学社会科学版) 1994 年第 5 期。——编者

对从单细胞生物发展到人类的过程中各种类的动物进行典型解剖,以实验观察去认识动物体质结构的发展。这门课程并设有包括人体的解剖。

在我一人独占的实验室里有两张堆满了零散的人骨和头颅的桌子,旁边站着一个人体骷髅的实物模型,显示在桌上那些散骨原来在人体骨骼中的位置。目的是要我对人体骨骼有个整体的概念,又有构成这整体的各个配件的具体认识。以上是史老师为我学体质人类学准备下的基础设备。

至于人类学是一门什么样的学科,为什么要从这些死人的骨头学起,这位老师并没有给我口头的或文字的答复。他是要我在实践中自己去体会。现在我觉得他这样的教育方法是高明的,如果要为人类学下个文字的定义并不难,因为人类学这个字本身已经说明了这学科研究的对象。Anthropology 就是 study of man——人的研究,但是要懂得什么是人,什么是学或研究那就不简单了。这门学科就是要用科学的实证方法去答复人是什么的问题。作为一门学科就牵涉到怎样学法,其中有立场、观点、方法等问题,这些都牵连到一定时代流行的哲学见地。做出口头或用文字来说明不是件易事,而且即使做出了概括的提示,对一个初学者也是无法理解的。

在这位老师看来,要解决这些问题只有通过实践才能有所体会。而且我想,因为各人研究的实践既然不可能完全一致,所以得到的体会也允许多种多样差异不齐,借此可以推进这门学科。这是一种务实的观点,尽管这种观点限于当前人类的文化水平还未能普及,但以我个人的体会来说,这是很高明的,因为在我的一生就受益匪浅。

我在《人不知而不愠——缅怀史禄国老师》一文中已经

提到过我学习体质人类学的成果，我在清华大学研究生院所写的论文，包括1934年的《朝鲜人的体质分析》和1935年的《中国人的体质分析》，以及1935—1936年在广西大瑶山（即今金秀瑶族自治县）所测量的人体资料，在我多难的经历中都已全部遗失，至今没有找到。这些成果的主要部分是用数字来表达的，依靠我日益老化的头脑已无法追忆。所以只能挂失，不去追究了。但是我很想在这两年多进行人体分析中得到的体会尚未全部消失之时，抓紧重温老师的原著，边读边忆，把还能保存在记忆的一部分摘要写下，使我得之于这位老师的教育能传达给对这些问题有兴趣的人。

这里所写下的是我从这位老师学来的，所以我用《从史禄国老师学体质人类学》为题目。在此也必须声明，这只是我个人的体会，和老师的本意必然有很多误差，所以不能说是"史禄国的体质人类学"，好在他的原著在各国大图书馆里都有所保存，如果有条件的话，可以核对纠正。

我还应当说明：体质人类学在史老师心目中只是人类学的一个部门，而且也是基础部门。他在人类学上杰出的贡献是在综合人类学各部门的知识，通过实地考察，研究西伯利亚及我国东北各省的通古斯人，包括满族在内。也可说在他研究通古斯人的成果中反映了人类学的全部内容，包括他为我制订学习计划中的体质、语言、社会、文化这些部分，而且还应当加上考古学和历史学。我在他的指导下只完成了第一期，两年的体质人类学，并没有机会直接跟他学人类学的其他部门。尽管我从这位老师只学习到体质人类学中的一点基础知识，我出了瑶山之后的60年中又没有再重修这部门的人类学，但是回头看来，他给我的基础训练一直影响了我一生的学术工作。

二

体质人类学的内容，同样很不容易简单地加以说明。人类的体质包括形态和生理两个方面。动物学里原有形态学（Morphology）和生理学（Physiology）两个部门。体质人类学按理论说也应当同时重视这两个方面。史老师的著作虽则主要是分析人体的形态，但在与我的谈话中和在他的上述两本著作的许多附注里，可以看到他对于人体生理上的差异也是十分注意的。他曾表示赞同英国体质人类学家 Keith 教授关于内分泌的差异对人体形态的影响。他曾多次和我讲过形态上某种体型的人容易发生某种疾病等等。这些都说明形态和生理的关系应当包括在体质人类学研究的课题里。但是以我当时的学习范围而言，则只限于人体形态的范围，即人体测量学，在英文中称 Anthropometry。有人就用这个名称来指体质人类学，似乎体质人类学就是人体测量学，这不是史老师的看法。人体测量学在我所学得的体质人类学里只是指取得体质人类学基本资料的技术，和处理资料时所用的统计方法。这当然可以认为是体质人类学的一项基本功，但不能概括体质人类学的全部领域。

史老师给我那本一位日本人类学者（姓名我已不记得）所发表的关于朝鲜人体质资料是作者对几百个朝鲜人的身体进行测量的记录。他没有根据这份资料进行统计，更没有提出任何结论和设想，这可以说是一份人体测量学的原始记录，可做进一步研究的基础。史老师要我利用这本资料按他的著作样本学习怎样进行分析，用来证实、补充或修正、反驳他自己在上引两书中所提出的结论和设想。同时也指引我通过实践进入体质人类学的堂奥。

体质测量是指对一个个活着的人的身体某些指定部分测定其长度或宽度，习惯上不包括死人骨骼的测量，那是另一门技术，通常是包括在考古学里的。对活人的体质测量，使用三种仪器，一种是量高度的滑动竖尺，还有两种是用来量宽度的横规尺和双脚规。使用竖尺时被测的人直立不动，然后从头顶量起，用滑动指标器向下按各个规定点测取高度，得到身高、头高、臂长、腿长等10项数据。横规尺和双脚规是用来测取人体的各项宽度，如头左右宽、前后宽、额宽、鼻宽等15项数据。从这些直接测得的绝对数据，计算出各项相对的9种指数，比如头形指数（头左右宽/头前后宽）、面形指数（颧宽/面长）和鼻形指数（鼻宽/鼻高）等。

测定各项目时须按体质测量学传统规定的取点为标准，也可以说是学术上的国际标准。体质测量学成为一门学科首先就是要学习这些标准。以头长来说是从额前的哪一点到脑后的哪一点，腿高是取在股骨的哪一点上等等。史老师为了要我能明白给我的那本体质资料中所列的各个项目的涵义，就用在实际操作中示范和模仿的方法传授我测取每个数据的技术，从哪一点到哪一点，点点都要摸准。我学到了点子，反复练习。

学习体质人类学首先是能掌握住人体测量的技术，也可说人体测量学。我在学习过程中并没有用教科书或讲义，全是通过老师面授的身教。不通过自己的操作，就不易入门，因为测量的对象是个活人，是会活动的人体，而要取得正确的数据必须保持对象的稳定状态。如果对象在测量过程中身体位置有些微变动，所取得的数据就不会正确。比如量身高后量尺向下移动准备测量其他高点时，若被测对象略有倾斜和变动，身高以下的数量立刻出现差数，完全作废。所以用竖尺量高度时上下各项数据必须在对象稳定状态中一气完成。那就要测量者和被测量者双方合作，测量者要准、快、稳，使被测量者能坚持稳定状态。史老师一再教导说，关键是在双方心理上的契合。测量者如果自己觉得没有把握，就是不稳，对方立刻就会感到紧张，随着就会移动，结果全成废品。所以测量者自身要有信心，动作利落正确，不晃动反复。这些临场经验，只有操作过的人才能理解，书本上是学不到的。

开始进行体质资料的分析时，首先要检查资料的可靠性，因为即使出于自己所测量的资料也可能出现种种误差。取点上、读标上、记录上（一般是测量者在进行测量时随时报数，由另一人记录）、转抄上都不能保证正确无误，所以必须对一个个数据进行检查。凡出现非常态的数量时，要挑出来研究，是否发生了误差。所谓非常态就是人体结构上差异有一定解剖上的限度，譬如发现有人头宽超过头长，头形指数超过100，那就超出了人类一般头形的限度。如果不是取量有误，一般也是出于病态，就得作为废品处理。我记得在我学习人体测量告一段落时，史老师给了我一叠样本，要我当他的面进行检查。把所有可能的误差都要找出来，不但要找出误差而且要说明这种误差可能发生的原因。经过了这样严格的训练后，他才在1934年暑假里替我安排在军营和监狱里进行实地人体测量。我在两处测量了一共有800多人，取得样本，足足又费了我一年的时间进行分析和写出论文。

三

人体测量学一般并不像那位日本学者那样只提供测量的原始样本，而要进一步做统计的分析。这项工作可以说已进入了统计学的范围。第一步是计算出平均数（average）、众数（mode）、中位数（median）、最高数和最低数的两者的差距以及其标准差（standard deviation）、变差系数（coefficient of variation）来综合表达所测量的人总体的体质情况。比如说我们测量了100个人的体质，他们的体高高矮有差别，于是得把这100个人的体高加在一起再除100就得出了一个平均数。进一步把这100人按体高的差别排列，最高和最低之间每个尺度相同的人数量不同，在统计方格纸上就出现一条分布曲线。按遗传学的原则来说，同一种类的个体，他们之间所发生的差别有一定的分布状态，就是两头少中间多的正态曲线。如果所分析的样本在各个项目上分布的状态并不出现正态曲线，就表明组成这样本的人们中存在着体质不同的类型，是个混杂的样本。

可用史老师在《华北体质人类学》里的成果做个例子：他所测量不同籍贯（山东、河北、东北）的394个中国人的体高平均数166公分，最高187公分，最低150公分，标准差（δ）6.1，变差系数（V）3.67。这些统计数字就表示了这是一个混杂的样本，因为最高和最低相差了37公分，超过了同一类型常态的差额，这也反映在标准差和变差系数的过高上（《华北体质人类学》14页）。

对一个混杂的样本就应当进一步把混杂的种类找出来，还要计算出各个种类多少的相对比数。这就引导我进入了史老师体质人类学中重要的贡献，就是他通过统计方法找出东亚的人类体质类型的成果。寻找类型的统计方法讲起来比较复杂，而且我已多年没有操作这个方法，要用文字来说明，实在有困难。但是我还能大略记得关于人类体质类型这个概念，和从混杂样本中用比较方法来寻找类型的过程。在这方面可以把我还记得的说一说。

日常我们都是用体形面貌来辨别他人。同时，我们普通也注意到一个地方的人在体形面貌上有相似之处，而且有一种印象认为某个地方的人具有某些体形面貌的特点。我们普通的印象是把体形高矮，面部宽狭，鼻子突出平扁与否，耳朵的大小等一眼就可以看到的体质特点综合在一起而形成的。体质人类学就是用人体测量的数据把我们上述的普通印象加以确切的表达。在统计学上说是结合不同的相关系数来确定不同类型。比如先把身高和头形的相关系数算出来，从系数的正负和多少上就可以看到在这个样本里存在着不同程度的身高头圆、身高头高、身矮头圆、身矮头长等不同类型。然后再以体高和头形分别和其他变量如鼻形、面形、臂长、腿长等的相关系数计算出来，看这个样本中的一个个人的各项变量是怎样搭配的。

如果我们根据测量样本，把各项变量之间的相关系数都算出来，就会看到某些项目的某种搭配占多数，也就可以找到实际存在的人体类型了。这种方法可以举例来说，我们可以把身高和头形指数作为纵横两个坐标，然后按每个人的体高和头形指数在统计方格纸上找到他的坐标点。把全部样本的每个人都画在方格纸上时就会出现稀密不同的分布情况。比如在体高圆头的区域（右上角）内出现密集的分布情形，就是说在这个样本中这种类型的人特别多。密集区域的纵横坐标也就表明了这种类型的变异差度。有意思的是再以体高和其他测量项目，比如鼻形指数做上述的分析，那些体高阔鼻的人又可能密集在一起，而且可以发现体高阔鼻的人就是圆头的人。这表明了在人类中在体质上客观存在着这种体高圆头阔鼻的类型。用这个方法得来的体质类型是存在于实际事物中的类型，并不是人们意想的虚构类型。

史老师在1912—1918年在西伯利亚、蒙古和华北，1923—1924年又在上海、香港和广州，实地测量中国人（汉族）1211，满人81，朝鲜人142，达斡尔人49，通古斯人193，进行分析找出了五种不同的常见类型。在这里我可以把这五种类型特点做简略介绍。❶

A型　体高175（较高身材），头形指数75（长头），鼻形指数100（宽鼻）和额形指数80（宽额），还可以加上较高的颚形指数（宽颚），鼻直见凹，较长的上腿，长腿、长脸（颧宽/面长为90），小耳。此外还可以加一些直接可以观察的特点，肤色似比其他类型（除了E型）较深。头顶如卵形，不是五角形。枕骨稍大但很少突出。发直、厚、黑。无须和身上毫毛不发达，口较大，上颚常突出。行动匀称、迅速但平静。肌肉发达，略有肥胖倾向但不显著。另外有一种可说是A型的变种，可称A_1型，鼻型指数比A型稍高，可能由于气候起的变化。

B型　体高162，头形指数84。由于这个类型来源很古，长期和其他类型接触中混杂较深，所以在不同地区的体高和头形指数有了较大的差异，体高平均差度在159—162之间，头

---

❶ 详见《华东及广东省体质人类学》，第115—121页。

形指数平均差度在 84—90 之间。鼻形指数（鼻宽/鼻长）很高，平均差度甚至超过 100，额形指数（额高/额宽）82（阔额），虽则圆头和阔颧，但面形指数（颧宽/面长）适中，直鼻带凹是常见的。上腿适中，但腿短。耳大但没有垂肉。直接可见的特点大致上是肤色较 A 型白。头颅可能是五角形式，脑后骨发达。发黑带有棕色，甚至褐色。须发较 A 型发达。鼻型特见宽扁，甚至看不见鼻根，鼻孔敞开，可见鼻壁。口小，离鼻近，上颚常突出。两眼距离较大，又因为鼻根下塌，更见两眼距离大。"蒙古型"眼发达，有时两眼内陷，被称作"猫眼"（这特别是日本妇女的特点），动作缓慢，倾向于肥胖，肌肉系统良好。

Γ 型　身材矮小（155），长头（75）狭鼻（75）狭额（60），面形指数也低，狭脸，小下巴，两颧距大，头型大而高，腿臂长，鼻直，耳小有垂肉。肤色特白。发呈棕色有深有浅，没有黑色的。眼珠颜色不固定，有时浅棕色和灰色。头颅是五角形，脑后骨发达但不突出。头型高大，鼻扁，两眼距离大，在一条直线上，眼睑很近，但"蒙古型"眼不是这体型的特点。上下颚都不突出。不易肥胖，肌骨相当发达。行动迅速，如果需要能够坚持耐久。

△型　体高 169，头形指数 85 及以上（圆头），鼻形指数 75，较狭长，面形指数 60，颧骨突出。下颚宽大，臂长，钩鼻，耳圆而小，垂肉发达。肤色较 Γ 型为黑，比 A 型及 B 型的色调浅淡些，两颊带红，A 型所无。发直粗黑。须少，有时呈棕色。身上毫毛少，"蒙古型"眼是其特点。下颚不突出。脑后骨特见平扁。易肥胖，肌肉发达。动作稳健，不像 Γ 型那样见得轻浮，那是出于它体格沉重。面貌给人以自信很强的

印象，但异于骄慢，这个体型近似常见的如来佛塑像。

E型　由于资料不足未能定型，只能指出一些初步见到的特点：肤色浅黑，长头，体矮，腿长，鼻阔，眼圆，发有时卷曲，头颅可能呈五角形。这些特点使人觉得应当和上述诸型予以区别。由于还有些黑种人的特点，所以问题比较复杂。但这些黑种人的特点并未构成E型的主要因素，它可能出于与B型和△型的交杂。

以上五种依史老师的分析是中国人中的主要体质类型。此外还有一些不常见的类型，这里不多介绍了。

四

如果从包括以上五种类型的混合样本进行分析，得出以上这些类型固然并不是不可能的，但是比较困难和费事。我在1934年所分析的朝鲜人体质资料就是一个混合样本。由于有史老师已找到类型做参照系，分析时就比较省事，而且朝鲜人的体质也没有中国人那样混杂，B型占主要地位，所以在统计方格表上容易见到这种类型突出地团聚在一起。

史老师在分析华北中国人体质时，并不是以全部资料作为一个样本入手的。他按被测量者的籍贯分成各个地区组，有山东、直隶（河北）、满洲（东北三省）三组，另外他掌握了过去研究的成果，满人和朝鲜人一共五个组。然后应用比较方法来进行分析。后来他在华东（江苏、浙江、安徽）和广东进行人体测量，又增加了四组。另外还对囚犯及学生的体质分组测量，和普通人的资料比较。各组的比较研究结果不仅看出了各地区人口中包含的人体类型在数量上不同，而且各社会层次所包含的类型也有差异。这些比较研究使体质研究的统计结果反映出形成各地区人口的体质类型相对比重和分布状态，可以推测过去人口移动的线索，进一步提供了许多研究民族史的重要的资料。各社会特殊阶层所表现的体质类型上的差异也提出了社会分化在体质上的选择作用，这是一个值得追究但还不受注意的人类社会深层次的问题。

史老师在体质人类学上运用的比较方法，我认为是一项重大的贡献，但是他去世过早，而且工作条件越来越不利，对于社会分化的体质选择问题，依我所知，并没有深入下去。但他从不同体质类型在地域上的分布，结合了他在人类学其他方面的知识，对东亚民族在历史上的变动过程做出了宏观的设想，为我们当前民族史的研究提供了重要的启示。我在下面扼要地介绍一下史老师研究的成果。

首先介绍中国各地区的人体类型并附周围若干民族的人体类型为参考如下表：

地区	基本类型	次要类型	偶见类型
中国人			
江苏	B △	—	Γ A
安徽	△ B	Γ	A
浙江	B	A_1	△ E（?）
广东	EB	A_1	△（?）
山东	A	Γ B	△
直隶（河北）	A	△ B	Γ
东北	B △	A	Γ
满人	Γ △	B	—

续表

地区	基本类型	次要类型	偶见类型
朝鲜人	B	Γ △	A（?）
通古斯、蒙古	△ Γ	—	—
通古斯	Γ	△	B（?）

从上表中可以看到没有任何一个地区的人口是由单一的人体类型所形成的。同时也看到没有一种类型存在于所列的所有地区。这就是说，每一个类型都有它主要的分布地区，同时也可以或多或少地混杂在其他地区里。我们可以依不同的类型逐一地看看它们分布的地区。

A 型集中于山东和直隶（河北），也就是华北各省，少数进入东北各省，偶见于江苏和浙江，它的变种 A_1 散居于浙江和广东。

B 型在地理上分布较广，是华东和朝鲜（甚至可能日本）的主要类型，少数进入东北和广东。北通古斯人中也可以见到。据史老师的印象，这个类型也分布于沿长江各省，但是在中国西部及西北诸省，特别是中亚细亚，极为罕见。

Γ 型分布在西伯利亚和中国北部，是通古斯及满人的主要类型。越向南越少，犹见于山东和朝鲜，华北和东北少见。这种类型的分布南方到江苏、安徽为止。

△ 型和 Γ 型的分布相接近，似乎有一定的关系。△ 型在华东较 Γ 型为多，是江苏、安徽和 B 型同属基本类型，但在浙江则成了偶见类型，广东就见不到△型了。它是满人中的基本类型，在东北汉人中也是常见的。按史老师的印象在日本和朝鲜很不易见到△型。它的中心似在华北之西北。华中的湖北

还有这个类型，但是河南却以 A 型为主。

E 型，关于这个类型的资料较少，分布情况也不完全，已经看到的它是广东的基本类型，在浙江可能见到一些。

五

上面这个表，也就是一幅各种体型在中国和其一部分周围地区的分布图，可以得到许多方面的启示。对多年从事通古斯研究的史老师来说，他可能最先注意到在通古斯人中基本类型的 Γ 型体型。后来在中国见到 Γ 型在满人中也是基本类型，那是可以料到的，因为满人和通古斯人属于同一系统。但使他注意的是在安徽和山东的中国人，甚至朝鲜人中 Γ 型却居于次要地位，而且在河北、东北还可看见 Γ 型的存在。这种情况看来是符合于他早年提出的通古斯人的起源于中原的设想。

史老师在西伯利亚研究通古斯人时已经提出，现在大多数分布在西伯利亚和黑龙江附近的通古斯人是早年从南方来的移民的后裔。大约在公元前 3000 年前，通古斯人的祖先曾生活在黄河和长江的中游和下游地带。大约在公元前 1000 年受到西来的民族压力，和在其东的沿海居民的抵制，大部分取道中国东北地区，向北移动，进入贝加尔湖地区和其东的广大西伯利亚地区。后来分为南北两部，生活在中国东北地区的称南方通古斯人，即后来满族的核心，居住北部的称北方通古斯人，分布极广，但语言上还是基本上一致的。

当史老师记下他发生这通古斯南来说的根据时说："通古

斯人的服装是不适宜西伯利亚气候的。著名的通古斯的敞口外衣，不像其他古亚细亚民族服装那样能够御寒。直到最近所有通古斯人不论男女都穿着一种遮盖胸下部和腹部的兜肚。这种兜肚今天仍为汉族，特别是华南儿童以及有些成人所穿用，有时孩子们赤身露体，只戴一个兜肚。可是这种兜肚在西伯利亚的气候条件下是不足以保护身体的。平膝的短裤加上护膝也是华北汉人所熟悉的。鹿皮制的靴子是典型的极地靴鞋，这是说通古斯人固有衣着不足以防寒时补充的。通古斯人对西伯利亚环境适应的结果，采用了或者发明了眼罩。这种眼罩对于不习惯春天的日光受白雪强烈的反射的人是绝对必要的……"

"另一个北方通古斯起源于南方的有趣的证据是如亨廷顿所指出的，他们的心理上的不稳定性和神经上、心理上易遭疾患的倾向（这种倾向是从远途迁移进入完全不同的环境的结果）。应当注意的是，无论北方，还是南方通古斯人都不熟悉海洋，海洋对他们没有吸引力，他们似乎只习惯于河流的典型大陆民族。事实上，没有一个通古斯集团是远东的真正海员……"❶

史老师为通古斯人寻找他们早年的故乡时说："有足够广阔的地域，可以形成一个民族单位惟一的温暖地区是华北和华中的低地和高原所形成的谷地，即黄河和长江中游和部分下游地区。"他接着说："通古斯人在某个时代，被迫离开他们的地域，他们没有从海道去朝鲜和日本，而是不得不经过由某个或某些异民族集团居住的蒙古高原和海岸之间狭窄的通道迁移。引起这次大变动的是汉人。众所周知，他们从中国的西北部向

---

❶《北方通古斯社会组织》中译本，第222页。

黄河河谷地带扩展,在那里他们发现了生活在石器时代状态的若干原住民集团。毫无疑问,在这些原住民中,也有某些原通古斯集团……所有这些早期各集团汉化的过程经过了一个漫长的时间。其中某些集团,仍保持了他们的不同于汉族的特点,在某些历史时期继续迁移。原通古斯人的残留者和古亚细亚民族混杂了,最终被汉人所同化。某些通古斯集团在周朝末期移向南方,在那里加入到处于独立状态的当地原住民中。"

史老师接着联系了体质人类学研究成果说:"这个假说可以解释人类学上的伽玛型(即Γ型)的混合问题。伽玛型是北方通古斯人最普通的类型,在华北和华东的汉人中也可以看到这种类型。这种类型在北方通古斯人中似乎是主要的,其影响与北方通古斯地域的距离的增加成反比例的减少。"❶

通古斯人向北迁移依史老师的推测可能发生在公元前3000年或者更早些。从他在《北方通古斯社会组织》所附"早期民族集团地理分布示意图"中大体上可以见到在公元前3000年时在中国的中原地区居住的是原通古斯人,其西是汉人(译本"汉人",原著是Chinese),其东沿海以及北亚广阔地区是古亚细亚人。在中原以北和古亚细亚人之南中间是突厥和蒙古部落。公元1000年前,通古斯人退出中原,向北迁移,汉人不仅占有中原,而且压迫古亚细亚人退居海湾。公元1000年间汉族进一步扩张,只留长江以南沿海地区为原住民居地,古亚细亚人只保留了朝鲜半岛(《北方通古斯社会组织》中译本,第144—145页中间插图)。这张图上所表明的基本历史情况,可以说大体上和中国古代史的记载是符合的。

---

❶ 《北方通古斯社会组织》,第222—224页。

联系了上面所述人体类型分布来说,这里的所谓"汉人"基本上就是 A 型,古亚细亚人基本上就是 B 型,突厥、蒙古人基本上是 △ 型,通古斯人是 Γ 型,南方当地居民一部分是 E 型。

人类的文化是人们适应其环境的手段,是人们历史积累的创制,所以是不断更新,不断变革的。当然其更新和变革也有它本身的规律,这是考古学和民族学研究的对象。但是人的生物基础,他的躯体和生理机制都受着生物规律的支配,这规律是生物学特别是遗传学的研究对象。人的生物基础比较上是稳定的,变化较小。但也必须看到由于人口不断移动,他们所处的地理环境可以有不断的变动,通过自然选择作用,一个人群的体质也会在世代继替中发生变动,使同出于一个来源的后代,体质上可发生不同的特点,例如上文中指出的 A 型和 A_1 型,可能是从同一的原型中分化出来的。人类经济的发展,人体生长和维持所需营养的丰富或更新,也是人们世代体质变异的一个因素。但总的说来,体质的稳定性远较文化为牢固,因之我们可以看到经过几千年的时间,在东亚大陆上还存在着许多比较固定的体质类型,而且在一定程度上,一定人群中还保存一定的基本类型。

在人类文化发展到现代之前,人类基本上是过着小群体的聚居生活,在小范围里通婚,安土重迁,形成较强的地方性,因而一地区人口的基本体质类型得以长久保持,直到如今。如史老师根据人体测量的材料的客观事实来看,中国以及其周围的居民,一方面显得十分混杂,一方面各地还有其基本的体质类型。同时由于历史上曾发生过多次人口大迁移,形成了现有人体各种类型的分布图形。史老师用体质资料勾画出一个东亚人类过去6000年中在地域上的流动过程的梗概，这是生物科学和人文科学结合的一大贡献。

史老师在进行中国人体质分析时，我国国内对境内各民族情况的科学研究尚未开始。我们的史学还处于整理考证古代典籍的阶段，上古史还没有和考古学结合，因之，他并不能利用已有的民族和历史的资料来论证从体质人类学上取得的结果。这还表现在他在"示意图"上所标明有关的居民的名称，如"汉族""南方原住民""突厥蒙古人部落""通古斯人""古亚细亚民族""阿伊努人"等，不仅不是一个层次上的名称，而且也太概括和笼统，这是他所处的时代的限制。

六

当我重温史老师的通古斯人的起源的设想时，我就联系起我近几年来对中华民族形成过程的思考，觉得有些地方应加以补充和修正。第一点应当先说明的，史老师原文中用英文Chinese泛指中国人。解放后，我们已把民族和国家分成两个概念，中国是一个多民族的国家，在中国人中包括了许多民族，因此中国人不等于是汉族。这本书的译者当然碰到个难题，把Chinese译成中国人，用在古代历史上似乎不合适，所以译成了"汉族"。顾了一头，另一头又出了问题，能不能把在周代之前居住在西北地区的人称作"汉族"呢？严格地讲是不能认为妥当的，因为汉族这个族名似乎应当在秦汉统一国家之后才开始，在以前应当怎样指称是个可以讨论的问题。

依我在《中华民族的多元一体格局》里把中华民族来包

括现在我国境内的各民族,汉族只是其中之一。汉族有一个形成和发展的过程。在英文文法里可以在汉族之前加一个前字和原字等等来说明它是汉族的前身,但在汉文里这还不习惯,如前汉族、先汉族、古汉族之类,似乎都不太合适。

这还是一个应加以考虑的翻译上或族名上的问题,在史老师用 Chinese 来指公元前 3000 年前局限于黄河上游一带的居民,他的实在的用意是在说,那时黄河和长江中游平原上居住的是通古斯人的先人,称原通古斯人。这就等于说在周代之前在中原居住的夏、商两代的人(公元前 21 世纪—公元前 11 世纪)都是通古斯人的祖先了,基本上是 Γ 型的人。这是一个还没有其他人提到过的设想。问题是在究竟夏和商两代在中原居住的是属于哪种民族成分,如果说还不能称民族,他们是什么民族的先人。不是没有可能夏、商时代的中原居民后来大部分是和先后进入中原的人同化而成了汉族的先人,而同时有一部分迁移北上,成了后来的通古斯人,而且其中一部分又以女真和满族等名称回到中原来。这至少是一个十分引人发生兴趣的设想。

这种设想是从把周人和夏商两代的人分为两种或多种不同的人为出发点的。如果夏商的人和周人不同而又和其东的沿海居民不同,那只有把他们作为当时的"中原人"来处理,也就和史老师的设想接近了,但是这种看法在我已有的历史知识里是没有过的,我也是第一次听到。是否符合史实,似乎犹待研究。

至于史老师所说的"古亚细亚人",在通古斯人居住在现在中国的中原时,定居在山东和东北一带。在我们的历史上至少这种人中的一部分被称为"夷"。对山东一带春秋时代的居民，我在《寻根絮语》里曾有过一些推敲。以我现有的知识说，周人从西部进入中原，大约在公元前11世纪，取代了商人的统治之后，接着向东方推进，征服了山东西部后建立齐、鲁两个王国。被征服的当地居民和西方来的征服者不是同一民族，他们在商代就被称为夷人。再往前推，有不少事实透露这些被称为夷的人和中原建立夏和商王朝的人是有联系的。夏、商两代在文化上都接受过山东的龙山文化，可以说是东夷的文化，也是当时比较发达的文化。吸收了东夷文化发展了的夏、商文化，后来为周所继承。

值得提到的是这些公元前的东夷在史老师的设想中是以B型为主体的古亚细亚人。这种人不仅在古代居住在我国的沿海，而且是善于航海的人，所以不断移居朝鲜半岛，而在地理上是个除了海路不易和大陆往来的半岛，易于保持古代的居民的地方。而就在朝鲜，史老师看到这也是个以B型为主的地区。这是东亚古代人口迁移论的一个重要论证。我回想起60年前从史老师初学体质人类学时，他要我分析一位日本人类学者所测量朝鲜人的体质资料，现在才明白他的用意是要用来论证他对东亚历史上人口移动的设想。我现在还记得的，曾费了整整一个学年分析的结果是符合史老师的结论的，就是朝鲜人体质主体类型是B型。可惜我的论文已经被炸沉在长江底下，具体数字的根据我已无法追忆了。

史老师在结束华北的体质调查时，曾留着Γ型是否散布到华东和华南的问题，采取保留的态度，要等待华东和华南的人体资料来做出结论。后来他自己测量了华东和广东的人体，得到了在安徽还有一部分Γ型的人，在江苏也见到一些。史老师把江苏和安徽地区人体类型的复杂化的原因归之于历史上的几次大移民。他特别提到太平天国曾在这地区进行过战争,原来居民死亡颇多,后来是从湖北和河南来的移民填补了空隙,其中可能有△型和 Γ 型。在西南山区的少数民族许多是从中原地区在相当早的时期移入的。如果原通古斯人曾在中国中原居住过,而且有一部分留下混杂在当地居民中,他们有可能有部分后来向南移入山区,多少保留了他们原来的体质类型。

说到这里我不能不又想起了我在广西大瑶山的调查工作了。我在进入花蓝瑶山区前,在山脚的象县沿街抽丁测量了116人,他们属于哪个民族我没有记录。在入山前我统计了一下,他们的平均体高是162.88公分,变量指数5.00,平均头形指数是79.54,变量指数3.67。我在发回北平的通信中说:"低体长头和高体长头极众。"现在看来变量指数也反映了这个结论。过了10天我又在附近的百丈乡测量了29人,平均体高163.50,平均头形指数81.19,基本上和在象县街上所得的结果相近,体略高,头略圆。低体(155)长头(75)是 Γ 的特点。高体长头是 A 型,但 A 型体高平均是175。超过170体高的人在瑶山附近是少见的,平均162,也说明这些人中不太可能有很多 A 型,所以最可能是 Γ 型的人占了较高的比例。可惜这次调查的材料已经全部遗失,不能做出科学的结论,只能留这个线索给后人去证实或否定了。

在这里还可以提到我在1985年所写的《潘光旦先生关于畲族历史问题的设想》。在这篇文章中写下了我回忆起潘光旦先生把苗、瑶、畲的起源和春秋战国时代的东夷中的"徐人"挂钩的设想。去年我写《寻根絮语》时翻阅了《尚书》的《费誓》,才发现当时曾说"东夷中靠西南的一支的族名就是徐",有失误。当时和周作战的是"淮夷徐戎",徐称戎而淮称夷,可能当时是有民族上的区别。戎字是当时用来称西部民族的,而这里却把徐称作戎,值得注意。至少可以说它和"夷"有别。这次战争是徐戎和淮夷联合反抗周朝的入侵,而《费誓》中先说"徂兹淮夷徐戎并兴",接着说"我惟征徐戎"。注中说前句是指往事,后者是"今所攻独徐戎"。可见当时山东南部有两种当地原有的居民,夷和戎。联系到史老师的设想来思考,这两种当地居民可能都属于"古亚细亚人",也可能因为在周人看来徐戎那一种有些类似西部的人和东夷不同,而用戎称来加以区别。这就有可能是史老师所说的原通古斯人中没有随大众北迁而遗留在中原边缘的部分。特别引起我注意的,我在广西大瑶山地区所测量的体质资料中可能出现了Γ型。如果不是巧合,又给苗、瑶、畲的一支民族队伍一个来源的线索,补充了潘先生的设想,不妨在此记下这一笔,以待后证。

七

最后我还要交代一下。为了出版社邀我编一本有关人类学的论文集,我勉强从命,但是考虑到如果缺少有关体质人类学的文章,并不能反映我在人类学这门学科中所走过的全部道路。所以我才借来了史老师的两本有关体质人类学的著作,一面重读,一面回忆1933—1935年间我在清华园和瑶山里从事学习体质人类学的经过。

我所回忆的都是60年以前的事了。在这60年里我确已把体质人类学束之高阁,没有重理过。瑶山的伤痛也许是一种心理的原因，而且我在清华研究生院的论文原由清华图书馆保存，抗日期间学校南迁时，被敌机炸沉江底。我在瑶山所得到的人体测量资料，带出国，又带回来，找不到分析的时间和条件，在昆明封存了7年。最后因李、闻事件的发生，我携眷仓促离滇，留存在昆明的东西，包括这份资料，全部遗失。于是我和体质人类学也就不得不忍心告别了，一下就是半个多世纪。想不到我在这晚年还能写这篇文章，可算是一种意外的补偿。

我自己问自己这三年花在体质人类学上的青春岁月真的和我告别60年了么？我仔细想来，觉得并没有。早年留下的学术基础还是一直不自觉地深刻埋藏在我的思想深处。

解放后，1950年我转入民族工作，也参加过中央访问团到少数民族地区调查过。但是当时一般对体质人类学缺乏正确理解，颇为忌讳，测量人体认为会引起种种误解，所以一直没有能包括在民族调查的范围里。1957年我受到了政治上的打击，学术工作也停止了一段时间。直到1980年我才有条件重新恢复研究工作，主要是在农村和小城镇里进行调查，已顾不上荒疏已久的体质人类学了，但民族研究还是我工作的一部分。

为了提倡"宏观的民族史研究"，1988年我利用在烟台暑休的条件，写成了《中华民族的多元一体格局》一文。在写那篇文章时手边并没有任何可以用作参考的书籍，史老师在他的著作中已勾画出早期中国民族流动的示意图，也早已遗失在记忆之外。直到最近我重温这几本书时，才恍然大悟，我那篇文章的思路在60年前早已由史老师灌输入我的脑中，不料经过了多少坎坷的年头才重新在我笔下出现。

严格说，史老师并没有教我社会人类学，这是在原定计划中的第三期课程。我在他门下只学了第一期课程，即体质人类学。但是事实上我跟史老师日常的接触，并旁听他在清华所讲的人类学课程，以及阅读他的著作，我对他的社会文化和民族的基本概念是有所领会的，尽管不够系统和深入。但是史老师的教育方法，如我在上面已说的，就在让学生本人自己去闯，自己去解决问题。我在他身上熏得一点气味，看出一些苗头，就在瑶山里和我当时的妻子一起靠我们自己闯过一阵，结果她固然不幸失去了生命，但是我还是把两人的初步收获整理出了一本《花蓝瑶社会组织》。

我写完了这本书，1936年暑期回到我家乡江村去休养。在江村，我进行一段农村调查。所以江村的调查实际上是花蓝瑶调查的继续。我在江村所得的资料后来在伦敦LSE接受马林诺斯基老师的指导，写出了《江村经济》一书。如果把《江村经济》和《花蓝瑶社会组织》比较着看，就不难看出根本的格调是完全一致的。所以在伦敦时有朋友好奇地问过我，"你怎么没有进LSE，已经是功能派的内行了？"这是没有什么不好理解的，因为我曾经是史禄国的学生。

如果硬是要问我这一生在社区研究上有什么"得力武器"，我想到的也许就是从史老师那里学来的"类型比较法"。社区研究里的"类型比较法"，就是在一个社区的社会结构里抓住某些相关项目，按着特具的搭配方式，综合成一个类型。然后再和不同社区里见到的不同类型进行比较，揭示出它相似和相差的由来和所引起的不同后果。这个"类型比较法"不就是史老师在分析他的体质资料时应用的方法？不也就是我在60年前整天伏在统计方格纸上爬行所做的事么？当我自己发现这种联系时，我有点吃惊，早年的基本训练影响一个人的思想竟如此之深，甚至在应用时完全没有自觉地这样做了。这其实也是不足为奇的。我们幼年养成的许多习惯岂不一直无意识地支配着我们的行为直到老？

从80年代到如今又有15年了。这15年里我继续进行城乡发展研究，指导我研究的方法看来还是这个"类型比较法"，只是名称上有了改变，类型改成了"模式"，实际是一回事。而且我还正在企图从分析模式出发，逐步由点到面地从经济方面画出一个具有中国特点的社会主义市场经济的宏观格局。细节不必在这里多说，我只要强调一点，史老师所教给我的体质人类学是我的学术基础，受用了一生。看来，不论从哪一个门进入学术堂奥，一旦进得去就会感觉到路路相通，并不是一个迷宫。问题在于要能登堂入室，这一点在我个人来说，不能不感激史禄国老师为我开的门。

1994年4月28日于北京北太平庄

从马林诺斯基老师学习文化论的体会[*]

一

北京大学社会学人类学研究所开设文化人类学高级研讨班,要我讲一次关于马林诺斯基的文化论。给我出这个题目依我推测可能有下列几个原因:首先我是这个研究所的学术指导,应当为这个研讨班发次言。其次是我曾经在 1936 年到 1938 年在伦敦大学的 LSE 跟马林诺斯基学习过两年,在他手上得到我的社会人类学学位,似乎应当知道一点马老师关于文化的见解,可以把这些知识传给下一代。第三是我曾翻译过马林诺斯基著的《文化论》一书,1940 年由商务印书馆在重庆出版。为了照顾我年老事杂,以为既有这个底本,讲解时应当说可以省力些。我当时也接受了这个讲题,但是在准备讲稿时却觉得笔涩难下,所以在开讲之前,我得就以上三点做一些说明。

事实上我确是担负着北大这个研究所学术指导的责任,因为这个所的成立是出于我的建议,而且这 10 年来我是一直尽力之所及支持这个研究所的工作。在该所的学术方向、方法和研究课题上,我都出过主意。如果要说我是学术指导,我的

---

[*] 本文原刊于《北京大学学报》(哲学社会科学版) 1995 年第 6 期。——编者

指导原则只有"开放"两字，决不用我的所好去左右这个研究所同人们自己决定的意向和志愿，我只用自己的研究方法和研究成果做他们的参考榜样。固然不能说我的榜样对他们不起作用，但起什么作用和有多大作用是由他们自己决定和负责的。我并不希望这个所的研究工作人人都一模一样地制造出一个牌子的产品。学术是文化事业，和一般生产商品的企业有根本的区别。它必须建立在个人主动的追求和探索上，因之不应树立定型的思路，而应当采取开放的立场，鼓励研究者的创造精神，以达到百花齐放的局面。不同的见解应当尽量在平等的条件下百家争鸣，我还是相信双百方针是促进学术发展的基本道路。

我这点认识不仅适用于这个研究所，也适用于我自己的研究工作。这就是说，我虽则的确从马林诺斯基这位老师学到了许多东西，并贯彻在我自己的研究方法和研究成果之中，但我绝不敢说对他这个榜样已经有充分的认识，和我对他的认识完全符合这个榜样的实际。因之我没有资格去讲"马林诺斯基的文化论"，至多只能讲一点我对这位老师的文化论有什么体会。我的体会是我个人所具的思想内容，并不是我老师理论的再版，其中必然包含和原样不同的甚至相反的东西。

我决不敢说我是个所师从过的老师们的好门生。我在清华大学里师从过史禄国老师，他对我爱护备至，但是他对我在伦敦出版的《江村经济》据说曾对人表示过不大满意。我感激和领会他关心我的深情，我的确没有达到他对我的期望。马老师死得太早，没有看到我在抗战期间以及最近十几年的研究成果。我想如果他地下有知也会和史老师一样对这些作品摇头的。学术也许就是在一代代的摇头里茁长的。

要讲马老师的"文化论"特别不容易，因为他的写作习惯我是明白的，他对自己的每一本书稿总是要经过反复修改后才送出去出版。我多次进入过他的写作现场，看到满桌甚至遍地堆满了正在进行修改的稿本。他对社会人类学的基本理论的框架和要点，早已成竹在胸，要是没有掌握成熟的理论，那就等于手上没有了研究的工具，也就不可能有像他那样做出过这样丰富和卓越的学术成果了。但这些他所熟练的研究工具，也就是他的理论，却一直在他的作坊里磨练，一遍遍地修改、提高，在他在世之日还没有完成达到能送出去刊印发行的工序。

也许马老师没有预料到老天给他的寿命会这样吝啬，只有58个年头（1884—1942）。从1914年他开始在西太平洋的一个小岛实地调查算起，到他在美国去世为止，他的学术生命一共只有28年。当他被心脏病夺去他的生命时，他的书房里还留下了一本本没有定稿的遗著。其中就有陆续由后人整理出版的《文化的科学理论》（1944）、《文化变动的机制》（1945）、《自由和文明》（1947）等理论性的著作。这就表明他对发表社会人类学理论性的著作是十分慎重的。那些说他不重视理论，甚至说他没有理论的批评实在是盲目无知。而且他又善于用不同方式来发表他的理论观点。最有系统和战斗性的那篇早在1926年收在《不列颠百科全书》（13版的补充本）里供查阅的《人类学》的条文，洋洋大文长达9页，被誉为功能学派奠基的理论宣言。此外，他常喜欢在自己和学生们出版的实地调查专著之前写长篇序言，用以表达他在每个时期的理论见解。

也许有人会发问，马老师既然在世之时没有出版过有关文化理论的专著，我所翻译的那本以他为原作者的《文化论》从何而来的呢？这里确有一段文字因缘。我在这本书的译序中已有交代，说明这是1936年年底马老师在伦敦宴别吴文藻老师时亲手赠送的一本尚未出版过的打印文稿。当时得到马老师的同意可以翻译成中文先在中国出版。1937年暑假我到德国探望家兄费青并一起去巴登湖度假，我就利用旅游的暇刻开始翻译，随译随寄，供当时燕京大学社会学系老同学编辑的天津《益世报》每周一次的《社会研究》副刊发表。我译到该稿的20节时，接到国内来信，告知抗战开始，该刊停版，我就搁笔。后来知道该刊仅发表到第16节。1938年吴文藻老师由北平撤退后方，我也由英返国，在昆明会面。得悉《文化论》未译的4节已由燕京同学补译完毕，因而决定交商务印书馆在重庆出版，列为《社会学丛刊》甲集之首。事隔近半个世纪，1987年中国民间文艺出版社予以重版，仅出6500册，流传有限，但这却是马老师生平第一本出版的理论著作。

最近我才借到经后人整理出版的马老师遗著 *Scientific Theory of Culture* 的复制本，对照我所译的那本《文化论》，内容并不相同，想来马老师送给我们的那本原稿，在世界大战爆发前夕已跟他一起越洋到了美国，几经修改重写，在他离世时还作为未定稿堆积在桌上或地板上。据该著的编者H. Cairns说，他得到这本马老师亲自修改过的遗稿只有打字纸200页，共13节。我查看中译的《文化论》却有24节，节目标题既不同，行文也不同。这本遗著很可能是中译本的原稿经过多次修改后的面貌。遗著编者在编定之后，疑心所遗下的并非全稿，或者并不足以表达马老师对文化做出的全部理论，所以又选了两篇文章附在书后作为补充。一篇是马老师1930年所写的 *The Functional Theory*，编者并没有说明出处，我查对R. Firth所编纪念马老师的 *Man and Culture* 书后所列马老师著作目录，并没有找到此文。另一篇是马老师在1942年为纪念 *Golden Bough* 的作者 Sir James G. Frazer 而写的悼词,这又是一篇当年社会人类学新一代向前一代接班的宣言,在西方社会人类学史中具有里程碑意义的标志。我在这里提到这段往事,用意是在说明要全面介绍马老师有关文化的理论是一件还需要从头做起的研究课题。我的年纪已不容许我接受这个课题了。所以在这次演讲中我只能限于讲一点我对马老师文化理论的个人体会。作为这次文化人类学高级研讨班的一段"开篇"或"引言"。

二

有人把学术思想的发展看作是一个世代更新的过程,一代代后浪推前浪地奔腾前进。每当世代交替之际总是有一些突出的才人应运而生,通过他们在前代的基础上另创新风。当其盛时,声名鹊起,所向披靡,时过境迁,潮退浪落,又成了后来另一代冲击的对象。这种看法,用之于马老师的学术生命似乎颇为恰当。他也自认是西方人类学旧一代的接班人。他也确曾为这门学术注入了新的血液,他的理论影响了当代整个人文科学。他的名声也显赫一时,领尽了一代风骚。但是他的学术生命不长,而且尸骨未寒,批评诋毁之声已弥漫各洲。大约20年后风尽尘落,他在社会人类学历史上的地位才取得定论。他不愧是推动这门学科更新换代的杰出名师,功不可灭。一代才人离不开时势,时代更新也离不开杰出的才人。马老师个人的身世也许正适合20世纪两次世界大战之间那一段时期在人类学领域里所需的那种去旧创新的风云人物。

马老师是1884年4月出生于处于德、俄两大国之间的波兰名城克拉科夫。当时的波兰尚隶属于奥匈帝国,波兰人是个在政治上未获独立的被统治的民族,但是他们在文化上却曾是东欧的支柱。马老师早年就学的克拉科夫大学是东欧最古老的也是名声最高的学府。1981年我有缘访问波兰,特地去拜访这座大学。在该校大礼堂的进门处迎面看到的是供奉着该校在第二次世界大战中被纳粹压迫致死的教师名单,令人心寒。马老师出身于波兰的学者门第。他的父亲是一位19世纪后期著名的语言学者,享年不及花甲,在马老师6岁时就逝世了。马老师早年所处东欧那种政治、社会、文化不协调的环境,对他一生的学术和内心生活始终是个阴暗的烙印,发生着潜在的作用。马老师在1908年24岁时,告别了故乡和寡居的母亲,先到德国莱比锡留学两年,习物理和数学,生了一场大病,在病中读了英国人类学家Frazer的名著《金枝》,深受感召,于1910年决心去英国入LSE专攻人类学(我就是在这年出世的)。1914年正当他获得博士学位,取得讲师的地位,又得到奖学金到澳大利亚所属新几内亚进行实地调查时,第一次世界大战爆发。这时他正在澳大利亚,由于他的国籍是奥匈帝国,被列为协约国的敌国人士。但由于他任职于伦敦名牌大学,又有他老师力保,以不离开澳大利亚为条件,特准他留住在英帝国属地的西太平洋小岛上进行学术工作。这使他别无选择地在那个名叫Trobriand的小岛上安心住下来,在土人中进行实地调查,从1915年5月到1918年10月前后四年间,有人计算他断续在岛上居住了共大约有两年半时间。对马老师来说这段插曲可以说因祸得福,因为这样长期在一个地区和土人亲密相处,进行调查研究,取得第一手资料的在人类学历史上是开创了新的纪录。

这样一个有家学渊源，天资卓绝，经过波、德、英三国高等学府名师培养，又得到了长期实地深入现场调查机会的学者，在1921年从澳大利亚回到伦敦，1922年在母校就讲师职时，他发现踏进的是一个形势已大变了的世界。大英帝国在这场大战里名义上是属于战胜国，但所受的打击是严重的，它的帝国基础殖民地已经动摇。19世纪称霸的时代的那种咄咄逼人的气势开始下降，历史进入了帝国瓦解的一代。始终离不开时势的学术已不能在老路上继续下去了，正在呼唤新的一代的诞生。马老师的主观条件正好适应了时势的需要。他在1922年出版的第一本实地调查报告 Argonauts of the Western Pacific 一举成名。成了社会人类学新兴一代的代表作。

马老师显然是充分意识到这次新旧交替在人类学史上的历史意义，所以为新的一代定了个名为功能学派，而且毫不谦让地自称是这个学派的缔造者。这个自封的称号后来成为批评者攻击的靶子，指责他太骄傲自大。实事求是地说他确是最先提出这个当时具有改革意味的名称作为新一代英国社会人类学的旗帜的人。至于新的一代的兴起当然不是马老师一人之功，和他同时同样在土著族中做长期实地调查的人类学者决不是马老师一人。后来和他唱对台戏的 Radcliffe-Brown 就是个公认的功能派创始人之一。我这里还应当替我另一位我曾称之为"人不知而不愠"的史禄国老师，说句公道话。在时间上几乎和马老师同时，史老师也正在西伯利亚通古斯人中进行实地调查，而且我认为他们两人虽则相隔万里，理论观点基本上是一致的，尽管史老师不愿采用英语系统里功能学派这个名称。我这两位老师生平的遭遇如此之不同，使我内心更深刻地体会到

"不能以名声论学人"这句话的意思。

前浪既在退潮,后浪即将接踵而上,形势既已形成,谁赶上当个弄潮儿的角色,在历史进程里是个次要问题,我们也不必在这次多说废话了。重要的在弄清楚前后两代的区别何在,联系何在?这就进入了这两代人类学者对文化的观点和研究文化的方法上的实质问题。

三

如果说马老师是在20世纪初年手执功能学派的旗帜,插上英国人类学的领域,成为这门学科老一代的接班人,传递这根接力棒的,我想说,正是当时高居在这角文坛上的大师 Sir James Frazer,接力棒正是这位大师所著的用金色树枝刊印在封面上的三巨册 *Golden Bough*,正如我在上一节所说过的,马老师受到《金枝》魅力的吸引,才踏进如他在缅怀这位大师的纪念词里所说的,"和其他比它年长和表达得更确切的学科同样值得倾心的一门伟大的科学"。这门伟大的科学就是研究人的科学。他在这纪念词里用了"enslaved"(被征服)一词来形容《金枝》对他的吸引力,又用"Bound to the service of *Frazerian Anthropology*"(摆脱不了为弗雷泽人类学服务)来说明他决心发扬前一代遗业的责任感。一字千斤重,决不能看作是夸大了的恭维话。这里正闪烁着两代交替时发出灼热的火花。

要理解英国人类学历史上这次交班的过程和内容,新旧两代究竟有什么区别和有什么联系,不妨并排着读一下 Frazer

的《金枝》和马老师的《西太平洋航海者》也许可以得到一点启迪。

我在大学时也读过《金枝》，但一卷也没有耐心读完，我的英语水平低，对西方文化的领会浅，固然是重要原因，我对这书里搜集的那种种欧陆古典传说和海外异族的传闻，实在觉得有点烦琐，绝没有像马老师那样受到触电般的感觉。这位英帝国的爵士，在我看来似乎有点近于我国旧时的冬烘先生，高坐在书斋的太师椅里，伏案终日博览群书，阅读一叠叠从英国当年旅居在广大殖民地上的官吏、商人和传教士寄回的书札杂记，他孜孜不倦地编出他觉得能解释散居在海外各地土人生活的理论，刊印成大部头的著作。他的文笔不失古雅畅达，他的思路缜密汇通，令人折服。可是在我看来，他始终摆脱不了19世纪风行欧陆，特别是以英伦三岛为中心的那一股社会思潮。这个思潮的中心观念就是被当时学者们视作权威的社会进化论。

自从19世纪中叶达尔文的《人类的由来》问世之后，人类的生物由来已为众所公认，所以"人的研究"集中致力于各族人民的社会文化。由于世界上各族人民的社会文化各种各样，而且存在着发展水平上的差距。特别是在近几百年来，以强欺弱、以富劫贫的帝国主义横行天下，在西方不少文人学士中不乏套用生物界的生存竞争现象，信奉社会进化论。《金枝》的作者并非例外，甚至可以说是这一代的殿军。

马老师是熟读像《金枝》一类前一代人类学者著作的。我猜想他一方面不会不佩服这代学者的知识渊博、想象丰富，但另一方面总免不了有时会发疑问：由先辈们传下的关于广布在世界各地被视为行为和思想乖僻离奇的土人们，究竟怎样能一代代生活下去的呢？前辈所描写的土人究竟是不是真是如此的和我们这些文明人不同呢？百闻不如一见。他有机会进入西太平洋的小岛上，住到土人们中间，和他们一起生活了一段时间，他的感受却完全不同。他回头向前辈和同辈的学人类学的朋友们发出呼吁："快从关闭的书斋里走出来，到人类学的田野里去吸一下清新的空气吧。"

经过在小岛上断续住了两年多，他写的《西太平洋航海者》给读者勾画出和《金枝》完全不同的一幅画面。在他笔下，西太平洋小岛上的土人，尽管肤色、面貌、语言、举动果然不同于伦敦学府里的人士，但是他们在喜怒哀乐、爱恨信疑上却并无轩轾。如果你能像马老师那样进入当地土人社会的各种角色，你就会觉得这些老黑和我们当前的左邻右舍并无太大的区别。读了《金枝》我们会觉得自己高人一等，读了《西太平洋航海者》就会由衷地觉得四海之内，人同此心，都在过着人间相似的生活，甚至会感叹，人世何处是桃源？

也许这些不同的感受不过是一些读者不同的反应，但是这不同感受却画出了社会人类学前进了一代的杠杠。后来的人类学者不论怎样对马老师的理论有什么批评，但在他把后来的一代带进他所谓呼吸得到清新空气的实地调查，无不承认是他对社会人类学的功绩。但是话要说得公平些，开创实地调查和研究的对象直接交谈、一起生活的研究方法，如上所述的确不能认为是马老师一人之功。与他同时或前前后后在各地不同民族中进行实地调查的决不只马老师一个人，但最早闻名于世的可以说是马老师。

不论是谁开的头，实地调查、现场观察，用研究者本人的感受，去体会研究对象行为和思想在其生活上的意义，则是和前一代依靠书本记载、别人的书信以及通过翻译间接取得资料，来引申理论的研究方法在科学上是有质的差异。而这个差异正是把这门学科推进了一个时代。

四

科学研究首先要取得可靠资料。社会人类学是研究人的科学，首先要取得有关人的生活的可靠资料。可靠的资料是指符合实际的资料，人确是这样生活的记录。Frazer一代的人类学者对所处理的资料是否可靠也是十分认真的。利用书本上的资料也要考证谁写的书，这本书的作者是否真的写过这些记载，这些记载是否实有其事。朋友的来信，也要问这位朋友的话是否靠得住。他也要校核各种不同人的记载和不同朋友的来信，看他们是否一致，如果不一致要追问哪个可信等等。他们考据的功力并不下于我国乾嘉时期的大师。

我们也得承认在研究过程中，完全排斥第一手资料是不切实际的，问题不是在样样要亲自听到看到才算是符合实际。有许多要知道的事确是不能不依靠从别人口述或笔记才能知道的。这些第二手资料并不都是不可靠的。还得说，自己亲自看到或听到的内容也常常包含着第二手资料；同时还不能认为凡是亲自看到、听到的都和实际符合的，错觉和误会在所不免。所以研究方法上并不应排斥不是第一手资料。当然不论是用怎样的资料（或是说信息），都应当注意其可靠性。而且还必须承认在人的研究上，要取得很高准确性在当前的研究条件下还是做不到的。但是我们不能因为人的研究达不到一些自然科学已达到的正确性，而认为人的研究不可能进行。人的知识也许只可能要求更为正确些，而不能绝对化。

这样说，马老师开创的实地调查或所谓田野工作，在研究方法上固然是个划时代的进步，但把实地调查仅仅看成是亲自接触研究对象，参与研究对象的生活，进行实地观察还是不够的。一个在实地研究过的人应该明白，问题并不仅是研究者在不在现场，因为研究者尽管身在现场，而对于很多现场的种种现象可视而不见，听而不闻。所以对社会人类学的研究工作来说，实地调查是个比较上可以得到科学性较强的资料的方法，但不应满足于到现场去吸新鲜空气而已，还要掌握一套科学的理论来指导现场观察，就是还要先解决观察什么的问题。

为了解决观察什么这个问题，马老师企图提出一个参考体系，他称之为"文化表格"，来帮助学生们用实地调查方法来进行社会人类学的科学研究。这个参考体系本身牵涉到对文化是什么？文化包括些什么？文化是怎样发生的？文化各部分间有什么关系？观察文化的范围是什么？要达到什么目的等问题。这些问题要尽可能地心中有数。一个研究者身边有了这个文化表格，心中就有了底，进行工作才能入门。这个作为研究工作者的参考体系也就是马老师所说的《文化论》，也就是他在1936年送给吴文藻老师的那个底本，我翻译作中文时就用了《文化论》这个名词。马老师身后留下的那本遗稿也称作《文化的科学理论》。

我所体会马老师所说的理论，其意义就在它能对实地调查起着指导的作用，指导研究者去实事求是地了解人。这个"人"不仅是作为调查对象的具体的某一个地方的土人，而且是一个在英文里要大写的人，即是具有普遍意义的人。所以马老师给我们的这本《文化论》实际上包括两个部分，一是吴文藻老师称之为文化表格，纵横画成许多格子，每个格子里罗列着许多要调查者在实地观察的项目（见《论文化表格》，《吴文藻人类学社会学研究文集》，第226—245页）。这是主体。在这表格之前马老师写了一篇说明，也可以说是这个表格所根据的理论，这就是我所翻译的那本《文化论》。这两个部分本来是应当联在一起构成一本书的，只是因为前后两部分分开寄出，分别翻译，前后完成，并没有出版合订本，一般读者难窥全貌。

我在这里提到这段历史，因为要说明马老师脑中的所谓理论有它特殊的涵义。理论所包含的见地、观点和概念是一套思想的工具，是用来观察实际的手段；文化理论就是观察文化实际的方法。正确的理论就是有用的方法，有用的方法就是可以充分反映实际的方法和理论。这个见地是马老师特别强调的，所以他并没有做出过任何耸人听闻或新奇奥妙的学说，只求使人们对人有更符合实际的认识。这句话其实说明了人类学的目的和任务，是个平常、素朴、惟实的主张。因之我曾一度想用"朴实的文化论"来称马老师的文化论。但由于我对文字的修养不够，自问还没有能力用口语或文字来说明朴实两字的深刻含义，所以不敢妄图以此总结马老师的文化理论的特点。

五

马老师既以他的《文化论》来概括他对社会人类学这门学科的理论内容，我想我们不妨从"文化"这个概念先说几句。

"文化"这个名词在一般的语言里，还没有一个一致公认的含义。我们也不必在名词上费工夫，在这里只要弄清楚马老师所说的"文化"是指什么？其实他在不同场合、不同时间用这个名词来表达的意义也并不是一成不变的。而且他在学术的实践中不断丰富和修改他对"文化"这个客观存在的现象的认识。我在这里只能简单地说一下我对他所谓"文化"的体会。

我首先想到，尽管说马老师是代表20世纪20年代世界大战之后兴起的那一代新的英国社会人类学者，但是从对文化的基本认识上说还是继承了前一代的遗产。他只是在前一代的基本认识上做出了一定的发展，澄清了前一代不够明确或不够完整的内容。

马老师所接班的那一代社会人类学者在英国来说一般认为是以 E. B. Tylor（1832—1917）开始的。他是19世纪中叶英国人类学的代表人物，他所著的 *Primitive Culture*（1871年）和达尔文《人类的由来》同年出版。在这本书里 Tylor 为英国人类学第一次为"文化"写下了一个定义："文化是一个复合的整体，包括知识、信仰、艺术、法律、道德、风俗以及其他人们作为社会成员所获得的一切其他能力和习惯。"

如果比较一下马老师在《文化论》所讲的文化，可以说他是基本上接受了这个经典定义的。他在《文化论》第一节里也是用列举的方式来说明文化的内容，他说："文化是指那一群传统的器物、货品、技术、思想、习惯及价值而言。"接着又补充了社会组织在内。和 Tylor 的定义相比较，在列举的文化内容中多了物质的那一部分。至于所补充的社会组织也可以包括在 Tylor 定义中"作为社会成员的一切其他的能力和习惯"这一个概括的提示里。

马老师和前一代社会人类学家的差别不在所认定文化的内容，而在对文化的基本看法。老一代社会人类学家不论是进化论派或传播论派，总是有一种倾向，认为文化本身是个客观存在的实体。研究的目的是在发现这个实体本身的发展或变动的规律。比如说包括在风俗中的一项称作婚姻的"文化要素"，可以看作一项独立的研究对象，对各地居民有关婚姻的风俗比较其异同，从而可以得到这种风俗的发展和变动的规律。

我自己在大学里就按照这种思路写过我的毕业论文，题目是《亲迎婚俗之研究》。我搜集了我国各地方的地方志中有关婚姻风俗的记载。发现有的地方有亲迎的风俗，有的地方没有亲迎的风俗。亲迎的风俗是新郎在结婚那天要亲自到新娘家里去迎接新娘。据说这是中国的古礼。我根据有没有这种风俗的记载，按所在地方在地图上标出来，结果发现这种风俗的地区分布并不是杂乱无章的，而是能在地图上很明白地显示出来有一大块区域都有这种风俗，并有一些小块地区穿插在附近。我当时很高兴，认为找到了一个亲迎风俗的分布规律了。而且联系上这个分布规律推论到某个民族在地理上的扩张。

我提到这篇论文，因为是我自己的研究成果，比较亲切。回想我当年的思路，可以看出我当时对文化的基本观点是和19世纪后半期不少英国社会人类学家和欧洲大陆的民族学家相同或十分接近的。因之我能体会到在研究方法上，如果关在图书馆里搜集地方志里的那种有关各地风俗的记载作资料来进行对风俗习惯的研究，很容易把所研究的风俗孤立起来，视作可以独自成立的"文化要素"，然后填入不同的地图或年表，即空间和时间的框架里，得出各种结果，再加以整理成一套似乎很合逻辑的体系来。

我写"亲迎"这篇论文所用的方法，正是马老师所反对的方法，因为马老师对文化另有一种看法。马老师要我们进入群众的生活中去看"文化"。他所见到的文化不是刊印在书上的关于文化的记载，而是群众的活动，是他们活生生的生活的一部分，充满着有哭、有笑、有感情的举止言行，把文化回给了人的生活本身。这种看法上的转变，使社会人类学得到了新的生命。它成了一门充满着生气的科学，成为真正的人的科学，人类学。马老师在学术上的最重要贡献，也许就在这点上。

回到生活中去了解人，还不够说尽马老师的全部的主张。一个文艺作家也必须到真实的生活中去体验生活，到人中间去了解人。作为一个研究人类的科学家却还有一道工序，就是要在一个个人的生活中去概括出一个任何人的生活都逃不出的总框架。通过这个总框架才可以看到每一个人的生活一举一动的"意义"。这才是人的科学应当探索的对象，也正是吸引马老师为此追求了一生的"伟大的科学"。马老师想在前人的基础上，把人类学扭转到科学研究的轨道上来。他在这轨道上做出了实实在在的探索。在这方面也许可以说他是个开创者。

没有人比他更清楚，他所向往的目标，决不是一步可以到位的。但没有预想到的，他自己能工作的时期是这样短促，以致留下一叠叠未定稿就停笔了。这样多的未定稿说明他许许多多创造性的思考尚在探索和思考之中，连告一段落程度都还没有达到。这些都成了要留待后人去完成的事业了。他所留下的早年的实地调查著作一直是鼓舞着后人的榜样。

六

把社会人类学建成一门生动活泼的人的科学，它所涉及的范围是十分宽广的。用马老师的话来说"是人所接触到的人类自己所创造的这个世界"，也就是文化的总体。我们可称之为人文世界。要理解这个世界还得看到这是人们对自然世界的加工。人并不能创出任何物质的东西来。这个人文世界处处都得以物质为基础。人利用其独有的得之于自然的能力，把自然世界的物质作为原料，加以改造，塑成为足以满足他们生活上一切需要的那个人文世界，即所谓"文化"。文化是人对自然的加工。

马老师在《文化论》里强调说："人因为要生活，永远地在改变他的四周。在所有和外界重要接触的交点上，他创造器具，构成一个人工的环境。"这个人工的环境就是我所说的人文世界。人文世界并不是神秘的产物，如一度有人相信它是神的杰作，并写在所谓《圣经》上，传播得很广。人是自然的产物。人这个自然的产物对其他的自然产物加工制造成了个人文世界。这个加过工的世界虽然和原来未加过工的自然面貌有所不同，但还是自然的一部分。人文世界和自然世界一样可以用实证的方法去观察和分析以取得有概括性的认识，所以可以成立人文的科学。正如马老师所说，它也可以用"比它年长和表达得更确切的学科"一样的方法去进行研究而建立成为一门实证的科学。这门学科由于它和人类的关系比其他的学科更为密切，所以对人来说更为重要。人开始要研究人这一部分自然了，不是一件值得说是伟大的宏图么？

人要研究人自己，从科学历史上说是人类19世纪开始的创举，经过了一段探索，到20世纪初年建立起了一套科学的方法，不能不说是人文世界中的一项新发展和新突破。但建立这一门科学可能比其他科学更为困难些，不仅是因为人文世界领域广阔，而且是人研究人，不同于人研究物。研究者必须要有一种新的观点和境界，就是研究者不但要把所研究的对象看成身外之物，而且还要能利用自己是人这一特点，设身处地去了解这个被研究的对象。看到这种种困难，我们对这门学科的发展必须有耐心，艰难的道路和曲折的途径是不可避免的。

企图用实证的科学方法来研究人文世界不是从马老师开始的，但不容怀疑在马老师这一代确有了重要的进展。马老师在《文化论》的第一节的结语里，提出了关于人文世界里的一系列问题后接着说：在这门学科里"有事实根据的科学探讨，至今还没有开始……我们正可以从文化方面下手来接近这个问题，并且在此可以提出一个必需的初步的研究大纲"。这个大纲就是他送给吴文藻先生的"文化表格"，也可以译为文化领域的框架。

马老师提出对文化的看法，同前一代还是有重要的区别，值得重复提一下。第一，文化是人为的，所以说是人文世界有别于自然世界。第二，人是为了要生活和生活得更好才创造文化，文化是为了生活，是生活得以运行的手段。第三，文化是人作为社会成员创造的，不但要依靠前人已有的文化基础，而且要跟别人合作，才能继承和创造文化。第四，文化是自然世界的加工，一定要有自然供应的物质基础。人文世界和自然世界并不是对立的或相互排斥的，而可说是重叠的。只有没有加过工的自然世界，没有脱离自然世界的人文世界。第五，人文世界有许许多多组成部分，但不是各自独立的零部件，而是在相互联系、配合、互动中构成一个体系的整体。在这里我不再按上列诸点，一一地去对照老一代不同的看法来加以比较说明了。下面讲到有关的问题时再做必要的阐述。

七

把文化看成生活的手段实际上是达尔文生物演化论的逻辑发展。首先肯定了人类是从较低级的动物中演化的结果，所以人类首先是一种动物，具有动物的共性。但是因为人类按生物演化的规律也产生了其他动物所不具备的生物性的体质功能，比如躯体的直立，拇指的捏合，特别是由于大脑神经系统的发达使他产生了能利用自然世界为自己服务的生理功能，即所谓"智力"。凭借这些超过了任何动物的体质功能，使他能利用自然世界所提供的种种物质满足生活上的种种需要。人的体力不如狮虎，而可以利用陷阱和刀剑来制伏狮虎；四肢不能腾空，而可以用弓箭射中飞鸟。这些体质功能使人在适应自然、利用自然的力量上超越了任何其他动物，以至一度自称是"万物之灵"，把自己作为造物者用特殊材料制成的产品，自以为和禽兽具有本质的不同。达尔文戳穿这种狂妄自大的意识，把人归回到动物的行列。用事实证实人的体质功能包括所谓智力没有不是从动物一般的体质上发展出来的。

看来面对事实是不容易做到的，即使承认了从猿到人的演化历程，但是人还是不太甘心和禽兽并论，所以看到了人类能创造个人文世界，而禽兽不能，于是又想把人文世界和自然世界对立起来，认为人文世界和自然世界有本质的不同。这同样是和客观事实不符的玄想。他们认为人文世界可以脱离自然世界而存在。他们又强调人的特点就在他有感情、有思想、有语言，通过感情、思想和语言这些似乎和物质可以分离的东西，形成了人和人的结合，出现了个分工合作的组织和有条有理的社会秩序。这个社会世界具有能利用自然世界的能力，于是又被认为是个超越自然世界的实体。从这个思路上推论下去，就幻想出了个超自然的神秘实体。这个实体并不和生物演化相衔接，即使不说是对立，也是断链的。

我不想在这里列举一些早年人类学家的这类看法来做例证。只想指出，马老师的文化论的一个重要之点就在把这个似乎有隙可乘的文化和自然的联结处给填实了。这就是把文化作为物质、社会和精神结成一体的基本看法。他把人文世界拉回到自然世界，成了个能实证的实体。

一个学过体质人类学的人比较容易明白人的智力本身是人的生理机制的一种功能。这种生理机制不仅包括着大脑神经中心的活动，而且牵连着整个机体各器官的相应活动。即以我在写这篇文章来说，当然可以说是一种高级的脑力劳动，也就是大脑神经系统的活动，但是再全面看一下，我的骨节、肌肉，甚至内分泌等生理器官，都在配合着活动。任何部分一受到障碍，文章立刻写不下去。这种整体的机体相配合的活动综合起来不就是人的智力么？所以我很明白我所有的智力活动决不能脱离我这个全部生物机体而发生的。如果承认文化是人的智力活动的结果，也就是说人为一定目的而利用客观物质条件创造的人工环境，那么文化归根到底是一个个人的生理活动的结果，也就是说人和包括禽兽在内的其他动物，是在一条生物演化的链条上联结无间的。人的文化不过是这个链条上表现出来的最新的一个环节。

这样使我觉得马老师对文化的基本看法,实质上是和达尔文的生物演化论一脉相承。我这种体会在马老师生前没有机会向他请教过,所以这种看法是否合乎马老师的本意我不敢作断。但是我把马老师和达尔文接通,对于理解马老师的文化论似乎很重要。

八

人要生活才创造了一个人文世界。这是任何一个普通人都能懂得的道理。如果不是要吃饭,为什么去耕种呢?如果不是要能蔽风雨为什么要去造房建屋呢?所以我说马老师的文化论是个朴实的文化论,用人人自己的生活经验来讲为什么我们这样生活的道理。说起来自然没有什么不容易明白的深奥之处。但是也许正因为这些是我们日常习见的常识,常常会认为是当然的事,不去追问一个为什么了。如果要追问一下,又常会答不上来。马老师的文化论,或是社会人类学者要做的事,就是把我们生在其中而不知其中所以然的道理,做出个有系统的说明,结果会使在其中生活已久的人,恍然大悟,觉得原来如此这般的生活是有道理的。说是悟道似乎有点玄了。马老师所要讲明白的是经得起实证的道理,目的是在帮助我们去理解我们这个人文世界的实质、构成和变化的一般规律。如果明白了这一套道理,就可以掌握这套规律,对个人和群体的处世,也就容易适应和改造这个人文世界了。这就进了实用人类学的范围,留到以后再说。

人文世界既是人为了生活而创造出来的，要去理解这个人文世界，我们还得从分析人的生活开始。生物是有生命的东西。生命有生有死，从生到死这一段期间的活动我们称它作生活，有生命就要活动。活动是要以新陈代谢的机制来维持。新陈代谢就是能的转化过程。活动和生长都要消耗能，因此人要吸收新的能，消耗能的过程中多余的废料要排出体外。这是人作为一个生物的个体必须维持的基本生物机制。

人不同于其他生物之处是在生活的这一段过程，内容很复杂，就在这段过程里产生了个人文世界。"生死有命"是说生死是生物规律决定的，人力起不了决定性的作用。但是人自从出了娘胎就进入了个人文世界，在人文世界中经营人的生活。这句话适用于任何人。马老师在《文化论》里斩钉截铁地说："世界上是没有自然人的。"就是说没有不在人文世界里生活的人。不仅如此，还应当说没有没有经过人文世界改造过的人。人在改造自然世界同时也在改造自己。以我们自身的经验作证，吃的是经过烹调过的饭菜，没有烹调过的米和菜，我们大部分已不能消化了。我们住的是各式房屋，没有房屋我们挡不住冬天的风雨，夏天的烈日了。我们连行路都坐车和坐飞机了，没有汽车和飞机，我们已不再用双脚把自己搬运到较远的地方了。再看看我们有很多人，脸上戴着眼镜，这些人没有眼镜远处的东西可以根本看不清楚。我们老来不少人嘴里装配了假牙，没有假牙硬一些的东西就吃不了。现在世界上真的不仅人人都不能不在人工改变过的世界里生活，而且也没有一个人是多多少少不被人工改造过了的。我们离开自然世界和自然人已经越来越远了。

尽管如此说，人还是生存在自然里，人还是自然的产物而且还是自然的一部分。不论人的生活千变万化，归根到底还是跳不出动物这个属性。真如《西游记》的作者所描写的孙悟空，自以为可以一跳十万八千里，结果还在如来佛的手掌之中。马老师为社会人类学者所树立的目标就是要用科学方法如实地把人文世界画出个蓝图，把孙行者怎么也跳不出的如来佛掌心，画出个框架。这个企图确是够宏伟的了。马老师自己知道这门学科还不能一下赶上比它年长的和更确切的科学，但还是不甘心知难而退，他要向如来佛挑战。他等于是说不论如来佛的手掌多大多高，大不出这个自然世界，人文世界只能在自然的物质世界里做文章，变也变不出服务于人的生活，人的生活还是受生物基础的限制，跑不出这个范围，因之只要能抓住人的生活，这蓝图和框架还是画得出来的。

马老师在他的《文化论》开始划了个人文世界的范围，总结出文化的四个方面，包括了整个领域：（一）物质设备，（二）精神文化，（三）语言，（四）社会组织。这是人文世界的大框框。这个人文世界的四分法曾经引起了不少学者的困惑、不满和责难。我本人也应当坦白地说，对马老师这种分解法原本不很明白。后来再想一想，引起别人不易理解的原因是在不明白他所说的"文化的方面"。他不用"要素""部分"等名词来分析文化，而用"方面"。我猜测他有他的用意和苦心。首先要记住在马老师眼中人文世界是一个不可分割的整体，如Tylor所说的文化是个"复合的整体"。若说文化可以分为四个部分或四个要素，那就会引起文化可以分为四块，也就把文化这个整体割碎了。若说方面就不致发生这个毛病。一个整体可以就各方面去看，方面尽管多，不失其为完整的一体。

他所提出的文化的四个方面，意思可说是：我们从这四个方面去看人文世界才看得全。人文世界必然有个物质基础，就是我在上面已说过的人文世界是用自然世界的物质为资料而塑造成的。但文化不仅仅是物质的设备，还要看到它有知识、宗教、法律、伦理规则等精神的方面。此外还有语言和社会组织这两个方面。当人们在人文世界里生活时，这四个方面同时配合在起作用。所以如果只看到其中的一个方面，就看不到正在起作用的文化。文化必须从四个方面去看。我想这是马老师讲文化四方面的主要意思。

他这样说的另一个目的，或说是在要实地研究者不要满足于单看文化的一方面，像文物博物馆里的收藏者那样只看到一些文物的物质部分。手里拿着一根雕着图像的木柱，认为这就是文化，可以大发议论了。他向这些人说，收集到的这根木柱怎能说是看到了文化呢？还应当和有关这根木柱的精神、语言、社会等方面的资料配合起来才构成人文世界的一部分。单是一根有图像的木柱是没有文化意义的。这样一讲，我认为这个"四方面论"对人类学的研究者就十分重要了。马老师的文化四方面的说法其实就是文化的整体论。这是他的基本立论。

但是我们如果进一步追问几个问题，就不好回答了。比如：人文世界是不是只有这四个方面？语言和社会组织能不能归入精神这一方面里呢？我本人也推敲过这些问题。我想到如果我能直接向马老师提问，他会怎样回答呢？我猜想他很可能这样回答我：你看语言和信仰、宗教、价值等是不是一回事，如果不同要不要把它看成几个方面？这是说他并没有把这"四方面"作为定论，只是一种启示。

至于把语言作为文化的一个方面也许可以联系到马老师对语言的看法。他把它看作是一种象征性的发音行为。语言作为一种人的行为同人用身体其他部分来动作的性质是一样的。人可以用拉手、点头、鞠躬、接吻等行为来表示一定的象征性意义。实际上，用目前流行的话来说就是传媒行为，有它独特的性质。把语言看成自成一格的文化的一个方面未始不可。

九

把文化看作满足人类生活需要的人工体系，是马老师所开创的功能学派的基本观点。这个观点是明白易懂的：文化是为人们生活服务的体系。人是体，文化是用，体用分明。这是个朴朴实实的观点，所以我称之为朴实的文化论。也可以说是人本主义的文化论，因为人文世界里的一切东西无不是人造出来为人所用，连"上帝"都是为了对人有用处而被人造出来的。这句朴素的老实话，很多人却不愿听，不能接受，因而掀起了人类学这个小小茶杯里的不少风暴。可以说从马老师把这个朴实的理论说出来之后，一直有争论，甚至可以说至今未休。

马老师提出文化的功能观点，在他所处的时代的社会人类学里，是有的放矢的，是攻击前一代人类学家的有力武器。回到我在上文所说的人类学领域里的新旧交替过程，这个观点是一把突破旧堡垒的有力匕首。我在这里并不能详述这段人类学的史实。简单说来，占据在这个学术领域里的旧一代最主要的学说就是所谓"重构文化历史论"和"文化传播论"。"重构文化历史论"也称"文化演化阶段论"。不论哪一学派，在方法论上的一个重要武器就是"遗俗（survival）说"。

上文已提到过我自己的论文《亲迎婚俗之研究》可以为例。

亲迎是一种古礼，古礼的意思是现在已经失去其原来意义的自古传下的风俗。这就是所谓遗俗。有些人就从遗俗去推想它原来的意义，然后据此再推想出古代的社会性质，以重构历史发展阶段。一个新郎为什么要亲自到女家去迎娶新娘呢？有人就从此推测出一种意想中的"掠婚制"，就是说古时由于禁止族内婚，要娶个妻子必须到另一部落中去掠夺。进而推测人类都经过这个"掠婚制"的历史阶段。这就是重构历史论者利用"遗俗"进行重构婚姻史和历史阶段的研究方法。

在19世纪后叶风行一时的许多"婚姻史"大多是用这种方法写成的。比如说古书上我们称妻子的父亲作舅，因而推测有一个时期一个男子只能娶自己母亲的兄弟的女儿为妻，因为母亲的兄弟至今还称作舅。用亲属制度中的称谓推测出来的古代的制度真不少。由于有地方把父亲的兄弟都称作父亲而推测出"群婚制"，再加上传说有个时期人们只知其母而不知其父，不仅推测出了群婚制，母系制，还有许多从来没有人亲自看到过的种种婚姻制度。马老师对这种人类学很不满意，而且概括出一条有关这些学派共同的"方法论"，说他们专门寻找失去了现实作用的奇闻怪俗作为立论的关键论据。他说那不是把科学建立在"无知"之上么？因为所谓"失去了现实作用"就是说研究者不明白这种风俗在当地人民生活中的作用。那不是"无知"么？无知的基础上怎能建立科学呢？

针对这种"遗俗"论，马老师提出了"文化的意义就在其对人们生活所起的作用"。用通俗易懂的话来说，"文化的意义就在其功能"。更明确些可以说"不能满足人们生活需要的东西，不是文化。文化因其对人有用处才能存在"，这样就根本否定了"遗俗"。

马老师进一步认为，只有在人们现实生活中才能理解文化的功能，所以他强调研究文化的人类学者必须深入被研究者的现实生活。生活是活人的活动，文化是活着的人文世界。这是走出了书斋，在实地体验过另一种文化生活的人才能领会到的观点和境界。

让我在这里补充说一点。有些人由于马老师反对过重构历史学派的社会发展阶段论，从而对他做出各种批评和攻击，甚至说他反对研究文化的历史，否认历史对文化的作用，等等。这是不符合实际的。马老师一再说明他所反对的只是凭空臆造的历史，"遗俗"重构的历史是主观的设想，不是事实。他强调实事求是、言必有据的实证论。这是现代科学的研究方法。

文化是人类历史的遗业，每一代人都继承了前人所创造的文化。所以文化是有历史的。历史发展是前后衔接的过程，在这个过程中前后存在着差别，所以有前后不同的变化。为了便于理解历史的过程，可以就其突出的变化划分阶段。历史阶段是人为的，不是历史本身。同一地方，同一人群所经历的历史过程，不同的人为了不同的目的可以划出不同的阶段。在过去人类学领域里有人把从某一特定的人群中看到或者设想的历史阶段硬性地套用到其他人群的历史上去，认为美洲土人所经历的历史阶段必然适用于太平洋或非洲的土人。这是不科学的，不是实事求是的。马老师不反对文化有发展过程，不反对可以把发展过程分成若干阶段，但反对把某种特定的历史阶段看成放之四海而皆准的固定的标准尺度，用来衡量一切文化的历史发展过程。

马老师的实地研究主要限于西太平洋上一个小岛上的土

人，前后的时间跨度只有四年。这个岛上的土人长期以来处于封闭的状态。岛上土人的生活在这样短的时间里并没有发生过令人注目的显著变化。按这岛上的土人所能记忆的过去，生活上似乎也很少变化。这种情形我们是可以想象得到的。在这具体的处境里生活和工作的马老师不容易对土人的历史发生兴趣。土人不是没有历史，但没有留下历史记载。土人们留在记忆中的历史，是在当前的情境下用语言表达的。这里发生了一个很值得我们注意的时间序列。我们讲历史是指不同时间里前后发生的客观存在事情，客观存在事情发生在过去、现在、后来这个三维直线的时间序列里。如果一个人回想到过去发生的事情，再用当前的话来表达，而且又是向一个外来人传达有关土人自己过去的事情。这里三维直线的时间序列（昔、今、后）融成了多维的一刻。这一刻所表述的事情说是昔时的原样的复本，似乎不一定切实了。作为一个功能论的学者，马老师在处理这类"历史"资料时，一定会感觉到相当为难。严格地说，他所听到的土人对他们昔时的叙述，只能看作是昔时在今时的投影，而且受到叙述者对后时的期待的影响。

正像他处理有关巫师在作法时所用的术语一样，怎能相信表面上所说的话是符合过去的事实呢？怎样处理多维一刻的时间交融的格局，确是研究人文世界的一个难度较大的焦点问题。我觉得，在这个焦点问题上，马老师只隐约地提出了这个难点。他在研究一个小岛上的土人这个对象时是可以回避这个问题的。不去牵涉到这个文化的历史范畴，他还是可以从整体出发来分析当地的人文世界。但是这个难题似乎并没有予以解答而留给后继者了。

十

马老师把文化密切地和人的生活挂上了钩。要研究人文世界势必从人的生活入手。我上文指出马老师和达尔文是一脉相承的,就是说马老师要分析人的生活不能不从人作为一个生物体开始不可。马老师喜欢说文化是人用来满足生活需要的,所以说文化是有功能的。功能就是满足生活需要的能力。满足生活需要是文化所起的作用。人的生活需要首先是生物需要,所以说到底文化是从生物需要上发生的。

认定人基本上是个生物机体,这是马老师固定不移的立场,所以我认为他是达尔文的传人未必为过。"功能说"是他朴实的文化论的出发点。朴实的文化论是从生物基础出发的。这是我接触马老师之后深刻的体会。

马老师开始他的学术生涯大约在19世纪末年,正是心理学风靡一时的年代。最流行的是本能论,人这个生物机体不学而能的行为就是本能。相当于我们传统所说的"食色性也",是"性相近,习相远"。这里所说的性是本性,也就是心理学里讲的人生而有之的本能。它是从母胎里得来生活的能力。从这种本能反映到人的意识就成了基本的欲望及冲动,即人的不由自主的行为倾向,也就是人感觉到的需要。饿了要吃,渴了要喝,遇到危险要避,见了异性就有吸引力,等等,都被视为人的本能。马老师的基本观点可能就是从这种生物学加心理学中产生的。当他说人为了生活的需要而造出一套文化手段,需要就是人感觉到的某种生理和心理的迫力。这些说法都带着生理和心理机制是创造文化原动力的意味。

但是进入20世纪二三十年代,当马老师严肃地、系统地考虑文化问题时，欧洲的学术潮流已有变化。心理学里"行为学派"占了上风，形成社会现象的集体行为受到了注意。这种潮流势必影响马老师的思想。以我个人的印象说，马老师那种强调以"食色性也"的生物本能为文化的基本需要是他的"文化论"的起点，他后来才逐步接受以个体和群体生存的必要条件作为"需要"的内涵，使他的理论日益丰润。

在1944年出版，经后人整理过的马老师遗著里，他在原稿中用文字写下了关于"需要"的定义，扼要地说是"我所理解的需要是指群体和个体生存的必要条件"。这个定义在我看来是马老师理论上的一个重要发展。他确认了文化并非简单地从生物基础上直接演化而来的，而是通过人类形成了群体，由群体的集体生活而产生了社会组织，才形成"复合整体"的人文世界。

也许是我个人的成见，我总觉马老师在世时似乎总是强调生物需要是文化最基本的动力。他固然从没有否认过人为了维持群体的生存而创造出更复杂多变的人文世界。在他生前所发表的著作里其实早已提出了维持群体生存的条件作为产生文化的需要，他认为因有提供食料和其他消费品的需要而形成经济制度，因有提供社会成员生殖和抚育的需要而形成家庭制度，因有提供社会秩序和安全的需要而形成的政法制度等等。但是他总是把这些需要称为派生的或衍生的需要，意思是从基本需要的母体里产生的，带着后生和次要的意味。而且似乎这些衍生的需要还是可以归根到基本的生物需要里的。

此外，他又感觉到文艺、娱乐、巫术、宗教、科学等制度没有配上需要，而另外列出一类需要，称之为"整合"的需要。至于整合的需要怎样和前两类需要整合在一起，我并不清楚。

总之，在马老师的文化框架里分列了三类不同层次的需要：基本（生物）、派生（社会）、整合（精神）三个层次。从字面上看第二层次是从生物需要里发生出来的。第三层次又似乎是另外加上去的附属品。我对这三个层次的需要论一直不太明白。

在我写《生育制度》时就跳出了这个三层需要论的框框，根本放弃了把婚姻、抚育、家庭、亲属、宗族等一系列的文化现象看成满足生物需要的文化措施。我不同意马老师在《野蛮人之性生活》一书里描述的那个人文世界是这地方的土人为了满足生物需要而发生的。据马老师说，这地方的土人根本不相信性交会生孩子。

我认为人并不是为了满足性的生物需要，不得不生孩子，生了孩子不得不抚养和教育孩子，男女双方不得不结为夫妇，组成家庭，一直到不得不组成宗族或氏族。我认为人们结合成了社会，为了要维持社会的存在，社会一定要有一定数量的成员去维持其分工合作的体系，而人是个生物机体，有生又有死，所以社会要维持其完整，使分工合作体系继续不断发生作用和不断发展，就必须有一个新陈代谢的机制。这个机制我称之为"社会继替"。为了完成社会继替的功能，才产生婚姻、家庭、亲属等一系列社会制度，总称之为"生育制度"，包括生殖和抚育相联系的两节，维持群体存在的必要活动。

我认为性的满足和生育孩子应当是可以分得开的两件事，不仅在现代社会里实际上早已分开，即在许多经济文化不太发展的民族里，如我所调查的花蓝瑶，和尚未受现代化较深影响的农村如江村，性交和生育事实上是可以脱钩的两件事。更不要说实行计划生育之后，性交和生育实际上已经加以合法的分离。现代西方的男女关系里早已不再把性交和生育联成分不开的事了。因而把性的本能作为家庭和抚育等文化行为的基础是颇成问题的。

我这本《生育制度》是在抗战期间写成的，是抗战结束后用土纸印行，发行量很小，到改革开放后的80年代才再版。虽已有了日文版，但还没有英文版。流通范围有限。我想真的能明白我在书里的论点的人不会很多。去年我重新阅读该书，发觉我固然修正了马老师过分强调生物需要的观点，但我本身又陷入了另一极端，犯了只见社会人不见生物人的毛病。我写了一篇自我批评的文章《个人·群体·社会》，在这篇文章中我接受了潘光旦先生的新人文观点，把文化看成节制生物本能以协和社会关系的机制。在文化和生物的关系上推进了一步。文化不但不仅是用来满足人的生物需要而且可以用来限制人的生物需要。于是走出了单纯"满足生物需要"的老路。

我经过这样反复的推敲，也许对马老师的需要论更能有深一层的理解。我觉得高兴的就是上文提到的最近看到马老师1944年的遗著中把群体生存的社会需要和个体机体的生物需要已经并排提出。这也许可以说我的《生育制度》和马老师的文化论还是相衔接的，而不是唱了反调。

十一

马老师提出功能学派之初着重在从基本上说明文化是人

们为了满足人的需要而发生的，文化对人是有用的，功能等于用处。所以他说要了解文化的意义就是在明白它对人的用处。这是句符合常识的概括。他最喜欢举的例子是一根木棒，它原本可以是一根树枝，可以用来当燃料烧火取暖，也可以用来掘地松土种植，也可以用来防卫和驱逐野兽，也可以为老人用作手杖支持行走。这是说这根木棒一进入人文世界，对人就有种种不同的用处，因而在文化上有了不同的意义。也就是说木棒本身是自然界的一件东西，在人文世界里可以有不同用处，因而成为不同的文物或器具。

由于人们为了生活的需要而创造出这个复杂的人文世界，我们要研究文化，不能不从人的生活着手去分析人们的生活有些什么需要，这些需要从何而来。这就成了《文化论》要答复的基本问题，也是马老师所提倡功能学派人类学基本理论的出发点。我对这个出发点的体会上面已经说过。

接下去当我们从这基本理论展开一步进入人文世界内容的分析时，问题也就更多了。首先可以从我在上文中所引英国人类学老一辈的带头人 Tylor 所做出的文化定义说起。他说文化是个"复合的整体"（原文是 complex whole）。复合是指多个部分联系组合而成的，整体是指浑然一体，俗语说是囫囵的，不能分割。我曾用过的"多元一体"也就是这个意思，指的是多和一的合成。多怎能合成一呢？其中必须有一个组织，就是各部分在一体中有规定的相对地位，按照一定方式活动，多组织成一就成了一个体系。所以马老师说"文化是一个组织严密的体系"。

说文化是个体系，也就包含了它是由若干互相关联的部分组成和配合活动的。因此功能（function）一词也有两个解释：一是马老师最早的需要论，指对人有用处的意思。一是几乎同时的 Radcliffe-Brown 的函数论。函数是一个数学名词。在数学里如果说甲是乙的 function，就是说甲的变化跟着乙的变化而变化的。我们可理解为甲乙处在一个体系里，甲乙互相牵连，甲变乙亦变。文化中的各部分就是这样的关系。Radcliffe-Brown 强调功能是互变的关系，就摆脱了文化和生物或心理挂钩，也就脱离了对人有用的限定。

我在伦敦跟马老师学习时，这两位社会人类学家都自称是功能学派，而且争辩得相当尖锐。我是个刚入门的初等生，对这场辩论摸不着头脑，后来才有所体会，认为马老师实质上早已说文化是一个严密的体系，包括了文化各部分的相关互变性，但也许因为辩论激烈，他不能在需要论上退下来，所以补充了"派生需要"来填补社会部分，再加上"整合需要"来补足人文世界中知识、科学、宗教、巫术等部分，从而冲淡了从生物基础上来讲需要。这就是他的需要有三个层次的说法，但继续维持文化必须直接或间接地对人的生活有用处。

马老师确是早就提出"人类活动体系"的概念，而且和他的需要论是结合的，连在一起的。他在《文化论》中说："文化功能是它在人类活动体系中所处的地位，同样的体系可以见于全球各地不同的文化中。"这个人类活动体系，他称作"制度"，"任何社会制度都针对一根本的需要……社会制度是构成文化的真正组合成分"。

马老师这段话里把人类活动体系称作制度。我曾经认为他所指的制度是按他三个层次的需要来划分的。比如他所说的基本需要包括营养（食）和生殖（性）以及御寒、居处等，针对这些需要就有耕种、婚姻、衣着、房屋等制度。按他所说的衍生需要包括社会分工合作、协力共处的秩序、文化的继承、信息的传递等，相应地发生经济、政治、教育、文字和语言等制度。再针对包括知识、信仰、文娱、休憩等的整合需要，在文化中就有学术、宗教、文艺、娱乐、竞技、旅游等制度。而且因为我在跟马老师学习时，社会人类学方面最畅销的书是马老师自己的《西太平洋航海者》、《野蛮人之性生活》和《珊瑚园和它们的巫术》以及马老师的得意门生R. Firth的《我们提科皮亚人》（亲属的社会学研究）、《马来渔民》和Audrey Richards的《野蛮人的饥饿和劳作》。这些书可以看作是这个学派的代表作，从书名上就可以看出都是针对某一需要的制度的分析。

但是当我们再翻出吴文藻先生的"文化表格"一看，这个马老师自称是提供田野工作者的参考体系和"文化大纲"的第二表"重要社会制度表"里所列出的内容却都是家族、联合家族、氏族、地方社区（邻里、村落、市镇）、部落、民族及其他各种团体。第二表"生殖历程的社会组织表"，却列举了法律、经济、巫术、宗教、教育、语言等项目。第四表"经济表"里列举的经济因子与历程中有：所有权、生产、交换与分配，消费，社会组织，巫术与宗教，知识，审美与娱乐。物质环境、语言、教育准备、政治法律等等项目（见《吴文藻人类学社会学研究文集》，第226—253页）。他在这里所用"制度"一词的意义却使我有点模糊了。

这张文化表格是马老师要学生在田野调查时带在手边的参考资料，目的是提醒田野工作者应当注意的项目，并不能看作是个严谨的文化分析表。但是由于用词似乎不很一致，提出了一些值得细致琢磨的问题。在我思考时首先想到的一个问题是，人类活动体系和人们经营共同生活的社区，是一回事还是两个不同的概念。在我的认识中，社区是有一定地区为基础的人们经营共同生活的团体。活动体系和团体在我看来是不能看作一回事的。社区其实也可说是经营共同生活的一群人。这群人是在一定地区的人文世界里进行各种活动。这些活动并不是无序的各个人自发的行为，而是按照人文世界规定的准则相互配合着的语言和动作，所以有体系可说的。社会制度就是指这些活动体系。把人类活动体系和社区混为一谈我是不能同意的。

当然马老师并没有明白地说人类活动体系即社区或团体，把两者等同起来。如果他说家族、村镇等社区或团体是人们的活动无不有一定的体系，那是完全可以理解的。但是团体是人们有组织的集体（即社区），社会制度是人们活动的体系，是两回事。当然我们不应忘记马老师赠送我们的《文化论》原本是他的未定稿，只做田野工作者的参考之用，并没有在文字上做过一番推敲和系统的修正，所以我们也不应该咬文嚼字来对待这个参考工具。

我的看法，家族、村落、市镇一直到民族、国家等等都是具体的社区。社区里的人们经营着共同生活，这个共同生活是在人文世界里进行的，人文世界是个复合的整体，由各项相关联的社会制度结合成的。我们不能说制度即社区，只能说社区的人文世界是由相关联的制度组成的。

我不敢说，我这种看法是否和马老师的看法相合，不妨作为一个可以继续研究的问题来讨论。

十二

理论上把组合部分和整体结合起来是容易的。但对于一个从事田野工作的社会人类学者，对文化这个"复合的整体"怎样入手进行调查研究，却是个难于处理的具体问题，困难是在既然是囫囵的一整体，从何下手去做全面观察呢？

这种情况可以用我亲身体验的经过来说。令人难忘的是我到达大瑶山的六巷村的第一个晚上。先行的向导已经替我们安排好住处，在一家正屋对面的小楼上。我们一进这个小楼，顿时被黑黝黝的一群人围住了，有大人，有小孩，有说有笑，讲着一些我们听不懂的话。他们借着微弱的烛光靠近我们来看我们的脸，有些妇女还用手抚摸我们的衣服。我们进入了一个友好的但莫明其妙的世界里。我们明白我们的任务就是要搞清楚这些人是怎样生活的。这样的混沌一团，头绪在哪里呢？

一个田野工作者首先要解决的是"研究的适当单位"。在这纷纭杂呈的众多男女的活动中，要理出个线索。我们住定了，开始和所借住的这家人打交道。这家的男人懂得一些汉语，和我们勉强可以直接对话，但是妇女们只懂得本地的瑶语。经过几天相处，我们和房主这一家人熟悉了。话不懂，做手势，慢慢建立起了友好关系。这样开始我们的"田野工作"。

首先我们只有依靠在自己社区里待人的经验，来和他们做有礼貌的接触。我们觉得在和房主人来往中，已存在着一定"会意"，就是互相在一定限度内可以懂得对方的意思了。我的爱人更以学当地语言为机会，和他们建立比较亲近的关系。实际上我们已初步踏入了当地的人文世界，充满新奇的感觉。我们进一步设法有意识地去了解他们的家庭成员之间的关系。我们就这样很自然地把家庭这个团体作为主要的了解对象，摸进了这个不熟悉的人文世界。

回想起来，我当时还没有去伦敦接受过马老师的"文化论"。但在实地调查工作中我们自动地，并非有意识地跟着马老师当时正在构思的《文化论》和"文化表格"所指导的方向行动了。从观察不同家庭成员间的具体活动去逐步理解他们的亲子和夫妻等关系，而且看出这些活动的规范性，用马老师的话来说，家庭是个社会制度。

我们是依赖着人类生活的共性来指导我们的观察。以我们直接的感受来说，我明白人们对远方来的客人，只要相信他不怀敌意，固然不免好奇但是友善的。主客之间存在着区别，主人们相互间也存在着不同关系，而这些关系是相当固定的，大家互相明白应当怎样对待对方，而且分明地看得出有亲疏之别。我认为这是任何社会的常态，最亲密的团体是父母子女形成的家庭。我们就抓住这个团体去了解他们在这个团体里各方面具有规范性的活动。这就进入了他们人文世界的大门，并为进一步扩大观察和了解建立了基地。我们逐步地跟着这些已经熟悉的人，从一个家推广到和这家有一定社会关系的人，和这些人的家。再进一步可以到各家去串门时就看到各家相同的和区别的情况，对他们家庭这个制度有了一定概念。又从一个村里存在着不同地位的人和家，清理出村落这个社区的结构。

在这里我们不必多说我自己的感受了。总之，后来我读到了马老师的著作时就很容易用自己的经验来体会出他用文字来表达的意思。我十分亲切地感到，马老师的著作处处在表明所有的人类，不论其文化有多大差别，基本上是一致的，不同文化的人是可以互相了解的，可以发生亲密的社会关系的。这一点正是马老师上一代学者所缺乏的基本知识和感情。马老师这点基本认识来自田野工作。马老师始终是以一个田野工作者的身份说话,而且话是说给田野工作者听的。所以我总觉得他的《文化论》是朴实的文化论,是对于了解不同文化最实用的文化论。

我的《花蓝瑶社会组织》和《江村经济》并不是先读了马老师的《文化论》而依样画的葫芦。这是我在实地调查中根据具体经验写出来的成果。我并没有想到过这些论文在学术理论上会有所贡献。我只是想老老实实写下我在瑶山和在江村看到一部分中国农民的生活实况。我曾说过这些都是我"无意插的杨柳",想不到后来这些柳树居然长出了树荫。

我说这几本书都是我无意插的杨柳,意思是我并没有在理论上做多少准备,在实地调查工作中经过种种理论上的考虑。我只有一个单纯的意愿,想了解中国人的生活,这个愿望背后,我已屡次表白过,是想使这些生活上相当贫困的各族农民逐步有所改善,就是"富民"两字。如果把这些著作提高到学术理论高度来评论确有许多可以讨论的地方。

首先可以回到文化是"复合的整体"这个古典定义上来检查一下。我从村落社会入手观察到了全村几十户人家。这能说得上是个整体么?中国农民何止这几十家人。我所观察到的连几十万分之一都不到,离开中国农民的整体太远了。但在另一个意义上却可以说是个整体。那就是说这些农村的居民生活在这社区的人文世界里,他们所生活在其中的人文世界却是个整体,因为它满足了这个村子居民的全部生活。它包括了马老师所讲到的文化的诸方面和所有的社会制度。这些方面,和这些制度又是密切地有机联系成一个体系。我们在这几本书里可以看到中国农民生活在其中的具有整体性的人文世界。

在这点上马老师的后继者，几年前才去世的Leach教授在答复有人批评我的《江村经济》只讲了一个农村，不符合英文书名《中国农民的生活》，中国有几十万个农村，怎能用一个农村来代表呢？Leach的答复说江村作为一个农村的基本结构的分析是完整的，或是说从整体的背境中去叙述了经济生活那一部分体系。社会人类学所要求的就是解剖一个文化的整体。《江村经济》既描绘出了一个各部分复合的经济体系，可以说满足了整体观点的要求。

Leach所说的整体，当然不是指全国所有的全部农村。人文世界笼罩万方，要从全面来要求是不切实际的，没有人能把整个人文世界包得下来，人的科学认识并不能做此要求。能要求于科学的是从个别看到一般。问题是人文世界有没有一般的共相。如果存在一般的共相，既是共相必然会反映在个别上。马老师一贯主张人文世界是具有一致的共相的，社会人类学就是要把人文世界从对个别的观察里把共相说出来。他的整个文化论就在说明各个民族文化尽管千差万别，但在本质上是一致的，有本质上的一致才能比较，才能沟通，最后才能融合。

十三

对20世纪初期的社会人类学者以小型社区作为研究的范围，是不发生上述问题的。当时的社会人类学事实上是一门研究殖民地上土人文化的学科。马老师和他同代人没有越出过这条默认的界线。明确提出可用人类学的方法研究所谓"文明"

社会，应当说是第二次世界大战前夕，大约是 20 世纪 30 年代的事。因之马老师研究对象必然是封闭在小型社区里的"初民社会"或直呼之为"野蛮人"。甚至马老师竟把"野蛮人"这个名词用在他名著的书名里，也并没有人见怪。

可以说当时社会人类学的田野工作者并没有发生过小型社区能不能成为"研究文化的适当单位"的问题。自从我这本《江村经济》出版后，这个问题才有人提出来。这很容易了解的，拥有几十万个村子的大国，只观察一个农村，不是有点像想从一滴水去看大湖大海么？江村能代表中国所有的农村么？单凭常识来答复也必然是否定的。Leach 教授那样的答复一般人是不会心服的。

1990 年在东京举行的一次学术讨论会上，我就主动表白我的意见。我先说明这书的原名是《开弦弓：一个中国农村中的农民生活》。开弦弓是我所调查的村子的名称，江村是我为这个村子提的"学名"。英文本的书名是 *Peasant Life in China*，翻译出来是"中国农民的生活"。这个英文名字是出版社为了可以增加销路而改变的。当我看到该书的清样时，没有提出异议，所以法律上说出版社是可以认为已得到我的默认。实际上我的确没有注意到这个书名会引起上面所提到的批评。

我在会上也老实地承认我的本意是想了解"中国农民"的生活，甚至还想了解整个"中国人"的生活。因之，提出江村能不能代表中国几十万个农村的问题提得有道理的。当时我只能说江村的调查只是我调查中国农村的开始。中国农村太多我不能一口吞下，只有逐步地一口一口地吞。先做出一个榜样是有用的。

我在这时候其实正在想在方法论上找出一个切实可行的

一口一口吞的办法。这个办法就是我在80年代开始采用的"模式论"。几十万个农村要一一地亲自观察，人生有限，我明知是做不到的，即使有个庞大的研究队伍也难于照顾全面。于是我就采用了40年代初在云南所进行的农村调查中找到那个从模式入手的方法。几十万个农村固然不是千篇一律，但也不是各有各样。从社会结构上看去这几十万个农村不仅有基本的共相，而且在相同或相类似的条件下，各个个别的农村也会出现相同或相类似的社会结构，在一定范围内存在的共相，我在80年代称之为模式。我说一个模式就是指许多农村在发展上所走相同的路子。这个概念其实是我在《云南三村》里捉摸到的研究方法，后来我从80年代开始推广到了全国各省的农村调查，至今还是我还在继续编写的《行行重行行》那一系列文章所用的方法。

模式作为一个概念我认为在一定意义上充实了社会人类学田野工作的方法论，而且适应了社会人类学当前发展形势的需要。在西方社会科学里可能已有类似的概念，但由于我的现实处境，对近年来国际上的学术信息接触不多，在这方面我应当承认是有点"闭塞"和"落后"。但同时我也相信，在实践中我是能取得解决难题的方法、概念和理论的。模式作为一个研究人文世界方法论上的概念，我是在过去有半个多世纪的学术实践中逐步取得的，而且觉得行之有效。所谓"有效"是指对解决中国社会发展的问题上有其实用。我基本上是接受马老师功能学派的观点：一个理论或一种研究方法是否站得住，应以实际社会效益来衡量和裁决的。我在《行行重行行》里所提出的各种农村经济发展模式，并不只是一种"理论"，而是一种行为的导向，在农村经济发展上做具体工作的人，从这些论著中得到思想上的启发,在具体工作中取得可实证的效果。我自己也从中取得内心的安慰。

过去功能学派的田野工作者的著作中可以看到,由于田野工作具体条件的限制,几乎多是从比较小的社区入手。马老师一生的著作的论据都是根据西太平洋这个称作 Trobriand 小岛上的亲身经验。他尽管谈论到整个人类的文化以及将来可能出现的全球性社会,他的论点也都是从这小岛上看到的人文世界里延伸出来的。有人说,越是深入到个别的事实中去,越是能看到概括性的共同规律。这句话我想在马老师的学术成就中可以取得见证。

在马老师一生的著作里,最突出也是最深刻的一个课题,就是早年引他进入这门学科的那本《金枝》中的主题,人类认识事物的思维能力有没有不同的发展阶段。从 Tylor 的《初民社会》到 Frazer 的《金枝》始终都认为分布在殖民地上的各族人民在认识事物的思维能力上和欧洲的白种人之间存在着质的不同。欧洲的白人已进入了理性思考的阶段,而其他的野蛮人、未开化人以及没有进入文明阶段的人,认识事物的思维能力却还停留在前理性阶段,不会用逻辑思想,并相信超自然的神灵在支配自然和人事。换一句话说只有巫术、宗教而没有科学。这可说是人类开始进入科学时代时较为普遍的社会思想的反映,这种思想也助长了民族歧视和不平等的社会制度。研究文化的社会人类学者从 Tylor 开始就在"初民"的巫术、宗教等项目上大做文章。马老师对这类思想是一个有力的反对者。他反复地提供实地观察到的事实来驳斥被称为野蛮的人没有理性思维活动的说法。他首先区别科学和巫术说:"科学是坚信经验、努力和理性是可靠的,巫术是固执希望不能幻灭和愿望不能欺人。"任何人都有这两种不同的态度分别用来对待不同的情况。在理性能解决人们的问题时，就依赖科学，在面对达不到的希望而心情又感到焦急时就祈求神佑和巫师的法术。在被称为野蛮人中如此，在被称为文明人中也是如此。这不是个人思维能力或智力高低的区别。在现代经济发达得很高的城市里，汽车司机还有在车里挂着保佑安全的护神像，那只说明这个城市里的交通安全还没有充分保证。我甚至在东京看到过不少学生在应考前到庙里去烧香求神。而在马老师所调查的西太平洋小岛上的土人在耕种田地时，一贯地按传统的知识，不失农时地栽秧、施肥、收割，从没有妄想不费劳动坐待收获的。但是天有不测风云，在农业的自然灾害面前，他们求鬼拜神，和我们所熟悉的农民并无不同。我不想在这里多引用马老师这方面的论证，只想指出，在西方社会人类学的文献中众多关于科学、宗教、巫术的论说到马老师的著作行世后，才告一段落。各民族的文化尽管不同，但不能从生物演化的基础上来划分优劣。现在似乎这已成为多数人的共识了。这个共识给了各民族文化上平等地位的根据，为今后全球社区的建立奠定了基础。

在这里也应当指出，我在本文前面曾说马老师继承达尔文生物演化论，我的意思是在指出达尔文把人类和其他动物接通了，提供了人类和其他动物共同的生物基础。马老师用需要论来解释文化也正是为了要在这共同的生物基础上建立人类的共同文化基础。马老师一贯主张民族平等，反对民族歧视，这可能和他个人的身世有着密切的关系。据说在他晚年，二次世界大战期间，他易受刺激的性格，更使他那种企求人类协和、民族平等的热情表露得更为激烈和深切。

尾　语

这篇讲稿是在我其他工作相当繁忙的日子里断续抽出时间来编写的。我得感谢我家乡的吴江宾馆特为我安排了几天可以闭门谢客、从事写作的机会。重读初稿总觉得过于潦草。但是讲期已定，我只能这样交卷了。希望听讲的同志们能帮助我，多提意见。有机会时再行修改。

1995 年

开风气　育人才[*]

今天我借这个纪念北大社会学研究所成立10周年的机会，同时纪念吴文藻老师逝世10周年。这两件值得纪念的事并不是巧合，而正是一条江水流程上的会合点。这条江水就是中国社会学人类学民族学的流程，北大社会学研究所的成立和后来改名为北大社会学人类学研究所，还有吴文藻老师一生的学术事业都是这一条江水的构成部分，值得我们同饮这江水的人在此驻足溯源，回忆反思。因之，我挑选这时刻说一些感想，和同人们一起鼓劲自励。

水有源，树有根，学术风气也有带头人。北大社会学人类学研究所怀有在中国人文科学的领域里开创一种风气的宗旨，在过去10年里，所里已经有不少年轻学者为实现这个风气而做出了一定的成绩。把这个风气带进中国来的，而且为此努力一生的，我所知道，吴文藻老师是其中一个重要的带头人。现在回过头来看这个研究所力行的那些学术方针中，有不少就是吴老师留下的教导。因之在吴老师逝世的10周年回顾一下他始终坚持的学术主张，对这个研究所今后的继续发展，应当是有用的，对同人们今后在学术领域里继续开拓和创造也是有益的。

---

[*]　本文原刊《北京大学学报》（哲学社会科学版）1996年第1期。——编者

吴文藻老师的生平和主要论述，在1990年民族出版社出版的《吴文藻人类学社会学研究文集》里已经有了叙述和重刊，我不在这里重复了。我只想从我个人的体会中捡出一点要点，略做诠释。

首先我想说的是吴文藻老师的为人，他在为中国社会学引进的新风气上，身教胜于言传。他所孜孜以求的不是在使他自己成为一代名重一时的学人在文坛上独占鳌头。不，这不是吴老师的为人。他着眼的是学科的本身，他看到了他所从事的社会学这门学科的处境、地位和应起的作用。他在65年前提出来的"社会学中国化"是当时改革社会学这门学科的主张。我在和他的接触中有一种感觉：他清醒地觉察到中国原有的社会学需要一个彻底的改革，要开创一种新的风气，但是要实行学术风气的改革和开创，决不是一个人所能做到的，甚至不是一代人所能做到的。所以，他除了明确提出一些方向性的主张外，主要是在培养能起改革作用和能树立新风气的人才。一代不成继以二代、三代。学术是要通过学人来传袭和开拓的，学人是要从加强基础学力和学术实践中成长的。人才，人才，还是人才。人才是文化传袭和发展的载体。不从人才培养上下功夫，学术以及广而大之的文化成了无源之水，无根之本，哪里还谈得上发展和宏扬！从这个角度去体会吴老师不急之于个人的成名成家，而开帐讲学，挑选学生，分送出国深造，继之建立学术研究基地，出版学术刊物，这一切都是深思远谋的切实工夫，其用心是深奥的。

只有了解了65年前中国各大学社会学系的实情，才容易理解吴老师当时初次踏上讲台授课时的心情。正如前述文集的附录里"传略"所引用吴老师自己的话说，当时中国各大学里社会学是"始而由外人用外国文字介绍，例证多用外文材料，继而由国人用外国文字讲述，有多讲外国材料者"。接着他深有感慨地总结了一句，"仍不脱为一种变相的舶来物"。

我是1930年从苏州东吴大学医学预科转学到燕京大学来学社会学，有缘见到吴老师初次上台讲"西洋社会思想史"的一个学生。我从中学时就在教会学校里受早期教育，是个用舶来物滋养大的学生。吴老师给我上的第一堂课上留下了我至今难忘的印象。这个印象说出来，现在中国的大学生一定很难理解。我当时觉得真是件怪事，这位从哥伦比亚大学得了博士回来，又是从小我就很崇拜的冰心女士的丈夫，在课堂上怎么会用中国的普通话来讲西洋社会思想？我当时认为是怪事的这个印象，在现在的大学生看来当时我会有这种印象才真是件怪事。这件事正好说明了这65年里我们的国家已发生了一个了不起的变化。这个变化不知耗尽了多少人的生命和心血，但只有在这个变化的大背景里才能领会65年前老师和学生的心态和他们在这65年中经历的苦乐。

现在来讪笑当时的"怪事"是很容易的，但如果置身于60年前的历史条件里，要想把当时的学术怪胎改造成一门名副其实能为中国人民服务的社会学，却并非一项轻而易举的工作，吴老师当时能做到的只是用本国的普通话来讲西洋社会思想史。这一步也不容易，因为西洋社会思想所包含的一系列概念，并不是中国历史上本来就存在的。要用中国语言表达西方的概念，比起用中国衣料制造西式服装还要困难百倍。

65年前在燕京大学讲台上有人用中国语言讲西方社会思想是一个值得纪念的大事，在中国的大学里吹响了中国学术改革的号角。这个人在当时的心情上必然已经立下了要建立一个

"植根于中国土壤之中"的社会学，使中国的社会和人文科学"彻底中国化"的决心了。

从65年前提出"社会学中国化"的主张，现在看来必然会觉得是件很自然的事，不过是纠正在中国大学里竟要用外语来讲授社会和人文科学的课程的怪事。经过了一个甲子，除了教授外文的课程之外，在中国学校里用本土语言来授课已成了常态，但是，社会和文化科学的教材以本国的材料为主的似乎还说不上是正宗。吴老师所提出的"社会学中国化"，在目前是不是已经过时，还是个应该进一步认真研究的问题。北大社会学人类学研究所坚持以结合中国社会文化实际进行科学研究为宗旨，实质上是继承和发扬吴老师早年提出的"社会学中国化"的主张。

这个社会和人文科学中国化问题牵涉到科学知识在文化中的地位和作用的根本问题。其实在大约60年前在燕京大学的社会学系学生所办的《社会研究》周刊，就曾经展开过一番"为学术而学术"和"学术为实用"之争。尽管"为学术而学术"就是为了丰富人类知识而追求知识，固然也是一种不求名利的做人态度，有它高洁的一面。但是我在这场辩论中始终站在"学术为实用"这一面，因为我觉得"学以致用"是我们中国的传统，是值得继承和发扬的。吴老师当时没有表态，但后来把英国社会人类学的功能学派介绍进来，为学以致用提出了更有力的理论基础。在功能学派看来，文化本身就是人类为了满足他们个人和集体的需要而创造出来的人文世界。满足人类的需要就是对人类的生活是有用的意思。人文世界就建立在人类通过积累和不断更新的知识之上。知识是人文世界的基础和骨干。学以致用不就是说出了知识对人是有用的道理了么？用现在已通行的话说，学术的用处就在为人民服务。

吴老师所主张的"社会学中国化"原来是很朴实的针对当时在大学里所讲的社会学不联系中国社会的实际而提出来的。要使社会学这门学科能为中国人民服务，即对中国国计民生有用处，常识告诉我们，这门学科里所包括的知识必须有中国的内容。提出"社会学中国化"，正反映了当时中国大学里所讲的社会学走上了错误的路子，成了"半殖民地上的怪胎"。

把中国社会的事实充实到社会学的内容里去是实现"社会学中国化"所必要做的初步工作。我记得30年代的初期在当时的社会学界在这方面已逐步成为普通的要求，出现了两种不同的倾向，一种是用中国已有书本资料，特别是历史资料填入西方社会和人文科学的理论；另一种是用当时通行于英、美社会学的所谓"社会调查"方法，编写描述中国社会的论著。在当时的教会大学里偏重的是第二种倾向。开始引进这方法的还是在教会大学里教书的外籍教师，其中大多不懂中国话，雇用了一批中国助手按照西方通用的问卷，到中国人的社会里去，按项提问，按表填写，然后以此为依据，加上统计，汇编成书。这在当时的社会学里还是先进的方法。南京金陵大学的J. L. Buck教授是其中之一，他用此法开创了中国农村经济的调查，不能不说是有贡献的。这个方法不久就为中国的社会学者所接受和运用并加以改进，适应中国的情况。最著名的是当时在平民教育会工作后来转入清华大学的李景汉教授。他在河北定县和北京郊区一个农村的调查首开其端，接着燕京大学的杨开道教授也开始了北京附近清河镇的社会调查。这些实地调查在中国社会学的进程中有它们重要的地位。至于抗战时期在社会调查工作方面，清华大学国情普查所曾经结合经济学在滇池周围各县进行过人口调查，由陈达教授给予了指导，方法上也得到了进一步的提高，也形成了一种传统，为中国人口学奠定了基础，则是后话。

吴文藻老师当时对上述的两种研究方法都表示怀疑。利用已有的书本上的中国史料来填写西方的理论和基本上借用西方的调查问卷来填入访问资料，都不能充分反映中国社会的实际。1933年燕京大学社会学系请到了美国芝加哥大学社会学系的Robert Park教授来校讲学，给燕京大学的师生们介绍了研究者深入到群众生活中去观察和体验的实地调查方法。吴老师很敏捷地发现了这正是改进当时"社会调查"使其科学化的方法。他从Park教授得知这种方法是从社会人类学中吸收来的，而且在美国芝加哥大学已用当时所谓"田野作业"的方法开创了美国社会学的芝加哥学派。吴老师抓住这个机遇，提出了有别于"社会调查"和"社会学调查"的方法论，并且决定跟着追踪进入社会人类学这个学科去谋取"社会学中国化"的进一步发展。

现在我又回想起1933年燕京大学社会学系里在我们这批青年学生中掀起的派克热。派克带着我们这些学生到北平去，去现场参观贫民窟、天桥、监狱甚至八大胡同，从而领会了派克所说要从实际上存在的各种各样的社会生活中去体验社会的实际。这正是吴老师提出"社会学中国化"时要求我们用理论去结合的实际。这个实际就是人们社会生活的实际。这个中国是中国人生活在其中的中国。当Park教授讲学期满返国时，我们这辈学生出版了一本《派克社会学论文集》送他做纪念。这本书我到现在还没有找到。

就在那年暑假，这一群青年学生就纷纷下乡去搞所谓社会学的"田野作业"。吴老师则正开始认真考虑怎样去培养出一批能做"社会学调查"的学生，他知道要实现他改革社会学的事业，不能停留在口头的论说，必须做出有分量的研究成果，让这些研究成果对社会的效益去奠定这项学术改革的基础。能做这种"社会学调查"的人在哪里呢？当时各大学还没有培养出这种人才，所以吴老师就采取了现在已通行的"请进来，走出去"的办法。他在1935年请来了著名的英国人类学家Radcliffe-Brown到燕京大学讲学。又在燕京大学的学生中挑出一部分有志于做这项工作的人去学人类学。我就是其中之一，由吴老师介绍，考入清华大学研究院跟俄籍人类学家史禄国学人类学。其后又为李安宅、林耀华等安排出国机会到美国学文化人类学。吴老师自己利用1936年休假机会去美国和英国遍访当时著名的人类学家。我在该年从清华毕业后得到公费出国进修的机会，在伦敦由吴老师的介绍才有机会直接接受马林诺斯基的指导进行学习。

我提到这些似乎是私人的事，目的是要点出吴老师怎样满怀热情地为社会学学科在中国的发展费尽心计。我在这里引一段冰心老人在她《我的老伴》一文中所引吴老师自传中的一段话："我对于哪一个学生，去哪一个国家，哪一个学校，跟谁为师和吸收哪一派理论和方法等问题，都大体上做出了具体的、有针对性的安排。"现在李安宅已经去世，林耀华和我今年都已到了85岁，这几个人就是吴老师这段话里所说的那些学生，都是吴老师亲自安排派出去学了人类学回来为"社会学中国化"工作的人，也是吴老师开风气、育人才的例证。

吴老师把英国社会人类学的功能学派引进到中国来，实际上也就是想吸收人类学的方法，来改造当时的社会学，这对社会学的中国化，实在是一个很大的促进。直至今天看来，还是一个很重要的选择，仍然不失其现实的意义。事实上从那个时候起，社会人类学在中国的社会学里一直起着很重要的地位和作用。60多年前开始的这个风气，是从"社会学中国化"这个时代需要的命题中生长起来的。即使是今天的人，无论是国外的学者，还是国内的专家，只要想扎扎实实地研究一点中国的社会和文化问题，常常会感到社会人类学的方法在社会学研究中的重要性。这个问题说起来，当然还有更深的道理，因为社会学研究的对象是人，人是有文化的，文化是由民族传袭和发展的，所以有它的个性（即本土性），所以在研究时不应照搬一般化的概念。早期西方的人类学是以"非西方社会和文化"作为它的研究对象的，因而注意到文化的个性（即本土性），因而强调研究者应采取田野作业的方法，吴老师提出"社会学中国化"就是着重研究工作必须从中国社会的实际出发。中国人研究中国（本社会、本文化）必须注意中国特色，即中国社会和文化的个性。这就是他所强调中国社会学应引进人类学方法的用意。同时他把这两门学科联系了起来，认为社会学引进人类学的方法可以深化我们对中国社会文化的理解。

吴老师出国休假期满，回到燕京大学，正值抗日战争前夕。他原想返国后在燕京大学试行牛津大学的导师制，并为实现他提出的社会学调查工作继续培养人才。这个计划事实上因战争发生已经落空。他和他同辈的许多爱国的学人一样，不甘心在沦陷区苟延偷安，决心冒风险，历艰苦，跋涉千里进入西南大后方，参与抗战大业。吴老师于1938年暑到达昆明接受云南大学的委托建立社会学系。不久，我也接踵从伦敦返国，立即投入云大新建的社会学系，并取得吴老师的同意在云大社会学系附设一个研究工作站，使我可以继续进行实地农村调查。这个研究工作站在敌机滥炸下迁居昆明附近的呈贡魁星阁，"魁阁"因而成了这个研究工作站当时的通用名称。在这里我回想起魁阁，因为它是在吴老师尽力支持下用来实行他多年主张为社会学"开风气，育人才"的实验室。在他的思想号召下吸引了一批青年人和我在一起共同在十分艰苦的条件下，进行内地农村的社会学研究工作。尽管1940年底吴老师离开昆明去了重庆，这个小小的魁阁还坚持到抗战胜利，并取得一定的科学成果。

吴老师到了重庆后，又着手支持李安宅和林耀华在成都的燕大分校成立了一个社会学系和开展研究工作的据点，并适应当时和当地的条件，在"边政学"的名义下，展开对西南少数民族的社会学调查和研究，同样取得了优秀的成绩。昆明和成都两地的社会学研究工作应当说是吴老师为改造当时的社会学在抗战时期取得的初步成果。抗战胜利后，1946年吴老师出国去日本参加当时中国驻日代表团的工作。新中国成立后他即辞去代表团职务，于1951年克服种种困难返回祖国怀抱。

在吴老师返国后，于1952年高校院系调整中，原在各大学中的社会学系被取消了，原来在社会学系里的教师和学生分别安置在各有关学系里。其中一部分包括我自己，转入新成立的民族学院，开展有关少数民族历史和社会调查研究。这项研究实际上和吴老师在成都时开展的少数民族研究是相衔接的，所以从学术上看吴老师所主张的联系中国实际和吸收人类学的田野作业方法在新的条件下，还是得到了持续。而且适应当时民族工作的需要而得到了为人民服务的机会。

吴老师1951年从国外归来后，1953年参加了民族学院的教学工作。不幸的是他和其他许多社会学者一样在1957年受到反右扩大化的影响，被错划为右派，失去了继续学术工作的机会。又经过了20多年，到1979年吴老师的右派问题才得到彻底改正。这时他已经年近80岁了，但对社会学的关心从未间断过。当1978年社会学得到重新肯定和在准备重建的时候，他在自传里曾说："由于多年来我国的社会学和民族学未被承认，我在重建和创新工作中还有许多事要做。我虽年老体弱，但仍有信心在有生之年为发展我国的社会学和民族学做出贡献。"

社会学作为一门学科，中断了有20多年。这是历史事实。而且正中断在它刚刚自觉地要改造成为一个能为中国人民服务的学科的时刻，社会学在重新获得合法地位时，实质上是要在中国土地上从头建立起一门符合当前新中国需要的社会学。因此不只是在大学里恢复一门学科，在大学里成立社会学系，而是要社会学本身进行改造和创新。正是吴老师在上引自传的话里着重提出重建和创新的意义。其实他也说出了怎样去重建和创新的路子，就是实行他一生主张的理论联系实际和从具体现实的人们生活中去认识和表达社会事实。吴老师是在1985年去世的，他在自传中这句话不幸已成了他对中国社会学重建和创新的遗嘱。

我纪念吴老师的话说到这里可以告一段落。现在可以转身过来纪念北大这个社会学研究所成立10周年了。这两年值得纪念的事在时间上正好在今年相衔接在一起。我在这次讲话的开始时就说，今天我们所要纪念的两件事并不是巧合，而是有内在的密切联系。因为这个研究所的宗旨正符合吴老师总结了一生经验而表达于他遗嘱中的主题,所以两者是一脉相通的。而且我自己正是把两者结合在一起的中介人。接下去我应当说一下这个研究所成立的经过。

1979年改革开放政策开始时,邓小平同志在"坚持四项基本原则"的讲话里,讲到了社会学,并说:"现在也需要赶快补课。"这可以说是对社会学这门学科在学术界地位的肯定。接着是怎样落实这项政策的具体工作。当时在过去大学里讲过社会学的老师大多数已经去世,留下的不多,我是其中之一,所以理应响应这个号召。但我当时的心情是很复杂的。社会学这门学科能得到恢复,我当然由衷地感到鼓舞,但是对于重新建立这门学科的困难,我应当说是有充分的估计的。社会学在中国,在我看来在解放前并没有打下结实的基础,正如我上面所说的,它是正处于有人想改造的时候中断的,所以提到恢复这门学科时,我曾经认为它是先天不足。又经了这中断20多年,可以调动的实力不强。对重建这门学科,我的信心是不足的。最后我用"知难而进"的心情参与重建社会学这项工作。

我记得胡乔木同志在该年社会学研究会成立时的讲话中曾说:"要赶快带徒弟,要教学生,即在大学里边恢复社会学系,现在许多同志(指学过社会学的人)都老了。我们希望从我们开这次会到有些大学设立起社会学系这中间不要开追悼会。"在大学里办社会学系,一要教师,二要教材,而当时正是教师教材两缺。既然在一些大学里恢复社会学系作为一个紧急任务提了出来,我们也就不得不采取应急的措施。于是从各大学里征集愿意学社会学的各有关学科的青年教师进行短期集中学习。从若干期学习班里挑选一部分较优秀的成员,采取集体编写教材的方法，加工自学。经过反复讨论修改编出了《社会学概论》这一本基本教材，然后由编写人分别在一些大学里试讲。通过这我们所谓"先有后好"的方针，到1980年起在南开、北大、上海、中山等大学里开始社会学这门课程的设置。在这个基础上陆续在一些大学里建成社会学系。到现在全国已有15所大学建立了社会学系或专业。1985年我在教委召开的一次社会学教学改革座谈会上的发言中表示重建社会学的任务到这时可以说已初步告一段落。"戏台是搭好了，现在要看各位演员在台上的实践中去充实和提高这门学科了。"我说这句话时的心情不轻松，怎样去帮助教师们能在实践中充实提高还是一个必须考虑的问题。

这问题其实我在采用上述的速成法培养社会学教师时早就看到了的。我从吴老师的遗言里得到启发，看来我们还得从他所指出过的路子上去解决这个充实和提高社会学内容的问题。所以我在《社会学概论》的试讲本前言的结束语里说："我认为编写人必须定期选择专题投身到社会调查工作中去，联系相应的理论研究，用切实的从中国社会中观察到的事实和实践经验来充实《概论》的内容，并提高社会学的理论和应用水平。"

话是说出了口，但如果我自己不能以身作则，这些话很可能成为一套空言。因之我一方面在说"戏台已经搭成"，另一方面我想有必要再创立一个机构使社会学这个学科的教师能够不断接触实际，进行田野作业。所以我建议北大成立社会学系之后，再设立一个社会学研究所，并自愿担任该所的所长，以便继续带头进行实地调查农村和少数民族社区的田野作业。我力求能继承吴老师的"开风气，育人才"和"身教重于言传"

的精神,用我自己的研究工作去带动北大社会学学科的教师和研究生的实地研究风气。这样开始我的"行行重行行"。为了摆脱该所的行政事务,1987年我辞去所长职务,但依旧以名誉所长名义保留学术指导的任务,直到目前。

人类学的调查方法是我们认识中国社会实际的重要途径,结合人类学来创建和改造中国的社会学,是我们实现"社会学中国化"的基础工作。我在1990年给北大校领导的信中曾建议:"从我几年来亲自实践的经验看,把社会学和人类学结合起来,以社区为对象,用实地调查研究方法,对学科建设和培养年轻一代扎实的学风很有必要,而且可以突出北大的特点和优势……可把所名改为社会学人类学研究所。"这样可以继承传统,加强国际学术交流,也更加名副其实。1992年研究所正式更名。社会学人类学研究所成立10年来,主要从事了三个方面的工作:边区开发、城乡研究、中华民族多元一体格局的探讨。这些研究都是跨学科的,体现了社会学与人类学综合的想法。同时,这些工作的开展与我多年来十分关注的社会学、人类学的现实应用是密切相关的。中国社会的发展,需要一代接一代人的不断努力。我们社会学人类学工作者不能像西方学者那样,采用对人民生活漠不关心的贵族态度。处在社会变迁中的学术工作者,应当努力为社会现实的发展与人民生活素质的改善,付出不懈的劳动。这一点也许也是中国社会学与人类学的一大特色。

从该所建成的1985年至今年已有10年。回顾这10年,这个研究所是取得了一定成就的,我们应当饮水思源,感激吴文藻老师为我们大家开创出这一条改革社会学,使其能适应不断在发展中的新中国的道路。因此在纪念这个研究所的第一个

10年的时候,我愿意同时纪念吴文藻老师逝世的10周年。应当说这两件值得纪念的事联结在一起是恰当的,同时也正应当用以加强同人们任重道远的认识和自觉的责任心。

1995年12月10日

重读《江村经济》序言[*]

去年在北大社会学人类学研究所召开的高级研讨班上我许下一个愿,要在90年代余下的几年里对自己一生中"已经写下的东西多看看,反思反思,结结账"。而且还说"我想结合《江村经济》写一篇关于马老师论社会和文化变迁的文章"。许下的愿还得及早还清。半年多来心上老是挂念着这篇欠账。人世纷扰,抽空下笔的闲暇不多。说实话,我送出该书中文版的清样以来的10年中,还没对这本书从头到尾重读过一遍。在1986年中文版发布会上,曾说"愧赧对旧作,无心论短长",这种心理长期来尚未克服。这次为了已经当众许下了愿,不能不硬着头皮,重新读一遍。

一

重读旧作,开卷就是马林诺斯基老师为这本书写的序言。这篇短短8页的文章里触及到社会人类学里许多至今还应当反复琢磨的基本问题。我想就在这些问题中挑选一些出来,谈谈我经过60年的实践后的思考。我原想用《重读〈江村经济〉》

---

[*] 本文原刊《北京大学学报》(哲学社会科学版)1996年第4期。——编者

作为本文的题目,现在既把范围缩小了,题目也得改为《重读〈江村经济〉序言》。

关于我写这本《江村经济》和马老师为此书写序言的经过,我在1962年写的《留英记》中已有交代,在此不必再重复,于是发生了我这篇文章从何下笔的难题。正在踌躇中,我突然想起不久前有一位朋友送我一篇1962年伦院(LSE,即伦敦经济政治学院)纪念马老师的演讲会上宣读的一篇讲词的复制件。讲员是英国人类学者Maurice Freedman教授,讲词的题目 *A Chinese Phase in Social Anthropology*。这篇讲词正好给了我一个下笔的入口。

先交代一下这位作者和这篇讲词。

我没有见过这位Freedman教授,但80年代我又获得出国访问的机会时,在国外一路听到许多同行朋友谈到关于Freedman的话。语气中都为我没有见到这位对中国社会文化研究具有突出热情的社会人类学家而惋惜,甚至有人听我说还没有读过Freedman的著作感到奇怪。事实是这样:我于1938年暑期离英返国后,由于战争的原因,我和国外的学术界已无法继续来往。大概在50年代末和60年代初这段时间里,Freedman在英国人类学界初露头角,而且名声日著,1962年已在高规格的伦院纪念马老师的会上发表讲话。听说后来1968—1970年曾一度当过伦院人类学系主任,成了马老师的接班人之一。他极力提倡研究中国社会文化,而且身体力行,做出成绩,获得"汉学人类学家"的名声。他培育了一批对中国社会文化有研究兴趣的社会人类学者,甚至有人认为他实现了马老师曾表达的愿望,开创了一代用社会人类学方法研究东方有悠久历史的国家的社会文化的风气。但不幸他在1975年过早逝世，享年55岁。那时正在"文革"末期，我刚从干校回到北京不久，还戴着"脱帽右派"的帽子尚未恢复正常的社交生活。如果他能增寿10年，有机会来华，想来我们双方都会感到知己难逢，相见恨晚了。但天不作美，良缘难得，交臂错失，只能说是天意了。

再说他那篇讲词的题目坦率指出了社会人类学这门学科的"Chinese Phase"。这个提法怎样译作中文？据《英华字典》phase有两解：一是方面，一是时期。用方面来译，意思是在社会人类学中有研究中国的一方面，那是比较普通的译法，因为一门学科可以有多个方面。如果译作时期，意思就有中国研究可以成为这门学科在一定时期里的主流，那就有一点自负的味道，至于译成社会人类学的中国时代，那么这个味道更重了。我倾向于用"方面"，但用"时期"也不能说超越了Freedman的本意，因为我读了他的讲词，觉得他是有点想把马老师在序言里所提出的"社会学的中国学派"Chinese School of Sociology提高一下，把研究文明国家的社会文化作为社会人类学的奋斗目标。这是Freedman的"预言"。他们两人都寿命不够长，没有看到所预言的"学派"或"时期"实现于世，令人遗憾。

有人称Freedman为"汉学人类学家"，我也想加一点注释。这个名字是最近我从北大社会学人类学研究所副教授王铭铭同志的一篇《社会人类学与中国研究》一文（《人类学与民俗通讯》第20—21期）看到的。原文是："后来，弗里德曼成为了研究中国的人类学家（或称汉学人类学家）共同推认的学术导师。"

汉学人类学的英文对译我没有见到过，这可能是由于我和外文资料接触太少所致,如果在英国此词现已流行,则 Freedman 所说的 Chinese Phase 确应译作"中国时期"甚至"中国时代"了。

这里插入一段有关掌故可能会有些启发。西欧各国学者研究中国文化已有好几个世纪,一般包括在东方学 Oriental Studies 之内,研究中国的东方学称 Sinology,这类学者称作 Sinologist。汉学或东方学来源于此。记得我在《留英记》里说过,我在接受博士考试时,有一位考官是 Sir Denison Ross,就是一位当时有名的东方学者。马老师事后曾为我解释说,关于中国社会文化的研究有需要得到东方学者的认可。可见直到 30 年代中国文化的研究在英国还属于东方学者的"领地"。但是马老师取得 Denison Ross 的同意把社会人类学跨进了这种学术王国里的传统界线。Freedman 接着在 60 年代就在这块园地上撑起了"研究中国的人类学"甚至有人称之为"汉学人类学"这面旗子了。如果东方学者不出来抗议,就表明英国学术界里发生了变化。

二

Freedman 是想紧紧抓住马老师在《江村经济》序言开始就说的该书"将被认为是人类学实地调查和理论工作发展中的一个里程碑"这句话,作为在社会人类学的领域里开创一个新风气的根据。这个新风气就是从过去被囚禁在研究"野蛮人"的牢笼里冲出来,进入开阔庞大的"文明世界"的新天地。

不论在英国还是美国,社会或文化人类学在 30 年代前一直是以当时被欧洲人称为"野蛮人"作为研究对象的。他们把"人类学"实际上等同于"野蛮学",但并不觉得这是对人类学的讽刺。马老师是在这陈旧的空气里熏染成长的,当他发表他的成名之作时,竟也把"野蛮人"这个我们现在听来十分刺耳的污辱人的名称用在他所著的书名里,但他醒悟得比别人早些,并公开发出了预言说:"未来的人类学不仅对塔斯马尼亚人、澳洲土著居民、美拉尼西亚的特罗布里恩德群岛人和霹雳的俾格米人有兴趣,而且对印度人、中国农民、西印度群岛黑人、脱离部落的哈勒姆非洲人同样关注。"他在给《江村经济》写序言时,就引用了这句预言,并表示终于看到了这预言开始实现的喜悦。至于这句预言原来的出处,在序言中并未注明。

其实他这句预言是用了极为温和的口气表达的。只希望人类学对当时被划分为文野的两类人等同"关注"。这种口气相当于为人类学开阔一个研究的"方面"。60年代Freedman用的phase一字就注入了"新时期"甚至"新时代"的意味了。这30年里怎样会发生这么大的变化呢?我不能不想起就在这30年里发生过震动全人类的第二次世界大战。这次大战使大英帝国瓦解了,世界各地被殖民主义压迫下的民族在不同程度上得到了解放。人类学者还想用过去那种气势凌人地到原来殖民地上的人民中间去进行所谓调查研究的田野作业,免不了要吃闭门羹了。这是大势所趋,人类学这门学科要能继续生存下去,就得另辟路径,开拓新的研究园地。这时自会有人想起马老师的预言。当时在伦院人类学系后来接班当主任的Freedman反应得比较迅速,跟着马老师指导的方向,看到了中国,想一举而抹掉"文野"之别。现在又过了30多年回头看,他未免急躁一点,在当时要树立起"社会人类学中国时代"或"汉学人类学",条件似乎不够成熟,以致壮心未酬,赍志而殁。文野这条人为的鸿沟仍未填平。

马老师在序言里提到这预言时,心里明白要跨过这文野之别并不是那么轻松容易的。他在序言里接着说:"这一段引语中包含着对现代实地调查和理论工作提出了重要基本要求,研究文化变迁、文化接触的现象、现代文化的传播。"他在写序的当时自己就在非洲研究现代各民族的关系,触及现代文明和土著文化中间这条文野鸿沟,也面对着一系列对他原有实地调查方法和理论的挑战。他也明白自己的探索就会在这条路子上爬上一个台阶,他要为人类学更上这层楼,从对野蛮人的研究过渡到对文明人的研究,筑好一顶楼梯。但是由于寿命的限制,只遗下了一大堆残稿,后来,虽经他的门生于1945年整理成了 *The Dynamics of Culture Change* 一书,但他想建立的这顶楼梯还只是一个初步设计的图稿,留下许多空隙没有填实。

马老师看重《江村经济》的原因,到现在我才有了进一步的体会,可能是他在我这本书的骨子里看到了一些所希望培育的苗头。也许他曾考虑过,吴文藻老师所带领的这个小小队伍有可能就是实现他的宏图的一个先遣队,为人类学跨过"野蛮"进入"文明"进行一次实地探索。我当时实在不太能领会他说"社会学中国学派"时的期待心情。我曾多次坦白地说过,这本《江村经济》在我是一棵"无心种下的杨柳"。当时我哪里会有这种本领看出马老师的用心?经过了30年的坎坷境遇之后,才如梦初醒,在1985年不自觉地吐出"愧赧对旧作"这句话。今天又过了10年才进一步发觉当时感到愧赧的原因是辜负了老师当时的这片心愿。能有此悟,还得感谢 Freedman 这篇演讲的启发。

三

　　Freedman 在这篇演讲里，讲到了马老师离英后海外人类学者研究中国的企图和困惑。马老师这一代人在社会人类学里奠定了着重"田野作业"的传统，就是要从人们的实际生活中去观察他们的社会和文化。这个"田野作业"的调查方法虽不能说是从马老师开始，但他以后的社会人类学者都以他在 Trobriand 岛上土人中的实地研究作为范本。马老师研究过的 Trobriand 岛上的土人是世世代代在这小岛上生活的人，为数不过几千人，长期和外界隔绝，往来稀少，有一点像陶渊明所描写的桃花源里的人物。像马老师这样有经验的人类学者在这岛上住上几年，用当地土语和当地土人亲密往来是不难做到的，可以说具备亲自接触和参与当地土人生活的条件，这就是为社会人类学者采取田野作业布置下的理想环境。马老师充分利用这些客观条件结合了主观的才能和努力，为社会人类学提升了一个阶段，走出书斋进入田野。

　　现在要从这种对过去曾被称过"野蛮人"的研究所用的田野方法去研究"文明人"行得通么？这是一个想把社会人类学再提高一个阶段必须解决的问题。马老师在《江村经济》的序言里一开始就列举若干他认为本书的优点，其中，第一点就是"一个土生土长的人在本乡人民中间进行工作的成果"。他加上一句提醒西方的读者说，中国是"一个世界上最伟大的国家……本书的内容包含着一个公民对自己的人民进行观察的结果"。

　　上面的引语，我是用了中文版的译本。原文中前一句是"It is the result of work done by a native among natives"。他写完

这篇序言后，特地打电话要我去他家吃便饭。在饭桌上边吃边谈，谈话中提到序里的这句话时着重说明"native"意思是指"本地人"。我当时觉得这位老人家心眼儿真不少。他怕我见怪，因为在西方 native 一词通常带着贬义，用来指殖民地上的野蛮人。当时我怪这位老师连这一点也值得要当面向我特地说明一下的么？随后我想起这次谈话时，发觉西方殖民主义确已深入民间的语言感觉之中。我觉得这位老师还不明白我们中国人的心态。我们也有野蛮这个词，不过只指粗鲁无礼，并不是人格的区别，更不触及人的尊严，不等于说"你不是人"。而西方把文野区别提高到了人和不是人的界线。在这一点上我们也许能看到至今还十分严重的西方种族矛盾的心态根源。说不定这个以种族绝灭到种族奴役为手段起家的现代西方文明会被这段历史在人们心态里的沉淀物所颠覆。天道轮回，报应说不定还是历史的规律。

话似乎说远了。但这次饭桌上的谈话，还是可以和社会人类学的发展主题联系起来。我在这次读这篇序言时，又深一层考虑到这位老人家既有用 native 这个词来指我和我所调查的家乡父老而怕我见怪之意，为什么偏要用这词，说这句话呢？看看前后文就不难明白这是有意说给有种族歧视的西方人听的，尤其是西方人类学者听的。这句话的前文是"作者并不是一个外来人在异国的土地上猎奇而写作的，本书的内容包含着一个公民对自己的人民进行观察的结果"。后文是"如果说人有自知之明的话，那么，一个民族研究自己的民族的人类学当然是最艰巨的，同样，这也是一个实地调查工作最珍贵的成就"。重读生新意，联系着 Freedman 的演说来看，马老师死后，英国的人类学者中间对马老师这预言的反响就真使我另有一番滋味在心头了。

最令人深思的：马老师在上引这些话中明确反对的是"在异国的土地上猎奇而写作"，提倡的是"一个民族研究自己民族的人民"。这样明确的态度却没有灌入他的一些学生耳中。由于我长期没有与国外社会人类学者有过深入接触，对国外文坛不应凭传说任意做出议论。事实是我实在还没有听说过国外的人类学家中有对自己民族或国家的人民进行过严肃的研究。我希望我这样说是出于我的孤陋寡闻。但是反对研究自己社会文化的人却是有的，比如 Edmund Leach 教授在 1982 年出版的 *Social Anthropology* 里明白表示，他根本不赞成一个初学人类学的人从研究自己的民族入手，就是说他怀疑本民族的人从研究本民族能进入社会人类学的堂奥。我实在不明白他这种成见是否能说还是欧洲人的种族优越感在作弄他，连人类学者都跳不出这个魔掌？对此我们可以不去深究了。重要的是既然排除了自己的民族作为研究对象，而英美的人类学到他们这一代已面临过去出入无阻的"野蛮人世界"对他们关了门，除了回到书斋里去之外，还有什么地方可去呢？迫于无奈，这一代英美人类学者不能不转向自己国土之外的文明世界了。

四

Freedman 在那篇讲演中提到了一系列在 30 和 60 年代研究中国的英美人类学者，这些都是 1938 年我离开伦敦之后所发生的事。当时我已是西方社会人类学界的局外人，看了 Freedman 这篇演讲的复制件才得知有些西方人类学者把研究对象指向了中国。

我特别注意到 Freedman 首先提到的是现在还和我通信问好的伦院的老师 R. Firth 教授，现在已是 Sir Raymond 了。他是最早赏识我这本《江村经济》的老师。我在《留英记》里已讲过，我初到伦院时，他是系里为我指定的导师。他和我商量写论文的内容时，我先提出"花蓝瑶的社会组织"，后来补充说我在来英之前又调查了一个家乡的农村。他看了我两篇节略后，建议我写《江村经济》，我一直不明白他做出这选择时的考虑。现在联系了当时社会人类学的处境来说，可以猜测他已看到这门学科正面临从研究野蛮人转向研究文明人的起点上。他这个选择可以说是扭转方向盘的第一手。

Freedman 的演讲里提到一段我过去不知道的事。他说 1938 年，应当是我在离英之后 Firth 曾寄了一篇论文给燕京大学出版社的《社会学界》，这一期还标明专门献给"LSE 的人类学"。在这篇论文里他提出了"微型社会学"的概念，用来专指马老师所说"社会学的中国学派"的特点。马老师的那篇序言里曾说过"通过熟悉一个小村落的生活，我们犹如在显微镜下看到了整个中国的缩影"。6 年后（1944），Firth 又在伦院的讲坛上再一次说微型社会学是人类学在战后可能的发展方向。微型社会人类学是指以小集体或大集体中的小单位做研究对象去了解其中各种关系怎样亲密地在小范围中活动。他加重了口气说我想社会人类学者可以做出最有价值的贡献或许依然就是这种微型社会学。他在 1952 年又强调了局限于小单位的观察有多种好处。关于这个问题我在下面还要提出来讨论。这里要指出的是 Firth 把研究中国的社会人类学提高到了社会人类学发展方向上来了。从马老师的"社会学的中国学派"到

Firth的"微型社会学"是一个飞跃,并为Freedman后来提出的"社会人类学的中国时期"开辟了道路。

Firth教授不但在理论上做出先导,而且就在这时候准备在行动上付诸实践,就是打算到中国来做"微型社会学"的试验。他开始学习汉文汉语,据说后来他发现汉文汉语不容易在短期内掌握,所以不得不改变计划,半途在马来西亚停了下来。1939年他选择了马来半岛东北角沿海的Kelantan地方的一个滨海的渔村开始用社会人类学方法进行微型社会学的田野工作。Firth教授这次亚洲之行并没有同我和吴文藻联系,当时我国对外通信渠道已经断绝。他改变计划的原因可能并不完全是Freedman所说的在语言上的困难,而是当时的国际形势。他启程时日本侵略军已攻占了半个中国,前锋已到达桂黔边境,而日本还没有发动太平洋战争,马来西亚尚未进入战时状态。Firth教授就利用这短短一年多平静的时期取得研究一个亚洲的渔村的机会。在日军进入马来西亚的1941年返回伦敦,编写他那本 *Malay Fisherman* 的初版。大战结束后,他于1946年和1963年又两次重访这个渔村,改写了这本微型社会学的代表作,正是在Freedman发表那篇演讲的下一年出版。

说来也很有意思的是,一向不主张人类学者从微小社区入手研究一个文明的大民族文化的E. Leach教授,自己却利用参加英国军队进入缅甸的机会,大概在1940年前后,在中缅边境开始研究缅甸境内的景颇族的山官制度(所著的书是1954年出版的)。他在英军溃退时,靠我们的军队掩护,从滇缅路撤退,到达昆明时,我还在云南大学教书,他的临时住所就在翠湖边,和我只隔了一条街。可是他没有通知我,以致我们两人失之交臂,没有见面。

在 Freedman 的演讲中提到的西方人类学者在 1938 年之后到中国来研究的还有 Oxford 的 W. H. Newell, Cornell 的 C. W. Skinner, Columbia 的 M. H. Fried 和 LSE 的 I. Crook。在北京解放前不久，Chicago 的 R. Radfield，应邀来清华讲学。他是继 R. Park 和 A. R. Radcliffe-Brown 极力主张中国社会学和人类学者研究中国社会文化的有力支持者，不幸都没有看到他们所催生的婴儿的成长而逝世了。中国大陆解放之后，以上提到的这些西方学者除了 Crook 之外都离开了中国。直到 80 年代改革开放之后，才又有一些人类学者来华做研究工作。

令人遗憾的是 Freedman 在世时，至少在他发表这篇演讲前，并没有看到我 1945 年在美国芝加哥大学出版社出版的介绍我们抗战时期在云南内地农村调查的 *Earthbound China* 一书。在他这篇演讲里只能说到我返国后在左右两堵政治墙壁上撞破了头，似乎从此休矣。这怪不得 Freedman，当时国际信息远不如当前这么发达，曾有一个时候西方曾盛传我已不在人世。但是马老师赞扬的研究自己民族的人类学在西方固然没有得到响应，我们中国学者却还守着他的遗训，而且有所发展。他如果在世时能看到我们在中国做出的探索，也许对他所主张的"社会人类学的中国时期"可以提供一些有力的支持。

我觉得抱歉的是在这篇文章中对 Freedman 本人用人类学方法研究中国社会文化的成绩不能多说几句。一是因为我们并无一面之缘，第二是因为除了这篇演讲的复制件外，我还没有机会读到过他的著作。我只能借上引王铭铭的文章里的话来说，他是现在英国"研究中国的人类学家（或称汉学人类学家）共同推认的学术导师。其影响至今不衰，他的后代现在已成为西方汉学人类学的中坚力量"。他在社会人类学历史上的地位，这几句话已足够定论了。希望有一天我还能向Freedman的原著认真学习，提高我对我自己的国家和民族的科学认识。

下面接着我想就我自己实践中得来的思考，对用人类学方法研究中国社会所需解决的几个理论问题发表一点意见，我倒并不急于和西方人类学者对话，更不想抬杠，还是为了推进我们中国人研究中国社会文化，用此余生做出一份努力。

五

马老师在《江村经济》序言中重提他的预言，社会人类学的研究对象应当包括文明人，又鼓励本民族人研究本族的社会文化。如我在上节提到的，第一个在他指导下得到博士学位后来又成为他接班人的Firth教授曾依他所指出的方向，在马来西亚用马老师一贯强调的田野作业方法和功能主义理论，研究了一个海滨的渔村。他在实践中提出了"微型社会学"的概念。微型社会学是以一个人数较小的社区或一个较大的社区的一部分为研究对象，研究者亲自参与当地的社会活动，进行亲密的观察。在研究方法上还是等同于马老师在Trobriand岛土人中和Firth自己在Tikopia岛土人中所用过的田野作业方法。Firth的实践认为可以证明这种微型社会学是可行的。实际上他是想在人类学领域里一步直接跨过了我在上边所说的"文野之别"。

他这样一步跨越的试验，基本上消除了西方社会人类学的研究对象被困住在"野蛮人"里的传统桎梏。但是这也引起了许多值得注意的方法上和理论上的问题。这些问题的来源首先是出于"文野之别"的别在哪里。我们不应过于简单地以西方的种族成见一语把这区别予以抹掉。Trobriand土人和中国农民以及伦敦的居民存在着相同的一面是基本的，因为他们都是人，所以应当都是人类学的研究对象。这一点我在那篇讲马老师的文化论中已经说清楚了。我认为马老师和功能论就是要想以一切人类文化都是人类依据自己的生物需要和集体生活的需要而产生的这种基本认识，来消除人文世界中本质上文野的差异，比如他批判了把理智思考作为文明人所独具的特性等，就是为"文野一致"论找根据。但如果我们只讲文野一致也会导致文野无别的错觉，也就是忽视了人本身在文化上的演化，忽视了人的历史。所以我们既要从根本上肯定人类的一致性，也要注意到人类本身还是处在自然的演化过程之中。这个过程首先表现在人在发挥它生物遗传的底子上创造的人文世界，因处境不同存在着各种不同的选择。所以不同民族在社会文化上可以有差别，这种差别也是客观存在的，而且这种差别也曾引起了不同民族在过去的历史里产生了不平等的地位。我们不应当因为反对这种不平等而把差别也根本否定掉。我们既要承认文化本质的一致，也要重视文化形式上的差别。

我并不同意文化的发展是有一定不移的阶段，但也不同意完全是偶发的和无序的。从整个人类历史过程中看去，总的来说大体上是，一个社区里共同生活的人是由少而多，人所能支配的环境是由小而大，人和人的关系是由简而繁等等，这些基本上都是日常可见的实际情况。即以Firth自己研究过的Tikopia人和马来西亚渔民相比较，我想也会看到二者在这些方面的差异。

人口既有多少、社区既有大小、社会既有繁简，有人提出对"微型社会学"的责难就值得我们认真对待。责难是一个包括人数众多、历史悠久、文化复杂的民族或国家,只研究其中的一个由少数人组成的小社区,能不能了解这个民族整体的社会文化?这正是 Leach 教授在 1992 年所写的 *Social Anthropology* 一书中向研究中国农村的社会人类学者提出的责难。

Leach 教授责难我们从一个小小农村入手研究中国社会文化时提出了这样一个问题,就是:"中国这样广大的国家,个别社区的微型研究能否概括中国国情?"我在 1990 年所发表的《人的研究在中国》一文中答复了这个问题。我在当时的答复中首先承认他的"局部不能概括全部"的定式,即方法上不应"以偏概全",而提出了用"逐渐接近"的手段来达到从局部到全面的了解。

后来我又提出在云南内地农村调查的实际中采用的"类型"的概念,和在 90 年代城乡经济发展的研究中提出了"模式"的概念,对局部和全面的关系做了进一步的修正。我认为:"把一个农村看成是一切都与众不同,自成一格的独秀,sui generis 也是不对的。一切事物都在一定条件下存在的,如果条件相同就会发生相同的事物。相同条件形成的相同事物就是一个类型。"(《人的研究在中国》)以江村来说,它果然不能代表中国所有的农村,但是确有许多中国的农村由于所处条件的相同,在社会结构上和所具文化方式上与江村基本上是相同的,所以江村固然不是中国全部农村的"典型",但不失为许多中国农村所共同的"类型"或"模式"。我这种思考,使我进一步摆脱了 Leach 的责难。我认为有可能用微型社会学的方法去搜集中国各地农村的类型或模式,而达到接近对中国农村社会文化的全面认识。

最近我在重温马老师的文化论时，又有所启发。在人文世界中所说的"整体"并不是数学上一个一个加起而成的"总数"。同一整体中的个体有点像从一个模式里刻出来的一个个糕饼，就是这个别是整体的复制品。生在社会里又在社会里生活的一个个人，他们的行为以至思想感情的方式是从先于他存在的人文世界里学习来的。学习基本上就是模仿，还加上社会力量对个人发生的规范作用，即所谓教育，社会用压力强制个人的行为和思想纳入规范中，一个社区的文化就是形成个人生活方式的模子。这个模子对于满足个人生活需要上是具有完整性的，每个人生活需要的方方面面都要能从这个人文世界里得到满足，所以人文世界不能是不完整的。关于这层意思我在关于学习马老师的文化论的体会那篇文章里已经说过，这里不再重复了。

这样看来，如果能深入和全面观察一个人从生到死一生生活各方面的具体表现也就可以看到他所处的整个人文世界了。在实际田野作业里，要观察一个人从生到死一生的行为和思想是做不到的。所以实际研究工作是把不同个人的片断生活集合起来去重构这个完整的"一生"，从零散的情境中，见到的具体镜头编辑成整体的人文世界。他所以这样做，是因为每个人在一定社会角色中所有的行为和感情都不应看作是"个人行为"，而都是在表演一套规范的行为和态度。我们都知道每个当父亲的人在他当舅舅时就不是一个面孔。社会人类学者首先要研究的对象就是规范各个个人行为的这个"模子"，也就是人文世界。从这个角度看去，人文世界里的"整体"必须和数学里的"总数"在概念上区别开来。这是"微型社会学"的基本理论根据。

Leach认为我们那种从农村入手个别社区的微型研究是不能概括中国国情的,在我看来,正是由于混淆了数学上的总数和人文世界的整体,同时忘记了社会人类学者研究的不是数学而是人文世界。其实Leach也明白这个道理。因为他在自己的 *Political Systems of Highland Burma* 一书里所分析的克钦人的社会结构也只根据他在缅甸的一部分被称作克钦人的景颇族中所调查到的资料。他根本没有对跨越中、缅两国的景颇族全部进行调查,而敢于下笔把在其中一部分克钦人中观察到的政治关系着手分析解放前在景颇族里广泛实行的山官制度。他在社会人类学研究实践中实际也是采用了"微型社会学"的理论根据:只要在一部分克钦人中深入细致观察他们政治生活中所遵守的规范就可以用来概论跨越中、缅边境的景颇族的整个山官制度了。如果他有机会在解放后看到在我国境内的景颇族实行了民族区域自治,他就可以说历史的条件变了,所以两地发生了不同的政治结构,而且进而可以用缅甸境内克钦人的山官制度来做了解我国境内景颇族区域自治的参考体系了。这种研究方法,我是可以赞同的。我也同意在人文世界里不必去应用"典型"这个概念,道理是在人文世界有它的特点。但是他在对待我们中国人研究农村时却忘记了这一条研究人文世界的基本原理。

六

既然我对Leach教授翻了一笔旧账,对他提出的微型研究是否能概括中国国情的问题上发了一通议论,补充我在《人的研究在中国》一文中未尽之意,不妨接下去对他提出的另一个问题"像中国人类学者那样以自己的社会为研究对象是否可取?"也附带说几句。虽然不免是炒冷饭,炒炒热可能也有好处。

Leach公开认为中国人类学者不宜从本国的农村入手进行社会人类学的研究工作。这是他用委婉的语气反对马老师所赞赏的"本地人研究本地文化"的主张。他批评若干本中国学者出版的研究中国农村的著作用为例证之前,有一段他自己的经验之谈。他说:"看来似乎是很可怪的,在亲自具有第一手经验的文化情境里做田野作业,比一个完全陌生的外客用天真朴素的观点去接近要观察的事物困难多得多。当人类学者研究他自己社会的一鳞一爪时,他们的视野似乎已被从公众的甚于私人的经验得来的成见所扭曲了。"

他的意见简单地说是自知之难,知己难于知人。这一点可以说和我国常说的"贵有自知之明"颇有相同之处。但这是一般印象的总结,并不是经过了实证性的分析推考得出的定论。

Leach也许心里也明白他这样说不一定站得住脚,所以翻过几页,在他逐一批评过了中国学者的著作之后,又把已说过的调子收了回来。他在后边的文章里语气改了,"尽管我对直接对本人自己的社会做人类学的研究采取消极的态度,我依然主张所有人类学者最重要的见识总是植根于自我的内省。研究'别人'而不研究'自己',学术上的辩解是虽则我们起初把别人看成是乖僻,但到头还得承认人们的'异相怪样'正是我们从镜子里看到自己的模样"。这段话我觉得他说到点子上了。Leach毕竟还是马老师的及门弟子,他尽管可以另有所好,但是功能派的一条基本"律令"他是丢不掉的,那就是"众出于一,异中见同"。

Leach说人类学者的见识根源还是在自我内省。我想就这句话补充一些自己实践的体会。我很赞同Leach从人类学者在田野作业切身的体会说起。我生平说得上人类学的田野作业,只有三次。第一次是在广西金秀瑶山,第二次是在江苏江村,第三次是在云南禄村。这三次都可以说是中国人研究中国社会文化。但是第一次我是汉人去研究瑶人。既不能说我是研究本土文化,又不能说完全是对异文化的研究。实质上我研究的对象是"我中有你,你中有我",而且如果按我主观的估计,同多于异,那就是说汉人和瑶人固然有民族之别,但他们在社会文化生活上部分已十分接近相同的了。这是中国少数民族研究的一个特点,各族间存在不同程度的相同和相异之处,似乎不能简单地以"本文化"和"异文化"的区别来定位。

江村离我出生的吴江松陵镇只有10多公里,同属一个县域,两地居民说是同乡,没人会提出异议。但是我和江村的"乡亲"们能不能说在社会文化生活上只有"同"而没有"异"呢?我觉得没有人会看不到"异"的存在,甚至江村的居民也并不真的感觉到我是他们所说的"自家人"。即以语言说,尽管都是吴语,但是他们讲的话我很多听不太懂。我所说的,他们更不容易一下就明白。若说《江村经济》是本土文化研究的代表作,我总觉得还不够格。这里所包括的复杂性,在下文还要细说。

再说禄村。禄村是我一位燕京大学同学的家乡。他和禄村的关系有点近于我和江村的关系,但也不尽然。无论如何我和禄村居民又隔了一层,本村人间用本地话进行的亲谈杂语,我根本听不懂。他们和我说话时也要改口打"官腔",异于他们日常的用语。《禄村农田》的本土性比了《江村经济》又少了些。所以严格说二者都还不能说是十足的"土生土长的人在本乡人民中间进行工作的结果"。

如果我自己把这三次田野工作互相比较,我对所接触到的人、事、物能心领神会的程度确是不同的。在江村,基本上我不必通过第三者的帮助就能和对方交往,在禄村就不能那么随心所欲了。在瑶山里我离不开能说汉话的人的帮助。如果社会人类学的田野作业离不开语言作为取得认知的工具,我实在不能同意 Leach 所说的在熟悉的田野里工作比在不熟悉的田野工作更困难的说法。

更进一步来推考,我们怎样去认识一个和自己文化不同的所谓"异文化"的呢?我在学习马老师文化论的体会中已经讲过我怎样开始我在瑶山里的"田野工作"的情形。我曾说:我记得最初在瑶山里住下已是晚上,我们进入一间为我们准备下的小楼,顿时被黑黝黝的一群人围住了,我们进入了一个"友好但莫名其妙的世界"。这正是我们要认识的对象。怎样办?首先我们只有依靠在自己社区里待人的经验和他们做有礼貌的接触。在和他们接触中逐渐发觉这一群人对我们的态度、行为、感情都有差别。而且这群人之间相互对待也不相同。我们通过这些差别,用自己社会里看到过的关系,分辨出他们之间的社会关系,和他们在这群人中不同的地位。我们首先看出了他们之间也存在母子关系,从母子关系再看出了夫妇关系等等。我把这段回忆在此重述,目的是要说明,我是从自己比较熟悉的文化中得来的经验去认知一个不熟悉的文化的。这是我认为就是 Leach 所说"反省"的一种具体表现。

当然这个认知过程并不是套取已知的框架，而是依靠已有的经验和新接触的事物相比较，起着参考体系的作用。二者不同之处是作为参考体系的只引导在比较中注意新事物的特点，由相同引路，着重注意其相异，就是作为认知的依傍，而不作为范本。如果遇到轶出于已经验范围的完全新鲜的事物，作为参考体系的已有经验正可肯定其为新事物，而作为完全新的经验来接受，扩大已有知识的范围。用已有经验作参考体系，在心理过程上我认为就是 Leach 所说的"反省"。如果把这种参考体系本身有系统地综合起来也可能就是马老师所说的"文化表格"。马老师是根据他本人的和其他人类学者的田野经验归综成一个可用以帮助田野作业的比较完整的参考体系。这个体系的原料是田野作业者的个人经验，个人经验要个人反省才能表达出来。

社会人类学田野作业的对象，以我以上的思路来说，实质上并没有所谓"本文化"和"异文化"的区别。这里只有田野作业者怎样充分利用自己的或别人的经验作为参考体系，在新的田野里去取得新经验的问题。我们提出"社会学中国化"或本土化是因为当时我们中国学者忽视了用田野作业的方法去研究我们自己的中国社会和文化。我们绝没有拒绝出生于异文化的学者来中国进行田野作业。如果要以研究者自己不同的文化出生来比较在工作上哪里方便？根据我的经验，只以传媒手段的语言来说，本土人研究本文化似乎占胜一些，当然还得看研究者掌握当地语言的能力。至于 Leach 所提出的"私人的"或"公众的"成见问题，我在《人的研究在中国》一文已经发表过我的意见。我认为这是个"进得去""出得来"的问题，在这个问题上双方各有长短。我不再重复申论了。

七

用微型社会学的方法去调查研究像中国这样幅员广阔、历史悠久、民族众多的社会文化,不应当不看到它的限度。Radcliffe-Brown 和 R. Firth 两位前辈鼓励我们的农村研究,以我现有的体会来说,其实不过是指出一条入手的门径,并不是说要了解中国国情,农村研究已经足够。这一点无需我多做说明。如果要加一条补充的话,农村研究实在是了解中国国情的基础工作,只从 80% 以上的中国人住在农村里这一事物就足够作为这句话的根据了,而且还可以说即是那小部分不住在农村里的人,他们的基本社会结构和生活方式大部分还是等同于农民或是从农民的形式中发展起来的。因之至少可以肯定研究中国社会文化应当从农村研究入手。到目前为止,对中国农村社区进行比较全面的研究还不多。这方面工作自应更认真地继续做下去。

如果再读一下马老师在《江村经济》序言里所表达对"社会学的中国学派"所抱有的期待,就可以看到这种微型研究事实是存在着相当严重的不足之处。他说:"这本书,集中力量描写中国农民生活的基本方面。我知道,他打算在他以后的研究中说明关于崇祀祖先的详细情况以及在村庄和城镇中广为流传的关于信仰和知识等更复杂的体系。他希望终有一日将自己的和同行的著作综合起来,为我们展示一幅描绘中国文化、宗教和政治体系的丰富多彩的画面,对这样一部综合性的著作,像这本书这样的专著当是第一步。"

马老师心目中我这本《江村经济》只是一部综合中国国情的巨著的初步起点。他还为这部巨著的内容做出了一个启发性的提纲，就是除了我在《江村经济》所勾画的该村土地的利用和农户家庭中再生产的过程，也就是社会基层结构和经济活动之外还应当包括文化、宗教、政治等等方面的社会规范和意识形态方面的叙述和分析，并且把这类研究成果综合起来，成为一幅"丰富多彩的画面"，其实他可能已看到要达到他的要求，当时我采用的微型研究的方法和理论是不够的，所以像这本书那样的著作只能是编写这样一部综合的有关中国国情的长卷的起步工作。

如果把马老师提出的要求作为我们的目标，我们不能不承认微型社会学的限度，承认限度并不是否定在限度内的成就和它的价值。以微型研究为"第一步"可以得到比较结实的基础。我们应当从这基础上走出去，更上一层楼。怎样走，怎样上，首先要在实践中去发现"微型"的限制在哪里。

我在上面各节里已肯定了一个像农村一样的社区可以作为社会人类学的一个研究的适当对象，因为这个社区的人文世界是"完整"的，从功能上说能满足每一个社区居民生活各方面的需要。从这个意义上 Leach 说我这本《江村经济》不失为一本功能主义的著作，虽则我并没有把社会各方面的功能全面顾及，但是从整体出发有重点地叙述了这个社区的经济生活，也就是马老师所说的"农户家庭再生产的过程"。我后来用建立类型来补充这种研究方法，用以区别于通过数量上的增加以取得总体的认识。

抗战时期我在云南内地农村的研究工作中充分利用了类型这个概念，进行比较的研究工作。江村、禄村、易村、玉村等名称就表示了我的研究方法。我认为可以从发现各种类型的方法逐步接近认识中国全部国情的目的，也就是通过"微型社会学"累积各种类型,综合出马老师所要求我做的那部有关中国文化和社会的巨著。

直到 80 年代,我第二次学术生命开始时,才在总结过去的实践中,清醒地看到了我过去那种限于农村的微型研究的限度。我在 60 年前提出的"类型"概念固然可以帮助我解决怎样去认识中国这样的大国对为数众多、结构不同的农村的问题。但是后来我明白不论我研究了多少类型,甚至把所有多种多样的类型都研究遍了,如果把所有这些类型都加在一起,还不能得出"中国文化和社会"的全貌,因为像我所研究的江村、禄村、易村、玉村等等的成果,始终没有走出"农村社区"这个层次的社区。整个"中国文化和社会"却不等于这许多农村所加在一起的总数。农村不过是中国文化和社会的基础,也可以说是中国基层社区。基层社区固然是中国文化和社会的基本方面,但是除了这基础知识之外还必须进入从这基层社区所发展出来的多层次的社区,进行实证的调查研究,才能把包括基层在内的多层次相互联系的各种社区综合起来,才能概括地认识"中国文化和社会"这个庞大的社会文化实体。用普通所熟悉的现成概念来说就是,中国文化和社会这个实体必须包括整个城乡各层次的社区体系。

在《江村经济》中我早已看到江村这个村一级的社区并不是孤立和自给的。在这方面和太平洋岛屿上的社区比较,江村这一类中国农村的社区居民固然在本社区里可以取得满足他们基本的需要,但这些都不是封闭的社区,或封闭性远没有 Trobriand 土人或 Tikopia 土人那样强。当然当前世界上绝对封闭孤立的人群已经可以说不再存在了,或是只是极为个别的例外了,但在和社区外的联系程度各地方的情况可以差别很大。

自从航海技术有了大发展以来，几个世纪海运畅通。全世界的居民已抛弃了划地聚居、互不往来、遗世孤立的区位格局，不同程度地进入了稀疏紧密不同的人和人相关的大网络。就在这个历史的变化中，在农村社区基础上发展出了若干农村间在生活资料上互相交换的集散中心的市镇。

传统市镇的出现在中国已有几千年的历史。在本世纪的近100年里，特别是近几十年里，中国传统市镇发生了巨大的变动。城乡关系已脱颖而出，成了一个特别引人注意的理论和实际问题。

城乡关系不但把分散的自成一个社区的许多农村联系了起来，形成一种有别于农村的市镇社区。它的社会和文化内容可以说是从农村的基础上发展出来的，所以保留着许多基本相同的一面，但是又由于它作为一个社区的功能已不同于农村，因而也自有其不同于农村的一面，它属于与农村不同层次的社区。

在研究方法上说，在研究农村这种基层社区时，只要不忘记它是有许多方面和本社区之外的世界相联系这一点，然后集中注意力在本社区的自身，还是可以在既划定的范围内观察到社区居民社会生活各方面的活动，并把本社区和外界的关系交代清楚，还是可以在这既定的空间范围内把这个社区人文世界完整地加以概括。比如我在《江村经济》中把居民依靠区外供应日常所需的油、盐、酱、醋、糖、酒，在"航船"的一节里讲清楚了，在江村的经济体系中也不留下很大的缺漏。又比如在《禄村农田》里把当地农业里重要的劳力供应，说明是从附近各地集中到禄村来卖工的劳动市场里得到的，而并没有去追踪这些出卖劳力的人的来源是外村的少数民族，也可以交代过去了。这些例子说了"微型社会学"虽则带来了限制,如果说明把研究的范围限于基层社区,这样做法还是可以说得通的。但也必须承认这些"微型"资料是不可能综合起来说明高一层次的社会情况。

如果我自己不满足于完成一本不失为"功能主义的著作"或是还想沿着马老师在该书序言中希望我能进一步完成一部有关中国社会和文化的综合性的著作,我就不能停留在这本《江村经济》的著作上了,而且也不能只走"云南三村"的老路,尽管这条路还应当走下去。为了更上一层楼,我就势必走出农村社区这个范围而从农村里发展出来,为农村服务的市镇社区拓展我的研究领域了。

至于我怎样从《江村经济》里走出来进入小城镇的研究,这一段叙述,我觉得已超出了对《江村经济》序言的体会的范围,尽管这一步还是从《江村经济》的基础上走出来的。我在去年年初写了一篇《农村、小城镇、区域发展》,可以作为本节的参考,在本文里不再重复了。

八

"微型社会学"有它的优点,它可深入到人际关系的深处,甚至进入语言所难于表达的传神之意,但是同时有它的限制。我在上一节里指出了在空间坐标上它难于全面反映和该社区有密切的联系的外来辐射,如我已提到的一个农村所倚赖的市镇,和没有提到而同样重要的亲属和行政上的种种关系,这是因为社区是通过社会关系结合起来的群体,在这种人文世界里谋取生活的个人已不是空间的一个点，而是不断在扩大中的一堆堆集体的成员，就是在幅员可伸可缩的一堆堆集体中游动着的分子，这是很难用普通几何学图形予以表述的。

如果我们从空间转向时间，社区的人文世界同样是难用几何形象来加以表述的。这正是社会人类学和历史学争论已久的问题的根子。时间本身，以我们常识来看，日换星移总是在一条线上向前推进，以个人生命经历来说，从幼到老，不能倒流。这就是我们熟悉的过去、现在和未来后浪推前浪的程序。在西方拉丁语系的语言中的动词还要用这个三分法来定式。这三分法就成了我们一般认识历史的标尺。这种以时间里运行的一切事物总是按照先后次序一幕幕地层次井然地推演的认识框架在社会人类学里也就出现了所谓社会演化规律。把人类的历史看成和其他事物的历史一般像是一条流水线，这线又可以划成若干段，一段接一段，如野蛮、未开化、文明等等。一个人不论生在什么地方，都可以根据他生活上一部分的表现，划定他在历史框架里的地位，而推论他全部生活的方式和预测他的未来。这种方法的内容可以搞得很复杂，其实把人文世界看得太机械化和简单化了。

马老师对这种机械的社会演进论是深恶痛绝的，但也由于他反对这种错误的历史观，又由于他主要的田野作业是在Trobriand这一个太平洋小岛上居民中进行的，这些小岛上的居民生活比较简单而且看来长期没有发生过重要的变动，以致他的著作给人一种印象就是研究这类居民的人文世界可以不必去追问他们的历史演变，甚至误解功能主义是非历史主义的。功能主义确是主张一件事物的功能是它对人生活发生的作用，这里所说的作用又被认为是这事物当地当时对个人需要的满足。个人的需要持续的时间和包括的范围也就成了人文世界的时间和范围，因而被认为功能主义的社会人类学可以不讲历史。我认为这是一种误解。马老师在他的著作里可以说确是没有历史的分析，但这是出于他所研究的对象首先是在他进行田野作业这段时间里社会变动不大，其次当地居民并没有文字去记下他们的历史和他们的历史还是靠个人的头脑里记下的上辈人口头传下来的传说。这就使过去的历史和现在的传说分不清，以致这二者之间在时间框架里互相融合了。传说有它当前的作用，满足当前的需要，并不一定符合已过去了的事物发生当时的实际。了解当前的人文世界自应当把二者分开而着重在当前发生作用的功能。这就出现了他强烈否定所谓"遗俗"这一类"失去了功能的事物"，因而他被认为不注意在客观时间中发生过的一般所谓"历史"了。

以上是我个人的体会，就是说在功能的分析里，一件人文世界中的事物都可以存在时间框架上的多重性，即我们习以为常的过去、现在、未来结合在一起的情况。上面我已说过人们对过去的记忆可以因当前的需要而和实际上过去的情况不相符合，而且在当前决定个人行为的心理因素里还包含着对未来的希望和期待。早在《江村经济》一书的"前言"里我也说过以下一段话：

"任何变迁过程必定是一种综合体，那就是：他过去的经验，他对目前形势的了解以及他对未来结果的期望。过去的经验并不总是过去实事的真实写照，因为过去的实事经过记忆的选择已经起了变化。目前的形势也并不总是能得到准确的理解，因为它吸引注意力的程度常受到利害关系的影响。未来的结果不会总是像人们所期望的那样，因为它是希望和努力以外的其他许多力量的产物……"

我全部引用60年前的话,因为这段话里我表明了我们习以为常的时间的三分法,不能简单地运用在分析变动中的人文世界。我当时所说的时间上的"综合体",其实就想指出我们单纯常识性的时间流程中的三分法是不能深入理解人文世界的变动过程,我在《从马林诺斯基老师学习文化论的体会》一文中所说"三段直线的时间序列(昔、今、后)融成了多维的一刻"也就是这个意思。在这个问题上我总觉得不容易说清楚,所以反复地用不同说法予以表述。

马老师在《江村经济》序言中已说明了他对历史的态度。"正因为那个国家有着最悠久的没有断过的传统,要理解中国历史还必须从认识中国的今天开始。这种人类学的研究方法对于现代中国学者和欧洲的一些汉学家所进行的以文字记载为依据的重要历史工作是一种不可缺少的补充。研究历史可以把遥远过去的考古遗迹和最早的记载作为起点,推向后世;同样,亦可把现状作为活的历史,来追溯过去。两种方法互为补充,且须同时使用。"

马老师当时已看到中国社会的特点是在它有考古遗迹和文字记载的悠久文化传统。这是和殖民地上土人的重大的差别。但由于自己没有在像中国这样的地方进行过田野作业,所以他只能做出原则性提示,认为历史学和社会人类学应当是两门可以互为补充的学科。至于在具体研究工作上怎样合作和补充,他并没有详细说明。但这却直接涉及到是否能应用"微型社会学"的方法来研究中国农村的问题,或"从农村社区能否全面研究中国国情"的问题了。

以《江村经济》来说,我在关于历史材料方面应用得确实很少，而且很简单。像在江村经济中起重要作用的蚕丝副业，我只查了 A. Wright 的一本关于 20 世纪对香港、上海等商埠的印象记，和用了他 1908 年在这本书里所写的有关"辑里丝"的一段话。有关江村的人口数字我只用了 1935 年的普查数字。当然我在许多地方讲到开弦弓的传统时，除了我从现场观察到的实事外，也以我自己过去的生活经验来加以说明，而我的生活经验最早只能推到 1910 年。总括一句，我在这本书里并没有如马老师所说的结合了历史来进行的。我自己也多次说所写的这些记录今后将成为历史，时至今日这本书确可以说是一本记载了这个村子的历史。当时是活历史，现在只能是已过去了的历史，所以决不能说是结合了历史的社会学分析。

在实践中我不能不怀疑像《江村经济》一样的村一级"微型社会学"调查，社会学和历史学结合的田野工作是否切实可行？同时我是赞同马老师所说的话，要读这部历史得有历史学者和考古学者从文字和实物中得来的有关过去情况的知识作为补充。至少我认为今后在微型社区里进行田野工作的社会人类学者应当尽可能地注重历史背景，最好的方法是和历史学者合作，使社区研究，不论是研究哪层次的社区都须具有时间发展的观点，而不只是为将来留下一点历史资料。真正的"活历史"是前因后果串联起来的一个动态的巨流。

九

写完了上一节我总觉得意犹未尽，问题是在对马老师的"活历史"怎样理解。序言里的原文是"History can be read back, taking the present as its living version"。中文版的译文是"可把现状作为活的历史,来追溯过去"。我心里对这句话反复琢磨,想进一步体会马老师的原意。从我所理解的马老师对文化的分析中可以说,他是着重从活人的生活中认识文化的。在活人的生活中他不能不看到很多行为和思想是从前人学来的,这里见到了文化有传统的一面。文化是在时间里积累而成的,并不是一切都是现在活着的人自己新创的。如果从上节里所说到的昔、今、后三段的直线延伸观念来说,就得承认今日的传统就是前人的创造和昔日传下的"历史"了。这样的思路就会给马老师一向反对的"遗俗"这个概念一个结实的基础。为了否认从今日文化里的传统拉出这条一线三维的时间序列,他提出了"活历史"的概念。"活历史"是今日还发生着功能的传统,有别于前人在昔日的创造,而现在已失去了功能的"遗俗"。传统是指从前辈继承下来的遗产,这应当是属于昔日的东西。但是今日既然还为人们所使用,那是因为它还能满足人们今日的需要,发生着作用,所以它曾属于昔,已属于今,成了今中之昔,至今还活着的昔,活着的历史。

历史学者和人类学者在这个今中有昔的问题上出现了分歧的态度。历史学者咬定历史是一线三维的序列,对于文化的传统必须回顾它本身的面目,那就是要追根求底。人类学者着眼于人们当前的生活,所以马老师主张到活生生的生活中去观察才能明白人们为什么这样生活。他不否认活生生的生活中有许多是从过去传下来的,但这些传下来的东西之所以传下来就因为它们能满足当前人们的生活需要。既然能满足当前人的生活需要,它们也就是当前生活的一部分,它们就还是活着。这也等于说一个器物一种行为方式之所以成为今日文化中的传统是在它还发生"功能",即能满足当前的人们的需要。凡是昔日曾满足过昔日人们的需要的器物和行为方式,而不能满足当前人们的需要时,也就会被人们所抛弃,成为死历史了。

当然说"死了的历史"并不正确,因为文化中的活和死并不同于生物的生和死。文化中的要素不论是物质的或是精神的,在对人们发生"功能"时是活的,不再发生"功能"时还不能说"死",因为在生物界死者不能复生,而在文化界或人文世界里,一件文物或一种制度的功能可以变化,从满足这种需要转而去满足另一种需要,而且一时失去功能的文物、制度也可以在另一时又起作用,重又复活。人文世界里自有其"逻辑",不同于自然世界。关于这一点,我在这里不去发挥和展开讨论了。总之马老师用"活历史"这个概念是值得我们进一步思考的。我在上一次研讨会上讲对马老师文化论的体会时曾提"三维一刻"时间观,可以参阅。

十

我接着想联系到在去年暑期召开的那一次研讨会上李亦园教授发表的关于"大传统"与"小传统"的讲话。我受到的启发是他对文化的层次分析。他指出了大传统和小传统的区别,因为他在田野作业中看到了中国文化的结构里有着具有权威的一套经典性的以儒家为代表的人生观和宇宙观,另外还有一套在民间流行,表现在民俗信仰的人生观和宇宙观。前者称之为大传统,后者称之为小传统,即 Berger 教授所说的"李氏假设"。

我很赞赏李教授的分析，认为对中国文化宏观研究或微观研究都应当应用这个文化层次的分析，因为这种文化里存在着经典的和民间的区别，的确可以说在研究中国文化时表现得特别清楚也影响得特别深刻。我想在这篇《重读〈江村经济〉序言》文章后面加上我对这个问题的一些个人的体会，或说不成熟的假设，因为这也和上面我提到的马老师的"活历史"有关。

我认为这个特点在中国很可能和历史上很早就发生了文字而且是用图形作为符号，因而发展成一套和语言脱钩的文字体系有关。这个体系是怎样发生和发展的，是个历史问题，留给历史学家去讲更为适合。我着眼的是由于这个体系所发生的社会和文化后果。

这个体系对中国文化和社会的影响很大很深，我只举出其中一些特别引起我注意的方面。首先是由于它和语言脱了钩，冲破了地方性和民族性的限制。这个特点的意义只要和其他以语音为基础的文字体系相比较一下，就很容易看得清楚。我们普通所谓"方块字"在解放前后曾受到过很猛烈的冲击，提出所谓"拉丁化"或"世界语"的文字改革方案。尽管这种改革有权威性的支持，但是群众对此并没有积极的响应，结果只成为一种"注音"性质的符号，作为学习"方块字"发音的辅助工具。热心于文字和语音结合的人们没有注意到"方块字"在中国几千年文化中所起的积极作用，那就是阻挡了以语音差别为基础，由方言发展不同语言而形成分割为不同民族的历史过程。最清楚的例子是多语言和多民族的欧洲，到现在还不容易合成一体，在东亚大陆上我认为正因为产生了这个和语音脱钩的文字体系，汉族才能保存地方方言而逐渐统一成一个民族，而且掌握这"方块字"作为信息媒介的汉族才能起到不断吸收和融合其他民族的作用以成为当今世界上人口最多的民族，同时还起着形成多元一体的中华民族的核心作用。

"方块字"在中国文化上所起的积极作用是不应当忽视的，但也不能不看到它消极的一面，那就是和语音脱钩之后要学习这种文字是比学习文语合一的文字要困难得多。学会全部"方块字"需要相当长的时间，比学会拼音的字要多好几倍。而且如果不常使用这些"方块字"，就会所谓"返盲"。这已成为当前"扫盲"运动中的一个严重问题。识字的困难限制了文字的普及性。在一个以小农为基础的大国里，在这样长的历史过程，能掌握这个信息媒介的人数在开展扫盲运动和义务教育之前总是在全民中占很小的比例，这就引起一个很基本和很严重的社会现象，那就是文字被少数人所独占。直到目前，为了要消灭这种独占性还得付出很大的努力。

这些识字的人在中国历史上常有专称，"士"可能是最早的名称。从有文字以来直到我的幼年，20世纪初年，这种掌握文字的人在社会上还是占有比一般不识字的人民高一等的地位。读书门第是高出普通人一级，这一级的人在20世纪年代里被称作"知识分子"，在"文革"时期里被称作"臭老九"。这些称号都反映了他们在社会上具有一定的特殊地位。

我在30年代抗战时期在西南后方进行农村调查时曾注意到这种在社会上具有特殊地位的知识分子，曾想做专题研究，但这个愿望并没有完成。以我记忆所及，我曾把这种人看成是城乡之间的桥梁。这种人就是历来被称作士绅的人物，他们一般和基层农民是有区别的，但存在着血缘关系，许多是农民出身或和农民保持着亲属关系，而另一方面又大多走出农村，住入乡镇和城市，成为具有政治权力的统治阶级的一部分或和统治阶级相互沟通，特别是科举时期各级政府的领导人大多出于这种人。这种人长期以来被称为"士大夫"，士是指读书人，大夫是指当一官半职的人。在乡镇和城市里他们是头面人物，尽管没有官职，但是有社会名望，被称为缙绅先生。我曾根据初步的见解写成过一些文章，后来被译为英文，用 *China's Gentry* 的书名出版，在这本书里我曾表述过中国士绅在城乡间的桥梁作用。

这桥梁作用如果和"李氏假设"联系起来就找到了大传统的载体和大小传统之间的联系人物，或是把他们看作一个社会阶层。这些以掌握"方块字"的技能，把上下双方的文化嫁接调适在一起。我有一个假设，就是在这些士大夫手上，广大民间的基层思想和愿望整理和提高出了一个头绪，使它们能和过去在民间受到尊重的经验和教训，结合历史上各代掌握有权力的统治阶级所需要的维持其地位和扩大权势的需要，编制成一套行为和思想规范。其实就是在民间的实际习俗中通过选择使其能得到历代帝王的支持，用文字表达出来成为影响社会的经典。我这种想法是把小传统作为民间广大群众从生活的实践和愿望中形成的传统文化，它的范围可以很广，其中有一部分可以和统治者的需要相抵触的，在士大夫看来是不雅驯的，就提不到大传统中去，留在民间的乡风民俗之中。在我看来，大传统之所以能表现一部分中国文化的特点正在于它是以小传统为底子的。它又不同于小传统，因为经过了一道选择和加工的过程。选择和加工过程就是司马迁所说的"其文不雅驯，荐绅先生难言之"。雅驯与否是选择的标准，也就是这些文人们看不入眼的风俗民情。孔子对怪力乱神一字不提，因为他觉得这些民间信仰不雅驯,看不入眼。这些掌握着文字的人就通过"难言之"把这些不雅驯的东西排除在以文字为符号的信息系统之外,就是拨除在大传统之外;但并没有在民间把这些东西消灭掉,仍在民间用口头语言口口相传,这就成了"小传统",还可以传给后来人。大传统在民间还是发生作用的,因为它仗着这可以超越时间的文字构成的消息系统,从识字的人传给识字的人。这些人又凭他能接触到历代传下来的经验保存了人们生活中有用的知识,利用这些传统知识能帮助别人适应生活环境,成为"人师",取得社会的信誉名望和特殊地位,大传统也依靠他们影响着民间大众。

在小传统里还可以分出"地上"和"地下"两层。在民间的生活中有种种思想信仰和活动,士大夫是看不入眼的,认为不雅驯,而没有被采用,未成为大传统。这部分依旧在民间活动,凡是到民间去观察的人还能看得到,而且在民间是公开的,不受限制的,这些就是我所说地上的小传统。但有一部分是犯了统治阶级的禁例,不能公开活动,但是在民间的思想信仰里还是保留着,只在大人先生们不屑看或视而不见。这些我认为可以包括在地下的小传统里。

另外还有一部分由于受到社会上权势的镇压,不得公开露面,只能改头换面,设法在民间的私生活中存在下去,久而久之甚至已打入了人们的潜意识里,即本人也不自觉这种思想信仰的意义,只作为一种无意义的习惯盘踞在人们的意识里,这种东西不去发掘是不易暴露它的本来面目的,我觉得可以称之为潜文化。在被视为邪教等等名目下就有这种潜文化存在,而且当其发挥作用时,也常常以曲折和隐蔽的方式有力地暴发出来,所以更难捉摸和正视。

我这样的假设又暴露了《江村经济》这一类微型社会调查的又一种限制，可说这是文化的层次上的限制。农民的人文世界一般是属于民间的范围，这个范围里有多种层次的文化。它有已接受了的大传统，而同时保持着原有小传统的本身，有些是暴露在"地上"的，有些是隐蔽在"地下"的，甚至有些已打进了潜意识的潜文化。作为大传统载体的士绅在近代已有很多离乡入镇，而其社会活动和影响还在农村里发生作用。当前的情况又有很大的变动，士绅阶层可说已经解体，在农村里他的作用已由基层干部所取代，而基层干部的性质和过去的士绅阶层又有差别，这个演变现在我还没有追踪调查，说不出来。由于文化差别形成的社会层次的原则我觉得在文盲没有扫尽，现代知识没有普及之前还不会有很大的变化。因之如果以农村社区为范围进行微观研究，这方面的情况就难于做深入具体的观察了。如果要了解农村的社会结构，这个文化层次的问题单靠微型研究方法看来还是不够的，因之我把它列入微型社会学受到限制的一个方面。

十一

以上三节是想指出我认为"微型社会学"在空间、时间和文化层次上所受到的限制。我再回头一看，我发现我所指出的限制实在是出于我对自己所研究的要求超过了微观的范围。我一直想闯出微观的限制走出农村，逐步扩大我的研究范围和层次，因为它已不能满足我的要求。如果我像 Leach 教授一样安心于他对社会人类学的要求，自然可以安身立命于微型社区的观察了。

　　Leach教授代表了30年代英国人类学者的流行观点。他们认为社会人类学的目的是在理解或发现不同人群组合社会以谋取生存及发展的基本原则，组成社会的基本结构和结构中各部分有机配合的规范，即想从各地、各时、各类的个别人群中去找出集体生活的共同原理。如果以此目的来要求自己的研究工作，我想从任何一个正常活动的社区都可以作为取得这些原理的研究对象，因为它既然是个充满生机的社区，必然具备其所以能生存和发展的必需的条件和必需的结构以及各部分必需的配合。我们把任何一个标本仔细地予以观察和分析，都可以得出其所以能生存和发展的原理的。对一个单身进行田野作业的社会人类学者来说，为了观察得更精细和深入，要求他能接触到社区里的一个个人，观察他们的行为、感情、思想和希望，所选择的研究对象就贵在全而不在大了。我想这应当是强调个人进行田野作业的"微观社会学"的理论出发点。正如Firth教授（1951年）所说微观社会学是"the microcosm to illumine the macrocosm, the particular to illustrate the general"，"以微明宏，以个别例证一般"。这句话引起后来社会人类学的疑问的就在"以微能否明宏，以个别能否例证一般"？

　　如果研究者的目的不是在发现一般的文化和社会结构原理，而是在认识一个具体国家，一个具体地方或一个具体村子，即一个具体社区的情况，那就不同了。这些研究者就需要运用一般原理工具去理解和说明一个或大或小的具体社区里人们的生存情况和发展的前景。前者也许可说是纯科学的研究，后者可说是应用科学的研究，我回头看我自己可能就属于后者。这一点，马老师在《江村经济》的序言里实际上已经点明，介绍我时首先说我是"中国的一个年轻的爱国者",他同情我当时关心自己祖国"进退维谷"的处境,更同意我以我这个受过社会人类学训练的人来解答中国怎样适应新处境的问题。从这一点出发我提出要科学地认识中国社会文化的志向,为此我走上了这一条坎坷的人生道路,一直坚持到暮年。实际上,真正了解我学人类学的目的,进入农村调查工作的,在当时——甚至一直到现在在同行中除了马老师之外,为数不多。我在西方的同行中长期成为一个被遗忘的人。我有一次在国际学术会议上自称是被视为在这个学术领域的一匹乱闯的野马。野马也者是指别人不知道这匹马东奔西驰目的何在。其实这匹四处奔驰的马并不野,目的早已在60年前由马老师代我说明白的了。

作为一个应用社会人类学者并不轻视纯学理的研究。如果不明白社会人类学的原理,如何谈得上应用这门知识来为人民谋利益呢?如何谈得上来促进社会的发展呢?关于这一点我在《江村经济》的前言里已讲得很清楚,马老师在序言里引用了我的一段话来说明应用科学和纯粹科学的关系。

"如果要组织有效果的行动并达到预期的目的,必须对社会制度的功能进行细致的分析,而且要同它意欲满足的需要结合起来分析,也要同它们的运转所依赖的其他制度联系起来分析,以达到对情况恰当的阐述。这就是社会科学学者的工作。所以社会科学应该在指导文化变迁中起重要的作用。"

他接着在下页里说:"他书中所表露的很多箴言和原则,也是我过去在相当一段时间里所主张和宣扬的,但可惜我自己却没有机会去实践它。"在这里他表白了内心的慨叹。我自以为能明白他慨叹的由来。可惜的是他生逢那个时代,他所出生的民族还没有摆脱被统治的地位,他对此连纸上谈兵的时代都没有。他接着说:"我们中间绝大多数向前看的人类学者,对我们自己的工作感到不耐烦,我们厌烦它的好古、猎奇和不切实际,虽则这也许是表面上的,实际上并不如此。"

这是马老师写这篇序言来推荐这本我自认为还远没有成熟的果实的实在原因。他看到这书字后行外的意向,指向人类应当用知识来促进世人的幸福和美好社会的实现。这触及了马老师心中早已认识到的社会人类学的应用价值和它的使命。

我的"愧赧对旧作"也就是因为我并没有完成老师在这篇序言里表达的深厚的期待和明确的指向。我享受到的天年超过了我的老师,但是尽管生逢盛世,但在临近谢幕之前,所能回报于世的还只有这么一点说不上什么成就的一堆不成熟的残意浅见。可以告慰于自己的也许只是我这一生并没有忘记老师的教益和亲友的抚育,能在这条学以致用的道路,一直走到现在这垂暮之年。我更高兴的是 60 年前所记下的我姐姐费达生所开创的"工业下乡"的实验,现在已经开花结果,并在祖国的工业现代化的事业里做出了重大的贡献。我想还是用我在《江村经济》中文版发布会上即席写下的诗句最后两句作为本文的结语:"合卷寻旧梦,江村蚕事忙。"愿江村的乡亲们,继续不断从劳动中创造自己的光辉前途。

1996 年 3 月 25 日

青春作伴好还乡[*]

为《甘肃土人的婚姻》中译本而写

请允许我在这本书前,记下一段有关这本译稿本身的经历,也是一段我私人的遭遇,和这本书的内容是无关的。把这段遭遇写出来作为这译本序言,似乎无此先例。但我又觉得不得不写,而且只有作为这译本的序言写下来最为适当。这一段可说是我一生悲欢离合的插曲,连我自己都不敢信以为真的传奇。传奇带有虚构之意,但是这译稿的经历却是纪实。

这段经历的开始应当推到60多年前,我初入清华大学研究院的时候。在清华的两年,从1933年到1935年,可说是我一生中难得的最平静恬适的生活。就在这"两耳不闻天下事,一心关注是骷髅"的环境里,我结识了同惠。她姓王,燕京社会学系的学生。我们在燕京同学过一年,但相隔两班。

1933年暑期我从燕京社会学系毕业后,考入清华研究院,专门跟史禄国老师学体质人类学。当时体质人类学是个冷门,在清华大学其实只有我一人专修过这门整天和人的骨骼打交道的学科。因之我在清华园里天地很小,"一师一徒"之外很少与人来往。我的社会生活实际上还是留在相去不远的未名

---

[*] 本文原刊于《读书》1997年第7期。——编者

湖畔。

我进清华学人类学,原是我在燕京时吴文藻老师的主意和安排。吴老师在燕京教社会学,提倡社会学中国化。他又听信几位国外来的访问教授的主张,要实现社会学中国化,应当采取人类学的实地调查方法,即所谓"田野作业"。因此吴老师一心一意要说服几个学生去学人类学。我就是被他说服的一个。

30年代,中国大学里开设人类学这门学科的很少见。我并不知道为什么清华的社会学系在系名中加上了人类学的这个名称,为什么这个系聘请这一位俄籍教授史禄国。但是要在中国专修人类学可进清华大学的研究院,而且清华大学就在燕京大学的附近,却是事实。因此,吴老师就出力介绍我走上了这架独木桥。我在1933年秋季从未名湖搬入了清华园。这一搬动,现在回头看来是我这一生决定性的大事。决定了其后60多年的人生历程。

我的学籍虽然从燕京改成了清华,但是我的社会关系实际上并没有多大改变。未名湖和清华园本来只有一箭之遥。加上当时自行车早已是学生们通行的代步工具,两校之间,来往便利。这些社会和物质条件注定了我当时结识王同惠的因缘。

这段姻缘也可以说是命中注定的,就是说得之偶然。因为两人相识时似乎并没有存心结下夫妻关系,打算白头偕老,也没有那种像小说或电影里常见的浪漫镜头。事后追忆,硬要找个特点,也许可说是自始至终似乎有条看不见的线牵着,这条线是一种求知上的共同追求。当然这并不是两个书呆子碰了头,没有男女之情。如果连这点基本的人情都没有,那就成了图书馆里坐在一张桌子上的同伴了。牵住我们的那条线似乎比乡间新郎拉着新娘走向洞房的红绸更结实，生离死别都没有扯断。我和同惠原是燕京社会学系同系不同班的同学，按当时燕京的风气，同系的男女同学在各种聚会上很多接近的机会。相互来往是件寻常的事，所以我们两人起初只是普通的相识，不涉情意。记得我住入清华后的第一年，大约是1933年的圣诞节，我送了她一件礼物，一本新出版的关于人口问题的书。那是因为节前的一次燕京社会学系的聚会上，我和她有过一场关于人口问题的争论。我为了要说服她，借这个当时燕京通行逢节送礼的机会送了她这本书。我至今还记得这件事，因为后来我俩相熟了偶然有一次闲聊时，她曾告诉我，是这件礼物打动了她的"凡心"，觉得我这个人不平常。这个评价成了我们两个人的结合剂，也就是牵引我们两人一生的这根线。

一个赏识"不平常"的人，而以此定情的人，也不可能是个平常的人。吴文藻老师在为《花蓝瑶社会组织》写的导言里有这样一段话："我得识王同惠女士，是在民国二十三年的秋季，我的'文化人类学'的班里。二十四年春她又上了我的'家族制度'班。从她在班里所写的报告和论文，以及课外和我的谈话里，我发现她是一个肯用思想，而且是对于学问发生了真正兴趣的青年。等到我们接触多了之后，我更发现她不但思想超越，为学勤奋，而且在语言上又有绝对的天才。她在我班里曾译过许让神父所著的《甘肃土人的婚姻》一书（译稿在蜜月中整理完成），那时她的法文还不过有三年程度，这成绩真是可以使人惊异。"

我抄录吴老师这段话，是想用同惠在别人眼中的印象来说明她是一个什么样的人。吴老师对她的评语是"思想超越，为学勤奋，而且在语言上又有绝对的天才"。做老师的对学生是否勤奋为学是可以在班里所写的报告和论文及课外的谈话里看得清楚的，至于"思想超越"评语中的内涵却不易体会。吴老师只提到她"肯用思想，对学问发生了真正兴趣"。但思想上越过了什么？我捉摸了很久，想来想去，还只能用她在我身上看到的"不平常"三字送还给她自己了。不是我回敬她的，是吴老师对她的评定。

以上这段话也提到了她翻译现在我正打算发稿的这本《甘肃土人的婚姻》。吴老师以此来证明她有语言的天才。她在动手翻译这本书时"她的法文还不过三年程度"，就是说她只学了三年法文，就有能力和胆力翻译这本用法文写成的人类学调查报告了。她学习语言的能力确是超越了常人的天才，一般大学生是做不到的，何况她又不是专业学习法语的学生。翻译这本书正是她在吴老师的"文化人类学"和"家族制度"班上学习的时候，也正是她对这两门学科真正"发生了兴趣"，和她肯用思想的具体表现。

1934年至1935年，在她发现我"不平常"之后，也就是我们两人从各不相让、不怕争论的同学关系，逐步进入了穿梭往来、红门立雪、认同知己、合作翻译的亲密关系。穿梭往来和红门立雪是指我每逢休闲时刻，老是骑车到未名湖畔姊妹楼南的女生宿舍去找她相叙，即使在下雪天也愿意在女生宿舍的红色门前不觉得寒冷地等候她。她每逢假日就带了作业来清华园我的工作室里和我作伴。这时我独占着清华生物楼二楼东边的实验室作为我个人的工作室，特别幽静，可供我们边工作边谈笑。有时一起去清华附近的圆明园废墟和颐和园邀游。回想起来，这确是我一生中难得的一段心情最平服，工作最舒畅，生活最优裕，学业最有劲的时期。追念中不时感到这段生活似乎和我的一生中的基调很不调和，甚至有时觉得，是我此生似乎不应当有的一段这样无忧无虑、心无创伤的日子。这些日子已成了一去不能复返，和我一生经历不协调的插曲了。

我和同惠接触频繁后，她知道我手边正有一本已完成而还没有找到出版着落的乌格朋的《社会变迁》的译稿，她就要去阅读。我顺便建议她向图书馆借英文原本，边阅边校，作为我们两人合译本出版。她一向主张我们两人必须坚持对等原则，她告诉我她正在翻译《甘肃土人的婚姻》一书，要我同她一样边阅边校将来作合译本出版。我这时正在为清华研究院毕业时需要考试第二外国语发愁。我的法文刚入门不久，进步很慢。我就同意她对着原文，按她的译稿边学边抄，作为补习我的第二外国语的机会。有来有往，互相促进是一种对等的关系。我和同惠后来虽则已经生死相别，但精神上我们之间还是坚持了这个对等原则。她为我们共同的理想而去世，我就应对等地为我们的共同理想而生。这种信念也成了支持我一生事业的动力。

在我考入清华研究院时，关于研究生的学习时间在章程上并没有加以规定。所以史禄国老师为我制订了一个三期计划，每期两年，共六年。但到了1935年研究院做出了补充规定，修满两年就可以申请考试，考试及格可以毕业，如果成绩优秀还有享受公费留学的机会。史禄国教授经过多方面考虑，又为我出了个主意。让我修完体质人类学，共两年，就申请考试，毕业后去欧洲进修文化人类学，但出国前要花一年时间作为实习，去国内少数民族地区进行一次实地调查。我听从他的指引，又由吴文藻老师设法接通广西省当时的领导取得去大瑶山考察的机会。

当我把史老师的计划告诉同惠时,她高兴得跳了起来,立刻提出要和我一同去广西的意见。这是她主动向我提出的。她怎么会想到这个主意,不能不联系到我们合作翻译《甘肃土人的婚姻》这本书了。在我们一起翻译这本书时,她曾经向我说过:为什么我们中国人不能自己写这样的书?可见吴老师社会学中国化的思想已经说服了她。当广西省接受我去大瑶山考察时,她情不自禁地认为这是一个实现她梦想的好机会。我当然赞成她的想法,我们两个人一起去做调查工作,对工作太有利了,进行社会学调查,有个女性参与有许多方便,因为有许多事,单是男性是不容易调查到的。我们把同行的意思告诉了吴文藻和史禄国两位老师,他们都对这个主意表示赞同和支持。但是考虑到我们两人要实现这个合作同行的计划,不能不对两人如果以同学身份出行,社会上是否能认可,会不会引起非议和种种难以克服的事实上的困难,还有点怀疑。我们两人面对这个必须解决的问题,不约而同地得出了同一的答案,那就是如果我们结了婚一起走,就不会和社会习俗相抵触了。我们就这样约定了,也就这样做了。暑假一开始,我们就在未名湖畔的临湖轩举行了婚礼。这段经过就是吴老师在上述导言里所说的一段话的事实根据。他说:"她(同惠)和费孝通由志同道合的同学,进而结为终身同工的伴侣,我们都为他们欢喜,以为这种婚姻,最理想,最美满。"他又称我们为"这对能说能做的小夫妻"。这样的结合事后看来也确是"不平常"的,而且可以使师友感到"令人欢喜"的,但是我们相识只有两年,结合只有108天,正如春天的露水一般,短促得令人难以忍受。天作之合,天实分之。其可奈何?

我们举行婚礼时,我的姊姊费达生特地从家乡赶来,参与主持。婚后带着我们两人到太湖鼋头渚小住。这段时间就是吴老师在导言中讲到这本《甘肃土人的婚姻》时，在括弧中所提到的"译稿在蜜月中整理完成"这句话里的所谓"蜜月"。

这本译稿确是在蜜月中完成的。但是它随后的下落，我最近苦思冥想，彻夜难眠，遍索枯肠，绞尽脑汁，还是不能肯定。我想这本译稿既不可能随着我们进瑶山，又跟我去英国；1938年返国后，在昆明逢轰炸，进魁阁，经李闻事件，最后还要我带着它回江苏老家。然后在1947年再从老家跟我回到清华。在这个想象的旅程里我几次丢失过我所有的行李，包括在瑶山测量的人体资料。所以我想来想去总觉得要带着这本译稿走这个崎岖的和惊险的旅程是不可能的。只有一种可能就是这稿本并没有和我一起走过这么长的旅程，而是在我们译完之后就留在老家。1947年当我重访英伦回国时曾在苏州老家住过几天，这本稿件可能在老家等着我，12年后和我一同回北平的。

上面我说的这本译稿的经历只是我事后反复推算出来的惟一可能的经过，就是说这本译稿在我老家待了12年，其实在这12年中我的老家也受到过日军的冲击，搬了几次家，这一叠不显眼的稿纸怎么会保存下来，还是一个谜。靠头脑来记忆的历史里难免存在些难于理解的谜案。这个谜案已无从再追究了。为追索此事，我已有一段时间每晚要在床头放着安眠药备用。

接着这段谜案，又是一段令人难于置信的巧遇。1947年春季，我回到清华园，可以肯定这时这本稿件不可能不在我身边了。我是在1952年"院系调整"时离开清华园，调到中央民族学院的，工作岗位是民院的副院长。家住在广华寺的教职员工宿舍的南二排1号,办公室是在民院新建的1号楼二楼。1957年反右扩大化时我被划为右派,取消了我所有的公职,只保留了四级教授。因此我从1号楼二楼的院长办公室里被撵了出来,作为一个普通的研究室工作人员,搬到2号楼二楼四人一室的工作室里工作。那里,每人有一张写字桌和一个书架。我从1号楼搬来的书稿就安放在那指定给我用的书架上。我已记不得怎样搬的,也记不得搬了哪些东西过来。在这一方小小的空间里,我工作了有9年。1966年9月"文化大革命"波及民院,一夜之间,我成了"黑五类"。生活上的变化来得这样突然和这样巨大是没有人能预想得到的。我在广华寺宿舍里的家被彻底抄尽了,只留了一间厨房供我自炊,厨房扩大出来的一个披间,供我搭床。我所有的书籍、稿本等等全部用大车载走,一去不复返了。

回顾这段百世难逢的劫难,也有许多一连串的巧事把我的这条生命维持了下来,这本译稿的重新发现是巧事之一。所谓巧事就是出于一个人预料的经历。我说过从这本译稿在蜜月中完成之后怎样会留在人间是个难于猜想的谜案。它的重新发现不能不说又是一个谜案,或是一件出于我意料之外的巧事。我已不记得它怎样从民院的1号楼被搬进2号楼。这次搬动同时也标志我的一次降职。我在四级教授的职位上待了22年。从"文革"后期"下放干校"结束回到民院,再到我调离民院一共有8年。这8年我一直在民院2号楼工作。可是看来我一直没有去翻动过书桌边的书架。1978年当我被通知应当离开2号楼时,我不得不把那些存放在书架上的旧书积稿清理一下以备搬走。当我两手触到这一叠《甘肃土人的婚姻》的旧稿时,简直不能相信自己不是在梦中。我确实被这一件预想不到的发现搞昏了头脑。怎么会在这个地方这个时间这本译稿又出现在我的面前的呢？我至今还记不起什么时候又怎么会把它安放在这个书架底层的。这并不是又像这译稿怎样度过最早 12 年那段经历对我是个谜，因为我从 1 号楼搬到 2 号楼是件在头脑里至今还很清楚记得的事。但是我想不起来的是搬动时手边有这份稿子，更记不得我怎样把它塞在这书架的底层。我严格地搜索我的记忆，我追问自己是不是有意把它藏在这个偏僻地方，免遭抄家的劫难？我扪心自问，我确是没有过被抄家的预见，更无意隐藏此稿。倒过来一想，如果这本译稿存放在广华寺的宿舍里，现在早已化成尘土，不知消失在天下的哪个角落里了，因为我放在宿舍的书稿 1966 年已全被抄走，至今没有下落。凡是逢到没有预料又记不清来踪去迹的事，总是不免令人吃惊，何况又是正凝聚着我一生的心殇的这本译稿。

我在这篇回忆性的序言里不能不凭着我头脑还没有完全老化的记忆力写下关于这本译稿的经过。其中有许多我自己也弄不清楚的谜案和巧合，只能如实写下。真是大浪淘沙，惊涛拍岸，随波逝去的已经去远了，那些隐伏的、贴心的，留下了。去也好，留也好，如果要问个为什么，那只好请原谅，不必去追究了。

如果我在上面凭不完整的记忆推算出来的有关这本译稿的经历基本上是符合事实的话，它第一次重新到我手上，并带着它回到清华园的是 1947 年。过了又 10 年，1957 年，这本译稿才被移置在民院 2 号楼研究部的集体办公室的书架底层。它在这里被遗忘地安睡到 1978 年才重新第二次回到我的手边。

说这本译稿被安放在民院 2 号楼研究部集体工作室书架底层是在 1957 年，那是我被错划成右派分子时开始的，过了有21年，我又在书架底层重新发现这本译稿，那是因为在1978年我的工作岗位从民族学院调到了社会科学院，不能不清理在民院2号楼的老窝。1957年和1978年这两个年头在我的一生中都是值得看成是划阶段的标志。我曾把我的学术生命分成两截，中间留着一段学术生活上的空白，从1957年开始到1980年结束。所以1978年这本译稿的重见，预示了我第二次学术生命的来临。就在这一年，我调动了工作岗位并被批准去日本东京参加联合国大学举办的一次学术研讨会，我在会上曾以"破冰赖君力"一诗赠给邀我赴会的鹤见和子教授。

我在书架底下重见这本译稿时实在太激动了，说不上惊喜二字，而只能说悲从中来。我手抚这一叠面上几页已经黄脆的稿子，翻出来一看，我不仅还认得我自己的笔迹至今未变，而且还看到另外一人的笔迹，但已认不得是谁写的了，再仔细想来，不可能不是出于已去世43年的前妻王同惠之手。可是我竟不能用记忆来追认她的字迹了，因为我手头没有留下她写下的片纸只字。现在想来我们两人从相识到死别这两年多时间里，确是没有用书信做过思想交流的媒体，即使她留下一些字迹也早已丢失在瑶山里了。

这本译稿既然已经又回到我身边，我怎样处理它呢？当时我还没有进入第二次学术生命，因为我头上还戴着"脱帽右派"的帽子，还不敢妄想有把它出版的可能。我当时能做到的只是把这本译稿的伤痕修补完整。那是因为44年的岁月，它虽没有经过像它的译者一样的惊风骇浪，但究竟寒暑更易，部分纸张已磨损和破碎。我托人从图书馆里借到了许让神父的原著。但我自己的法文已遗忘殆尽，不得不央求友人补译了若干残页。我只重读了一遍译稿，没有删改一字。

重温旧稿时，我耳边似乎常出现同惠的问号："为什么我们中国人不能自己写这样的书呢？"这个问号很可能就是驱使同惠坚持去瑶山的动力，我又怎能不受到这问号的压力和启示？我于是想，现在离开许让神父写这书时已有了一代之隔，我们至少应当有一本这一代中国人自己写的"土族婚姻"来为同惠圆梦了。我既有此意，一时就不再打算单独出版这本译稿了。为同惠圆梦应当是我自己的责任，我当时也曾想寻找个实现我圆梦的机会。

在我调离民族学院进入社会科学院时，我的具体岗位是担任民族研究所的副所长。我当时的确打算重新拾起民族研究这条线，继续我的学术工作。该年8月我在东京联合国大学的学术研讨会上发表的论文题目是《对中国少数民族社会改革的一些体会》。这年9月我又在政协全国委员会民族组发表了《关于我国民族的识别问题》的讲话。这一系列的论文足以说明我当时的学术导向是继续民族研究。

在这里我想插一节有关许让神父的话。我实在不知道同惠为什么翻译这本《甘肃土人的婚姻》。当然有可能是由于吴文藻先生在讲"文化人类学"和"家族制度"课时提到了这本书。但是这本书在当时人类学界并不能说是一本有名的著作，许让神父在人类学界也并不是个著名的学者。同惠怎么会挑这本书来翻译的呢？她没有同我说明过。我在书架底层重新发现这本译稿时还不知道许让神父是个什么样的人，只在该书的附注中常见到引用史禄国老师的著作，估计他们之间可能是有联系的，因为我在清华念书时就知道史禄国老师在北平城里有一批常在辅仁大学会面的欧洲学者，其中有些是天主教的神父，但是否包括许让神父我并不清楚。

直到 1990 年我才从《西北民族研究》上读到的房建昌先生的一篇关于土族白虎祭的文章中得知许让神父的简历。据该文引芈一之的《青海民族入门》中的一段说，许让神父是比利时籍，中文名康国泰。1910 年由甘肃甘北传教区派到西宁传教。在南大街修建宽敞的天主堂。1932 年由上海徐家汇天主堂出版《甘肃土人的婚姻》。后来在美国费城出版《甘肃边境的土族》三大册，包括《土族的起源、历史及社会组织》（1954 年）；《土族的宗教生活》（1957 年）；《土族族谱》（1961 年）。引文还说："康国泰上引书卷序言自称：1911 至 1922 年他在西宁地区传教，对土族最感兴趣。他于 1909 年（宣统元年）抵达甘肃省（1928 年青海建省），1911 年抵西宁，被派至塔尔寺学了半年藏语，后被派至碾伯（包括今乐都、民和）分教区——传教点，继续学了四年藏语，在传教过程中，他觉得土族比藏族更引起他的兴趣。"

许让神父为什么觉得土族比藏族更能引起他的兴趣？我至今没有机会看到他的三大册关于土族的巨著，所以还不能答复这个问题。但是在 1957 年前，我从民族研究的实践中也曾看中过土族在内的处于甘肃、青海到四川西部的那一条民族走廊里的一些人数不多的小民族。这条民族走廊正处在青藏高原东麓和横断山脉及中部平原之间的那一条从甘肃西北部沿祁连山脉向南延伸到沿甘肃边界和四川北部的狭长地带。在这里居住着一连串人数较少的民族，如裕固族、保安族、土族、东乡族、撒拉族以及羌族等。它们夹在汉族、藏族、蒙古族和回族等人数较多的大民族之间，它们的语言、宗教和生活方式都各自具有其特点，同时又和上述的较大民族有密切的联系。我曾设想过如果"从历史上，从现在的语言、体质、文物、社会结构、风俗习惯、神话、传说等等，综合起来进行考察……可以解决很多问题，诸如民族的形成、接触、融合、变化等"。

我在进行民族识别工作时遇到过许多难题，不少是发生在这个民族走廊里。这里可以举一个例子，在四川省西北部平武、松潘一带，有一个小民族现在被称为"白马藏族"。解放初，他们选派了一位代表上北京，是个老大娘。国家领导人接见代表们时，问她是什么族？老大娘很紧张，话也说不上来，旁人就替她说，是藏族。她随着点头称是。后来这个镜头上了银幕，而且介绍词上称这个老大娘作藏族。这部电影传到这个民族，观众很有意见，说他们和藏族不一样，语言不同，服饰不同，也不信喇嘛教。于是提出了识别问题。有人专门去调查，认为白马人和拉萨的藏族确是有许多差别，但和藏族中的嘉戎人却相当接近，这个族别问题至今没有定论。看来这一部分人可能是原来的土著民族，夹在藏族、彝族、汉族之间，受到外来的影响很深。

在民族识别工作中，我碰着不少同样性质的难题，因之觉得这些地区的民族研究大有可为。可是我当时想继续做民族研究的愿望却并没有顺利实现，因为1979年社会科学院受命恢复社会学。社会学命运多蹇，1952年高校院系调整时各大学的社会学系被取消了。1957年由于有些社会学者想效法苏联恢复社会学在学术上的地位，都被认为反党反社会主义，许多社会学者被划成了右派，受到人身打击。直到"文革"结束，1978年党的领导才决定替社会学恢复地位并要求"补课"，就是要在大学里恢复社会学系。可是经过这场浩劫，过去学过社会学的人留在人间的已经不多，即使能挨到这时的大多已年老了。我那时刚调入社会科学院不久，这个重建社会学的任务，就落到了我的头上。我推脱不了。刚刚将要开始的第二次学术生命又被拉出了民族研究的这条轨道。幸亏民族学和社会学在我的思想中一直是不加区别的。只是研究的具体对象不同。民族学也可以包括在人类学范围之内，人类学和社会学原是通家之好，名称虽然不同，实质是可以会通的。我的岗位工作名义上已由民族研究所调进社会学研究所，由副所长改为所长。这一变动使我为同惠圆梦之想不得不推后了。1985年我才离开社会科学院，在政协和人大的支持下专心到各地去实地考察农村经济发展的问题，走一趟、写一篇地编写的《行行重行行》，一直到目前。该书续集即将出版。

《行行重行行》的主题是乡镇发展，包括农村、小城镇因乡镇企业的异军突起而带来的经济和社会的变化。1984年我的考察地区开始从东部沿海各省转移到边区，从内蒙古自治区延伸到甘肃。从1987年开始到目前我已"八访甘肃"。因此我又有机会进入我在上面所提到的西北地区的那条夹在藏、汉之间的民族走廊。我自然不会忘却为同惠圆梦之志。所以我在这多次西北考察中，历访了土族、裕固族、撒拉族、保安族和东乡族。限于具体条件，我在这些民族地区停留的时间都不长，但是我确是亲历其地，多了些感性知识，同时产生了许多想法，也可以说我把同惠的梦做大了。我不只想由中国人自己来写几本关于这些民族的书了，我还被怎样发展这片民族地区的问题占住了我的怀抱。我认识到这地区的民族研究不但大有可为，可以写出许多民族研究的重要著作来，而更重要的是我看到了居住在这片广阔的土地上的许多少数民族怎样在下个世纪能发展成现代民族，和其他民族一样平等地站在这个地球上的问题。

同惠的梦带出了我八访甘肃，亲自穿行了祁连山麓的民族走廊。这个走廊在经济上正是牧业和农业接触与过渡地带。现在青海的海东和甘肃的临夏，在历史上正是明代以茶马贸易中心著名的河州故地。在当时当地我就产生了个梦想，在这里是否可以恢复它作为现代的农牧贸易的基地？我约了甘、青两省的领导会商，取得了共识，并经中央批准由这两地联合建立一个经济协作区。这个建议是我对开发西部民族地区的大梦想的前奏。随后我经过多次访问内蒙古和宁夏两个民族自治区后，1988年又提出了建立黄河上游多民族经济开发区的建议，把原有的梦拓大了一圈。建议也得到了两省、两区领导和中央的支持。目的是利用黄河上游的落差发电供应两岸发展工农业所需的能源，为开发西部广大多民族地区建立一系列经济中心。

我在开国后不久就申请过参加去西藏的中央访问团，但因我从小患有喘病，得不到医生的批准，直到如今还没有机会攀登西藏高原。但是我心里一直存在着怎样开发西藏的问题。经过访问了甘、青间的民族走廊后，结合历史资料的启发，我提出了从藏区的外围入手向中心推进的"两南兴藏"的意见。两南是指甘肃南部的甘南和西部的肃南。甘南历来是藏族文化中心的拉卜楞寺所在地，肃南是裕固族的主要基地，近年来是获得优秀成绩的牧业改良试验区。这两南正是历史上藏族文化辐射有成效的边区。现在可以"反弹琵琶"在文化及经济上对藏族的中心地区发生现代化的反馈作用。自从亚欧大陆桥畅通以后，我又产生了恢复早年丝绸之路的梦想，并提出了利用甘肃河西走廊已经建立的若干开发区为基础，大力发展成一条振兴西部的工商业走廊。这个走廊北连内蒙古，南通青藏，西出阳关就是包括若干民族在内的新疆维吾尔自治区。我想到这样广大和多民族的西部地区没有一个强有力的工业中心是难于开发起来的，而且河西走廊正是自汉朝以来中华文化向西拓展的基地，去过敦煌的人不会不对当年经济文化的高度发展留下深刻的印象。

我对中国西部的前景满怀信心，同时也认识到中国西部是一个多民族地区，不从大力发展民族地区入手，中国西部发展是难于实现的。要发展这个民族分散在各处的多民族地区，必须有一个以河西走廊为工商业的中心基地，才能把四围的腹地带动起来，以上是我从同惠的遗梦中扩大出来的那一个开发中国西部的大梦。人生几何，我深知这个大梦在我这一生中是不可能实现的，但是既有此梦，我想也不妨留一笔在这篇序里，作为纪念同惠的一片心意，也是合乎我们两人对等原则的又一个例子。

我们两人都是属于善于做梦的人，我们所做的梦基本上又是相类同的。为了要实现中国西部的现代化，我就以她的梦为基础，主张要我们中国人自己去为西部许多民族的经济文化写出一系列像《甘肃土人的婚姻》一样的书。可是我的体力在时间的消逝中也日益衰弱了，这是无法挽回的。要我自己去圆同惠的梦，事实上已经力不从心了。因之，我只有把这心愿以接力棒的方式传递给下一代的后继者了。1985年我在北大建议成立了一个社会学人类学研究所，目的就是在培养学术上的接班人。1992年我把去土族地区调查的心愿交给这个研究所。所里的潘乃谷和高丙中两位同志表示愿意在我手中收下这根接力棒，当年就到青海互助土族自治县、1994年又到民和回族自治县的土族地区进行了实地调查，写出调查报告。他们同意把两个报告作为这本许让神父的《甘肃土人的婚姻》的中译本的附录，用以对照本世纪初调查者所见到甘肃土族的婚姻制度和相关的社会情况和本世纪末在原地调查到的情况作为比较，从而看到土族婚姻的变动。

我原来打算用出版这本译稿作为同惠逝世60周年的纪念，但是杂务一拖，没有能在1995年送出去出版。到了1997年，我抓紧完成了这本译稿最后的整理工作，并找到了愿意出版这本译稿的出版社，了却了我的一桩心事。我这篇别具一格的序文，也是在繁杂的事务里，挤出时间分段陆续写成的，言有不尽，尚冀读者谅察。如果这篇序包含的意思会化成一把可撒播出去的种子，又可巧无意中落入一些乐于培植的心田，说不定今后的日子里会长出美丽的花朵。如果竟成为事实，那也是我身后的事了。此前景果有一天成为事实，"家祭毋望告乃翁"。

1997年3月19日于北京北太平庄

读马老师遗著《文化动态论》书后 *

这篇"书后"是我打算在第三届社会学人类学高级研讨班上用的讲稿，也是我在三年前预定写作计划的一部分。我在接受这个研讨班邀请参与专题讲演之初，就想利用这个与国内外同行聚会对话的机会，把我早年踏进人类学这门学科时从几位老师学习所得的体会整理出几篇笔记，作为对自己学术经历的回忆和反思，提请班上讨论批评。

我在LSE跟马林诺斯基老师学了两个学年：第一个学年1936—1937年，我在他的席明纳seminar里学的是他的文化论。在这个高级研讨班上1995年我的第一讲就是对马老师文化论的体会。接着在第二个学年，即1937—1938年，我学到的是他的文化动态论。我和他是1938年暑假中分手的。我回国了，就开始在云南进行抗战时期的内地农村调查。他去了美国，在耶鲁大学继续讲他的文化动态论，1942年因心脏病去世。马老师遗下有关这方面的文稿和笔记，由跟他去美国的一位我在LSE的同学P. M. Kaberry女士整理，编成 *The Dynamics of Culture Change: An Inquiry into Race Relations in Africa* 一书，1945年4月在耶鲁大学出版社出版。其时我正在昆明，兵荒马乱，讯息断绝，无缘接触此书，直到近年，已是

---

* 本文原刊于《北京大学学报》（哲学社会科学版）1998年第5期。——编者

90年代,我才借到该书的复制本。为了起草这篇讲稿,腾出时间,又重读了一遍。读后感想丛集,陆续写出,编成此稿。

这一次讲课的题目,我并没有直接用那本遗著的书名,书名直译应当是《文化变迁的动力学——非洲种族关系的探讨》,我自作主张简称《文化动态论》,用意是想略去马老师对30年代非洲诸民族在殖民主义下受到摧残的土人生活的具体叙述和分析。因为经过了半个多世纪,非洲民族情况已有很大的变动,对我们主要只有历史意义,其具体内容不必再做摘要和重述了。这里不妨直接从这段历史的教训入手来谈谈当今我们这些社会人类学者应当怎样去延伸和发展马老师所提出的有关文化动态论的一些重要观点,来开拓我们这门学科的前景。所以我在下面要讲的只是我重读这本书之后的一些感想,而我这次讲话的题目也只能是我重读该书的"书后",实际上也可以说是我学术回忆录的一部分,它的主观性较强,要让别人易于理解和参与评论,不能不夹杂一些现在已属于历史的追忆。

在LSE留学期间,我的学习机会主要是参与马老师主持的每星期五下午举行的席明纳。这个席明纳当时有个通行的名称叫Anthropology Today(今天的人类学),这个名称的意义各人可以有各人的体会,我喜欢用"人类学的前沿"来理解,也包含着"赶上时代的人类学"的意思,实际上是指马老师当时正在思考的有关社会人类学及时的问题,讨论的主题每个学年都有不同。

我在第一届这个高级研讨班上讲的"文化论"中所提到的"文化表格"就是马老师在1936—1937这个学年席明纳的主题。他说是要为人类学者准备下一张在田野工作时指导性的参考表格。马老师在告别吴文藻老师时曾送了他一份这张表格的打印稿，后来译成中文收入《吴文藻人类学社会学研究文集》。❶ 配合这表格所做理论说明部分，即我在1937年暑假在德国休息时翻译的《文化论》。❷

当我翻译马老师的《文化论》时，听说马老师本人曾利用假期到非洲南部和东部的英国殖民地上去进行掠影性的访问。这可能并不是他初访非洲，但这次访问对他的学术思想发生了巨大冲撞。1937年秋季回到他的席明纳里时，他不再提"文化表格"，而开始讲分析文化动态的"the three columns approach"，即"三项法"。"文化表格"和"三项法"都是马老师在席明纳里通用的"术语"或"行话"。"文化表格"是指解剖一个具体文化时所用的参考样本，是文化结构的静态分析，而"三项法"是马氏为分析文化动态时所采用的方法。

这次我重读马老师的《文化动态论》，温习了他所主张的"三项法"，对马老师的思想有了一些新的认识。我感觉到他这次在席明纳里讨论主题的变化正表明了马老师学术思想上的一个重要的变化。简单地说，是马老师从根据文化的静态分析而做出的功能主义的基本理论进入从不同文化的接触而引起的文化动态的分析。

我在LSE留学的两个学年正逢到马老师学术思想上在发生上述的变化过程中，但是我当时并没有感觉到这个变化，因为我还刚刚踏进社会人类学这门学科，对这门学科的来龙去脉所知不深。经过了半个多世纪，在我重读马老师关于文化动态

---

❶ 吴文藻：《吴文藻人类学社会学研究文集》，民族出版社1990年版，第190—253页。
❷ 此书1940年初版，1987年重版。

论的遗稿时，才感到这是个人类学思想史上的重要变化，对我来说固然表明了我自己思想滞后的实情，同时也给了我一种豁然贯通的喜悦心情。特别是我近来回头看到了一些有关我和马老师分手后这半个多世纪里国外社会人类学的发展情况，引起了我许多由于与世隔绝了相当长的一段时间而发生的不易理解的疑问，比如：为什么马老师在我们分手之前已讲了有一个学年的文化动态论竟会有点像石沉大海一般在国外社会人类学界成为一曲没有完成的交响曲？为什么在人类文化史上如此重要的殖民地土人文化的动态和后果，各洲土人的文化在这段时期里受到欧洲文化这样大规模的摧残，竟成了一桩不了了之的历史案件，今后这些地方文化的重建问题西方人类学者竟能洗手不问？为今后世界人类文化的前途，我觉得有责任把这些问题及时提出来，引起社会人类学界的注意和反思。

二

马老师从文化静态分析的"文化表格"转变到文化动态分析的"三项法"，从表面上看似乎是对他原有功能主义理论的修正和改写。因为在他初期提出的文化整体观和文化各方面的相互关联，一直到凡是为人们生活上发生作用的文化都是有用的，都是为人们生活所服务的，因之有它存在的价值，也可以说都是合理的等观点，以及由这些认识而推论出相关联的文化各方面所形成的文化体系，也是个相互和洽协调的整体的理论。这些观点和理论在马老师身后也成了众矢之的，许多批评颇中要害。然而，我觉得要理解马老师早期的"文化功能论"，应当从他最基本的学术态度上去理解。马老师是一位现代社会人类学创导人，他开始应用19世纪末西方学术上实证主义的新风气来改革旧一代人类学。

马老师自己给自己分配的一个任务是建立一门研究人的科学，就是他在缅怀Sir James Frazer的纪念词中所说的"这门伟大的研究人的科学"，它是一门"和其他比它年长的和表达得更确切的学科同样值得倾心的一门伟大的科学"。要建立这一门实证的科学关键是在找到一套研究方法。他为现代社会人类学的这门学科确立了"参与观察"的实证主义的田野工作方法。他在席明纳里所提出的"文化表格"和"三项法"，一再强调是给田野工作者准备下的参考工具，为进行参与观察的田野工作服务的。他所写的《文化论》和《文化动态论》只是为这些指示方法的图表做说明。观察方法、图表和说明（即理论）三个层次表明了科学工作的构成上主次的关系。所以可以说科学主要是在认识和反映客观实际。通过观察方法和理论说明把看到的实际表达出来是学术的内容，它增加和丰富了人类对客观存在的认识。

马老师初期提出的理论，是根据他在1914—1918年间在西太平洋Trobriand岛上参与和观察当地土人的生活中见到的事实形成的。这些所谓功能学派的理论主要是通过具体的田野工作收集的资料来表述的，见于如他在1922年出版的《西太平洋航海者》、1932年出版的《野蛮人之性生活》和1935年出版的《珊瑚园和它们的巫术》等田野工作报告。其他理论性专论可以看作是对这些事实性叙述的申引和说明。他用了至少有13年的时间整理和分析他在西太平洋的田野工作中所得到参与观察的资料。这一系列著作，成书出版的一共包括上引诸书大约有7本，是马老师第一期学术生命的科学收获和贡献。这些著作具体反映了Trobriand土人的文化面貌，提供了人类文化的一个科学标本。从这个标本里人们可以看到人类文化的实质和它的结构、作用，马老师也表述了他对这个文化标本的认识和体会，就是他总结出来的文化功能派的理论。

我说这段话的目的是在表明马老师是一个严格的实证主义的科学工作者，他在研究人文世界的工作上做出了开创性的工作，而且取得了科学的成果。我们也应在这个科学工作的范围内来要求他和肯定他。这一类实证主义的科学成果的有效性是以观察的对象作限度的。不应当把他从这个有限的范围里所总结出来的认识扩大到超出这个范围以外。

如果用这个尺度来衡量他这一期科学的成果，我相信是可以经得起考核的。他这一期观察的对象是这世纪初期居住在西太平洋一个岛上的土人的生活。从马老师在上述这些田野工作报告所描述的情况中可以看出，这是一种在人口稀少的外界相当隔绝的社会里，经营初期农业的人们的基本生活情况。读了这些记载，我这一代中国知识分子很容易联想起陶渊明在《桃花源记》中所说的"土地平旷，屋舍俨然，有良田美池桑竹之属。阡陌交通，鸡犬相闻。其中往来种作，男女衣著，悉如外人；黄发垂髫，并怡然自乐"的田园风光。马氏在他有关著作中进一步描写了他们生活各方面的活动和享受，更易引人感觉到一种和平而充满着人性的世俗生活气息。这对于当时从千里之外正在炮火连天相互厮杀的所谓文明世界中来的人们，怎能不发生强烈的直接感受？从这个气氛中表达出来的文化气息很符合于马老师功能主义的文化论里所表达的那种和洽协调完整的文化情态。正是这些情态和反映出来的文化协调论，与现代文明社会存在着强烈的反差，引起了后来学者对马老师这种论调的批评。

在30年代末期，马老师基本写完了他描述和分析西太平洋珊瑚岛土人的那几本巨著，之后他接触到了西欧列强统治的殖民地上的非洲土人的情况，和他亲自感受西太平洋岛民的文化情态差距太大，所以在他走访非洲东部和南部的若干英国殖民地时，看到了一个正在发生文化巨变的大陆。他于是以他直接的感受写出下面一段生动的画面：

> 一个乘坐帝国航班的飞机向非洲内陆去的旅客在行途中几乎可以得到对这个大陆文化形态的鸟瞰。当你跟着作为世界最古文明之一的界石的尼罗河这条蓝色缎带向大陆的心脏前进时，你在尼罗河上游接触到黑非洲的最初一瞬时，看到了尚未受到欧洲丝毫影响的旧式圆形的村落，土人穿着他们老式的衣服——或者光着身子——来往在以牛棚为中心的周围，每个聚居点明显的孤立状态，呈现出几乎与世隔绝的一片沼泽地带——这一切至少给人一种没有被惊动的非洲的表面印象，无疑的在这里我们还能找到非洲原有文化的一个广阔的根据地。
>
> 当飞机掠过尼罗人和班图人的边界，很明显的我们正进入一个变化中的非洲。在Baganda人中，一座新造的、方形的、按欧洲式建筑的房屋，即使在天空里向下看，也能见到土人们的服式和装饰品都带着曼彻斯特和伯明翰的味道。道路和教堂，汽车和卡车宣示了我们已进入了一个变动中的世界，两个不同的因素正在合在一起产生着一种新型的文化，分别属于欧洲和非洲，

但并不是单纯地属于任何一方的复本。当飞机降落在Kisumu，我们到达了一个产金的小镇。部分看来几乎像是欧洲式的，有些街道使我们想起印度。但是形成的整体来说是另有一工，是由邻近的一些非洲部落，和住在这地方的欧洲商人和印度移民所共同决定。这是一个输出和买卖金子的重要中心，因之必须和国际市场、海外工业中心和银行组织以及非洲劳动和资源联系起来加以研究。

在Nairobi，我们进入了一个非洲的土人和物资处于既是主人又是无音配角地位的世界，受着欧洲式的行政大楼、银行、教堂和商店的控制。白种居民生活在这个表面上非洲没有染指的世界里，但实际上是建立在非洲基础上的。当地流行的把非洲东部的高原称作"白种人的地方"，是一个不切合实际的说法。东非洲的欧洲文化虽然是从欧洲输入的，但已经适应了非洲当地的物质条件，依赖于非洲的人文环境。

不论坐飞机、火车或汽车，我们在这里一路上遇到了这个三分法——传统的非洲、输入的欧洲和两者凑合在一起的文化。你进入土人的保留地，仍能听到非洲的音乐，看到非洲的舞蹈和仪式，遇见说非洲语言，穿着非洲服饰，不懂得任何欧洲语言，完全按古老的部落生活过日子的人们。

离得不远，在一个外来定居者的平房里或是小小的欧洲人聚居区里，你就能在短波的收音机里听到英国的音乐和享受像Alabama Baby和Coon等那样的纯粹欧洲曲调，你能读到最近出版的 *Tatler* 或 *Sketch* 杂志，享受关于当地或国外的体育或英国政党争论的议论。在这个世界里，非洲人只能像影子般地出现，作为端送酒盘的侍者，从远处传来黑人农场上的歌唱者的声音。不然，欧洲人完全可以忘记当地还有非洲人的生活。不时流传一些劳动纠纷、官场轶事、教堂流言，引起在职者的关注，但并不引起对土人生活本身的兴趣。

即使仅从表面上看去，也能明白变动中的非洲文化不是一个完整一体的对象，而存在着三个方面。我们几乎可以用一支粉笔在非洲的地图上画出不同的区域来：占优势的欧洲人地区，真正的非洲人地区，和正在变动的地区。❶

我把《文化动态论》第一章第二节"今天非洲的鸟瞰"大体上翻译如上，并发现马老师在这段印象记里画出了非洲文化动态的基本格局和说出了他采取三项法的思想来源。更打动我的是马老师从这次生动接触到的现实中引起了他对自己一生的人类学工作深切的反思。他在交出最后一部有关西太平洋上土人的著作《珊瑚园和它们的巫术》的底稿去付印前，在附录中写下这一段总结的话：

> 社会人类学田野工作的研究对象应当是变动中的美拉尼西亚（也包括西太平洋的 Trobriand 岛）或非洲的土人。他们已成了全球社会的公民，正在和全球文明相接

---

❶ B. Malinowski, *The Dynamics of Culture Change: An Inquiry into Race Relations in Africa*, Yale University Press，第 9—11 页。

触。他们实质上正受着多种文化的支配。研究变动中的土人将使我们不必再用随意猜臆的方法去重构他们在欧洲人入侵前的文化，去追寻一项项基督教信仰和一件件怪异的欧洲人禁忌的来源，而可以直接去看，这些事情实际上怎样正在活动，怎样和他们原有的文化相抵触和冲撞，或是怎样被吸收进入他们的生活。另一方面说，这种正在我们眼前发生的文化传播的过程正是人类发展上极为重要的历史事件。忽略了这种研究一定会使人类学丧失它最重要的任务之一。❶

他联系到自己在西太平洋岛上土人中的研究工作做出了出于内心的自我批评："现时一个人类学者在 Trobriand 岛上面临的现实并不是没有受到欧洲影响的土人，而是在一定程度上已被欧洲影响改造过的土人。"❷ 他对照自己在过去 10 多年中已经发表的调查报告，看到了自己还是把这些土人视为保持着原有文化的"野蛮人"，而实际上他们当前已进入了应当称之为"殖民地文化"的时期了。他痛心地表白"这恐怕是我在美拉尼西亚人类学全部研究中最严重的缺点"（most serious shortcoming）。他所用自责之词是十分沉重的。Adam Kuper 在《人类学和人类学者——现代英国学派》一书中，引用了马老师这句自我批评的话，而称之为"remarkable admission"（非凡的自供），而且说马林诺斯基很可能在英国社会人类学者研究对象的认识上引起一场革命，但是这种 radical change of

---

❶ 参见 B. Malinowski, *Coral Gardens and Their Magic*, Kegan Paul, 后记部分。
❷ 同上。

paradigm（激烈的定式变化）并没有成功。[1] Kuper 一方面承认这个从静态分析转入动态分析是以研究文化为任务的社会人类学学术发展上的一个重要转折点，但他同时对马老师关于文化变动的理论评论说，"这样的理论如此的不能令人满意，使他严重地损害了（gravely impaired）他想推动的对殖民地实质的研究"。

三

我同意 Kuper 把马老师从文化的静态研究到文化的动态研究的转向看成是他社会人类学理论上的一个重要转折，尽管我不能接受他对马老师文化动态论的评论。我在 1937—1938 那一学年的席明纳里才听到他的"三项法"，但看来马老师本人 20 年代后期在与英国在非洲殖民地的实际接触中已经开始在思想上发生了震动。他是个坚决主张理论必须联系实际的人，也可以说他一向是从实际中探索理论的人。他早期的文化功能观点是联系着 Trobriand 岛土人的实际生活才形成的。当他接触到正在激烈变化的非洲殖民地上土人的生活时，这种对他还是新的经验必然会引起他思想上的变化，因而产生了怎样去研究这种变动中的文化问题。这个问题引导他重新考虑人类学的研究对象，可能在社会人类学这门学科里引起了一场对传统定式的"革命"，就是从以分析文化结构为对象的静态研究，

---

[1] Adam Kuper, *Anthropology and Anthropologist, The Modern British School*, Routledge, 第 34 页。

进入以文化变动为研究对象的动态研究。在这里我们可以回顾一下马老师个人和非洲殖民地发生接触的经过。

马老师于1927年登上了伦敦大学社会人类学教授这个讲席，他自觉到有责任考虑怎样建立和发展这一门学科。他一方面继续发表他在西太平洋田野工作的著作，为这门学科奠定理论基础，另一方面已不断在考虑怎样为这门学科培养人才和开辟新的研究园地。1926年，在他的朋友，J. H. Oldham推动下，国际非洲语言及文化研究所（International Institute of African Languages and Cultures）得以建立。领导这个研究所的是Lord Prederick Lugard。这位伯爵是个在英国管理殖民地工作的政府部门里有势力的人物，而且以开明派出名，倡导保护殖民地上落后民族的主张，提倡英帝国对殖民地采取"间接统治"（indirect rule）的政策，也是后来的所谓Dual Mandate（双重托管制）的倡议者。他号召"以非洲土著自己的制度和习俗为基础，发展新式的法制、秩序和权威"，这深得马老师的赞同，认为这正是社会人类学在当时发挥实际作用的机会。如果政府在殖民地上实行间接统治，建立这种制度的前提就是要如实地了解土人原有的各项社会制度。这正是当时以研究"非白种人的文化"为内容的社会人类学责无旁贷的任务。马老师曾认为政府对殖民地实行间接统治是对社会人类学"功能观点"的投降，意思是说他在社会人类学里提倡的"功能观点"促进了英国殖民主义的改造，从破坏土人文化发展到以土人文化为今后殖民地文化发展的基础。

这种可能被现在的公众认为可笑的看法，在半个多世纪以前还是属于先进的思想，或称为开明的见解，因为那种见解是从对土人采取同情的立场出发的，而且反对当时欧洲各国政府在殖民地上对土人的压迫和掠夺。对殖民主义采取改良的立场在当时可说是历史的进步。

马老师原籍波兰,波兰人在欧洲长期处于被异族统治和压迫的地位。他反对民族或种族压迫是出于他本人切身的感受。他一贯希望人类学能对在建立一个民族平等的世界的事业上出一份力量。这种希望也正符合19世纪后期欧洲盛行的理性主义的思潮,认为实事求是的科学知识可以改造社会和文化,使人类得到进步。因之我们可以说马老师和殖民主义改良派思想上一拍即合是符合时代发展规律的。

1929年马老师参加了国际非洲语言及文化研究所,与Oldham合力掀起了一场被称为"实用人类学"的运动。由于学力和名声马老师承担了为研究所培养研究人才的任务。当时英国政府的殖民部需要有人去实地调查殖民地上土人的社会和文化,特别希望他们能对殖民地上日趋严重的土地和劳力问题提供改革的谋略。他更为了使这个非洲语言及文化研究所开始研究工作时得到经费上的协助,说服了美国的洛氏基金(Rockefeller Foundation)投资予以支援。

作为英国当时惟一的社会人类学教授,加上英国殖民部改良派在政治上的支持,还得到美国洛氏基金在经费上的支援,马老师的这一次"社会人类学的革命"是炙手可热的。他也自豪地说他所提倡的实用人类学将会纠正殖民者的"贪婪和无情的掠夺"(greed and ruthless rapacity)。[1]

马林诺斯基《文化动态论》一书,用大量的篇幅来探讨

---

[1] 参见 B. Malinowski, "The Rationalization of Anthropology and Administration", *Africa*, 1930(3)第405—429页。

前殖民时代非洲的政治模式，以功能主义的观点对部落酋长制的现实意义加以推崇。他说人类学的使命无非是要帮助实现"没有痛苦的变迁"（painless change），而人类学本身可以做到这一点，因为人类学（功能主义人类学）向来强调"生活在他们的制度之内的人民应该被给予更大的选择性和更多的机会"。❶

为什么这样说？马老师在"非洲制度的功能"一章中论述得十分明确：

> 从一个地位相对简单的非洲人转变为一个文明化的基督徒和欧洲公民，需要的是所有的实质性变化。图腾主义者可以依赖一点食品为生，畜牧的马塞人可以靠一个小牛群为生。然而要做一个好的基督徒、一个绅士，要成为教养好、干净、可敬、负责任、随时与其他文明人合作的人，无论对于白人还是对于黑人来说，首先需要经济的安稳感，需要享有完整的社会身份，当然也需要享有对自己的身体（包括身体的劳作）的完全权利，需要无数的行为规定。（因而）文明加贫困，往往等于革命和不可信赖。无论在何地出现，"贫困的白人"总是一个严重问题。而"贫困的黑人"由于只给予文明的一半而成为问题，因为这一半文明提高了人们的野心，建立了人们的权利感，然而却无法满足这些需要。

---

❶ B. Malinowski, *The Dynamics of Culture Change: An Inquiry into Race Relations in Africa*, Yale University Press，第52页。

在说完这段话以后，马林诺斯基接着指出，成功的变迁需要大量的财政支出，而殖民政府只从非洲夺走东西，于是把非洲人变成文明人，把非洲文化改造为欧洲基督教文化，是绝对吃力不讨好的事。一项解决的办法是让非洲人——运用他们的酋长、家庭和各种制度——来实行自我管理，通过间接的影响来潜移默化地改造当地文化。❶ 他说：

> ……在长久的历史演变中形成的（非洲）制度，显示出对环境、对某些地方性需求、对文化层次的适应，因此难以一次性地或急速地被取代……因此，选择性的保护主义不可避免地走文化过程的自然结果。我们的论证绝对并不意味着转型（transformation）是不可能的。相反，它意味着变迁是困难的，但可以实行。然而，为了变迁的效果和变迁过程的平顺，我们首先需要开明的财政支持，其次需要对变迁加以极端良好的安排，使变迁的规划建立在对转型（的起点）和对转型在具体操作上的含义的全面了解的知识基础上。❷

---

❶ B. Malinowski, *The Dynamics of Culture Change: An Inquiry into Race Relations in Africa*, Yale University Press, 第 55—56 页。

❷ B. Malinowski, *The Dynamics of Culture Change: An Inquiry into Race Relations in Africa*, Yale University Press, 第 62 页。马林诺斯基在"文化变迁的共同因素"一章中讨论了如何可以更好地实现平顺的变迁。这里强调的是"common factor"这个概念，他在第 67 页中说："无论在何时，当欧洲人和非洲人之间存在一个长期的利益认同（identity of interests），当白种人拥有实施规划良好的政策的能力和知识时，这个共同因素也就存在了。在这种情况下，就会出现两种不同种族双方之间在观念、情感以及总体面貌上的合作和共识。"此外，他把白人强制造成的对黑人权利的剥夺及宗教文化殖民化看成是强迫型的"共同因素"，是"负面的共同因素"。这里民族平等的观念十（转下页）

我本身没有赶上马老师的火红时代，直到1937—1938年才接触到他的分析文化动态的"三项法"。这个三项法是他在这学年的席明纳里提出来的。现在回想起来，我也正是在这期的席明纳里才有机会遇到不少从非洲田野工作里回来汇报的新的一代英国社会人类学者。这批学者正是当时国际非洲语言及文化研究所委托马老师培育的那些人类学者。他们也正是第二次世界大战结束后在英国人类学界出现的风云人物。

马老师对于非洲殖民地土人的社会文化研究应当说是从20年代后期开始到30年代上半期逐渐成熟。同时也必须看到他一生中并没有在非洲土人中进行过像他在西太平洋Trobriand岛上所做过的那样深入的参与观察的田野工作。实证主义的科学必以联系实际的亲身经验为基础，凡是和实际联系愈深入的，从中取得的认识，即理论，也能愈深刻。这是科学工作的规律。马老师的社会人类学的理论底子还是他前期在西太平洋岛屿上的田野工作，他的文化功能论和他的文化动态论相比较，在系统性上和深入程度上深浅自见。因之他的文化动态论在社会人类学这门学科中所起的影响显得相形见绌，那是难以避免的。

（接上页）分明确。为了引导殖民政府和传教士尊重非洲文化，马林诺斯基用很长的篇幅讨论了一些非洲文化形式的合理性。他说非洲人的祖先崇拜在基督教传教团体和殖民政府的压力下走向了地下。但这种文化的压迫对于变迁的设计来说完全没有必要的，因为从来祖先崇拜有其整体的制度功能，是非洲人的家庭与社会关系的宗教表现，如果消灭这种东西，也就会消灭非洲社会稳定的机制，造成不稳定。所以，应当对这种文化形式采用比较中和的态度，不要急于消灭，而要尊重它们在社会中的作用。这一点，马林诺斯基在早期论著《巫术、科学与宗教》一书中早已提出。从这一点来看，马林诺斯基的文化动态论并没有完全脱离功能论的基调，他仍然坚持认为文化有它满足人们个人和社会需要的功能。

四

马老师对于非洲土人的社会和文化的研究兴趣可说是从20年代后期开始,一直到30年代上半期的1934年才初次直接访问在非洲南部和东部英国殖民地上的从事社会人类学田野工作的研究人员。❶ 这和他在西太平洋岛屿上的田野工作性质不同,严格说来不属于亲自进行的田野工作。但他这一年在南非开普敦向殖民地的教育工作者发表过一篇讲话《土著教育与文化接触》,很能表示他当时鲜明的主张。他在讲话中警告非洲殖民地的白人教育者,不要机械地用欧洲式的教育取代部落的传统教育方式。他指出,白种人实际上并没有通过所谓教育工作给予非洲土著人民任何有用的东西。他们真正在做的是在那里掠夺大量的经济资源。这样说等于揭露了殖民主义的实质。他提倡让会讲本地话的人授课,避免破坏非洲部落文化,表明他反对西方在殖民地的文化霸权。他又向当地黑人听众讲述社会人类学,并且承认以前的人类学确实有种族主义的倾向,但是极力声明这种倾向已经发生变化。他表明自己主张的人类学是一门尊重别的种族的学问。而且带着幽默的声调子说他自己的研究,已从研究"裸体的非洲人"转变为研究"穿着整齐的非洲人了",这番话不仅表示他对过去社会人类学把殖民地上的人民看成和白种人性质上不同的"野蛮人",而且从而反思到从这种以种族主义为背景出发的社会人类学理应加以改革。所以他在1937—1938年的席明纳里,提出了研究文化动态的三项分析法。

---

❶ 他的访问从6月到10月共延续四个月。

马老师针对殖民地的社会文化基本情况做出下面的论点。他认为非洲文化动态的实际情况是"一个较高级的文化对一个较简单而且处于被动地位的文化的主动冲击的结果"（the result of an impact of a higher, active culture upon a simpler, more passive one）。❶ 他从而指出对这种地区的文化应当着重注意西方文化的冲击和本土文化对这种冲击的反应。❷ 因之，研究的对象应当包括三个方面：西方文化、本土文化和二者冲撞着的变动中的殖民地文化。文化动态实际是发生在第三方面即前两方面发生冲撞的结果。这也就是马老师所说过的在飞越非洲时所见到的鸟瞰中可以在非洲地图上画出的三个圈子：一是占优势的欧洲人地区，二是真正的非洲人地区和三是正在变动的地区。文化动态的主要空间恰恰是第三个地区。

如果把这三个地区放在一个时间维度上，从空中予以鸟瞰，很像一幅平面的文化分布图。这使人想起了早年社会人类学中"德奥文化传播论者"心目中的文化传播历程，某个文化特质从地理上的一个中心向着四周扩散和移动。但是如果飞机降落在第三个圈子里，就是文化正在变动的地区里，就会见到这里人们生活上表现出来的文化却不是第一或第二两个圈子里所见到的那些东西的重复。大多都是由于白人入侵的文化碰上了土人原来部落中带来的相应文化，在种族隔离的殖民地特有的条件下发生的变种。这个变种既带有它侵入时的原相，但已受了土人传统文化的抵触而发生了改变。这个变种又已不再

---

❶ B. Malinowski, *The Dynamics of Culture Change: An Inquiry into Race Relations in Africa*, Yale University Press, 第 15—17 页。
❷ 同上。

是土人从原有传统带来的本相，是一种可以称为没有脱尽土气又没有全部洋化的变种。在这种白人和土人杂居的社区里，人们的行为实际上更因互相接触对象种族和身份的不同而发生多种多样的变化。如果作为一个生客进入这种社区里观察人和人对话时所用的语言，就能领会这种复杂性。一般说白人对白人或土人对土人之间可以用白人或土人原有的语言交谈，但也不尽然，不论白人或土人所用的语言，大多已和他们各自在本乡所用的语言有所差别。不仅可以听到各种程度的白土夹杂的语言，甚至在接触中创出了新的特殊语词和语调，有如早年在上海的"洋泾浜"，或假洋鬼子话。这种有点像万花筒里见到的既混乱又有秩序的文化上的拼凑、混杂物成了这个第三圈即白土文化撞碰地区的文化特色。马老师并没有机会深入到这个"万花筒"里边去体会这些文化变种，所以只能对这种千变万化的局面大体上指出了，要分析这个文化局面，必须追根寻底，进入到白人和土人相接触双方所带来的文化原样里去，要求弄清楚双方在没有接触前各自原来所有的传统文化。这就是三项法的大杠杠：A、B、C三项。A项指白人的影响、利益和意向。B项指白人和土人的文化接触与当地文化的变迁和发展。C项指土人文化的遗留。

通过席明纳里的讨论和启发，当时大家已感觉到这个三项格局似乎太简单化了，需要进一步诠释。多数认为A项和C项不能简单地指白人或土人原来的文化。以A项说，白人带进殖民地的文化，他们原来生活中的和移入殖民地后继续对他们发生影响的家乡文化，与他们在殖民地上生活中表示的文化是有区别的。殖民地的利益和社会风尚本身对白人在殖民地上的文化生活发生着它特有的影响和作用。以C项说，殖民地上土人的实际生活和他们在本乡部落中生活时所表现的传统文化也是不断在变动。以 B 项说，就是土人和白人文化直接撞碰的殖民地社区的文化，既不是以洋代土，也不是以土加洋的简单过程，洋土文化双方的变动的关键看来是取决于相互之间的关系和态度，二者是合作还是抵触。如果双方处于合作的关系时，在土人和白人双方文化上都可能产生互相取长补短的融合取向。相反，如果双方处于抵触的关系时，就会引致冲突甚至仇杀和战争，在文化关系上说是分离、对立、破坏和取代。在三项法中发现动态取向的关键在于接触双方的利益上是否有一致的基础。马老师在他的文化动态论里提出一个重要的论点，就是决定动态取向的是他所谓"common measure of interest"（即"利益上的一致性"），也称之为"the common factor in cultural change"（即"文化变迁中的共同要素"）。

他的这个提法表明他接触到了殖民主义的实质问题。殖民主义就是列强对殖民地掠夺资源和劳力的政治制度。殖民者和殖民地人民是站在根本上对立的立场，在这种政治关系上要找个利益上的一致性是等于缘木求鱼或与虎谋皮。现在我们可以觉得马老师为什么会连这一点基本知识都没有？这是个历史过程中以今论昔的人们容易提出的，而可能永远难于回答的问题。马老师的文化动态论里在提出利益一致是文化融合的前提时，他何尝不知道在殖民地上这是个不现实的前提呢？在他这本遗著里转弯抹角地表达这个意思。现在我们重读他遗著中这一节的论点，可以说他实质上已指出了在殖民地上，如果不消灭以西方掠夺当地土人的资源和劳力这个根本实质，文化接触和撞碰必然导致冲突和战乱，招致一个历史上最黑暗的时代。马老师在第二次世界大战前能说到这个程度，我想他实在已经在当时的历史条件下，对殖民主义做出了不可能更鲜明的批判态度了。

马老师1938年在席明纳里明确提出了对他三项法的初稿要增加两项即D和E的修正方案。这两项都是补充C项的，C项原是指土人方面"传统的遗留"。增加的D项是指对土人部落文化的重构，E项是指土人自发的整合和反应的新力量。

D项和E项的补充显示了马老师已感觉到他的文化动态论的初步分析中对土人的定位似乎过于处于被动的地位。殖民地文化接触中把西方文化放在主动地位是符合历史事实的，因为事实上整个过程确是西方文化入侵引起的。但是处在被动地位的土人也有他们从长期的传统文化中培养出来的要求生存的愿望和在一定条件下积累着取得生存的办法。而且正在不断谋求处于西方殖民者接触中继续生存和发展的条件和事实。土人的意愿和利益在文化接触中决定了他们对西方殖民者的态度和关系。所以当马老师提出文化接触中的共同利益一致的因素时，不能不感到必须加强他对土人方面传统文化的认识，这是他补上D项的一个原因。在把土人方面的因素从纯粹的被动地位上升到对立的地位时，席明纳里的田野工作者自然会想到当时正在欧洲殖民地上发生的种种土人的反抗运动，而且非洲土人们在殖民地上也正在主动地吸收侵入的文化，把新引进的那些文化整合进生活中去，发生了一系列殖民地上土人文化改革运动，不论这种运动是取向于合作的或对抗的，这些运动也不能不承认是文化接触的产物，并不是单纯的传统的复旧或保守。这就促使马老师增加另一项表格来注视这方面的情况。于

是，在修正的表格中又增加了 E 项。❶

由于我本人对非洲的文化动态并没有感性知识，没有权利在这个三项或后来修正的五项表格上多做议论。我只在重读这本《文化动态论》时想起了一些对于 1937—1938 年"今天的人类学"的席明纳里的一些至今还没有消失的回忆，并想联系马老师对这新课题的思考和摸索历程，在这篇"书后"中记下来，增加一点对马老师不断面对事实开拓前进的为学精神和他的"文化动态论"不断修正和发展的认识。

五

马老师是 1942 年逝世的，距今已 56 年。现在他在社会人类学的学科中已成历史性人物，而且经过他死后 10 多年的被冷落，在学术上的威信也已经不像他在生前那样火热了。Kuper 记述现代英国社会学学派的那本流行较广的英国人类学小史里还是把马老师放在首章，但讲到他 1938 年从 LSE 退

---

❶ 参见 B. Malinowski, *The Dynamics of Culture Change: An Inquiry into Race Relations in Africa*，第 75—76 页。这里，马林诺斯基列出供文化分析用的表格为：

A	B	C	D	E
白人的影响利益和意向	文化接触与变迁的进展	传统的遗留情况	过去的重构	非洲人自发的再整合与反应的新力量

他的原文对 D、E 二项作了如下解释："为了更明确我们的论点，有必要（在三项基础上）加上 D 这一项，其中包含的是对欧洲殖民主义入侵前非洲状况的重构。""最后……我们用 E 项来记录非洲人自发的再整合或反应的新力量。这里出现的是诸如非洲种族主义、地方民族主义以及部落爱国主义的重新解释。"

休，全章就结束了。紧接着英国这门学科的带头人就轮到原来和马老师并峙的Radcliffe-Brown了，在英国这门学科中心也从LSE移到了牛津。牛津是1937年设立社会人类学教授讲座的。被Kuper说成在学科中可能起革命作用的马老师的文化动态论，正是在英国社会人类学这次交班之际开始出场的。也许可说是生不逢时，不久就夭折了。

马老师离开伦敦后在美国耶鲁大学落脚，以访问教授名义，还想把这个尚未成熟的"文化动态论"通过席明纳的方式，在新开辟的园地里继续加以培养。但是，他没有估计到的是，这次空间的转移，使他失去了耕耘近30年的熟土，而新的园地却不具备栽培这株幼苗的条件。R. Metraux在《国际社会科学百科全书》"Malinowski"人名条下用了stranger和in exile的字眼来形容马老师在耶鲁的处境[1]，说他在美国是个"陌生的外来客师"，而且带着"流亡者"的心情。原来这同一门学科在英、美两国的传统各异，甚至在名称上英称社会人类学，在美称文化人类学。理论师承又各有所宗，在英国当时尽管马老师已下岗，但接班的布朗教授还公认是功能学派，和马老师是相同的，虽则二人所讲的理论内容已大有差异。而美国则另有自己不同的学派，和英国井水不犯河水。Metraux接着说，耶鲁大学的大部分学生似乎没有他在伦敦的那些学生那样成熟，他们不熟悉他的著作和他那种欧洲观点，师生相互间都有些格格不入。这位老教授不那么愿意重复讲解他理论的基础论点，而且还引了1944年出版的他那本别人整理成书的遗著《文化的科学理论》为例说，这书的行文不适合美国学生的口味。关

---

[1] 该百科全书为1968年版。

于这一点我是有体会的，LSE的席明纳确有它的特色，它的成员很多是马老师原来的学生，而且多数还在这门学科里做实地研究。席明纳里的发言切忌引经据典，而要列举在实地调查中得来的事实加以分析和阐述。在耶鲁一时要组织起这样的席明纳是不容易的。学术传统和传授方法的不同使得马老师成了一个陌生的外客，和一般的学生们思想上接不上头。

马老师在耶鲁说是有点流亡者的神态。这或许是因为他到达美国时正值二战刚要爆发，不到一年他的故乡波兰又首遭纳粹毒手。他的学生Raymond Firth在他死后纪念他的文章里也说到马老师原来是个并不愿意过多过问政治的学者。但是自从二战开始后，即他到了美国，却积极地起来反对法西斯主义，甚至出面担任美国波兰移民组织的主持人，那一个时期他对被压迫民族争取解放的要求十分同情，甚至在行动上也卷入了进去。他一生中亲自编写的最后一本书是《自由与文明》，可以表明他对当时政治的态度和激情。[1]他在美国的一系列行动导致当时德国法西斯统治者下令禁止他的著作在德国势力范围里发行和传阅。看来马老师晚年受当时法西斯的压迫是相当严重的，而且在他逝世之前美国尚未参战，他并没有看到二战的结束。尽管当初马老师还是想在耶鲁继续文化动态的研究，而且得到了终身教授的任命，但天年已尽，只能赍志而殁了。甚至他要写的《文化动态论》也只能留下一些残章片记，让后人去整理出版了。

重读一些追忆马老师的文章，我看到马老师在1940—1941年暑假曾去墨西哥访问当地的农民，企图研究他们的贸

---

[1] B. Malinowski, *Freedom and Civilization*, George Allen and Unwin, LTD.

易制度，在当地居留了八个月。这次旅行的目的和收获我未得其详，但使我发生了许多联想。首先是马老师是不是还想在美洲这个新大陆上寻找一个可以采用参与观察方法的田野再度发挥他的所长，并且继续深入"文化动态研究"这个课题？他曾不止一次地说过，在殖民地土人中正发生着的文化变动和其他有农业传统的地方的人走上工业化道路的性质是类同的，那就是说20世纪后期世界各地古老的农村，在现代工业入侵的过程发生的社会文化的变动，实质上和19世纪以来在殖民地上人民生活的变化有共同之处。他这点认识我去年在这个高级研讨班上讲到他给我《江村经济》写的序言时已经提到过。他很赏识我在上述那本书里所写关于"蚕丝业"的一章。我记得这一章的底稿确曾在1938年的席明纳里宣读过，因之马老师对它有较深的印象。他在序言里说："我个人认为或许有关蚕丝的这一章是本书最成功的一章。它向我们介绍了家庭企业如何有计划地变革成为合作工厂，以适应现代形势的需要。它证明，社会学需要研究社会工程的有关实际问题。"现在重读这段话，再联系当时在席明纳里讨论《文化动态论》的经过，就更容易理解他当时赞赏这一章的由来。这一章实际上是我运用马老师的"三项法"的一次初步尝试。

联系上我自己的《江村经济》，我对马老师去墨西哥八个月的访问心里发生了一个推测，很可能他还是在为《文化动态论》寻找现实的标本，依旧用他在第一次大战期间在Trobriand岛上曾经行之有效的研究方法，再一次用于研究新领域和新问题。何况他在西太平洋的研究原是从当地的贸易制度入手的，使他一举成名的那本《西太平洋航海者》一书里所描写和分析的不就是Kula制度么？时间上相去已有半个世纪，空间上相距何止万里，而马老师还是马老师。如果天假以年，谁敢断言不会又有一本能惊动社会人类学的名著以马老师的名义再次出现在历史上呢？请原谅我这个已进入耄耋之年的老人，一时沉浸在重重往事的憧憬里，做出一些富于感情的幻想。如果丢掉幻想，面对现实，只能说马老师的"文化动态论"已以它不成熟的状态，像一块石头落入水中沉入大海了。它并没有在社会人类学的学术世界里引起过多大影响。它在社会人类学的历史上似乎已是翻过去了的一页。

六

经过了半个多世纪，我重读马老师的《文化动态论》，有很多收益，总括起来，这些收益都与马老师的晚年的追求所给予我的启发有密切的关系。马老师在晚年深切体会到当时日见突出的文化接触问题，体会到文化变动的激速和深入程度，他认为研究人类社会文化的学科必须跟上形势的发展，把文化动态作为"现代人类学的新的任务"（The new task of modern anthropology）。他在《文化动态论》里开章明义指明了社会人类学今后发展的趋向。他说：

> 社会变动是社会存在的状况，包括社会精神和物质的文化，从一种形式向另一种形式转变的过程……这种过程是不论什么地方什么时间在人类文化中经常发生……由于西方文化正在大规模地扩散，非洲所见到的文化变动和欧洲的那些比较不发达的还按着传统方式生

活的农村转变成和英、美、法等国工业发达地区相近的形式的过程实质上并没有深刻的不同。❶

他在二战初期所说的话到现在看来更见得正确了。但是回头看二战以后西方社会人类学是不是沿着马老师的期望的取向开拓，还是一个值得反思的问题。使我们可遗憾的是马老师没有机会完成他逝世之前的计划，在他生前亲自写出有关文化动态的这本著作。现在我们能读到的只是他的学生从他遗留下来的残篇和杂记中编缀而成的文集。正如他的另一位学生 Lucy Mair 在纪念这位老师的文章中说的，马老师如果看到现在这本书，一定会按他过去的习惯那样大加修改和补充的。Mair 女士要说的就是现在我们能看到的马老师的文化动态论并不够理想和完善。❷ 我本人也有这种感觉，但是这种评论不应该削弱马老师在 20 世纪的 30 年代提出这个研究方向的重要性。事实上，他不但为社会人类学提出了发展的方向和新的研究领域，而且以非洲殖民地上的文化动态的实际情况揭露了这个地区原有"土著文化"受到的破坏，预言这种文化变动会导致当地的民族矛盾、冲突和战争。他凭着一个人类学者的职业道德感，为当地研究的对象、受奴役的"非洲土人"说了"公道话和真心话"。单凭这一点，我们就应当对马老师为社会人

---

❶ B. Malinowski, *The Dynamics of Culture Change: An Inquiry into Race Relations in Africa*, Yale University Press，第 16 页。

❷ 这种观点进一步体现在 Lucy Mair 论述马林诺斯基和社会变迁的论文中，见：Lucy Mair, Malinowski and the study of social change, in Raymond Firth ed. 1957, *Man and Culture: An Evolution of the Work of Bronislaw Malinowski*, et. Routledge and Kegan Paul，第 229—245 页。

类学者树立了模范表示衷心的敬意。

后人对马老师这本《文化动态论》感觉到不够完善是因为他在这本书里只讲了非洲殖民地上的文化动态,并没有说明这个研究范围里所见到的只是人类文化动态中的一个特殊例子。其实,马老师并非不自觉他这个例子并不能概括文化变动的全面情况,所以这本书还有一个副题: *An Inquiry into Race Relations in Africa* (《对非洲种族关系的一个探索》)。

他也说明了他在非洲种族关系中看到的是一种在不平等地位上种族间的文化接触,他还进一步说这样引起的文化变动是"一个较高的文化对一个较简单而被动的文化产生的主动冲击性的影响的结果"。如果允许我用我们现在通行的话来说就是,"西方文化凭借其政治和经济优势用入侵的手段强加于无力抗拒的非洲土人所习惯的传统文化而引起的文化变动"。这也就是19世纪开始西方工业化先进国家用武力推动西方文化扩散的过程。这个过程在人类历史长河里是昙花一现的在一定范围内、一定历史时期的文化变动,是文化变动的一种特殊模式。马老师及时地对这种模式在其消亡前不久进行实地调查研究做了科学的分析,其结果自应有其很重要的历史价值。

我认为这种对殖民地上文化变动的模式的分析有其重要的历史价值,一是因为在非洲这地方居住的人民,经过了这段殖民地时代,还是要生存下去,而且发展起来的。如果社会人类学者有机会继续对在新条件下生活的非洲人民进行调查研究确实能见到他们重建文化的另一个文化变动的模式,对此两个时期文化变动的比较研究可以提供很宝贵的知识。一是因为我们虽说殖民主义时代在人类历史中已经过去了,但继之而来的一段时期里,这种文化上的殖民地模式是不是会用另一种面貌再度出现在人类历史上是值得我们警惕的。"前事不忘，后事之师"，这是从马老师的《文化动态论》里面我们可以取得的教训。我们应当牢记不忘这项有现实意义的教训，使社会人类学真正能成为马老师所希望的一门对人民谋福利的应用科学。

      1998年3月3日初稿于北京

推己及人[*]

接到参加纪念潘光旦先生诞辰 100 周年座谈会的通知，我就开始想该怎么讲，花了很多时间。晚上睡觉的时候也在想这个问题。在这个会上，怎么表达我的心情呢？想了很多，也确实有很多话可以讲讲。可是我来开会之前，我的女儿对我说：不要讲得太激动，不要讲得太多。我马上就到 90 岁了，到了这个年龄的人不宜太激动。可是今天这个场合，要不激动很不容易。我同潘先生的关系，很多人都知道。我同他接触之多，关系之深，大概除了他的女儿之外就轮到我了。从时间上看，我同潘先生的接触要比他有的女儿还要长一些。小三出生之前，我已经和潘先生有接触了。我们是在上海认识的，时间是 1930 年之前，早于我来北京上学的时间。后来在清华大学，我和潘先生住得很近，是邻舍。到了民族学院，住得更近了。有一个时期，我们几乎是天天见面，一直在一起，可以说是生死与共，荣辱与共，联在一起，分不开了。这一段历史很长，我要是放开讲，可以讲上半天。

昨天晚上我还在想，要讲潘先生，关键问题在哪里？我

---

[*] 本文系作者在 1999 年民盟中央、清华大学、中央民族大学共同召开的纪念潘光旦先生诞辰 100 周年座谈会上的讲话。原刊于《读书》1999 年第 12 期。——编者

觉得，关键是要看到两代人的差距。在我和潘先生之间，中国知识分子两代人之间的差距可以看得很清楚。我同潘先生的差距很清楚，我同下一代的差距也很清楚。差在哪儿呢？我想说，最关键的差距是在怎么做人。做法不同，看法不同。做一个什么样的人，自己才能觉得过得去？不是人家说你过得去，而是自己觉得过得去。这一点，在两代知识分子之间差别很大。潘先生这一代和我这一代差得很远。他是个好老师，我不是个好学生，他的很多东西没有学到。

潘先生这一代人的一个特点，是懂得孔子讲的一个字：己，推己及人的己。懂得什么叫做"己"，这个特点很厉害。己这个字，要讲清楚很难，但这是同人打交道、做事情的基础。归根到底，要懂得这个字。在社会上，人同别人之间的关系里边，有一个"己"字。怎么对待自己，推己及人，老吾老以及人之老，幼吾幼以及人之幼，首先是个"吾"，是"己"。在英文里讲，是"self"，不是"me"，也不是"I"。弄清楚这个"self"是怎么样，该怎么样，是个最基本的问题。可是现在的人大概想不到这个问题了。很多人倒是天天都在那里为自己想办法，为自己做事情，但是他并不认识自己，不知道应当把自己放在什么地方。

潘先生这一代知识分子，对这个总是很清楚。他们对于怎么做人才对得起自己很清楚，对于推己及人立身处世也很清楚。不是潘先生一个人，而是这一代的很多人，都是这样。他们首先是从己做起，要对得起自己。怎么才算对得起呢？不是去争一个好的名誉，不是去追求一个好看的面子。这是不难做到的。可是要真正对得起自己，不是对付别人，这一点很难做到。考虑一个事情，首先想的是怎么对得起自己，而不是做给别人看,这可以说是从"己"里边推出来的一种做人的境界。

这样的境界,我认为是好的。怎么个好法,很难说清楚。如果潘先生还在世的话,我又该去问他了。在我和潘先生交往的一段很长的时间里,我把他当成活字典。我碰到不懂的问题,不去查字典,而是去问他。假定他今天还在,我会问,这个"己"字典出在哪儿?在儒家学说里边,这个世界的关键在什么地方?为什么它提出"推己及人"?"一日三省吾身"是要想什么?人在社会上怎样塑造自己才对得起自己?潘先生在清华大学开课,专门讲儒家的思想。我那时候在研究院,不去上课,没有去听。后来我想找到他讲课的时候别人记录下来的笔记。新加坡一个朋友叫郑安仑,听过潘先生的课。我要来了郑安仑的课堂笔记,可是他记得不清楚。我后来想,其实不用去看潘先生讲了些什么,他在一生中就是那么去做的。他一生的做人做事,就是儒家思想的一个典型表现。他不光是讲,更重要的是在做。他把儒家思想在自己的生活中表现了出来,体现了儒家主张的道路。

这个道理关键在哪里?我最近的一个想法,是觉得关键在于"己"字。"己"是最关键、最根本的东西,是个核心。决定一个人怎么对待人家的关键,是他怎么对待自己。我从这个想法里想到了自己。我写过一篇文章,题目是《我看人看我》,意思是讲我看人家怎么看我。潘先生同我的一个不同,是他自己能清楚地看待自己。我这一代人可以想到,要在人家眼里做个好人,在做人的问题上要个面子。现在下一代人要不要这个面子已经是个问题了。我这一代人还是要这个面子,所以很在意别人怎么看待自己。潘先生比我们深一层,就是把心思用在自己怎么看待自己。这一点很难做到。这个问题很深,我的力量不够，讲不清楚，只是还可以体会得到。我这一代人还可以体会到有这个问题存在。

孔子的社会思想的关键，我认为是推己及人。自己觉得对的才去做，自己感觉到不对的、不舒服的，就不要那样去对待人家。这是很基本的一点。可是在现在的社会上，还不能说大家都是在这么做了。潘先生一直是在这么做的。这使我能够看到自己的差距。我看人看我，我做到了，也写了文章。可是我没有提出另一个题目：我看我怎么看。我还没有深入到这个"己"字，可潘先生已经做出来了。不管上下左右，朋友也好、保姆也好，都说他好，是个好人。为什么呢？因为他知道怎么对人，知道推己及人。他真正做到了推己及人。一事当前，先想想，这样对人好不好呢？那就先假定放在自己身上，体会一下心情。己所不欲，勿施于人。我今天讲潘先生，主要先讲这一点。我想这一点会得到大家的赞同，因此可以推广出去，促使更多的人这么去想、这么去做。现在的社会上缺乏的就是这样一种做人的风气。年轻的一代人好像找不到自己，自己不知道应当怎么去做。

要想找到自己，办法是要知道自己。不能知己，就无从"推己"。不能推己，如何"及人"？儒家不光讲"推己及人"，而且讲"一以贯之"，潘先生是做到了的。我想，潘先生这一代知识分子在这个方面达到的境界，提出的问题很值得我们深思。现在，怎么做人的问题，学校里不讲，家里也不讲。我们今天纪念潘先生因此很有意义。怎么做人，他实际做了出来。我作为学生，受潘先生的影响很深。我的政治生命、学术生命，可以说和潘先生是分不开的。我是跟着他走的。可是，我没有跟到关键上。直到现在，我才更清楚地体会到我和他的差距。

在思考这个差距的过程中，我抓住了一个做人的问题，作为差距的关键。我同上一代人的差距有多大，我正在想。下一代人同我的差距有多大，也可以对照一下。通过比较，就可能明白上一代人里边为什么有那么多大家公认的好人。

潘先生这一代人不为名、不为利，觉得一心为社会做事情才对得起自己。他们有名气，是人家给他们的，不是自己争取的。他们写文章也不是为了面子，不是做给人家看的，而是要解决实际问题。这是他们自己的"己"之所需。我们可以从他们身上受些启发，多用点脑筋，多懂得一点"己"字，也许就可以多懂得一点中国文化。中国文化有一种超越自己的力量。有些文章说潘先生"含冤而死"，可是事实上他没有觉得冤。这一点很了不起。他看得很透，懂得这是历史的必然。他没有怪毛泽东。他觉得"文化大革命"搞到那个地步不是毛泽东的意思。为什么呢？他推己及人，想想假定自己做毛泽东会是什么样的做法，那根本不会是这个做法。因此不应该怪他。这就是从"己"字上出来的超越一己荣辱的境界。这使潘先生对毛泽东一直是尊重的，是尊重到底的。他没有觉得自己冤，而是觉得毛泽东有很多苦衷没法子讲出来，也控制不住，最后演变成一场大的灾难。潘先生经历了灾难，可是他不认为应该埋怨哪一个人，这是一段历史的过程。潘先生是死在我怀里的，他确实没有抱怨，没有感到冤，这一点我体会得到。他的人格不是一般的高。我们很难学到。造成他的人格和境界的根本，我认为就是儒家思想。儒家思想的核心，就是推己及人。

1999 年 10 月

补课札记

重温派克社会学

决心补课

1998年6月,我们趁北大100周年的东风,从国外和港台的人类学和社会学界邀请一批当前比较活跃的学者,有些是我们的老朋友,大多是较年轻的新进,莅校讲学,形成一系列学术演讲。我们的目的是想为我们的学科打开一些窗户,建立一些流通渠道,放进一些新鲜空气。在这系列演讲结束后,接着就开办第三届"社会文化人类学高级研讨班",想趁热打铁,让这学科的东西两头接上。在研讨班结束时,我做了一次即席发言,发挥了一通我在这一段时间里常在头脑里打转的"补课"两字。

"补课"两字是小平同志1979年在《坚持四项基本原则》的讲话里提出来的。他是针对那些在大学里停止了有二十多年的社会学等学科而说的。"需要赶快补课"这句话,成了后来重建社会学的根据。他所说的"补课"是指这些学科应当在大

---

* 本文收入《师承·补课·治学》第1版,生活·读书·新知三联书店,2002年。——编者

学课程里"补足",也就是恢复的意思。后来我们觉得说恢复还不如说"重建"更妥当些,因为如果社会学按二十多年前的老样再端出来,似乎不太合适,还是根据当前形势的需要"重建"为好。

最近这段时间里在我脑子里转动的"补课"却是针对我个人而言的。我越来越感到自己在学术上需要好好地补补课。特别是在听了北大100周年期间国外学者那系列演讲之后,更觉得自己有此需要。分析一下我这种自觉的迫切心情,看来是由于这几年来,特别是这一年来,我日益觉得所处的时代变动得太大和太快了。在我参与这次系列演讲时已有所流露。我在这系列演讲里宣读的那篇《读马老师遗著〈文化动态论〉书后》里曾说,一个学者的理论总是反映他所处时代的实际。时代在变动,一个学者的理论也总是跟着在变动。我用这个观点去说明马老师怎么会提出文化动态论的原因。我一面写这篇"书后",一面反问自己,我跟上时代没有?这一问,使自己惊醒了。

我已说过多次,"身逢盛世"。时代是对得起我的,但我却有点负了时代,我自认自己远远没有赶上时代动态的步伐。我所处的这个盛世已为我提出了多少有意义的题目,但大多我却让它们在手边滑过去了,至多也只能说掠得一点影子。人为什么总是抓不住,吃不透?关键还是在自己能力不足。能力不足是由于自己这一生里投下的工夫不够。这方面我有自知之明,总结一句是求知之心还不够迫切和踏实,常满足于浅尝而止,难逃不深不透。

过去的已经过去了,悔恨也没有用。眼睛还是看前面为好。尽管自知在我前面的日子已不会太多,但不管以后的日子还有多少，当前我的脑子似乎还抵用，于是自己提出了"决心补课"。

既有了这决心，我就得抓紧落实。首先要解决的是先补哪一课。我给自己的答复是先补社会学。老实说对社会学我一直有点头痛。这话可以从1979年乔木同志要我带头来重建社会学那一刻说起。当时我明确地表示我不敢接受这个任务。后来我还是勉为其难，即当时所谓"知难而进"。这段经过我已公开讲过不止一次了。这里不用多说了。

经过了20年，事实已证明一个学科挥之即去是做得到的，要呼之即来却不那么容易。至今这门名叫社会学的学科，在中国还是不能说已经站稳。其他原因可以不多说，只说我自己。我扪心自问，应当承认这件重建社会学的事，我并没有做好，没有有始有终地完成。既然如此，接着，我觉得应当认真地想一下，在我生命结束之前，我还能做些什么？自己得到的结论，我应当做的，就是"决心补课"。这里所说的"补课"是重新补一补社会学的基础课。

补习社会学又怎样着手呢？我想只有老老实实地把我最初接触社会学时的课本端出来重新复习一遍。于是我回想到了我怎样开始学社会学的这段经历。我发现了一段缺课，没有学社会学的入门课。我是1930年从东吴大学医预科转入燕京大学社会学系的。转学时我已是大三的学生，到了燕京入了社会学系可说是半路出家，并没有学过社会学概论，这是大一的课程。因之我对社会学的一些基本概念并没有在课堂上听老师讲过。这使我吃了不是科班出身之苦。我进入燕京后所修第一门社会学的课程是吴文藻先生讲授的《西方社会思想史》。在这门课程里当然也牵涉了不少关于社会学的基本概念，但是这些都是我自修自学得来的，不系统、不结实。也许这是我在这个学术领域里一直成为一匹野马的历史根源之一。

我既看到了我自身有这一段缺课，觉得要补课就可以从这里补起了。于是我从书架上找到了吴文藻先生遗留下来给我的那本曾经在我进大学时的30年代在美国风行过一时的派克（Robert E. Park）和伯吉斯（E. W. Burgess）合编的《社会学这门科学的引论》（*Introduction to the Science of Sociology*，以下简称《引论》），我就把这本《引论》看作是我补课的入口门径。

关于这本《引论》我要加一段回忆。我现在手边用作补课入门的这本书，首页角上还有吴文藻先生亲笔的签名，下面还注明1927年2月5日的日期。这是件我一生中值得纪念的事，我愿意在这里多说几句。吴文藻先生是1985年去世的。去世前曾向他的家人说，他遗留的藏书都要捐赠给中央民族学院图书馆，但是愿意留下一些给我这个学生作为纪念，至于留下哪些可由我本人去挑选。我重视这个遗嘱，因为这正是他一生"开风气，育人才"的生动实例。后来我从他的遗书中挑了派克老师所著的两本书：一本就是上引的《引论》，另一本书是《论城市》（*The City*）。当时我选这两本书，是因为吴文藻和派克这两位老师是我一生从事社会学的学术源头，留此实物作为纪念，永志不忘。没有预料到今天这两本书竟是吴老师为我留下当前"补课"的入门。把以上这些事情联串到一起来，说是巧合似乎还不能尽意，如果说这里还有点天意，又未免太神了些。

派克来华

在我的学术生命里,"派克来华"原来也是一件偶然的巧遇,并不是我早就预料到的。但回想起来,这却是一件对我的一生起着关键作用的事。在这篇补课札记中,应该提前交代一笔。

派克来华是 1932 年。他当时是燕京大学社会学系从美国芝加哥大学社会学系邀请来的访问教授。这并不是他初次到中国来访问。早在 1925 年,美国参加太平洋学会这个国际性的学术团体时,派克就是这个团体的一个成员,并出席了该会在该年举行的檀香山会议。会后,他做了一次东亚旅行,到了东京、上海、南京和马尼拉,但没有到北京。1929 年 3 月他又出席了该会在日本京都举行的会议。会后接着去印尼的万隆参加第四届太平洋科学会议。会后,除在印尼各地旅游外,又到新加坡和菲律宾转了一圈。9 月到达上海,在沪江大学讲了一课。10 月到南京转去东京。这次东亚旅行他又没有到北京。

派克通过太平洋学会和东亚各国学者的接触使他对这地区的民族和文化问题发生了深厚的兴趣,印象最深的是中国。在他没有到北京来之前就说过"不住上 20 年,谈不上写关于中国的书"。1932 年 8 月的最后一个星期,他从檀香山启程来中国,在日本小住了一下,直奔北平燕京大学。他心中有一个远大的计划,想联合太平洋各国的学者,共同研究"race problem",用现在的话来说是太平洋各国的民族和文化的接触、冲突和融合问题。他打算接受燕京大学的邀请,在中国讲学一个季度,然后去印度和非洲旅行。

1932 年的秋季,我正在燕京大学社会学系上学,是该年毕业班的学生。按我1930年转学燕京时的计划，1932年暑季应当就可以毕业了，但是因为这年正值日本侵占我们东北，全国各地发生了学生抗议示威运动。我在该年开学后不久因为参加游行队伍，在还没有习惯的北方深秋气候里受寒病倒，转成肺炎，送协和医院医治，住院有一个多月。学期结束时，大学注册科通知我，因请假超过了规定时间，这学期所修的学分全部作废，虽则各课期终考试都得了优秀成绩。但是既有校章规定，我只能在大学里多读一年了。本应四年毕业的大学教育，我却花了五年。回想这件事，也可以说是因祸得福。因为如果我1932年暑假就毕业得了个学士学位，未必再留在燕京，那就不一定会有认得派克教授的机会了，我这一生就会有另外一番经历。

我是1932年暑假后，秋季开学时见到这位派克老师的，当时他的正式头衔是美国芝加哥大学的社会学教授。1933年他从这次亚洲旅行回芝加哥大学后就从这个教授岗位上退休了。到了1936年又不甘休闲进了美国Fisk大学去当访问教授，继续教书。Fisk大学是美国著名的黑人大学。

派克到燕京来讲学是认真的，意思是说，他正式开课，给学分，按时上堂讲课。课后还通过个别谈话和偕同出去参观指导学生学习。我当时作为社会学系里高年级的老学生，正式选了派克的课，注了册，每堂去听课，还要按老师的指定，进行课外作业，作为一门正式课程学习的。这一套规矩，现在大学里似乎已没有这样严格了。

在派克老师班上，我们这些学生特别认真，原因是他名气大，所谓先声夺人。在他未到之前，学生里已经流传开了他是美国社会学家，这门学科的老祖宗，即祖师爷，是芝加哥学派的创始人。他当时其实只有68岁，但满头白发，一看了就会觉得是个德高望重的学术泰斗。当时在燕京教社会学的老师，在我们的眼中都比他年轻，被看成低了一辈。所以我们提起派克总是要伸一下大拇指，所以说我在我们没有见他时，就已经心服了。他说的话得好好地听，相信一定是有道理的。一见面就觉得这位老师真是名不虚传。第一堂，就轰动了我们这辈年轻小伙子。我的同学杨庆堃，当时就记下了这段话，后来在罗森布什（Raushenbush）写的派克传记里第133页上还被引用过。这段被引用的话当时在我们这些学生里是流传过的，翻译过来是这样：他开了一门"社会学研究的方法"的课，这确是这一批学生中在大学里最令人兴奋的课程。我至今还清清楚楚地记得他在课堂上第一句话是："在这门课程里我不是来教你们怎样念书，而是要教你们怎样写书。"这句话打动我们的想象力，开了我们的心窍。

那本传记里又说过，派克老师一直反对早年在美国乡镇小学里通行的所谓Rot教育，即死记硬背的教育法。他也许已风闻东方的教育基本上还是这一套，所以在给我们上的第一堂课开始就表示反对这种学习方法。这句话特别打中当时我们这些学生的心，就是不要读死书和不要死读书。这几个死字，就把我们吸住了。接下去他说我们应当从生活的具体事实中去取得我们对社会的知识。他又用具体例子说明从具体生活中看到的生动事实要经过分析和归类，进一步去理解其意义。他鼓励大家要大胆提出假设，然后再用观察到的生活事实来肯定或否定这些假设。

我们听了派克老师开门见山的第一堂课，觉得大有道理和正中下怀，具有闻所未闻的新鲜感。其实这种实证主义的科学方法论，我们在五四运动时早已由胡适等人传入了中国。而且说起来也很有意思，胡适和派克所讲的这套话，原是出于同一来源，这来源就是美国在20年代就很出名的"杜威博士"（John Dewey）。派克1883年在Michigan大学读书时就师从过杜威，而且一向承认深受他的影响，这是后话。胡适的那一套也是在美国留学时从杜威这位老师那里学来的。他所主张的实证主义在五四运动中传播到了中国。我们这批大学生应当早就听过这些"科学方法论"，但不幸的是这种其实已是"老生常谈"，我们在从派克老师口上听到时还是那样激动。这说明这套话并没有进入我们这批学生的头脑里，被读死书、死读书的传统卡住了。派克老师把这个障碍给踢开了，把我们的脑门打开了，老话变新变活了，这一变就把我们这批学生带入了一个新的境界。以我个人来说，不能不承认这句话为我这一生的学术经历开出了一条新路子。不仅我这一个人，凡是和我一起听派克老师这门课程的同学，多多少少在灵魂上震动了一下，而且这一震动，实实在在地改变了其后几十年里的学术生活，说不定多少也影响了中国社会学前进的道路。我的这种看法和想法也说明了为什么我想补课时，又找到这位派克老师。

派克的早年

关于派克的身世，我所根据的资料主要是来自罗森布什所著的 *Robert E. Park: Biography of a Sociologist*（《派克：一个社会学家的传记》，以下简称《传记》）。1979年，Duke University Press出版。关于这本书我又有一段话要在这里先说一下。

我并不认识这书的作者,也不知道他是何许人。但由于这本《传记》有一篇导言和一篇收场白是派克第一代及门弟子休斯先生(Everett C. Hughes)所写,因而推想《传记》的作者大概也是芝加哥大学社会学系出身的人。

我手头这本《传记》是1979年4月30日Hughes先生亲手送给我的。当时我参加中国社会科学院访美代表团到达哈佛大学。有人告诉我Hughes先生就住在附近,带了个口信来希望能和我见见面。4月30日我就找到Hughes先生的家,登门拜访。我们是初次见面,但久已是慕名之交。当时我们谈了不少有关派克身前的事,相见甚欢。临别他送了我这本当时新出版的《传记》。他还在该书扉页上当场写下:"From his Chicago friends, the Redfields + the Hughes." 下面还写了日期和地点。这本《传记》随着我回到北京,一直搁在书架上,到我这次决心补课,重新复习派克社会学时,才开始认真地从头拜读了几遍。

我一向认为一个人的思想总是反映这个人所处的时代,其内容摆脱不了他个人身世的烙印。所以要理解一个人的思想决不能离开这个人一生的经历。从一个人所有的思想也可以看到这个人所处时代的面貌。从这个角度去重温派克社会学,Hughes先生送给我的这本《传记》实在太重要了。尤其是这本《传记》如他在导言里所说的是一本美国社会学的"自然史"(natural history)中的一部分。"自然史"是派克提倡的一种叙述事物在时间进程中的变化经历的体裁,叙述事物的对象可以是生物的一个种类,也可以是构成社会的一个人或一个群体。这本以自然史体裁写的派克传记也是一本叙述派克怎样成为一个社会学家经过的实录。这本《传记》固然是以派克一生的经历为主线，但从这个主线上也写出美国社会学怎样通过派克的一生的具体思想、活动而得到发展的这一段经过。这段经过不仅显示了美国在这一段时间里的社会变迁怎样影响派克这个人的思想和活动，还显示了这个人的思想和活动又怎样构成了美国社会变迁的一部分。社会变迁在个人身上的反映和个人对社会变迁所起的作用，这是双向性的，相互影响的。个人和社会合而为一，也就是派克这个人和美国社会学的结合。因之，对我这个想要温习派克社会学的人这是一本最切题的参考书。这本书在我的书架上沉睡了近20年后，这次补课才开始使Hughes先生的盛情进入了我的学术生命，切入我的头脑，不能不使我觉得像是一份天赐的助力。

派克老师出生于1864年，卒于1944年，享年80岁。他是欧洲移民之后，祖先姓Parke，于1630年来自英国Wetherfield，像很多英国来的移民那样，首先在美洲西岸的新英伦落脚。在其后的100多年内不知哪一代把姓尾e字给丢掉成为Park。他的父亲Hiram Park原住美国中部Pennsylvania州，南北战争中他参了军，在北方部队里当一名尉级军官，1863年退伍结婚。翌年Robert Park出生于美国中部Pennsylvania州的Luzerne乡的外婆家里。这时他父母的家是定居在Minnesota州的Red Wing，一个位于密西西比河上的由新英伦来的移民于1850年建立的小镇上。这个小镇后来聚集了许多从北欧的瑞典和挪威来的移民，成为这一片大草原上的一个粮食集散中心。他父亲在这个镇上开了一个小杂货店。

这时美国中部还处于开发初期，教育没有普及，Red Wing镇上在1874年才开办小学，所以派克入学时已经10岁了。他的早年生活有点像马克·吐温笔下所描写的密西西比河上的流浪儿。他是在北欧移民的儿童中长大的。

《传记》这段叙述中说明派克的童年是在美国建国初期，南北刚刚统一，欧洲产业革命主要影响还限于美洲东海岸诸州，而正在逐步向中部拓张，抵达密西西比河流域。看来派克早年还是在以农业经济为基础的乡土社会里长大的，所以他一生的80年正是美国工业化和城市化由东向西开拓的这一个经济文化发展时期，也是这片美洲大陆由地方性的区域向全球化发展的开创阶段。

派克1880年小学毕业，成绩不佳，在有13个学生的班级上名列第10名。他父亲很失望，认为这个孩子不堪造就，所以不准备让他升学。但是好胜倔强的性格使他愤而离家，靠自己的劳动自食其力，于1882年进入了Minnesota大学。过了一年他父亲才回心转意，支持他进Michigan大学。在Michigan大学里他除了学习古代和当时流行的欧洲语文外，哲学是他所选读的主科。他醉心于歌德的《浮士德》。大学二年级时在老师中见到了我在上节里提到的当时在美国已很出名的杜威博士。这位老师使他改变了一生的志趣，从想当工程师转变到了要成为能理解人们思想和行为的学者。就在他大学毕业的那年，杜威发表了四篇有名的心理学文章，后集成一书。这本书引导派克在11年后进哈佛大学时决心从事研究社会心理学。但是他曾说过，他从杜威这个老师学的不仅是那门学科的知识，而是对知识的追求和对未知的探索精神。他和杜威的性格有相似之处，他们都是人类知识领域里的探险家。

1887年派克老师毕业于密歇根大学，时年23岁，《传记》的作者列举了他当年突出的才能：广阔和耐久的记忆力、通顺和流畅的写作力；而且在工作上他表现出耐苦和坚持的性格，在待人处世上他显得易于接近人和善于理解人，特别是有洞察人情世故的兴趣。这些是他从早期家庭和学校中培养出来的高人一等的特点，为他走上当时新兴的美国社会学的路子做好了最初的准备。

人生道路的选择

按当时美国社会的习俗，一个人到了大学毕业就该成家立业了，就是要在人生道路上做出一个选择，进入一个职业。如果派克如普通人一般跟着父母走，他父亲开着一个杂货店，可以参与经商，或是像他已经去世的母亲那样，到当地学校里去教书，当个教员。他对这两条路都不感兴趣。因为他在大学里受了老师杜威的影响，认为一生最有意思的事业是不抱任何实用的目的去观察和理解这个世界，特别是生活在这个世界上的人。他最企慕的是像歌德所写的浮士德那样能阅尽人间哀乐。他抱着这种志愿在 Minneapolis 的报馆里找到一个记者的职位。他认为通过采访新闻就可以接触到社会上各种各样的人物，对各种人物的不同生活进行观察和理解。

这时正当 19 世纪的 80 年代的后期，美国中部各州经济正处在急速发展中，工业的兴起带来了城市化，各州都产生了作为地方经济发展中心的中等城市，十几万或几十万人口的城市里都有它的地方报纸。派克从 1887 年 23 岁起，一直在这些地方报馆里工作，从 Minneapolis、Detroit 到 Denver 当了四年的记者。到 1891 年他才以记者身份进入美国当时最大的城市——纽约。他后来曾回忆起当初进入这大都会时的印象，怎样被人如潮涌的百老汇大道和 Brooklyn 渡口的那种巨大人群的集体力量所倾倒，甚至可以说着了迷。

派克在他年华正茂的时刻，挑选了新闻记者这个职业，这个职业把派克这个思想领域里的探险家送进了五光十色的城市。派克这段身世正好为我们一向所说的"时势造英雄、英雄造时势"这个辩证的命题提供了一个具体的例子。从时势这一头说，美国这个社会经过100多年的历史，在19世纪80年代已经到了羽毛渐丰，正要展翅起飞的时刻。成为经济中心的大小城市，在这片曾一度被称为新大陆的土地上，一点一点地兴起。从世界四面八方移入的人群怎样适应这个时代聚居在一地的要求，互相合作来创造一个新的繁荣局面，正需要一个自觉的意识和自主的行动方向。这个时势呼唤着从西方文明酝酿已久接近成熟的科学思想中产生一门社会学。可是要使这种知识能成为一门科学，还需要一批人才用系统的思想来表述。这种历史的需要形成了一股看不见的力量，就是所谓时势。在事后看来，这种时势似有意识地正在无数待位生中挑选名角。从这个角度去看派克之成为"一个社会学家"似乎是时势所塑造的。把这段实际史实的经过写出来不就成为"一个社会学家"的自然史了么？

时势造英雄是"事后诸葛亮"的立论。在实际历史过程中，时势包含着无数既独立又综合的因素，现在还不是人力所能分析和计算的客观存在。所以一般还只能用"看不见的手"、"天意"或"鸿蒙"等话语来表述。在"英雄"本身，在很大程度上还是不自觉的，因而这种还是不很自觉的主观心理活动至多只能用"志向""意愿""兴趣""倾向"等不很明确的概念来表达。

以上所说的时势和英雄的合一其实也就是个人和社会的合一，或是主观和客观的合一，也可能就是传统所谓天人合一。只说"合一"还是太笼统了些。合一的过程值得分析一下。以派克做实例，他之成为一个社会学家固然可以说是符合时代的要求，但是他之所以符合这要求而入选，则有他个人的主观因素。以他好动和不甘心走老路的性格来说，可以认为是他早年作为一个"密西西比河上的顽童"的生活所养成的。这段生活又是和他父母们定居、择业和给他幼年的教育有关。而且如果他长大了不转学到密歇根大学去念哲学，他不一定能受到杜威的影响和浮士德的启发，他就不一定会拒绝在家乡学校被聘为教师，而选择记者这个职业。人生每一个环节都受到个人经历的诱导和制约。从每个环节上看，主客双方的因素都在起作用，一方面可说都存在着机遇，另一方面看又似乎都是定命的。所谓机遇又可以看成是客观的安排，所谓定命也未始不是自作自为地自投网罗的个人行为。如果我们对每个人每个活动进行深入的观察和分析，就不难看到这些无一不是综合复杂的混合体。从主观上说，派克之成为一个社会学家就是因为他有一个观察和分析思想领域的探索精神。

派克固然是选择了当记者这个职业，但是他却并不甘心做个当时社会所常见的记者，或是说做一个为当时报馆所要求那样循规蹈矩的记者，按照编辑的要求提供采访的报道。编辑当然要按读者的胃口来编排每天发排的新闻稿，如果所发的稿子不合当时读者的口味，就会影响这个报纸的销路。报馆、报纸的发行、编辑和记者都不过是当时现实社会的一部分，这个变动不定的现实社会无时无刻不制约着这个社会的构成，和决定这个社会变动的每一个部分和每一个环节。

派克成为一个记者，有他适合于当时成为一个记者的主客观条件，但也存在着不适合于当时做记者的主客观条件。他在做记者之前所受到的社会培养中，有着一部分思想意识和当时社会上规定记者这个角色的职务有不相符合之处。在这个错位上，使派克产生了不甘心循规蹈矩地当个一般记者的心情。而且这个错位是逐渐生长的，也逐渐显露的。这个错位表现在各人对报纸和新闻应有社会作用的看法上，因而在应当怎样当好记者这个问题上开始磨难派克了。

作为一个职业的记者，他的任务是为报纸的读者提供他们所喜闻乐见的社会新闻。派克却想利用他作为一个记者，可以接触到社会上各种人物的优越地位和条件去观察这些人所表现的各种思想、情感和行为，从而看出所谓人生究竟是怎么一回事。这两种要求是可以统一的，但统一的基础和层次却可以大有区别，因为报纸的读者群众也要从报纸上看到人生是怎样一回事。记者和读者对要看到的人生可以是一致的，但是两者的兴趣和关注如果不在一个水平上，那就出问题了。派克之所以不甘心做一个为职业而工作的记者的原因，就出在这里。

让我举出《传记》中提到的一件事做说明。当他在Detroit当记者时，报纸的编辑要他去采访一个因酗酒而犯罪的妇女，他在采访中对这个妇女怎么会酗酒这件事本身发生了兴趣。他觉得这个犯罪的妇女之所以酗酒是受到她所处社会的影响。因之他提出这个妇女并不是犯罪，而是受害于一种有类于传染病的酗酒的社会恶习。他从这个角度写出来的报道，重点就不在于读者所感兴趣的犯罪经过，而是在分析一般读者群众的水平还不够理解的犯罪的社会原因。记者和读者之间就这样发生了错位。这种错位的发生实在是处于对新闻本身社会功用的看法上的区别。在我看来，在采访酗酒妇女这件事上正暴露了派克作为一个记者已在敲打社会学这门科学的门了。

正在派克探索新闻和报纸的社会作用时，1896年有一次途经 Detroit，听说他原来的老师杜威在 Ann Arbor 正在打算办一种新式的报纸。他就找到杜威门上，两人见面之后，杜威介绍他认识一位名叫 Franklin Ford 的记者。这三个人的会晤在派克的一生里打上了一个重要的印记。Ford 先生是个有哲学头脑的超时代的人物。他作为一个记者长期泡在纽约经济中心的华尔街上，从市场和信息之间的密切关系上他产生了一种深刻的感觉，认为正确的消息就是对历史进程的正确报道，它会对社会的发展发生推动的作用，使社会向更好更高的阶段上前进。他称这种从社会表面活动的现象里暴露出它本质的"消息"就是他所谓传达社会发展长期趋势的"Big News"（大新闻）。杜威和派克对这种看法深为赞赏，并支持他刊行一份称作《思想信息》的报刊，他们打算用此培养超级记者（super reporter），在思想界里起着沟通的作用。杜威为此写信给当时美国的哲学泰斗 William James 说这是个创举，可以解决智力和现实怎样沟通的问题，甚至已提到了知识转化为生产力、真理成为财富的前景。过了几乎一个世纪重新读杜威的这封信，不能不认为这是一种对当前"知识经济"的超前预言。派克着手编辑的《思想信息》没有出台，他还为这事赔了美金15元。杜威说这个计划没有实现不是没有能力，而限于财力和时间尚未成熟。派克说 Ford 不是19世纪而是20世纪的人物。这句评语现在应当认为一语中的。

他们策划的其实就是要为科学的社会学开辟道路。因为

Ford 所指的"大新闻"要把潜伏在表面现象下的社会过程暴露出来,不就是呼唤成为一门科学的社会学么?派克后来总是说在三人会晤中杜威向他提出了一个对报纸和新闻进行科学研究的课题,而这个课题引导他后来走入社会学这门科学。

留学欧洲

我在上面《派克来华》一节里提到派克在给我们上第一堂课时说他不是要教我们怎样读书,而是要教我们怎样写书。他这句话震动了我们这辈年轻学生,而且实际上起了重大的影响。但是我在这里必须补上一笔,这句话至少对我来讲也有副作用,当时就产生了轻视读书的错误偏见,以致我一生没有好好地认真读书。其实要写书必先读书,但不能只靠读书来写书,还得去观察和分析实际。唯书论是错误的,但轻视书本也不能使人成为学者。派克在芝加哥大学里对学生的要求,首先是读通前人有关的著作,有了理论基础才能睁得开眼睛去看世界和人生,看得出其中的意义,才能有所理解。这种实际和理论两手抓的为学方法,也许是派克本人在实际生活中体会出来的,也是他在自己生活中总结出来的道理。

1887 年他从密歇根大学毕业后,当了 11 年记者,1898 年,已经 34 岁。他抛弃了记者生活,重又进哈佛大学里去念书了。他说自己当时是个思想领域里的流浪者(Vagabond)。从派克成为一个社会学家的过程中,他从学校生活里出来离开书斋,作为新闻记者投身到社会上人们的实际生活中去观察和体验有 11 年,最后他发现当时新闻记者的职业没有能够满足他要探索世界和人生的要求，于是又从接触社会实际中重又抽身出来回返书斋。这次他挑选了美国东部的哈佛大学。

当时的哈佛大学正是它的黄金时期，被称为 Gold Yard Period，在哲学一门内就拥有当时的三位大师，William James、Josiah Royce 和 George Santayana。但这三个知名的哲学家并没有把派克留住在哲学这个领域里，相反地他对形而上学发生了很大的反感，他坚持意念不能代替实在，认为他要选择的道路是科学而不是哲学。他希望哈佛大学里所讲的社会心理学能解答他有关群众行为和人在社会里怎样互相理解的过程的问题。他失望了。他说当时哈佛还没有社会心理学这门学科，只有一批对社会心理学发生兴趣的学生，他就是其中之一。1899年他拂袖而去。他带了他全家，包括他的爱人和孩子直奔德国柏林 Friederich-Wilhelm 大学。

看来19世纪结束之际，美国学术还处在欧洲的羽翼之下。到欧洲去留学是美国当时的风气。社会学在美国还没有成为一门学科，美国各大学里还没开过这门功课。后来成为一个社会学家的派克第一堂社会学的课是1900年春天在上述德国大学里听 Georg Simmel 讲的。这是他一生中惟一在教室里所学到的社会学课程，给他的印象很深，几年之后，他还赞赏 Simmel 是"最伟大的社会学家"。

派克在柏林发现了一本书和一个人，使他改变了学习计划。"一本书"是 Kistiakowski 的《社会和人》，"一个人"是上述这本书的著者的老师，当时在德国 Strassburg 和 Heidelberg 大学当教授的 Windelband。1902年起派克在这位老师的指导下用了两年工夫写了一篇题为 *Crowd and Public* 的论文。这篇论文奠定了派克社会学的基础。

Crowd and Public 这篇论文最初是用德文在1903年写成，翌年在瑞士出版的。后来，1972年才译为英文由芝加哥大学出版社编在《派克论文集》里出版。编者在导言里称它作"思想瑰宝"，另一篇导言中说："这可能是对群众行为功能解释的最初尝试。过去这种群众运动的现象总是看作是对文明秩序和较高文化的威胁，最好也只认为是人类活动的一种腐败的形式。这本著作却认为这是社会在进行制度更新时刻必须经历的那种流动性和原始性的状态。"

这篇论文的题目一般可译为"群众和公众"。这篇论文是派克进入社会学这个学术领域的入门之作，可以说他从社会学的最根本处破门而入的，曾引起了我一段思考，不妨在此一提。

社会究竟是什么东西？这是个基本问题。严复用"群学"来译英文的 sociology 时，我猜想他可能想到我们常说的聚众成群这句话，聚众成群就是若干人聚集在一起形成了一个群。这个群就指社会，英文即 society。我认为这种看法是把聚众的众看作是社会的基本形态。但是我进一步觉得群和社会似乎不能等同起来，因为聚集在一起的众人一定要共同干一件事才能说是一个社会，称得上成为一个我们常见的团体。社会团体是在人群上要加上一些东西才够格。加上什么东西呢？Durkheim 指出的就是这些聚在一起的人们之间一定要有一个分工合作的关系。分散的个人之间还要有一个共同的东西把他们捏成一团。社会就是联结一个个分散的个人使他们成为一体的力量。无生物加上生命构成了生物体，人基本上是个生物体。作为生物体的人，聚成一群再加上分工合作的关系就成了个社会体。分工合作关系具体表现在我们可以观察到这群人的行为和心理活动。

从生物体演变成社会体，也可以说是从聚众而成的群，上升为社会层面上有组织的团体这个过程。这样说来严复把sociology译作"群学"似乎缺了群之所以成为社会的这一个环节。但是中国语文中有没有一个现存的词来表述这个环节呢？我学力不足，至今还没有找到，留着今后再说。

说到这里不妨回头看看，这篇文章在派克社会学形成中的地位。也许可以说这正是他的社会学的出发点，表示他想从人的心理基础上去探索人类怎样从生物层演化到社会层的关键。他抓住这个聚众成群的crowd，即群众这个实体，开始观察社会现象的原始或基本的形态。这种形态正是一个从人群到社会的发生过程中的一个蜕化环节，在这初生阶段中人群所有的相互行为和共同心理状态，对社会的形成起着促进的作用。我在这里不能更进一步发挥派克在这方面对"群众"的理论了。我在札记里说以上这段话，只是我个人的体会，是否系派克的原意那就难说了，因为至今我还没有机会读到他的这篇论文的原文。

派克对聚众成群这个社会原始形态的兴趣很早在听杜威讲心理学时已经埋下了底子。后来在1898年从事记者生活时，遇到了一位朋友，介绍他读一些当时很吸引年轻人的欧洲作家，如Scipio Sighele、Gustave Le Bon和Pasquale Rossi等有关法国大革命的著作。欧洲的群众运动引起了派克的研究兴趣，他认为这种群众运动一直可推溯到早期的十字军东征，在欧洲社会发展中起过推动作用，为历史上推陈出新的过程准备好了群众心理基础。群众心理的研究为他后来的社会学中"集体行为"这一部分做了初步探索。所以我们可以说派克社会学的根子有一部分是从欧洲传统的社会学的泥土里长出来的。

派克从美国的哈佛转去德国留学,不仅在理论上使他进一步接上欧洲的学术传统,而且在他留学期间,他还从美国新兴城市的深入观察和体验,转到初步接触和观察欧洲大陆的农民生活。这一方面对派克社会学的形成也起了很重要的作用。

派克在 Strassburg 大学时除了跟 Windelband 学习哲学和社会科学外,还从 G. F. Knapp 学习政治经济学和欧洲历史。他回忆这段生活时说他认为 Knapp 是一个难得的好教师,从他学习了欧洲的历史,特别是德国的农业。他承认这位老师使他初步懂得德意志的农民生活。派克的女儿 Margaret 回忆她的父亲在德国的这段生活时也说,她爸爸从大学里学习了关于德意志农民的生活。后来又带了她到德国的黑森地区(Black Forest)去旅行,"我们对这片森林十分熟悉,我们踏遍了这个地区。住在乡间的小旅馆里,第一手接触到了德意志的农民"。我在这一节札记里特别在结束处加上这小段,因为派克对欧洲农民生活的初步接触可说是他下一段深入社会基层观察的引导。

深入社会基层

我在上一节札记结束时说,派克留学德国时,听到了 Knapp 教授对欧洲农民生活的讲解,后来又访问了黑森地区。我认为这是他从城市走向农村的开始,导向他深入社会基层,他接着接触、体验和观察社会基层的生活实际又可以分为两段,第一段是进入美国南部的黑人区域,第二段是再访欧洲视察农民和劳工。从 1903 年留学回来到 1913 年进芝加哥大学一共是 10 年。那时他已到了 49 岁。应当可以说这是他成为一个社会学家的最后一段准备时期。

1903 年派克离开柏林回到美国的哈佛大学，在哲学系当助教，继续整理他关于群众与公众的论文。但是他发现哈佛哲学系的气氛和他离开时没有太大的变化，与他当时对集体心理的理解更格格难融，因之很苦闷，看来这个思想领域里的流浪者似乎还是没有着地落户。他曾一度打算再回到新闻界去找出路。但是正在徘徊中，遇到了一个没有预料到的机会，把他吸引到美国南部的黑人群众中去，一待就是近 10 个年头。

真是无巧不成书。他在哈佛当助教时住在波士顿附近的 Quincy 区。这个地方，这个时候正爆发反对刚果虐待黑人的运动，这个运动引起了派克的兴趣，他和一位牧师一起发起成立一个这个地区的群众性的刚果改良协会，并当了这个协会的公关干事，后来成为这个组织的主要秘书，逐步地使他和美国的黑人接近了。

说一说刚果虐待黑人和成立刚果改良协会的由来。刚果原是比利时占领的一块非洲殖民地。1884 年欧洲列强的柏林会议上决定在这块殖民地上划出一块土地归列强共同监护称国际共管的自由地。但直接行使管理权的还是比利时国王，他按着老办法对付当地的黑人居民。这套办法包括酷刑和残杀，在当时欧洲人看来是横暴的虐待。1904 年和 1906 年有一批传教士两次向比王提出呼吁，并向社会公众揭发了这些暴行，控诉"自由地上没有自由"，激起了美国在内的反暴运动，派克被卷入了这个运动。在这两年里他查阅有关介绍非洲黑人的历史和生活的著作，他开始写文章和开会声讨痛击刚果的殖民势力。

派克并不是个社会改良主义者，他一向反对那种假惺惺做"好事"的社会慈善事业。他反对刚果的虐待黑人，因为在他看来，这不仅是一种种族歧视，而且是白人的侵略行为。他认为这是欧洲人侵入其他大陆企图掠夺资源和剥削当地劳动力而出现的一般结果。他虽则在刚果改良协会工作，但对"改良"并无信心，而认为解决正受磨难的非洲土人的问题，应当根本上从教育入手。他听说在南非的 Lovedale 有一个工业学校，他写信给当时美国的一个黑人领袖卜干·华盛顿（Booker T. Washington，当时他是美国全国刚果改良协会的副会长和有名的脱斯开奇 Tuskegee 师范和工业学院的院长），表示他愿意去 Lovedale 实地参观这个非洲的黑人学校。这位黑人领袖的答复是请派克去非洲前先到 Alabama 州的脱斯开奇（Tuskegee）看看他为美国黑人办的工业学校。派克接受了这个邀请，两人会晤后从此结成了亲密的合作伙伴，有 7 年之久，一起为争取黑人的解放奔走、呼吁。这位黑人领袖提供派克接触各地美国黑人和参加各种有关黑人问题的会议的机会，打开了派克观察和研究黑人生活的大门。但是这位黑人领袖对非洲的黑人并无兴趣，关心的只是美国的黑人和他所办的黑人学校。因之派克和他的友谊固然给他深入美国社会这个基层的最有利的机会，但是也因之使他打消了去非洲实地调查的计划。换一句话说，把派克从成为一个人类学家的可能性上拉到成为一个社会学家的路上。

1905 年派克接受脱斯开奇黑人学院秘书的职位来到美国南方。1942 年他在一次演讲里，回忆初到脱斯开奇学校时的情况说：

在见到卜干·华盛顿之前,我除了书本知识外对黑人和美国南方一无所知。我就是这样到脱斯开奇来的。我到了这黑人地区后有充分时间可以阅读所有地方报纸,跟我所见到的黑人进行谈话,像是一个探险者进入了一块新的待开发的土地。我开始觉察到当时的黑人和白人分别生活在两个不同的世界里。这两个世界是互相接上的,但是从来并不相沟通。正如卜干·华盛顿所说的有如一个手掌分成不同的手指。我在南方各地旅行一直到达 New Orlens,碰到种种新鲜动人的事,但是给我最深刻的印象是黑人生活底子里存在着一种不安全的悲惨感觉。

派克在脱斯开奇这个黑人学校里的任务是为筹款办学编写各种宣传材料,同时他开始进行研究工作,题目是"美国南方的黑人"。我们记得派克是在美国南北战争时出生的。南北战争结束了美国南方各地实行的奴隶制度,这是美国历史上的一件大事。

到19世纪中叶,美国南方奴隶制度是消灭了,但是被解放的黑人和他们的家属还是生活在南方各地,这些就是"美国南方的黑人"。他们有着奴隶时期养成的生活方式,和当地的白人不同,而且在美国,黑人和白人之间存在的历史所余留下来的社会隔阂一直没有消失过,这就是美国种族问题重要的根源之一,直到目前已经过了一个半世纪了,这个种族之间的隔阂问题,还不能说已经解决。派克这一代出生于北方的美国人,到了中年在美国南方旅行时还是被当时所见到的黑人社会引起深刻的好奇和难于理解的感觉,可见奴隶制的社会烙印不是短时期里可以消退的。为了减少美国人民中种族之间,即使范围更缩小一层说黑白之间的隔阂,一个半世纪以来,各种形式的黑人的解放运动可以说一直没有间断过,直到目前还是要理解美国和美国人的一个不能忽略的重要方面。这对于关心社会问题的派克这一代人更是如此。派克回忆这段经历时说,他初到美国南方,参与脱斯开奇黑人学校的工作时,他对于美国的黑人除了书本和报纸知识之外实在是不很了解。他一生感激卜干·华盛顿这位黑人领袖给他启开和引进的这个巨大社会研究的领域,使他受用了一生。他说他甚至曾经愿意变成一个黑人,想从切身的体验中亲尝人类社会文化发展这个自始至今的历程。他说他从欧洲回来后又觉得自己变成了一个学生,他要参与一种用超脱的眼光,更概括地、综合地从社会学角度去看南方的黑人这个重大的问题。意思是说,他要对这个问题,摆脱当时流行的见解,而从南方黑人自身跟白人相处的生活经历中所长成的那种微妙而切身的体会去理解人和社会的从最原始的到最文明的发展过程。他又说美国的黑人是一个丰富、独特的社会学实验室。现在重新体会派克当时激动的表述,可以理解这是派克进入社会学这个领域过程中有点像是通过人类学家常喜欢描述的"成年礼"的味道。

派克是在1905年,靠近40岁时,结识卜干·华盛顿这位黑人领袖的。这两人密切合作了7年,1905到1912年。期间除了自己署名的在各种报纸和刊物上发表的许多文章外,两人合作编写了许多有名的有关黑人问题的论著,重要的如 *The Story of the Negro*(《黑人的故事》1909)、*My Larger Education*(《我的较宽大的教育》1911)、*The Man Fathest Down*(《每况愈下的人类》1912),只有最后一本他们两人偕同访欧回来后写成的书,才用两人的名字联合署名发表,其他大多是由卜干·华盛顿一人具名，而实际动笔甚至构思的都是派克。派克乐于成人之名，因为卜干是当时著名的黑人领袖，而且矢志为黑人运动贡献一生的人，最后还是被一个白人狙击打中脑袋得病而亡。派克受卜干的事业心所感动，愿意出力帮助他，使他的名声上升，便于吸引对黑人教育的支助。同时，派克是个厚道的人，他真心地感激这位黑人领袖给他在学术生命上的支持。两人间道义上的有来有往，可以看到他们两人高层次的友谊和高贵的精神。

在这两个人的合作事业中，1910年结伴访欧是一件突出的事件。对卜干说是为美国黑人运动和欧洲的劳工运动取得联系的一个试探。美国黑人在当时还在刚刚摆脱奴隶制的初期，种族歧视正在折磨这些被压迫的人们。而工业革命后的欧洲大陆上阶级分化已成为日益严重的社会问题，人数众多的农民在这新时代里变成了受严重剥削的劳工。美洲的黑人和欧洲的劳工，瞩望这两大力量的汇合，显示了时代的先进意愿。对派克来说，重访欧洲是他兼顾城乡两端探索人类社会发展关键的进一步行动。他在留学欧洲时，曾初次接触到了德意志的农民，他在美国的新兴城市里遇到过许多漂洋过海移入新大陆的欧洲农民和他们的后裔。他急于想了解那些在欧洲农村里已待不住但又没有条件远走他乡的大批被城市里新兴工业所吸收成为城市劳工的人们的生活环境。卜干和派克各怀热情相偕来到欧洲，一起旅行了六个星期，从伦敦到东欧的沙俄边界，横跨七八个国家，完成了上述的那本有时代意义的著作——《每况愈下的人类》。

派克回国后说，真是没有预料到，在这样短的时间里，能得到这样多的新知识，真是大开了眼界，丰富了思路，这段经历是值得珍惜的。他不仅注意到两个大陆的社会基层有其相似的一面，而且也注意到两方的区别。欧洲的劳工固然是欧洲社会的基层，但和其上层是从同一社会里分化出来的，在基本文化上是出于一个共同的来源，而美国的黑人却是在非洲另一种文化里被劫掠出来的，到了美洲又被置于和从欧洲移进的白人不同的社会地位里。上下两层没有共同的文化共识，又没有相同的社会地位，生活上互相隔绝，在两个世界里生活。这种不同的历史和文化背景使美国南方的黑人具有它社会学上的特色。

如果没有这些年与南方黑人的共同生活和对他们生活有深刻体验和分析，如果没有重访欧陆的机会，派克的社会学也不容易用比较方法进行深入的探索和思考。在派克进入芝加哥大学从事建立他的社会学理论之前有这六个星期偕同一位黑人领袖一起访问欧陆，使他有机会能接触到第一次世界大战前欧洲正在兴起的劳工群众和他们的领袖，确实在派克成为一个社会学的开创者的准备时期予以最后的加工和润色。

一段插话

如我在这篇《补课札记》一开始就说的，我的补课决心是去年（1998年）6月份就下定了的。话犹在耳，匆匆已过了半个年头。在这半年里只写了六节札记。我是11月8日离京南下的，去香港和广州附近各市继续我的"行行重行行"，直到年底才回北京，在京九路车厢里过了去年的圣诞节。到家次日，清晨6时，不知怎地我在深睡中从床上会翻身落地，跌伤了颈背。真是又一次祸从天上来,为此我不得不休息一时。这样过了一个新年。我也实在想不到现在还能继续写这补课札记,也可说是出于意料之事。我就在这心情中重理旧业。

开始写这些札记时,我心里有个打算。既要温习派克社会学,先得从明白派克老师是怎样成为一个社会学家开始。那就必须从老师的生平入手了。为此我找出 Raushenbush 的派克传,从这本书里摘录出有关这个老师学术生涯的事迹。从他1864年2月出生起到1913年秋季进入芝加哥大学社会学系为止,一共49年,作为他进入社会学这个领域的准备时期,因为在这段时期里他还没有被公认是个社会学的学者。派克老师一共活了80年,他花了超过一半的生命才长成一个后来领我们走入这个学术领域的引路人。

我回头重读一遍上面三节就是我从他前半生的49年里摘下有关他成为社会学家的早年经历。传记的作者把这一部传记称为"in pursuit of the unknown end",直译是"对一个未知目标的探索",因为派克老师在这位作者的眼里一直是一位思想领域里的探险者。但是说这位探险者到了中年对他要探索的对象还是一个"未知的目标"似乎有一点言过其实。因为这位作者在写到派克老师在大学里时曾着重提到两件事,一是他师从杜威博士,二是他喜欢读歌德的《浮士德》。这两件事加在一起就可以明白他在大学里读书时,心中已有了个要追求的对象了,有了这个对象才使他拒绝走他父母所走过的现成道路,成一个一生不甘心为稻粱谋的人。可见他当时已决心冲进思想领域里遵循杜威博士的实证主义方法用平白的语言来表达歌德诗剧里的浮士德所经历的那个哀乐无常、悲欢交织的人生。他要求自己能理解这个世界上在芸芸众生里生活的人们,懂得他们为什么这样行动和具有怎样感受。

重读札记里的派克老师前半生使我想起了王国维有名的学术道上的三个境界。为了探索这个"浮士德",他进入了一个苍茫寥廓的精神领域,真是"独上高楼,望尽天涯路"。作为一个新闻记者用 11 年的生命往来于当时美国新兴的五大城市里,跑遍了大街小巷,自己承认当时没有多少人能像他一样在城市里泡得这样久,接触到这样多各色各样的人物。他一度在一个酗酒的女犯身上看到了他所追求的影子,就是那样像瘟疫一样防不胜防的社会感染力。他在记者的岗位上真是消得够憔悴了,最后他还是在他老师杜威的引导下和一位名叫 Ford 的超前记者,一起策划一份当时还不能为市民接受的《思想信息》而接近了"蓦然回首"的时刻。但是时辰还是未到。他还要再花 7 年自愿下放到美国南方去体验解放未久的黑人生活。这样他才在"灯火阑珊处"找到了"那人"。"那人"的面纱揭掉就是他后来特地用"科学"两字来强调的"社会学"science of sociology——这一门坚持杜威的实证主义去研究人在集体中怎样生活的学科。在我看来这不就是歌德用诗剧形式来表述的浮士德么?

我正想续写这份补课札记时,收到《万象》的创刊号。一看,我这篇札记的第一节已经在这本杂志里刊出。这就产生了一个相当尴尬的问题,札记看来还得写下去,但是在床上翻身跌了这一跤,不能不想到"八十不留宿"的老话。这句老话是说人到了这年纪,一夜之间会发生什么事谁都难以预料了。也就是警告过了这年纪的人不要随意同别人预约什么事了。《万象》的编者发表我这篇札记看来是有意要作为连续稿继续发表下去的,如果我没有写完这份札记就向读者拜起手来,那就不免说不过去了。所以让我在这节"插话"中附带声明一下，表个态，打个招呼：补课还要坚持，札记只有做到力所能及，什么时候会向《万象》读者说拜拜，现在看来，只有天知道了。

如果我还能如愿地写下去，接下去应当是派克老师的后半生，作为一个"社会学家"出现在国际学术界了。他的后半生一共是30年。他在这30年里不但名副其实地做到了一个社会学家，而且还在社会学界留下了一个比他寿命还长的芝加哥学派。我打算写完派克老师的一生之后，还能讲一段有关芝加哥学派的话。如果那时我能不向《万象》读者说声拜拜的话，还希望接下去讲一点派克老师对中国社会学的影响，这样就把这次补课一直能接上我自己当前的工作了。

打算是打算，希望是希望，能否落实，瞧着看吧。

芝加哥大学及其社会学系

派克老师之成为知名的社会学家和美国的芝加哥大学是分不开的，因之要讲他后半生的经历，不能不说几句关于芝加哥大学的话。

历史事实是1891年芝加哥大学成立在前，下一年这个大学就设立了在美国的第一个社会学系，而派克是1913年才进入这个系的，迟于创校立系之后有十多年。在这段时间里，他还是协助黑人领袖卜干·华盛顿在脱斯开奇黑人学院里工作，和在美国南方各地熟悉黑人的生活。正如我在上一节里所说的在这段时间里他还是个思想领域里的探险者，尚未把社会学这门科学作为他安身立命的场所。

把人们的社会生活作为思想领域里的探索对象那是由来已久,甚至可以说有了能思索的人类以来,这个人生之谜就会引起人们对它的思考和探索。但把这种探索引进科学的范围,一般都认为是应归功于法国的孔德(A. Comte)。这个公认的社会学的祖师爷,在1838年写他的《实证哲学论》时,在第四卷定下了这门用现代科学方法去探索人类的社会现象的学科。派克那时还未出世,美国也独立未久还在建国初期,大多数从欧洲来的移民和他的后裔们正在向西部拓殖的道路上。欧洲的学术潮流还刚开始渗入美国。派克进入大学念书时,美国的大学里还没有社会学这门课程,他也没有听说有这门称为社会学的学科,他第一堂社会学课是1900年在德国柏林的Friederich-Wilhelm大学里上的,老师是G. Simmel,后来他还记得这位老师,而且推崇他是"最伟大的社会学家"。接着其后两年,他在德国的Strassburg大学里跟Windelband写他的第一篇社会学论文《群众和公众》时,这位导师却是以哲学教授的名义指导他的。这说明了当时即在欧洲社会学作为一门独立的学科,还没有取得巩固的地位。这个背景可以帮助我们理解,为什么派克直到他进入了芝加哥大学社会学系才明确他探索了半生的对象,原来就是在欧洲70多年前已经有人定名为社会学的这门科学。

芝加哥大学是美国各大学中最先设立社会学系的大学。这也并不是偶然的。芝加哥这个城市和芝加哥这个大学在当时美国都是站在发展的前沿,而且以革新的旗子来标榜自己的。正是这股社会上强大的新兴力量唤来这门在美国还是新兴的学科,造就了派克这个新型的学者。

芝加哥至今是美国有名的大城市,位于美国北部密歇根湖的南端，密西西比河经此南流入海，历来是美国中部水上交通的门户。19世纪下半叶，派克出生时，沟通美国大陆东西部的铁路已经建成，原是美国向西拓殖的中转站的芝加哥以其占有铁路中心的优势，人口大增。20世纪开始时，已拥有百万以上的居民。美国的工业化和城市化两股潮流把芝加哥带到当时社会发展的前沿。1893年以发现美洲新大陆400周年的名义在芝加哥举行的世界博览会标志了美国经济的成熟，问鼎世界的开始。正当这个时期派克完成了他的大学教育，选择新闻记者的岗位，投身到美国当时新兴城市里去开始他思想领域里的探险了。

芝加哥大学是1891年成立的，赶在世界博览会的前夕。当时就以创建"第一流大学"自负。它是巨富洛克菲勒和当时的教育改革家哈珀（W. R. Harper）合作的杰出成果。这两人的结合正表明了美国的素质在物质上和精神上已从初级阶段上升到了成熟的阶段。洛克菲勒就是世界闻名的石油大王，是美国资本主义经济培养出来的一门财阀世家。从19世纪70年代开始办美孚石油公司起家，传了几代人至今已有100多年，还未见衰落。在上个世纪80年代初已经形成一个大托拉斯，也是资本主义垄断企业的嚆矢。90年代初垄断企业引起过社会上的抵制，在美国各州一度纷纷采取反垄断立法。正当这个时候，这个巨富开始以慈善家面貌出现于世，成立了有名的洛氏基金，他把一部分资金无偿地投入教育等社会福利事业。说得好听一些是"富而好施"，实质上是一种新的投资取向。我们在这里要说的，正是这时芝加哥大学取得了洛氏的资助得以建成。老洛克菲勒生前给该校的捐款有8000多万美元。没有这笔钱，芝加哥大学是办不起来的，即使办了起来也不会是这个样子的。当时富于改革精神的哈珀主张通才教育，不满于当时美国各大学一味照抄欧洲的传统模式办学。当他在耶鲁大学教希伯来文时认识了老洛克菲勒，他们都是基督教浸礼会的教徒。起初洛氏是想请他开展道德教育，所以支持他当新办的芝加哥大学校长。

哈珀得到了教育改革的机会，接任校长后第一个改革措施就一鸣惊动了美国教育界和知识界。他宣布芝大教员的工资按其他大学的惯例增加一倍，因为他相信大学是依靠教授来办的，高价可以请得到高才。他这一着棋下得妙，使他能从美国各地聘请到当时学术界的尖子。当然如果他没有洛克菲勒在财力上的支持，他这办学方针是实现不了的。没有哈氏的眼光和气魄，只有洛氏的钱财，芝加哥大学也办不成第一流大学。正是这两人的结合，也就是物质或实力和精神或理想的结合促成了这个大学的创立。有了个教育的班子，哈珀接着在学制上进行了革新，比如把一年分为四个学季，教师可以有一个季度由自己支配，用来休息或有偿工作或自己进修；学生可以一年修四季，早一年毕业，取得学位。芝大除正式招生外还开始在校外开班，招收社会上在职的人业余继续学习。他还实行聘请女教授，同职同酬；又提倡校际足球赛。芝大聘请体育教授，兼作大学足球队的指导，用以提倡体育精神，形成优良校风，闻名于世。

这位校长的创举中还有两项应当特别一提：一是他提倡教课和研究相结合，二是设立社会学系。

先说第一项，在当时美国大学里当教授的职责是限于教课，就是上班讲课。对其所从事的学科来说只有起到向学生传习的作用，并没有创新的责任。这位校长看到人类的专门知识必须不断创新，而且认为这也是大学的责任。所以一方面芝大的教授可以拿到比其他大学加倍的工资，但是不仅要讲课还要从事研究，要拿出推进一门学科的成绩。这项改革为芝大取得很大声誉，例如物理学上第一次成功地进行自续链式核反应和光速的测定，又如考古学上成功地用放射性同位素测定史前年代等。

芝大是美国第一个建立社会学系的大学。这也是开风气之先。他把 Colty 大学的校长 A. W. Small 请来当芝大的社会学教授和负责引进人才开办社会学系。当时美国学生想念社会学这门功课的，只有如 Small 本人和派克老师那样到欧洲去留学。后来社会学这门学科虽则已传到了美国，美国有些大学里也有人开社会学这门功课了，但是这些先驱者各人各讲，水平也不相一致。学术界还没有把它作为一门独立的学科来对待。Small 说那时的社会学毋宁说只是一种渴望，还没有成为一套知识、一种观点和一项严格的研究方法。这句话使我想起派克老师当时在思想领域里探索的景象，这正好说明美国学术界当时的普遍情况。时代在前进，众人分头探索中，终会有人脱颖而出，树立起社会学这块牌子。这人就是 Small，他在哈珀校长的推动下，把这块牌子首先树立在新成立的芝加哥大学。这牌子当时也为芝加哥大学争得了新兴的第一流大学的名声。因为接着这几年里，美国其他有名的大学如哈佛和哥伦比亚等都相继成立了社会学系。但是"首创"的地位还是被芝加哥大学占住了。从"首创"到"首位"，还要经过一个激烈的竞争的过程。在这个过程里，出现社会学领域里的"芝加哥学派"而且独占鳌头有几十年之久，影响所及包括当时的中国在内。在这段历史里，派克老师的功迹是突出的，也是公认的。对派克一生的事业来说也是他最大的成就。

派克进入社会学阵地

上一节提到1891年芝加哥大学的建成,这件事和派克老师并没有直接的关系。当时他还在美国南部脱斯开奇的黑人学校里工作,从1905年起到这时已整整七个年头了。现在我们作为局外人回头来看经过这段时间,派克出山踏入社会学这个学术阵地的客观条件可说已经成熟了。但是历史历程的实现,客观条件还得和主观机遇相结合,所谓万事俱备犹待东风。在这一节里我们可以转过来说说派克老师进入芝加哥大学社会学系的具体经历了。

1910年派克和黑人领袖卜干·华盛顿一起访欧回来,就着手编写《每况愈下的人类》一书。到这年年底这书的前六章已经在 Outlook 杂志上刊出,受到《纽约时报·文艺评论》首页推荐。在当时舆论的推动下,派克认为这已是把黑人解放运动推向全世界的时机了,所以他建议,并在卜干的支持下,在脱斯开奇召开一个世界性的关于黑人问题的讨论会。这个有21个国家和地区、3700人参加的大规模学术会议在1912年4月19日开成了。在这个会上派克发表了一篇主题演讲《怎样通过发展教育来消灭黑人和白人之间的种族隔阂》。接着在会上有一位芝加哥大学社会学教授发言响应,讲题是《教育和文化因素》。这位教授就是后来把派克引入芝加哥大学社会学系的牵线人,名叫汤麦史(I. W. Thomas)。

这两篇演讲配合起来引起了这个会议的高潮。汤麦史后来回忆起这个会议时说：

> 我接到卜干·华盛顿的邀请信，这信里还提到我对种族问题的观点，导致了重大的后果。在会上的一次讨论中我发现这封邀请信并非卜干自己写的，而是出于一位白种人之手。他就是派克（Robert E. Park）。从此我们两人开始了长期而有益的友谊。派克不仅善于深邃的思考，而且有力地能强加（imposing）于我，结果使我大受其益。

汤麦史被派克的魅力吸引住了。这个会议闭幕后四天，刚到家不久，迫不及待地给派克写了一封热情洋溢的信，这是两人间第一次通信。他对这新认识而一见倾心的朋友，提起笔来用"My dear brother, in Christ"相称呼。In Christ 一语是一种交情很深的熟朋友之间的一种揶揄性的惊叹词，如果硬要加以翻译，有点近于"你这个家伙"。

这信一开始就说：

> 我吃惊地深深感到，见到你之前我是那样的无知，现在我又是这样的豁达（一种豁然贯通的顿悟之感）。我们有缘相识，对我说真是一件极为愉快的大事。我已认识到黑人问题比了农民问题深刻得多。我在想，从欧洲回来后就要去西印度群岛。对此你有什么计划，能和我一块去么？我想把黑人和农人比较一下，一定会搞出一些名堂来；出一本关于脱斯开奇的书，一本关于西印度群岛的书，一本关于西非洲的书和一本关于美国南方穷

人的书……这几本书写出来后,我们就成了。

信末具名是 Good hunting, I. W. Thomas(这又很难翻译,意思也许是"仰慕、追求你的汤麦史")。

前信发出后一周,4月24日汤麦史又给派克发了一信,说出了"我想你最好到这里来,和最后可能担任教课,但至今我还没有意思把你从黑人方面夺取过来"。

5月6日给派克的信中说:

> 能见到你是我一生中最大的事,如果如我们正在做的那样,把这件事顺水推下去,最后搞到一起和并肩授课,那将使生活大为精彩。如我已向你说过的,我现在觉得黑人问题比农民问题更有搞头了。同时,农民问题具有其比较的价值,我们也不能轻易放过。当我们做到了这一点,我们可能还要把黄种人包括进来(当我们一起从非洲回来以后)……我已把我们见面和想合伙前进的情形告诉了 Small,他当即表示对你有很好的印象。他是个好人,我向他说的他会尽力去做。我们的学系如果有了你,将会大有起色。我们可以半年讲课,半年同去田野工作。我将和你商量一同去西印度群岛的事。

在信末自称你的亲兄弟(Your blood brother),还加上一笔"俟后行仪",甚至在信中用 son 来称呼对方,亲近到有点近于狎昵。而且这样连珠炮似的通信在初识的朋友中是少见的,这充分表示了相见恨晚的真情厚谊。派克的一方也是一拍即合,他在一篇自传式的札记里有下面一段话:

到目前为止我对黑人和黑人问题已有许多想法，并已积累了大量素材和见解，但还没有写出来。我觉得现在的情况是问题重重还待深入究讨，不是缺乏事实资料，而是能把这些事实的意义统摄起来说清楚的理论还不够。我在汤麦史这个人身上初次找到了一个和我说同样语言的人（a man who speak the same language as myself）。当他邀请我去芝加哥开一门有关黑人的课程时，我很乐于接受。

派克老师于1912年春天向脱斯开奇黑人学校辞职，和黑人领袖卜干·华盛顿告别。到1914年冬天才在芝大社会学系开课。其间相隔有两年的时间，其中有两个月他又用来在美国南方各地调查黑人的学校教育。可见他作为一个思想领域里的探险者，对黑人问题这块田野还是恋恋不舍。

当汤麦史向 Small 正式提出要把派克引进芝加哥大学的社会学系时，他发现对方尽管很愿意，但事情并非像他所想象的那样简单。我在1979年在哈佛附近见到的那位 Everett Hughes 先生有一段话记着这段经过：

> 大学的档案里记着派克最初是由该校的神学院引进的，因为当时的社会学及人类学系并没有空位。Small 表示芝大的社会学系并不准备扩大。曾当过一个学院校长的 Small，在系里是循规蹈矩的行政者，我听说他在哈珀校长逝世前曾希望校长能批准这件事。但接任的是一位保守派人物，坚持固定的预算。派克正碰到社会学系的经费相当紧的时刻。

Small 当时在大学里是有权力的人，结果还是在 1913 年设法把派克引进了芝加哥大学，但不是社会学系，也不能给他教授的地位和工资，只能以教授级讲师的名义相聘，工资只有 500 元，讲一个课程。这点工资在当时是不够供应一个家庭的。但是派克老师并不考虑这个问题，毫不在意于名义和报酬。他关心的是他认为在这个大学里，他可以施展他的才能和圆他的梦了。

派克的大女儿 Theodosia 曾对她父亲在为人方面有过一段话：

> 我的父亲，也许受了马克思的影响，对钱财有一种看法，他说财富是劳动的结果，那些靠遗产生活的人，是夺取别人劳动的成果。他对于从父亲手上得到的钱财感到花之有罪。他不想去挣钱。他从德国回来时，在哈佛就教，薪水很低，但他乐于工作，因为他能在大师 W. James 手下做事。他有一条常引用的格言："上帝对金钱是不经心的，看他把金钱给谁就明白了。"他在刚果改良协会里和在卜干·华盛顿手下工作时，报酬都很微薄。但是他极为乐于卖力。

我们可以相信，派克老师并不是个为个人的名和利而进入芝加哥大学和踏进社会学这个学术领域的人。他在这里安居乐业，因为这是他探索了半生的结果，这时可以说他是"得其所矣"。

派克和汤麦史两人的结合

写完了"进入社会学阵地"这节,就进入春节期间。今年春节不知为什么社会来往特别热闹。有一个上午,我正在为这一节加工准备送去打印,有个朋友坐在我对面,替我计算了一下在这段时间里,为了应付来客,我手里的笔停摆了有六次之多。尽管我在这种思想很难集中的情况下,心里却总觉得言犹未尽。客人散去后,我再定神想了一想。未尽何在?于是当我打算续写下一节时,觉得在这里还应多加一段类似插话的小节。

我在想:我在这篇《补课札记》写了不少关于派克老师怎么会成为一个社会学家的经历。我这样写是用 Raushenbush《传记》做拐杖,或是蓝本的。他称这种写作体裁是"自然史"。

让我在这里加一个补丁,因为最近在看些杂书时,看到了 Raushenbush 曾是派克老师的研究助理的记载,有必要在此补这一笔。

以自然史的体裁来写一个人、一个制度或一个集体的发展过程,必须抓住在过程中一些关键性的事件,使得这个过程能更清楚地表现出它顺理成章的连贯性。因之在搞明白派克成为一个美国芝加哥学派社会学的创始人的经历中,我认为他怎样进入芝加哥大学这一事件,不言而喻,有其关键作用。这个关键性的事件的中心是派克和汤麦史两人的结合。上节札记里,我在叙述这关键性事件时,还引用了从派克早年住过的旧宅壁橱里,找到他身后遗下的这两人往来信札,作为值得珍视的证件。

我反复琢磨这些信件,发生了一种玄妙的感觉。派克和汤麦史原是两不相识的、分居两地的知识分子,这次在脱斯开奇会上偶然相遇,却带出了派克成为一个杰出的社会学家的一生经历。这里似乎有一种我们中国传统中常说的不寻常的机遇,或是所谓"有点缘分"。在汤麦史的信中却充分地表达了他似乎有一种预感性的直觉,就是他反复说和派克相见的这件事是"一生的大事"。也许可以说已把简单的机遇,升华成了"缘分"。这种升华是众多复杂因素综合而成的,当时只给当事者一种莫名其妙的感觉,但事后看来却成了当时尚未发生的某一件重要事故的信号。这种直感,凡是经历过人世沧桑世故较深的人,说不定有时会亲自尝到过的,我在这里不能多说了。

回到派克和汤麦史一见如故的这种结合上来,说他们两人命中有缘也不妨。事实上派克在策划召集黑人问题讨论会,以卜干名义写信给汤麦史时,至多认为汤麦史是个对黑人问题有兴趣,而且有一定观点的人,我相信他决不是有心策划使这次邀请成为他本人投身社会学的门路。但却就是因为在邀请信上提到了汤麦史的观点,成了汤麦史赴会的动机,和促成他决定在会上发言,直到他发生要把派克拉入芝加哥社会学系的想法。这一系列事件也许是形成汤麦史主观上发生这是"一生中的一件大事"预感的客观来由。

在派克这一头,他用了一句很具体而朴素的话说出和汤麦史结交的原因,他说,"在汤麦史这个人身上初次找到了一个和我说同样语言的人"。这句话里我们应注意"说同样语言"这几个字,因为这几个字可以说是派克社会学里的"关键词"。派克把社会看成是一群能交谈的人组成的集体。交谈就是用同样语言说话。社会也就是通过共同语言交谈的这些人组成的。这些人达到了心心相印,互相了解,在行为上互相配合,才能完成一种集体行为，成为一个社会实体。派克花了半生指望能用科学方法来理解社会，而这件事不是一个人办得到的，必须有若干人一起配合起来成为一种集体行为。这种集体行为的基础是要有一批说同样语言的人，也就是要有一批志同道合的人组成一个集体来建立一门研究社会的科学。这个前提进而包含着后来发生的派克和汤麦史相结合的这件事。

我们应再注意他用"初次"两字。说是初次也就等于说过去他没有遇到过懂得他语言的人。他在这里所说的语言当然并不是日常生活中的语言，而是有关他所要实现的那件建立社会学的事业的语言。再换一句话来说，他到那时为止还没遇到一个真正志同道合的人，可以结合起来完成他理想中的事业。我们重复细味派克这句话，应当理解他的苦乐所在。苦是苦在知己之难得，乐是乐在最后"初次"见到了这个说着和自己同样语言的人。这不是"蓦然回首，那人却在，灯火阑珊处"么？他不是说他乐于和这个说同样语言的人一起工作么？这比了"这是一生的大事"的直感，说得明白得多了。其实这两人的感觉是一回事。派克在关于这件事的札记里正表现了他在用他的社会学的语言。这是一门联系实际生活的社会学。

我在派克和汤麦史两人的结合上发生了这一段遐想，同时又更感到我对派克社会学确实有初入堂奥之感，现在人已老才进行补课，似乎已经迟了一点。但话又得说回来，到了暮年还有这样一个补课的决心和机会，应当同样感到是件乐事。

我想在这节之末加一段有关汤麦史这个人的话。汤麦史论年龄比派克大一岁，是 1863 年出生的，比 Small 小 10 岁。他出生在 Virginia 乡下，属荷兰农民的后裔，1889 年毕业于 Tennessee 大学后就在这个大学里教语文，接着去德国留学，

1889—1893年在Oberlin学院当英文教师，他对此职不感兴趣，回头投入新成立的芝加哥大学，跟Small学社会学，1896年得博士学位，1910年升为教授，是芝加哥大学培养成材的第一批美国社会学家。但是当时他觉得自己并不完全同意又不愿追随Small那种偏重历史的观点，而有意自创新路，所以他当时自称还在社会学边际上徘徊。后来他和一个波兰移民学者F. Znaniecki合作实地调查欧洲大陆的波兰农民和美国的波兰移民，写成《欧洲和美国的波兰农民生活》(1918)一书而一举成名。但当这本书还没有全部出齐时，却发生了一件被当时芝加哥当地报纸炒热了的"私人丑闻"，FBI在一家旅馆里把他拘捕了起来。虽则后来判定无罪，但名誉受损被迫辞去芝加哥教授一职。有人认为这件事是汤麦史夫人在第一次世界大战期间过于积极参与和平运动所引起的。派克是同情汤麦史的，但无从出力相助，虽则后来他还是用自己的名义出版了汤麦史所写的"波兰农民"的续编《旧世界传统特色的移植》(1921)，在社会学界取得了名著的地位。关于汤麦史和派克在社会学观点上的配合，留待以后再说。

从探险者成为拓荒者

派克老师能成为个社会学家的本钱或智源主要是他在前半生49年里积聚在他所谓"思想库"(thinking tank)里的那份雄厚的贮存。这笔丰富的智力资源得之于他这段生命中的社会经历。我记得在燕京大学课堂上听他讲的第一堂课时，他就开门见山地要我们从实际的社会生活里去学习社会学。他一再教导我们这批想学社会学的年轻学生说,学社会学是最方便的,因为我们自身的生活就是最好的社会学的素材,而我们每个人都成天在社会里生活,研究社会学的资源到处都是。如果我当时真的明白了派克老师这个听来似乎最简单的教导,也就不会到现在这须眉皆白的时候还需要下决心来补课了。

派克老师这句"社会学就在自己的生活里"的教导,不仅说出了派克社会学的关键词,听起来很简单,而实际上是他用了半生奔波的生活做代价才得出的结论。这句话本身总结了他几十年思想领域里探索的收获,实在是经验之谈,甚至可以说派克老师所讲的社会学一直没有半点超出他自己切身的生活实际。他本人的生活实际充实和丰富了他的社会学的内容,同时也可以说局限了他社会学的阵地。当然社会学家本身的生活内容并不等于他在思想领域提炼出来的社会学。两者是有区别的,但是一切对社会现象的认识和讲解,没有不是以自身真实的社会生活的体验为基础的。派克老师所讲的社会学,处处都是从他生活经验中产生的。他的社会经验通过他思想上的提炼,贮存在他的思想库里,经过不断的磨炼,成了他的社会学。他本人也在社会上取得了一个社会学家的角色和地位。

具体地说派克老师本身的社会经历可以分成三段:第一段是他早年的学校生活和 11 年的记者生活,第二段是他在美国南方 7 年中和黑人一起过的生活,第三段就是他的长达 31 年的后半生,包括他在芝加哥大学里作为社会学教授的生活,以及他退休后在太平洋周围各国的考察和旅游。

这三段生活对他的社会学的影响是不同的。第一段正如在这篇札记的前几节所说的,被人称作是他作为一个思想领域里的探险者的时期。探险者意思是指他对社会学这门学科是什么还不清楚。

派克老师在进入芝加哥大学之前,在美国,社会学这门学科固然已经在大学里取得了公认的地位,可以说社会学在美国已经不再是个探险的对象了。但是对派克本人来说他还没有明确当时他所追求的对象就是"社会学"。我们可以说当时在他思想库里所存贮的资源实际上已经是当时被一些人认为是"社会学"的东西了,但他自己还没有这个明确的认识。经过汤麦史的努力,把他拉进了芝加哥大学的社会学系,这是个在社会上公开挂上了牌子的社会学的机关。这时派克老师才固定下来成为一个社会学的拓荒者,而不能再说他是思想领域里的探险者了。

把派克老师归入社会学拓荒者的一代的是 Everett Hughes,他的意思就是指在美国创立社会学的一代。这个说法我觉得对我很有启发,就是提醒了我们社会学还是一个年轻的学科,它的诞生还是我上一代人的事。说它年轻是指它还没有成熟的意思。这种认识和定位使我们要时刻记着年轻有它的好处,也记着年轻有它的弱点。好处是在它的创新精神,弱点是在它没有已定型的道路可循。

Hughes 列举出了社会学拓荒者的学术出身,说他们都是半路出家的人:法国的 Leplay(1806—1904)和意大利的 Pareto 早年都是学工程的,美国的 Tarde(1834—1904)、法国的 Durkheim(1858—1917)早年是学法律的,德国的 Max Weber(1864—1920)和美国的 L. H. Cooley(1864—1929)早年是学经济学的,美国的 Lester Ward(1841—1913)原是个生物学家,英国的 Herbert Spencer(1820—1903)、德国的 Georg Simmel(1858—1918)原来都是哲学家。派克老师自己在大学里名义上也是学哲学的学生,他在哈佛大学所得的学位也是哲学博士。

在 Hughes 列举的一些社会学拓荒者一代里特别提到汤麦史(1863—1947)是个例外,他是芝加哥大学社会学系第一批获得社会学博士学位的人,他是当时已称社会学教授的 Small 的学生。但是他在学术上其实是和派克先后走在一条路上。他们共同的出发点就是从人们实际生活里出社会学。

汤麦史著名的《欧洲和美国的波兰农民生活》一书,在写作上就一变当时社会学著作常见的体裁。全书共 2250 页,分 5 册装订,其中有 1/3 以上的篇幅是移民在美国的波兰人和家乡农民间往来的私人通信,和有关他们的传记,并补充了从波兰语刊物上选录出来的资料。派克的学生 Blumer 1979 年说这种作风是表明他对"讲座式社会学"(Armchair Sociology)传统的反叛。他把私人通讯和个人传记汇编在这本书里,作为专著的主要内容。我想他的目的就在想让读者们能直接看到波兰移民和家乡农民社会来往的原始资料,使读者能闻到一些生活气息和领悟一些言外之意。

派克对我印象最深切的教导就是他亲自领我们这批小伙子到北京的天桥去参观"下层社会"。他不仅要我们用眼睛看,用耳朵听,而且一再教导我们要看出和听出动作和语言背后的意义来,就是要理解或体会到引起对方动作和语言的内心活动。别人的内心活动不能靠自己的眼睛去看,靠自己的耳朵去听,而必须联系到自己的经验,设身处地地去体会。这种"将心比心"的活动在我国传统中是经常受到重视的。

我想起了老前辈陈寅恪先生在审查冯友兰《中国哲学史》报告中强调的"神游冥想"时说要"与立说之古人,处于同一境界，而对于其持论所以不得不如是之苦心孤诣，表一种之同情，始能批评其学说之是非得失，而无隔阂肤廓之论"。这句话里所说的同一境界和表一种之同情，在我看来也就是用本人内心的经历去体会和认同于古人的处境，以心比心做到思想上的互通。这个求得对古人持论立说的"真了解的途径"，其实也适用于一切人对人的互相了解的社会关系之中。派克把"知己"作为"知人"的根据，揭出了人和人能在社会关系中结合的关键。上节札记里我提到的派克和汤麦史两人的结合其实就是一个很具体的例子。

派克老师在备课

在上几节里我说，派克前半生可说是个思想领域里的探险者，他探险的目标是要建立一门以研究人际关系为对象的学科。当他进了芝加哥大学社会学系，他成了这门被称为社会学的学科的拓荒者，意思是这门学科的内容和研究方法都还没有立出章法，也就是说社会学是怎样一门学科在学术界和社会上还没有一个共识，所以说这还是学术上的一片处女地，有待学者去耕耘成一块人们知识的熟地，不断可以产出对人们社会生活有用的知识。

派克老师辞掉作为卜干·华盛顿这个美国黑人领袖的助手，在脱斯开奇黑人学校里工作了7年之后，在1913年接受芝加哥大学的聘任为该大学神学院（Divinity School）教授级讲师（Professorial Lecturer）。派克老师虽则自己主观上有进入科教园地完成觅取职位的志愿和雄心，又有汤麦史的大力推荐，但是看来一开始并没有顺利地获得芝加哥大学社会学系教授的地位，说明了世事的坎坷。但是派克老师素来淡视名利，所以这种遭遇并没有阻碍他走上自己选择的人生道路，而且他又善于逆来顺受，把坏事转为好事。他在新岗位上，能充分利用这个教务负担比较轻、闲暇多的条件，来为他向学生讲授社会学做准备。他在从1913年进入芝加哥大学到1923年提升为社会学教授的10年时间里，尽量设法充实他对社会学内容的建设。主要是通过阅读（reading）、梦求（dreaming）和思考（thinking），进行备课。

在继续写我这些补课札记的过程中，我本人不断受到生活波动和思想发展过程的冲击，写完上一节之后几乎停笔了有两个多月，1999年的5月和6月。这次停笔一方面是由于我打算去京九路穿糖葫芦（"穿糖葫芦"是我最近二年里采用的一个形象性的专称，指的是想按铁路线发展一连串互相衔接的中等城市型的经济中心）。这个设想是我在区域研究中的新思路，也是我"行行重行行"研究工作上的新课题。还有一个原因是这篇《补课札记》的写作上遇到了一个难点。如果我按派克怎样成为一个社会学家的自然史的历程来写，接下去应当讲派克进入芝加哥大学之后的"下半生"了，也就是按我利用Raushenbush的这本《传记》做拐杖，按这个次序写下去，可以同读者讲讲这位老师怎样在教授这个职位上推动美国社会学的成长。用这个思路来继续写我的《补课札记》就比较容易下笔，但是我另一种想法是利用这篇《札记》记下一些派克所阐发的社会学的实质问题，例如他在这时期写下和发行较广的几本重要著作的内容。至少我可以记下一些我对"派克社会学"内容的体会，那就是说我在这本《札记》里要引出我对社会学内容本身的看法了。如果顺着这条思路发展下去，我就不能不估计一下自己这一生还能有多少时间供我这样消耗了。尽管每年一度的体检，似乎都表示我不至于在很短时间内就会结束我这一生。但这是难于预卜之事。若要使这本《补课札记》不致成一本"完不了的乐章"。我还是挑一条易于完成的路走为妙。在过去的两个月里，我一面在车子里行动和在各地的宾馆里休息，但心里还是一直在思考怎样把这本《札记》打个结束。最后还是决定从派克老师进入芝加哥大学社会学系这一刻起，继续用《传记》做拐杖写下去。所以接下去应当是讲他怎样利用进了芝加哥的头三年"备课"时期的生活。我采用了《传记》里提到的三个词：阅读、梦求和思考来作为这一节札记的提纲。这三个词不经意说出了这位老师一生奉献给社会学的一贯精神。正如他的朋友们和学生们所说的，看来这位老师念念不忘的就是要建立起社会学这一门学科。他可以为此废寝忘食，甚至他的家人已习惯了他不按时回家就餐的生活规律，不再和他计较这些常常会打乱别人生物钟的麻烦。他可以和他同室办公的同事们争辩得津津有味停不住口，而难为了服务员不能按时下班。他可以指使在上班路上遇到的学生改道前进，以免打断他正在思考将在班上讲话的腹稿。他可以等不及结好领带匆匆上台开讲而有劳班上的学生在听讲之前要为他整理一下衣襟，甚至要替他擦去刮胡子时留下的肥皂沫。他的心里不在这些上面，而是在思考、思考、再思考。他竟成了个不修边幅的书呆子，在英文里是个十足的 absent minded professor。上述这些在芝大校园里流行的笑柄，是我在各种讲到这位老师的回忆文章中得知的，并不是我自己的印象。他在燕京讲学的那个学期，在我记忆中最深的一件事是他是个最守时刻的老师。我却是个最喜爱睡懒觉的学生，他总是比我先一步进教室上课。这件事我是一直对他有意见的。

关于上面所说的三条提纲里的"梦求"这一条是我从原文 dreaming 一字翻译来的。我没有核实过他在梦里是不是还是忘不掉社会学这门学科。对这个问题我是无法核实的，但是我相信他经常会"梦见周公"的，因为他的学生们都说他是个有了问题决不肯白白丢掉的人。许多学生记下由于这位老师不断地追问才使自己豁然贯通的经验。这位老师最不高兴的是学生脑中没有经常在想解决而解决不了的问题。如果脑中没有问题迫着自己，怎能使一个人的思想不断前进和推陈出新呢？他这样要求学生，因而可以推想他一定同样对待自己的。如果睡眠时还带着个没有得出答案的问题，那不就会带入梦中了么？所以我想用梦求一词来说他不让脑子里的问题过夜也许确有此境。

关于通过读书来备课那是不必多说的了，因为他所编的这本《社会学这门科学的引论》，即那本多年在美国各大学中风行的社会学教科书，本身就是一本他的读书记录，是一本根据他为社会学提出的纲目，搜集各家有参考价值文献资料的汇编。这些都是经过编者反复阅读各家原著中提炼出来的精华。对每一个有关社会学的纲目下的历来在西方社会学论坛上有代表性的论点，几乎都被采用来作为引导学生入门的台阶。在这样的目的下，编者所需阅读的资料之繁重就难以估计了。这笔账，我们且不去计量，但在这里特别应当说一说的是派克读书的特点。《传记》的作者认为最值得我们学习的是他对冷门书的重视和所得到的收获。

有人把派克社会学说成是从"集体行为"（collect behavior）

开始以"人文区位学"作结的。"人文区位学"作为一门学科的确是派克老师最先提出来的。他从读冷门书中得到启发,不断联系他的社会学思考,培养出这一门他没有能及身完成的学科。《传记》的作者说:在他进入芝大的头几年里他主要是读书备课,他遍读各家熟悉的社会学著作外,还喜欢在图书馆里寻找冷僻的书本。一旦找到了一本他认为是好书,就像大热天跃进了一个清水池塘,不计深浅界限,没头没脑地钻进去尽情享受。他就是这样发现了其他社会学者没有发现过的这个新领域,就是他后来发挥培育的人文区位学。

启发他进入这个"人文区位学"的那几本冷门书就是:Engine Warming 的 *Ecology of Plant*(《植物区位学》),那本书的英文译本是 1909 年初次出版的;W. M. Wheeler 的 *The Ant Colony as an Organism*(《作为一个有机体的蚂蚁窝》);Charles C. Adams 的 *Guide to the Study of Animal Ecology*(《动物区位学导论》)和 1915 年出版的 C. J. Galpin 的 *The Social Anatomy of Agricultural Community*(《农业社区的社会解剖学》)。

他阅读了这些冷门书之后高兴得甚至要劝他的儿子 R. Hiram Park 专修这门人文区位学。他这位儿子曾经记下:

> 在 1915 年或 1917 年,我记得爸爸在 Lansing 停了一会儿,他有一个想法:要我研究植物和昆虫的区位学,他为我解释说这些比人文区位学要简单些,但是如果我有志于研究人文区位学这些书会对我大有用处。我明白他的意愿,但没有跟他指示的方向走,因为我已在电学和机械学方面花尽了我所有的业余时间。这个世界看来将向高度技术化发展,我想为此做出准备。

如果不是派克老师对人文区位学前途有那么大的信心，他不会动员他的儿子去研究这门学科了。我已说过这门学科他只破了题，但没有在他一生中建立起来。连他多次想用"人文区位学"的名称写一本专著都没有落实。这是后话。但在我这本札记里可以提到这件事来说明他怎样去挑选书本来阅读的。从冷僻的闲书中容易有新鲜的启发、取得学术发展的新途径，派克老师就是可以为此作证的学者。

欧战期间的派克老师

1917年4月6日，派克老师正在芝加哥大学里准备社会学课程的教材，美国政府对德宣战，加入协约国的阵线参与第一次世界大战。这样规模的世界大战在人类历史上还是空前的。久处太平日子的住在美洲新大陆上的人们如梦初觉，海外战争从天而降。

这时成立未久的美国社会学会通过它的刊物《美国社会学杂志》向130个社会科学家发出了一个通知，征求他们对在这个大战中社会科学应当做些什么的意见。派克老师趁这个机会发表了他对社会科学战后发展的方向的意见，也是他进入社会科学阵地之初的一项重要的对社会科学前途的表态。这里讲的话，在我看来至今还是适用的，尽管现在离第一次世界大战的结束已有近一个世纪了。他说：

> 世界战争对社会科学不会不发生影响。原有传统的思想意识已受到震动，甚至已经动摇了。这似乎是件小

事，但是在我看来传统分立的各种社会科学，如经济学、政治学、历史学、社会学之间的分界线在1918年春天前后将要彻底地崩溃了。

过去不同学科的学者都是从不同的角度去研究同一的问题，今后他们势将用相同的语言来表达他们见解，而且可以取得相互理解。

过去各学科的分立其实来自英国，并不是欧洲大陆传统。它继承了英国个人主义的政治哲学……自从工业兴起以来，国家在经济上和政治上组织成了互相竞争的对立体。国际性的战争已改变了这种情势。人们对国家的要求已不仅为保障个人间的自由，而要它实现社会的公平。这就引起了一大堆新问题……

战后我们将面对这些问题。不能再像过去一样盲目地任自然力量的推动，而必须对历史的进程加以人力的控制。我们将成为历史的主人，首先必须理解这些问题。这就是社会科学的任务。

以上这段话，我觉得他明确地把社会科学和历史进程联系了起来。历史进程是客观存在和不断发展的实体，社会科学是人们对这实体的理解。人们主观上的认识和人们生活在其中的社会实体的关系说清楚了。派克老师认为这是第一次世界大战的启示，也是人类历史发展到这个时期启发给人的一种自觉。社会科学应当建立在人们的实际生活上而且为人们的生活做出指导，这样人们才开始做了历史的主人。这是对社会科学的根本认识，也可以说是为社会学的功能奠定了认识上的基础。

派克一向反对当时在美国社会学初期盛行的他称之为"做好事的学派",就是把社会学的应用看成是帮助人们解决日常社会生活中发生的困惑,也就是一种社会服务的工作。这种看法来一般传教的牧师,出于宣传宗教信仰或做些好事的慈善心理。在第一代美国的社会学者中受过这种影响的人很多。这和派克"做历史的主人"的想法性质上是不同的。人们在社会生活上发生困惑时触动他的,不是慈善心理而是要求理解的科学态度。通过科学的理解去探索解决引起人们困惑的客观存在的社会原因。这是应用社会学和一般社会服务工作的区别。

世界大战不但启发了派克老师把他引导到了社会学功能的认识,而且实际上又把他带进了一个社会学的课题。这个课题一般称作"美国化"(Americanization)的问题。这个问题是发生于美国的历史。美国一向是,现在还是,世界上各地来的移民组成的。500年前欧洲航海家发现美洲大陆,还称作新大陆。嗣后几个世纪中世界各地不断有人移居到这个新大陆上去,形成了后来称作北美合众国的一个现代国家。这段历史说明了美国人原是来自其他地方的移民,真正是萍水相逢尽是他乡之客。其中除来自非洲的黑人和来自中国的华人外大多是从欧洲大陆移入。当第一次世界大战爆发时,来自德意志的移民据说有2000万人,分居在6500个地方聚居的移民区,意大利移民和他们的后裔分散在24个州里有887个聚居区。波兰原籍的移民有1000个分支。这些人名义上当然是美国公民,即美国人,但是长期以同乡关系抱成一个团和当地的其他美国人很少往来。这种民族间的社会距离,我自己在80年代访问加拿大时印象特深。当时我住在多伦多附近的蒙特利尔市里,这是个法裔移民区,在街上如果用英语问路,常会遭到白眼,甚至有意误指方向。在那时美国情况似乎好一些。但在纽约市内有些街道还是黑人当道或是西班牙语的世界。美国流行的英语在这里还是吃不开的。这是我亲身经历过的事。在我们中国类似的事情是看不到的。

但那种认同感或归属感我们是可以理解的。还是用我切身的体验来说,不久前为了看女足的决赛,我排除众议半夜起来看电视。在前后两个半场中两队胜败不分,我也一直紧张地对着荧屏,一刻不肯放松。最后一球入网,还是自慰的对自己说输得冤枉。这里正充分表示出我对国家的归属感。这种归属感是悠久的历史形成的,至今我仍认为是十分可贵的。但在几十年前的美国人中对所属国家美国的认同感特别是在移民集团中还没有牢固地建立起来。1917年美国在参加欧洲大战时,这些移民及其后裔心理上的归属还存在相当严重的问题,自己偏心于祖国呢还是所在国,在这批人中自己还拿不准。美国作为一个国家来说这就成了一个极可忧虑的问题了。于是当时美国政府和一般社会上就提出了对这批归属问题上的动摇分子要加强他们对美国这个集体的认同感的要求,当时流行的名字就是Americanization,翻译起来也不太容易,说白了就是要消除移民及其后裔在归属心理上的动摇性,也就是加强美国公民对美国的向心力或称凝聚力。要使这些归属上的动摇分子不再感到身在曹营心在汉的心态。

美国的移民历史造下了这个在参与世界大战时的人民心态问题。这个问题事实上早已存在,但到美国宣布参战而且站到了协约国的一面和同盟国形成了敌对关系时,怎样处理那些原来从敌对阵营里来的移民和他们的后裔就成了一个必须面对的严重问题了。美国当时已声称是个民主国家,这样重大的政策问题又不能由政府独自决定,必须有群众性的舆论支持,为此需要有对社会舆论有左右力量的学术权威的支持。因之当时就由经济巨头钢铁大王 Carnegie 基金出面提供巨款开展一个从 1918 年 1 月开始,1919 年 6 月结束的"促进美国化的研究计划"。派克教授被卷进了这个研究计划。

重看从本节前面所引派克老师对战后社会科学的意见时,就可以理解当人们感到这个所谓美国化的问题时,他很自然地会做出参与这项研究的意向。客观上看要找适当的人来研究这个问题,自然就会找到派克老师的头上。

卡内歧基金资助的美国化研究计划分为 10 个课题。计划主持人要求派克老师指导其中的一个关于"研究外文报纸"的课题。当时美国的移民社区用原籍语文出版的所谓外文报纸超过 50 多种,主要在芝加哥和纽约,1918 年夏季派克从芝加哥一些地方的外文报纸入手,到了秋季研究工作的中心迁至华盛顿,停战后不久又迁至纽约。在纽约时他又接管了这个计划的另一课题"移民传统的继承"问题,他利用这个机会圆了他的一件心事。

我在札记前几节里提到的派克和汤麦史的那段交情,汤麦史遭受不白之冤辞去芝加哥大学的教授职位,派克一直感激这位引他进入社会学阵地的人并为他的遭遇抱不平。他接受卡内歧基金研究计划时就宁冒当时舆论的逆潮,特地起用汤麦史来协助他的研究工作,并且在芝加哥闹市的一家餐室的楼上共同租了一间写字间做他们工作室,合作编写了一本《移民报纸和对它的控制》。

这两个社会学中的人杰联合在一起,他们就想把移民的美国化问题扩充成对美国移民社区的全面研究,他们的意向发表在1925年《美国观察》杂志的一篇文章《移民社区和移民报纸》里。

派克在对移民报纸的研究中体会到大陆来的移民正处在一种转型的心态之中。他首先要从狭隘的地方观点中挣扎出来，取得民族意识，有如过去的南洋华侨先要从地方帮派里解放出来形成一个华侨一体的概念。从欧洲大陆移民北美的人们也要经过这类同的过程，一个西西里（Sicilian）地方的人要经历一段转变才会认同于意大利这个民族的归属，承认自己是住在美国的意大利人（Italian）。从民族归属再进一步才能进入美国人的社会圈子里。因之用各自的本国文字来刊行的所谓"移民报纸"是一个帮助移民进入美国化的台阶。派克实际上已碰了民族的文化接触和融合的动态过程。他是在20世纪初年在美国碰到这个现实问题的，他在研究这个问题时，由于他自己是记者出身，所以印象特别深的是移民办的报纸在这个过程中所起的作用。

各种移民办的报纸上发表的关于美国移民们自传式的报道，引起了派克老师的高度评价，甚至把这些材料看成是他所发现的金矿。他曾说："就是这种知识，而不是那种统计的数字给了我了解民族关系和人的本性的真知灼见。我回想自己的经历时感到在纽约研究美国化问题的几个月里读到的那些犹太移民的自传性的文字给了我思想上革命性的启发。"

卡内歧基金所支持的"美国化研究"，1918年正月开始进行了有一年半，在研究工作尚未结束的1919年7月时世界大战却结束了。这时社会上对移民的信赖问题已不再感到紧张了。这些研究的成果对了解美国实情的价值，事后来看是极为重大的。但是在当时因触及了美国本质的要害冒犯了包括卡内歧基金在内的美国社会上层的利益，使他们觉得有点不对头了，基金会的董事会决定对这项研究计划进行重新审查，结果是认为"这10项课题的研究成果中有许多地方需要大加改正和重写"。1923年负责出版的Harpers公司也声称这个系列的丛书销售下降，翌年又声称赔了本，1925年宣告停版。随后这项研究计划也无法继续下去。

派克老师接手的"移民传统的继承"这个课题已及时写汤麦史和密勒一起写出了一个报告，名为《旧世界特点的移植》（*Old World Traits Transplanted*），1921年已出版。但这个报告的著者只标明是派克和密勒，汤麦史的名字被默默地注销了，而实际上这书大部分是汤麦史动的笔。而且这报告出版时并没有按例请课题主持人写序。如果派克在这书前写序，决不会抹杀汤麦史的名字，这事引起了汤麦史的极大不满。他已受过一次不公平的打击，失去了教授的地位。这次派克是有意要恢复他在学术界的地位，但又发生了这件不幸的事，派克和汤麦史的友谊上暂时又受到了一次袭击。派克对这件事又无力纠正，但是友谊上的裂痕为时并不长久。几年之后派克又找到了恢复汤麦史学术地位的机会。1931年1月1日汤麦史给派克写了一封热情洋溢的信恢复了友谊。又隔20年，1951年这本《旧世界特点的移植》得到重版时，D. R. Young为该书写的序言里引用了当时"美国化研究"的主持人Brown的话，说明了这本书主要是根据汤麦史的研究成果写成的，而且在重刊本上所标明的著者中汤麦史的名字列在首位。

"美国化的研究"尽管引起派克、汤麦史结合中一段插曲，但这本他们合著的书的最后出版得到美国社会学界的赞赏，公认"要写美国20世纪的历史不能缺少这一份研究报告"。

派克老师本人来说,他在走上讲台前的几年备课时期中又发现了一个发展社会学的金矿,就是提出了美国国内民族关系的问题,而且他在这个课题的指导下,晚年又把这课题扩大到全球的民族接触和融合的前景。现在我们回头来看,在21世纪这正是要认真考验社会科学界的一个大课题。

派克老师走上讲台

派克老师是1913年以神学院教授级讲师的名义进入芝加哥大学的。看来这个地位的教师并不需要开课讲学。这年他只在大学里以"从黑人看种族混杂"为题做了一次公开演讲。可以说这是他以社会学者身份在新的学术园地里亮了相。同时也标志着他是从研究美国黑人问题为入口正式踏进社会学这个学科的,而且也说明他是用他在美国南方脱斯开奇工作的7年里和当地黑人亲密接触中得来的亲身阅历为基础上台讲学的,实践了他生活里出理论的主张,而且也实践了他在结识引进他入芝大的汤麦史教授时的约言,一起研究种族关系来开拓社会学的研究阵地。他和种族问题在一生中结下了不解之缘。我在上面的札记中曾提到派克老师离开脱斯开奇之后,进入芝大之前,还特地去美国南部诸州考察黑人教育问题,这表明了他对美国南方的黑人恋恋不舍。

派克老师虽则后来一直被公认是美国社会学的芝加哥学派奠基人,但是他和芝大社会学系建立关系也经过了曲折的历程。他直到1923年才取得社会学系教授的地位,离他初进芝大的1913年有10年之隔。其间人事上的细节,我没有打听过。据我所知道的，1914年他已经开始在系里开课讲学了。他所开的第一个课程是《美国的黑人》，很明显是他在上一年公开演讲的继续。

按大学的惯例，一个学系在开学前要公布这年所开各个课程的内容提要。派克老师这门新课程的内容据公布的是："特别着重探讨美国白人和黑人之间接触的结果；奴役和自由，试图分析当前的紧张关系和发展倾向，并估计这种种族关系变化的性质和对美国体系的影响。"

这样一门专门研究美国黑人的课程当时在以白人学生为主的美国大学里是空前的创举，也是独一无二的。在20世纪初期的美国，要在大学里把种族问题列为一个可以公开讨论的题目是需要相当勇气的，因为我们知道即使经过了已近一个世纪，种族问题特别是有关白人和黑人的关系问题，至今还是个不敢轻易触及的禁区。派克老师在芝加哥大学这块学术高地上扯开这面大旗，没有深切的热情和无所畏惧的勇气是办不到的。

我在这份札记的上一节里插入了一段关于派克老师在第一次世界大战期间，1917年美国参战后，接受过当时的校外研究任务参与"促进美国化的研究计划"。这个研究计划，其实还是和他的种族关系研究一脉相通的。这是研究战时欧洲移民后裔怎样融化为美国人的问题，本质上和美国黑人的种族问题是一致的，它们都是具有不同文化的人在一起生活时怎样通过接触、冲突或融合的相互关系的研究，只是研究的对象和问题有所不同罢了。其实派克老师1904年在哈佛大学当助教时，在波士顿参加反对比利时国王虐待非洲刚果黑人而组织"刚果改革协会"时，已经开始注意到这世界上的种族矛盾而决定了自己研究的方向，就是19世纪已存在至今尚未解决的不同文化和民族因互相接触而发生一系列问题。这正是派克老师在芝大所开的第一个课程所要讲解的内容。美国欧洲移民的美国化问题也应当纳入这个大问题之内的，其实这个基本问题的研究一直贯彻了派克老师的一生。如果联系他后来在30年代的东亚旅行所提出的太平洋沿岸直到印度和非洲一带的种族相处问题，使我联想到当前全球一体化过程中所引起的各种经济、政治和社会的问题，根本上是一脉相通的，都是这个地球上人类在发展中所经历的同一问题。从这个线索上去理解派克老师所开辟的学术阵地，就会更亲切地感到他抓住了我们所处的历史时期的问题的关键，更见得他早就怀有宏伟的远见了。

派克老师的一个有名的学生 Everett Hughes 曾在回忆这位老师时写道：

> 美国社会学的特点是能从令人新奇的琐屑事实里看到世界宏观的整体，从个别新闻事件里看到新闻背后的东西，从而结合到理论加以发挥，派克老师比他以前任何人都更能做到这一点。
>
> 派克突出的本领也许可以说是在他能打通记者和哲学家两者之间关系。在他的脑子里，没有一件微小的人事不会引起他最深奥的哲理推论。比如我曾在一篇论文里按商品集中数量的大小来排列伦敦、纽约等大城市的序次。派克把这一论点引用到美国内地的情况而且说这里也有较小的中心的辐射作用，这些中心都以其经济能量控制着四周的腹地，从而发挥了中心对腹地的作用。他能由大到小看到了一个城乡网络。他的伟大之处也许

就在他能从自己经验中的微小事件看到整个世界而把双方联结了起来。具体的东西都用广泛抽象的话语说出来。他的头像是伸在哲学的云端里而他的双足却站在芸芸众生的土地上，他慢吞吞地在肥沃的思想中运行。事实上，他似乎想把哲学的思想和人间众相紧密地结合在一起。

1916年派克老师除了继续开讲有关种族问题的课程外，又增加了《新闻媒体》、《群众和公众》和《社会调查》等三门课程。我们可以说，在这几门新课程里他又抛出了储存在他知识库里的另一部分积蓄，就是他用了作为新闻记者的11个年头所得来的丰富阅历。他对这一部分储存一直是十分宝贵的，因为他时常怀念他的老师杜威博士，并一再提到研究新闻媒体是杜威老师给他出的题目。

他在《社会调查》这门课上一贯强调参与调查，就是直接去接触和观察市民的生活。当学生们开始实地调查时，他总是要跟他们一同下去，至少要一同去一次。他是个健步的人，当时可能不像目前的城市居民那样常常以车代步。在20世纪早期用自己的两条腿走动，也许还是美国城市生活中一项普通的运动项目。派克老师经常自称他也许是美国人中在城市街道上步行的里程最多的一个。有个学生回忆说："有一次我们在意大利移民区的边上走过一个破烂的仓库区时，他大声向我讲述这个区域的过去、现在和将来。他有点像是自得其乐地自说自话。"他又经常赞赏城市说："城市毕竟是文明的人居住的地方。"意思是人类的文明是城市的产物，他又常常喜欢重复Spengler的话，"一切伟大的文化都是城市产生的"和"世界史是城市居民的历史"。他所说的世界史不同于人类史，指的是人类的文明史。

从1921年到1931年，芝大社会学系研究生中有15个是以芝加哥这个城市为试验室，进行调查编写论文的。其中有七篇论文后来出版发表，其中三本由派克老师写了序言，畅销了50年的那本Nel Anderson写的 *The Hobo* 是其中之一。由派克老师指导的关于种族关系的论文有42篇。

派克老师在学生论文出版成书时写序言的在《传记》附录里提到列举的有14本（从1917到1940年）。1971年出版的《黑人社会学家》(*The Black Sociologist*)一书有专章称作"派克传统"列述美国最伟大的黑人社会学家，其中有两个是派克直接的学生。

S. Lipset在1950年评论派克的文集《种族和文化》时说："如果过去40年里美国对种族问题的气氛和舆论有了变动的话，大部分应归功于派克和他的学生。20年代和30年代初期，在种族问题上形成了美国社会学上最深的记印，是在派克鼓励下他的学生们对各种种族和民族团体的研究和结果所形成的。"

奠定社会学成为一门科学

派克老师一生中被认为最重要的成名之作是他那本巨大的《社会学这门科学的引论》，这本《引论》原是为初入大学的学生准备的引导他们进入这一门称为社会学的学科的基础课本。在我进入大学的20世纪30年代，据我所知，一般大学都极重视这种入门课程，总是由学系里能力最强也所谓最叫座的教师讲授，这一课讲好了，学生就安心在这门学科上上进了，学系也欣欣向荣，正所谓吃香了。如果不能在这门课上收拢学生的心，那就会影响到整个学系。我在《决心补课》这一节里也已表达过，由于我是个半路出家的和尚，在初入大学时没有念过社会学概论这样的入门必修的基础课，因之而自感底气不足，老来受苦。所以决定重新找到派克老师这本《引论》作为补课的入口。这个决定是一年多以前做出的，经过这一年的补课，自认为这项决定下得是不错的，对我是有益的，因为自己觉得这一年里我的确有不少新的思想在发展之中。在我这一年里所写的文章中也有所流露。按传统举行的我90岁生日的欢叙会上，朋友们又把我这一年写的文章集成《九十新语》那本小册子，已印成四集，可以作证。

说到派克老师所编的《引论》这本书，从书名本身起就得注意和多想想，它的原名是 *Introduction to the Science of Sociology*，直译成汉文是"社会学这门科学的引论"。读起来似乎有点别扭，因为英文里的 sociology 现在普通都译作社会学。英文 sociology 是由两个拉丁字根 socio 和 logy 组成的，socio 即社会，logy 即学科或单称学。为什么派克老师偏偏在 sociology 前加上一个 science 一字，science 中译是科学。所以这本《引论》的全名成了《社会学这门科学的引论》。派克老师加"这门科学"这个语词是不是犯了文法上的重复意义的毛病呢？因此我们对此要多想一想。

书名上标出"这门科学"的用意在本书并没有直接加以说明，对此我只能自己揣摩了。我首先想到的是科学一词的特定意义，在人们思想中不同时代不是一致的。派克老师所处的是20世纪初年的美国。当时美国的思想界特别是社会科学界对社会学这一门学科怎样定位还没一致的见解。据我所知道的，派克老师最感到恼人的是把社会学看作是一门对付当时社会上出现不正当现象的学科。当时美国正处在工业化的初期，社会上发生着种种传统眼光里看不惯的现象，群众中对这些被认为不正当的现象有着强烈的反感，当时的传统意识又深受美国早期移民清教信仰的影响。当时的社会学家包括芝加哥大学社会学系主任 Small 本人都是个受宗教信仰影响较深的人。派克老师却坚持欧洲文艺复兴中兴起的理性主义的信念。他对那些主张改良主义的社会整风派很有反感，把它称作 do-goodism（"做好事主义"）。他甚至说芝加哥城里最大的破坏者不是那些腐化的政客或犯罪者，而是那些口口声声闹改良的老娘们，他讨厌这种高唱做好事的人，因为他们不去分析形成社会不正当行为的原因而妄作主张。读者也许还记得他在当新闻记者时采访过一个酗酒的女犯。他发现酗酒相当于社会上的一种传染病。他认为社会学者不是一个头痛医头的走方郎中，而是个对症下药的医生，这是他要强调用理性来对待社会现象的科学态度。他在《引论》书名中标出他所讲的社会学不是那种讲做好事的说教而是用理性来对待社会现象的科学。我做这样的推测不知道是否符合老师的原意。我这样揣测是出于我回想起我在高中念书时所喜欢阅读的当时的科学和玄学的论战文章。当时我一知半解地站在科学一边，把它当作真理一般来对待。那是"五四"的余波，来源出于当时由胡适引进的杜威这些西方思想，认为科学就是讲理知，也就是讲道理的，与和迷信联系在一起的玄学相对立。用我国当时的意识形态来推测派克老师的用心，可能有一点史距和时差上的错误。但如果我的揣测有一些道理的话，20世纪的头10年美国的思潮就和我们"五四"之后的10年差不多了。当时美国的社会学派作为一门科学还在成长之中。

接下去我们可以看看派克老师怎样开始编写这本教科书的。1916年这段时间里派克老师已经在芝大开课，上堂讲学了。除讲种族关系外新添了几门有关新闻媒体和城市调查等课程。这年发生了一桩偶然事件。在芝大社会学系来了一位新得博士的青年人，年方三十，被聘为助教，而且还要他开讲一门社会学的引论。按我在上面的说法，由这样一个年轻助教来讲《引论》似乎是出格的，因为这一门入门课程一般不会交给这样一位新手来担任的。这位新手名叫伯吉斯（Ernest W. Burgess）。他当时也感到很困难，所以去找一位讲过这门课的Bedford教授，想要他的讲授提纲做参考。Bedford教授却拒绝了他。他不得已回头来找派克老师，当时派克老师已52岁，这位老教师却一口答应合作，因为他对当时流行的社会学入门课本很不满意，认为太不够水平，而且太沉闷无味，引不起读者的兴趣。其实我猜想他还有一个更深的想法，因为他看中了芝大的这批青年学生，认为他们有朝气有创造性，正可以吸引他们进入他念念不忘的思想领域里的探险，成为一股创业的力量。

为什么我这样猜想呢？理由是我在以上的札记中已伏了根，引用过他给他儿子的信，和他一再表示的要利用他在大学里这个职位来整理他知识库里的贮存，形成一个理论系统。他认为这位年轻讲师伯吉斯的请求正是他自己的创业机遇。

派克老师对编写这本《引论》是十分认真的。他在这本书的序里就开门见山地说出了他的志愿。他说："这本书不应看作是许多材料的堆积，因为它是一个体系的论述。"这个体系的论述由一系列包括了从广大社会组织和人们生活的事实里提炼出来的社会学概念所构成的，这个体系就是社会的科学

(science of society)，社会的科学是派克老师心目中的社会学，也就是在这本书要引导学生们进入的成为一门科学的社会学。

为了给这门科学在诸多社会和人文科学中定一个位置，他在全书的正文之前加了一章称作《社会学和社会科学》。他所说的科学的社会学是由一系列概念所构成的一个体系，也就是这本《引论》主体部分从第二章起到十四章，包括构成一个体系的13个社会学概念，每章讲一个概念。他在该书的序言里说：

> 除了第一章外，每一章都包括四个部分：（1）引论；（2）资料；（3）研究和问题；（4）参考书目。前两个部分目的是引出问题而不是做出答案。其后两个部分是进一步启发提出问题和阅读资料。参考书目主要是为了提出的问题存在着不同的观点所以选择一些著作以供参考。

总之，派克老师心目中是为指导一个新加入这个学术队伍的人怎样一步一步地踏进这片知识领地。他一刻也不忘记这是一门正在成长中的学科，没有现成的定论可以用来灌输进新学者的脑中，只有启发他们用自己的观察和思考去耕耘这片土地。但作为一个指导人，他要用自己的思想以及前人的成就去引导他们进一步思考和讨论，逐步形成自己的思想成果，充实到这门学科中去，促其成长。这是一种启发性的教育方法，是派克老师的老师杜威所提倡的。

更令人感到这位老师对学生们的关心和厚望的，是他在每一章的最后还要提出一系列可以作为写作的论文题目作为结束。从启发性的导言开始到论文题目的提示，划出了一个学习

补课札记

的具体历程，也是一门学科的具体生长过程，派克老师在开风气、育人才的事业上真是做到了家，实在令人惊叹不止。

我在补习这本《引论》时一直感到一种大师的魅力，我不仅看到了这是一本 1040 页的大书，而且还看到这一本从 1921 年出版起到 1970 年还在重版的经久的读本，半个多世纪中不知有多少本书传播在这个世界上，也不知道有多少人从中学得多少关于人类社会生活的知识，帮助过多少人因为得了这些知识而提高了和丰富了他们的生活内容。这笔账在事实上是存在的，当然我是不可能用数目来表达出来了。

让我们再回到 1917 年补说几句，派克和伯吉斯，一老一少一起在芝加哥大学社会学系开始按他们的设想，开班授课了。当时这书还没有成型，只能一面按期上课，在班上用散张印成的讲义分期分发给学生，按着上面所说的过程进行学习。每上完一段课，这两位老师引导着学生们进行讨论和写报告，收得了一个个学生的反馈。两位老师合作修改讲义。一年复一年，一班复一班，经过一次又一次的修改，他们把广大的学生引进了编写这本《引论》的队伍，也就是建设这个学科的圈子里，由于派克老师特别重视讨论时要结合实际生活发言，通过这样的反复试讲和讨论，积聚的智力能量是不易计算的。这种编写课本的方法也许是派克老师所独创。在这种方法里出力的人是众多的，受益的人为数更多。

到了 1921 年，经过了 5 年的试教，这本《引论》才改变用油印散张分发讲义的形式，由芝加哥大学出版社印成书本正式出版发行。现在我手上的这一本绿色布面的精装本是 1932 年 6 月发行的第三次重版本，由吴文藻老师在美国买来和后来保存并传给我的。

我手头这本书，全书共十四章加上附录的参考书目、拟出的论文题目和讨论的问题，一共是1040页，真是沉甸甸的一厚本。据有人统计其中所搜集的资料摘要共196篇，所引用的著名学者有10位。说是一个教科书，其实也可以说是一本社会学的大百科辞书。

他并不满足于这个社会学的体系，总是说作为一门科学，现在还没有达到成熟的程度，他引用 E. Westermarck 在1901年说的话，"社会学是一门年轻的学科"。他接着这个意思说社会学是个在成长中的科学（science in the making）。他把20年代的社会学比作在引进实验室之前的心理学和在 Pasteur 发现细菌之前的医学。因为他看到当时社会上发生问题时还是靠常识来应付，并不经过客观研究和用实验方法去对待。这使我回到上面提到的为什么他把这本入门的课本称作《社会学这门科学的引论》。

这本《引论》可以认为体现派克老师愿意当社会学这门科学的保姆的角色。他竭尽全力想方设法去培育它成长起来。他充分意识到这项工作的艰巨，所以他采用动员一切可以动员的力量来充实到这个学科的奠基工作中去。这本《引论》的编写过程中还要自始至终拉着伯吉斯这位青年人合作，并列为该书的著者，而不愿单独具名。这又是值得我们深思和学习的学者之路。

众口交誉的老师

上一节札记里我讲到了那本我用来作为补课入门的课本，

也是一般认为是派克老师成名之作的《引论》，在那节札记结束时提到了这书的著者问题。过去我们在燕京大学曾听过派克老师课的这辈年轻人中，总是喜欢提"派克社会学"的说法。派克老师返国后，1933年我们这批学生还出过一本纪念集，直称之为《派克社会学论文集》。在当时心目中这本《引论》就是派克社会学的代表作，也奉之为社会学的经典，而实际上这本著作却并不是派克老师用个人名义出版的。现在翻开这本厚厚的大书，可以看到首页书名之下所标明的著者明明有两个名字，一是Robert E. Park（派克），接下来是Ernest W. Burgess（伯吉斯），说明这是本集体著作，至少是两个作者共同的成果。这件事在我补课时，引起了我的注意。我在上一节札记里已讲过这本书产生的经过。首先是出于伯吉斯的要求，派克老师同意和他合作一起开课，那是1916年的事。按他们共同制定的授课方式和大纲，并一起编定讲义，用油印的散页在班上发给学生，再通过和学生一起讨论，逐步修改。经过5年的试讲，到1921年才正式成书出版，其后又多次重版。据说经过半个世纪至1970年还重版了一次，这时派克老师和伯吉斯已不在此世了。

这本《引论》其实不仅出于派、伯两人之力，说是集体之作是一点不过分。这个集体还应当包括他们班上所有参与思考和讨论的学生。但是话还得说回来，这个集体中主导的领导，不仅出力而且出思想的，我想还是以派克老师为主。可是他意识到这是依靠集体的力量来完成的，所以不愿以个人名义独自居功和负责。他这种精神对我国当前的文风是很有教育意义的。我国当前学术界竟有自己不动手而在别人作品上签名为著者，用以达到沽名钓誉、提级加薪的风气常使我十分痛心。

因此，我在写完上节札记后，还特地翻出罗森布什的派克传查阅所附派克老师的著作目录，发现他那些重要的传世的著作都一如《引论》，都是用若干著者的名字并列的方式行世的。比如为汤麦史恢复名誉的1951年重版的《旧世界特点的移植》是用派克、汤麦史和密勒三人具名为著者的，又比如被誉为城市社会学奠基之作的《城市——在城市环境中的人性研究的建议》是派克、伯吉斯和麦根齐三人具名的。避免独自居功的精神似乎已成为派克老师的惯性，充分表现了他在个人事业里重视社会的作用，也可认为他自己对社会学的活学活用的一种优秀表现。在道德水平上说对那种假冒伪劣的世风，做出了事实上的贬责。

他这种不自居功、乐于成人之名的雍雍大度的风格使他和别人合作同工时产生一种强劲的亲和力，同时也加强了伙伴间的凝聚力，反过来他在同人间也形成了一种吸引人的魅力。在他周围总是融融的一片相互吸引的团结气氛，充分表现在他的学生们对他的热诚敬爱之心。

有一位朋友知道我在温习派克老师的社会学著作，特地给我送来一份复印件，是他偶然在一本《美国社会学传统》中见到的。那是这本书的第四章，是 Helen M. Hughes 所写的介绍派克老师的文章。我没有见到那本书的原本（所以不知道该书著者是谁），这篇文章的作者我知道她和我在1979年在哈佛大学附近见到的和送我那本派克传的 Everett C. Hughes 是一家人。她在文章里说她是派克老师1920年时的学生，跟他往来有5年之久。她一贯用当时一般学生对这位老师的尊称"派克博士"。她记得这位老师把"教室变成了酝酿新思想的园地。他要求每个学生都做实地调查，做有系统的观察和记录"。

　　这位休斯女士在文章中还记着派克老师与伯吉斯和学生们一起听神经学教授 C. M. Child 在一个研究生的集会上的演讲。讲到某种昆虫的神经系统时指出昆虫的各种本能冲动怎样受大脑这个中心的指导，大脑接收外来信号后向全身做网状辐射。派、伯两位老师当场就采用这个观念并应用到都市研究上去。他们说都市就像一个生物体，道路等于神经系统。城市的中心地区通过道路影响边缘地区和邻近城市。Child 教授后来又说外来的新事物是通过中心来带动外围的，两位老师接着就发挥说，城市中心对新事物、新生活方式、新人口、新消息、新资料的抗拒力最小，所以最容易被侵入。这些新东西再从中心送到四周，形成邻近的"转型带"，一波一波地向外推广，直达郊区。

　　上面这段回忆生动地说明派克老师是怎样从多方面去接受新的思想观点和概念来充实他自己的社会学。所以这位学生说："我们的老师事实上等于一个师生合作事业中的资深伙伴……派克博士的角色是开头带路。"

　　她又说："派克博士上课从来不读讲稿，他的很多观念是在讲堂上根据一些手写的笔记当场发挥出来的……他也常讲记者时代的轶事给大家听。他对于田野工作乐之成癖，永不厌倦。"

　　这位学生把这些细节写下来的目的，是要说明"派克博士把学生当同事看待。他和学生经常保持联系，对每个人的研究工作都很熟悉"。

　　这位学生最后说："他是一个真正的学者，谦虚为怀，毫无骄气。他为人合群而有活力。做起事来总是兴致勃勃，毫不拘谨。"

另一个 1915 年起就长期跟随他学习的黑人学生约翰逊说：

> 我在他那门《群众和公众》的课程上最初相遇，我们过去并不相识，对他的为人更不熟悉，但在课堂上我却被这位老师抓住了，真是心悦诚服。不久他那种平易近人、一见如故的态度吸引着他的学生们，我就是许多有机会一直跟随他一路请教、不断交谈直到办公室的学生们中的一个。有一次一同散步时，我发现自己似乎茅塞顿开地懂得了怎样用自己的经历和思考融入广泛的社会知识之中。我油然地觉得有一种豁然贯通之感，一点不觉得是外来强加于我的。这种师生之间的关系等于是朋友之间的友谊。

1924 年有一个美国南方来的学生名叫汤姆生的，来念派克老师那门关于美国黑人的课程。他在派克老师办公室里听他和学生们谈话，他记下他的印象："一个学生来找他请教有关论文里的问题。派克博士却总是反过来问他个人的经历，一生的背景，他一直不断追问，最后这个学生突然想起了一些过去从来不觉得有意思的往事，像点着火一样把自己的意识燃烧了起来。"

这位老师一般总是平心静气地和学生对话。但有时他听得不顺耳时也会跟人顶嘴，但从不记在心上。比如一位名叫卡伊顿的学生，他是美国第一个黑人参议员的孙子，有下面的回忆：

我最初是在太平洋海岸华盛顿大学里遇见派克的。有一位教授介绍我和他谈话。我向他说我对黑人历史有兴趣。他回答我说黑人哪里有历史。这使我大为震怒,我回答他说,人都有历史,即使是我坐的那把椅子也有它的历史。我从此决心不再见他了。但几年后我到芝加哥大学,走进他的办公室。他张开两臂欢迎我。原来他当时是想触动我一下。

后来这位学生和 Drake 合作写了一本关于芝加哥的书,书名是《黑人的都会》。

派克老师是颇为幽默的人,他最讨厌装腔作势、心胸狭窄的人。他不时用嘲弄的口吻来讽刺人,目的是在激动他。所以有人说他和萧伯纳很相像,甚至把两人的姓联在一起。

有个名叫 Noss 的学生,是个日本传教士的儿子,发现下午 5 点站在社会科学楼出口处,准能碰到派克老师,而且可以跟他一起沿着大路走回家,可以有好一段时间跟他谈话。Noss 记得每次走到他家门口,他总是规规矩矩地向你告别。"我多次这样截住他,我喜欢这样做不仅是可以有机会和他说话,而且可以感受他的热情。"

我听到有不少人说派克老师的名气是得之于他出名的学生。这句话有一定根据,如果查阅派克老师的著作,一生并不太多,如把他和我在英国的老师马林诺斯基相比,那就很显然,马老师在我在英国留学期间,几乎每年可以读到他的新书。而派克老师一生并没有出版过多少出名的著作,如我上面所说的,即使有重要的著作也常是做集体成果出版的,但是他的学生中却有许多是出名的作家,而且有不少著作是畅销书。

在上面就说过，我记得在燕京大学初次上他的课时就向我们说，他不是来教我们读书的，而是教我们写书的。这句话并不是随便顺口说的话，而说的是实话，他真是这样做的。他自己固然没有写过多少书，但的确教出了不少能写书的学生。

学生造就老师，还是老师造就学生原是同一件事的两个方面，出于视角不同而所见有异。派克的接班人之一也是他的一个学生，Herbert Blumer 说，在他看来"派克博士对美国社会学的强烈影响来自他的著作，远不如他对学生的身教和口授"。派克老师自己也同意这个看法。派克老师的本领是在善于因材施教，跟他学习的学生并不都是出众的人才，但是他能培养出出众的学生。E. 休斯曾注意到派克多次说过，"社会学要前进，就得充分发挥现有的人才，并不能等待招到更优秀的学生"。

派克在 1937 年回答 Louis Wirth 向他请教"教育的方法"时，在最后的结论里他特别提到"教师要有想象力。一个对人富于洞察力和理解力的教师可以对学生发生强大的影响"。意思是做老师的人是要能真正理解学生为人，这正是说出了派克老师自己的体会。休斯说："正因为这位老师能设身处地地懂得学生，真像是钻到了学生们的心里去一样，他才能感动学生，使学生跟着老师所指的方向走，成为一个老师所想培养成的人才。"下面我再说一段受他指导的一个中国留学生的回忆。这位留学生名叫戴秉衡，我在燕京念书时就听吴文藻老师常提到他，虽则我并不认识他。他的回忆里说：

> 我是 1929 年秋季作为一个中国政府资助的留美学生到芝加哥大学来学习的。我很认真地想学到一点关于人

性和教育的知识。我战战兢兢地初次踏进派克老师的教室。使我十分着慌的是这位老师一上来就发给我们每个人一张题目纸。纸上写着一连串社会学的概念,要我们依次写出自己的理解。这些概念我都没有学过,我只能交了白卷。我想这一定会引起这位老师的失望,所以心里就想打退堂鼓了。我在下一堂又去上这课时,他又冲着我们学生每人发了一张复制的印件,写着一个失足的姑娘的故事。他要我们每个人都写一篇对这个故事的想法。我就凭着自己真实的思想写了下来。过了一些时候,派克老师在上课时,把我们交他的答案发回给我们。使我大吃一惊的是他当众说全班只有我这一篇文章对这个姑娘失足的故事分析得最真实。而这个班上大多是来读博士学位的学生。从此,派克老师每次在校园里碰见我时一定要问我是不是 Mr. Dai,当我回答没有错时,他总是会对我说,你有分析能力。经过了几次对我这样的说后,我也开始有了信心。结果我就坚持跟他学下去,直到1935年,在他指导下得到了博士学位。我的论文是《芝加哥的吸毒者》,派克老师指导我走上这条心理社会学的研究道路。这时是在社会心理分析学这门学科盛行之前。

我在昆明跟吴文藻先生工作时,还听到过想请他回国到燕京来开展社会心理学的研究,但是后来就没有下文了。如果没有这次抗日战争,燕京大学不停办,说不定派克老师会通过这位学生,为中国传进社会心理学这门学科。

再说《引论》

这本《社会学这门科学的引论》是以一本芝加哥大学社会学系给新入学的学生入门的教科书的面目出世的。芝加哥大学是美国设立社会学系的第一所大学,那是在1892年。《引论》在1917年开始由派克和伯吉斯一起开课讲授,到1921年才由芝加哥大学出版社印成书本发行,离芝加哥大学社会学系成立已有29年。这29年正是这个社会学系从占先发展到领先的过程。一般把这个大学里所讲的社会学称作美国社会学里的芝加哥学派。这个学派不但有它的特点,而且被认为标志着美国社会学的成熟和后来发展的基础。Robert E. L. Faris 在1967年写了一本介绍芝加哥学派社会学的书称作 *Chicago Sociology 1920–1932*,著者把这个学派的开始放在1920年,正是《引论》行世之前的一年。不论这个学派的来源和《引论》有没有直接的关系,但是不成问题的是这本《引论》从20世纪的20年代起代表了芝加哥大学社会学的旗子。也是在这时期由于这本教科书被美国很多新兴大学所接受,作为社会学的入门读本,同时又正处在第一次世界大战结束,大批退役的年轻军人受政府资助,分配到大学里来学习,各大学里学生人数大增,社会学这门新的学科,吸收了一大批人才。芝加哥社会学系也提供了各大学新开办的社会学系的师资。这些客观的条件助长了芝加哥社会学派的名声。加上芝加哥大学在成立社会学系之后又成立了美国的社会学会,出版了《美国社会学杂志》。这个杂志又有个规定由芝加哥大学社会学系负责编辑,而且成了一个传统,直到1936年另有一个《社会学评论》出版才取消它的独占地位。从1895年开始,一个学系、一个学会、一个杂志三位一体奠定了一个学术界的主导势力。

在美国社会学史上,芝加哥学派在20世纪20年代的领先地位是公认的。对取得这个领先地位,派克老师出的力是难于低估的,他编辑了这本入门课本是其中重要的一项。经派克老师用这本《引论》培养出来的社会学者的人数我没有统计数字,但是后来在芝大的那些出名的社会学家,几乎都自称是派克老师的学生。他的一批学生确实占据了美国各大学教社会学的教师中很大的比例。我1982年初次访问加拿大时,也沾了这位老师的光。当时我在各大学里被介绍给大众时,总是带有一句"这是派克博士的学生",因而受到另眼相看。

上面提到的那位Faris在那本书里说:

> 派克和伯吉斯所编的那本著名的《引论》,被很多的社会学者认为是所有社会学著作中最有影响的一本。在这书出版的1921年之前所有社会学概论的内容都是各说各的,相同之处不多。现在凡是各大学讲社会学时内容都和这本书相符合,而不同于早期如Small、Ross、Giddings和Ward所写的了。1921年以后的美国社会学,在方向上及内容上主要是按派克和伯吉斯这本书所定下的……这本书给社会学的领域规定了范围,使一个初学者知道从哪里入手去寻找、累积和组织关于这学科的知识。

用另一句话说,《引论》真的做到了初学社会学的人的引导者。这就是派克老师想做的事,而实际上他做到了。

这本《引论》在美国社会学的发展史上已成为一个里程碑，是可以肯定的。当然如派克老师一再说的，社会学还是一门成长中的科学，什么时候长成，到现在还难说。这本《引论》对派克老师本人来说并不是个句号，只能说是个逗号。作为一个思想探险者，走到这里可以告一段落，但并没有结束。在年龄上说他这时还没有到60岁，在他的一生中，还刚走过了一半多一些。

派克老师作为一个思想领域里的探险者，按他自己说是从他在Michigan大学二年级时，大概是1885年，遇到把他带上这条路的杜威博士时开始的。他在学校学习的时间是比较长的。1874年才进小学，那时他已有10岁，到他在Michigan大学毕业已是1887年，23岁了。经过11年的记者生活还进了哈佛大学研究院以及到德国去留学，1903年才得博士学位，已经是39岁了。又经过10年，到1913年才进芝加哥大学，安定下来整理他用了将近30年有意识地观察人们社会生活得来的问题和见识，就是当时他积存在思想库里的储蓄。这时他已经49岁，实际上他已度过了一生一半以上的时间了。这本《引论》在他一生中可以说是一个逗号，因为他已走到了作为思想探险者的半途了。

如果说他探险的目标是理解人生，也就是创立一个对人类社会生活的科学认识，即建立一门科学的社会学。这个目标虽则还不能说已经达到，但是他认为已在长成之中，也就是说已有了个底子，加以培养，可以逐步成长的了。探险的路尚未走完，但终点是已可以望见了，所以说不是句号而是逗号。

派克老师对这本《引论》在他一生事业中的定位是自觉

的，有自知之明的。他已看清已走过的道路和还要前进探索的那一段。在面向未来的同时，他常想到这本《引论》怎样能跟着不断翻新。1932年11月5日他从太平洋旅行回国时坐在Chechaho Maru号船舱里给留在芝加哥大学的Louis Wirth教授的信上说："我很想和你及伯吉斯一起研究一下这本《引论》的未来。作为一本教科书，已讲到了这些概念。这些概念在思想领域里经过新的研究正在生长和变动。这本《引论》怎样跟上去？"

后来他说他觉得这本《引论》不宜再扩大了，而应当加以精炼。可以考虑把十四章浓缩成四个部分：人的本性、社会区位学、个人的社会化和集体行为。他认为："在这个计划中，这本教科书可以一次又一次地重写和重版。老的概念要以新的发现来评论和重写。这可以成为一个惯例。每一个部分可以由专门的编者分别负责。"

他这个主意并没有实现，因为到了1970年还是按老版本又重印了一次。但是这个想法，他并没有放弃，而且在其后的日子里还在向这个目标推进，这是后话了。

另一本老师的杰作

我在这本《补课札记》的第一节里已经说过，我从吴文藻老师的遗书中按他遗嘱挑选了两本书留作纪念。这两本都是派克老师的著作，一本是前几节札记里所提到的《引论》，另一本是《论城市》。这两本书是我用来作为这次补课入门的进口。

《引论》是有 1040 页厚厚的一本大书。《论城市》和它相比显得又小又薄了。说它又小是因为它是 32 开本，《引论》比它大了一级。说它又薄是因为它只有 233 页，不到《引论》的 1/4。但是在我读来，它们的内容却在伯仲间。目的和格式又是基本一致的。《论城市》的目的是在引导想学社会学的学生们怎样从社会学角度去研究现代城市社区。范围比《引论》为小，为专，不像《引论》那样概括和全面，所以也可以说是一本从《引论》基础上发展出来的专论。

这本专论和那本《引论》的产生经过却不同。《引论》是出于伯吉斯要开课求助于派克而结成合伙的成果。这本《论城市》是派克在自己已发表的几篇论文的基础上长出来的。关于它的来历要翻出一些旧事来说一说。派克 1913 年接受汤麦史的推荐进入芝加哥大学，但是由于一些我不知道的原因，当时社会系的主任 Small 只能用神学院的教授级讲师（Professorial Lecturer）名义把派克接纳到芝加哥大学。这个名义是个没有教授权利的教师，在英文里说是 without tenure 的。在这个职位上他一直待了 10 年，到 1923 年才升为正式教授。在这段时期，他有充分的时间从事思考和写作。《引论》是从 1917 年开始编写和试讲的，到 1921 年才出书，可说就是这段时期里的学术成果。

《论城市》这本书是 1925 年出版的，这时他已经升为正式教授了。但是这本书的形成却在 1915 年。派克在这书的序言里一开始就说："若干年前有人要我为研究现代城市里的人性和社会生活写一个提纲。这本书的第一篇就是为满足这个要求而写成的。"这篇文章最初分散发表在美国社会学会的会报及其他刊物里，后来加以修改和重写成为这书的主篇。

1915年到1925年其间相隔10年,把10年前的旧作重新亮出来,出于一个不平常的机缘。旧文重亮和派克老师在1923年取得教授地位这件事是直接有关的。当他还是"教授级的讲师"时,他不仅各方面的待遇上都是比教授差一筹,他能在社会学界破土而出是以他1923年升为教授开始的。1925年他就被选为社会学会的会长。作为会长有权决定学会将在该年12月召开的年会上讨论的主题。派克认为这是他推出城市研究的时机了。他从存稿中把10年前写的论文揩去尘灰进行修饰抬升为这次会上的主题论文。而且在开会前一个月,这本用这篇文章为书名的书也编成并交芝加哥大学出版社及时出版了。派克老师在11月2日已把这书的序言写出,赶上12月学会开年会时这书出版发行。

派克老师在这时不忘旧交和引进他进入社会学阵地的恩情,特地邀请汤麦史到会宣读《在都市环境中的个人特性问题》这篇论文。汤麦史自从1918年被诬告而脱离芝大之后从来没有参加过社会学年会。他这次出席等于是美国社会学界为他恢复名誉和地位,即等于我们这里所谓"平反"。当时在社会学界引起了轰动。派克老师这一着也受到了公众的赞赏和尊敬,因此派克传后记的作者 E. Hughes 称之为"派克社会学事业中的高峰"(the acme of Park's sociological career)。

这本《论城市》实际是为当时社会学芝加哥学派揭幕。这是一本论文集,除了学派的主帅派克自己带头领先抛出上述的这篇为都市社区的社会学研究奠定方向和道路之作外,还有派克在这段时期里写的三篇重要的论文,一篇是《报纸的自然史》,不仅总结了他11年的记者阅历,而且是预为21世纪信息时代做了报春的先声。还有两篇是关于城市居民的心态分析。他除了他自己的论文之外，还选用了他的老搭档伯吉斯的两篇文章和准备与他合作编写《人文区位学》一书的麦根齐的一篇关于社区的区位分析的文章。特别值得引人注意的是最后一篇由他的得意门生 Louis Wirth 汇编的关于城市社区的著作目录。这篇目录有 168 页，占全书近 1/3 的篇幅。它简直是有关城市研究的指导性的参考文献目录。全部目录分 11 部分，从城市的定义、发展史和分类到它的腹地，和本身的结构和发展，以及城市生态和居民的心态，几乎把城市研究全面都包括了进去。有了这笔总账，如果按次序地参考阅读就等于读了一本城市学的引论。而且编者还像那本《引论》一样，每一个部分都发表了编者的导言，讲述了这一部分的意义。各部分的导言加在一起，其实是一篇很完整的"城市社会学"的引论。编者这样做表示他从派克这位老师那里学到了社会学这门科学的精神。

这本《论城市》还是一本集体创作，用四个作者的名义出版，他们正是美国社会学芝加哥学派的主将。

上面我已说过，这本《论城市》不仅为"城市社会学"揭了幕，而且事实上带头引导出一系列在派克这位老师所指导下写出的专刊，大多是芝大社会学系的博士论文。这一系列专刊都用《论城市》的形式，同样大小，差不多厚薄，一式装订，只是书面的颜色不同。这一系列专刊构成了一套社会学丛书，为芝加哥社会学派摆开阵势。我在 1943 年初访美国时曾买过一套，但没有时间加以细读，后来这些书都在文化大劫中被抄走了，现在我只留了一个美好的印象。

未完成的种族关系研究

派克老师1917年在美国参加第一次世界大战期间曾被邀进行过一段对美国欧洲移民的"美国化"的研究工作。他利用多年和新闻媒体的关系开始研究美国几个大城市里移民们用原籍语文出版的当时称作"外语报纸"。他看到当时一个从欧洲大陆移入美国的人,要经过一个文化适应过程才能融进美国人的社会生活里。这个文化适应过程中常常出现当时美国各大城市里常见的有如"唐人街"一类保存着原籍文化传统的移民社区。所谓"外语报纸"正是这个过程中的一种现象,他研究了"美国化"的具体过程,同时也为正在成长中的社会学提供了宝贵的内容。后来这项美国化研究又扩充了内容,包括追踪移民生活中原籍传统特点转化的研究,因而引进了派克的老朋友汤麦史成为合作伙伴。结果完成了被认为是传世之作的《旧世界特点的移植》一书,以上种种我在本札记的前几节里已经讲过,不再重复了。

我在这里提起这段旧话是因为所谓移民的美国化问题,实质上和派克在美国南部研究的黑人和白人的种族关系问题,都是不同文化从接触到融合过程中出现的问题。在常被称作"种族熔炉"的美国,这个问题是它特殊历史造成的,至今还没有消解,因之它一直富于政治含义。派克老师既要在美国发展社会学这门学科,他的一生自始至终无法回避这个问题,而且这个政治意义极深的问题也决不是他一生中可以见到终结的。他的"美国化"研究的草草结束,而且还有点不欢而散,是可以理解的。尽管如此,派克老师在研究过程中却发展了他的社会学。历史的现实使这一代社会学者无法不面对这世界人类的多种文化,从对立、接触、冲突到调协、融合的过程,而又无法摆脱由这个历史过程对研究者个人的冲击,派克老师的一生正是这段历史的例证。

从美国历史来看,500年前这片美洲大陆在欧洲航海的冒险者看来,还是一块"新大陆"。这种看法和说法都和客观事实不符合的。在500年前这片大陆已有很长时间有相当密集的人类居住,而且发展了有相当水平的文化和相当繁荣的经济。但初次到达这大陆的欧洲航海冒险者眼中没有看到,心里也不愿承认当时的现实。他们在这块"新大陆"把美洲原来的居民消灭了或征服了。为了引进在这里开辟土地所需要的劳动力,从非洲掠夺大批黑人进入,并建立了奴隶制度。这是美国当前所谓黑人和白人之间的"种族问题"的由来。其实都是来路不同、时间不同到达这"新大陆"的不同民族集团间的关系问题。从欧洲来的移民中又有原籍不同、入境先后的差别。先到的大多是欧洲西部大西洋沿岸的白种人,其后离海岸远一些的中欧和东欧内陆国家的居民一批批跟着移入美国。在美国立国初期,所谓种族问题主要是指黑人和白人之间的矛盾所引起的。接着在20世纪初期因为发生了世界大战,美国参战,而国内有着原籍不同的欧洲移民,各自在生活方式上和感情上归属于对抗的阵线,于是发生了"美国化"的问题。派克老师作为社会学家被拉进了这个"美国化"研究计划之中。那次"美国化"研究计划虽然以不了了之而告终,但美国的历史还在发展,过去长期以来所碰到的"种族问题"在新的时期里也以新的面貌继续发展。第一次世界大战结束后,太平洋上的航运日益发达,加上美国西部经济的大发展,东亚诸国,特别是日本人和中国人大批涌入美国西部沿太平洋诸州,和当地原有的农工劳动力在就业上发生了激烈的竞争,又以"种族关系"的名义成了20年代当地的一个火爆的社会问题。

1923年夏天纽约有一个称作"社会及宗教研究所"的民间团体找到派克教授,邀请他参加他们的太平洋沿岸各地的种族关系调查计划。这个研究所的主持人名叫 G. S. Fisher,原来是个在日本宣传基督教的传教士。这时因为这个地区主张排日的团体酝酿利用立法手段限制日本移民,那些反对排日的团体也团结了起来进行对抗,移民问题已成了当时的一个政治问题。

派克不是美国沿太平洋各州的人,但对种族问题是熟悉的,而且1918年曾为研究"美国化"问题到这一带视察过,而且访问过东亚移民。他已注意到所谓"美国化"问题的另一方面就是"种族歧视"。他在1914年为 Steiner 的《日本人的入侵》一书所写的序言里已经说过"种族歧视是一种本能性的自卫反应,目的是在限制自由竞争"。他一向主张用他所熟悉的社会学公式:"竞争、冲突、调协、融合"来研究移民问题。他认为美国太平洋沿岸地区的白种人和亚裔移民的"种族问题"并不例外。根本原因是在该地区开发过程中这两类人的生存竞争,东亚移民的耐劳吃苦,当地的白种人比不过,因而为了保住就业机会乞求政治支持,于是形成冲突。最终解决这矛盾的路子,还是在加速调协和融合,也就是当时派克所研究的"美国化"过程。

派克老师成竹在胸地接受 Fisher 的邀请,同意参加社会及宗教研究所的太平洋沿岸地区的种族关系调查计划。他参加的步骤,是按他熟悉的社会学调查方法,首先是实地观察。他从1923年秋起就开始到美国西海岸做实地访问。他找人谈话,找机会家访。一面看,一面记。访问记录中保存了他这次调查的见闻和思考。他特别注重所访问对象的思想和态度,以及他们的身世和经历,下面可举些例子。

1923年11月12日他见到驻西雅图的日本领事Ohashi,这位先生认为世界上的纠纷其实很简单。这个世界精神方面的组织跟不上物质方面的组织,西方个人主义太多了。因而认为现代文明不会持久,派克自己在这次会谈中也有启发。他把当地的日本移民和美国南方的黑人相对比,认为日本移民太reserve了一点,reserve一词相当我们所谓矜持的意思,不同于外露的对抗,而是内心的保留。美国南方的黑人对当地的白种人已经从力屈进入于心服,即使在他们对那些一时只有逆来顺受的事,也常以幽默态度加以自嘲。他们心里并不一定乐于接受,但由于明知无力抗拒只能勉强自己予以顺从。日本移民的心态还没有达到这样的地步,口上可以不出声,心里还是不甘服输。派克老师这样的分析值得我们学习他怎样深入到研究对象的心态深处。

另一段是关于一个华裔少女的访问记录。这位少女名叫Flora Belle Jan,是一位比较开放的华裔姑娘的典型人物。她给派克的一封信中说:

> 至少在加州,我想和美国人真正交朋友是不大可能的。我是中国女孩子中闯进过美国家庭比较最多的一个,我所遇到的美国人一般是和好的,当然也听到过一些不太令人舒服的话。可是最近我和一个出身很好的美国青年相结识。我很喜欢他,他也很喜欢我。但他多次和别人说常常不能接受我的约会,因为他的姐姐有个小圈子,

不能容纳我。有时我想我本来不应闯进这个西方的世界。有一天早上我睁开眼,发现自己仿佛搁浅在外乡人的土地上。

派克记下说,这孩子碰到了种族歧视了。这是一道难于穿透的障碍。有一个华文报纸的记者向调查组说:"自从我到了加拿大,当地人对我们华人的污辱,我已受够了。我在报纸上屡次提出抗议,但是30年来他们却一次也没有答复过我。"

派克老师通过这样的实地观察,搜集事实,像一个有经验的医生,开始对这个地方的病情做出诊断。他认为这个地区的不同人种之间已经从竞争进入冲突,虽则还没有动武,但已经动了感情。双方个人的成见形成了集体的歧视,对抗的热度已经相当高了。

派克的访问记录里还有一个例子说明个人感情的好恶怎样变成对种族的成见,又怎样发展成种族歧视。他在1924年1月31日访问了加利福尼亚州的一个牧场,主人是一个白种妇女,名叫Kate Vosberg。她是在一个中国保姆手上长大的。她对中国移民很亲热,但不喜欢日本移民,因为她曾雇佣过一个日本人做帮工,这个日本人拿了工资不告而别,后来又在附近另一家牧场上出现了。从此,她总是讨厌日本人。她和派克说:"一个人对某一种族都有天生的感情,喜欢或讨厌。我喜欢中国人、墨西哥人以及黑人,但就是不喜欢日本人。"她的儿子曾在哈佛和牛津上过学,说他的妈妈对不同种族有不同的成见,个人的偏见。派克接着说:"问题就在是什么场合引起这种偏见的。"我体会这段对话的意思是个人间的好恶都是具体经历造成的,但是个人关系可以化成了种族关系,个人的偏见可以化成群众性的种族歧视，其间有个社会过程。研究者应当抓住这个过程。

派克认为如果群众能明白这个过程，防止个人因生活中发生的具体事情而形成私人间的好恶转化成集团间的相互歧视，种族关系是可以避免发生对抗和取得协调的。这是他应用社会学理论来改变历史事态发展的见解。

1924年5月26日，派克计划中的这次种族关系的实地调查刚进行到一半，消息传来，美国国会已通过了限制日本移民的法案。两个月后派克收到了东京大学一位教授的来信，告诉他东京美国大使馆前有日本人以自杀来抗议这个排日法案。派克在1926年5月份公开发表他反对排日法案的文章，题目是《在我们的面罩背后》，斥责这个法案在人类精神领域界所造成的破坏作用是不可估量的。

这个排日法案对这次派克所参与的种族关系调查是个致命的打击。正如该计划的一位负责人给 Fisher 的信上说的："这项调查原来的打算是一次'病情诊断'，而现在已成了'尸体解剖'。"社会及宗教研究所组织的太平洋沿岸地区的种族关系调查到此也宣告寿终正寝。虽则欠派克及其调查人员美金两万元的账没有归回。

1924年8月派克离开太平洋沿海地区。他在给汤麦史的信上说"这一年真是'a strenuous year'"——"鞠躬尽瘁"的一年。其实对这位老师说这个结果也不是出于意外的。美国的种族关系上出问题不是从那时开始，也不可能以那时终结。这是美国的痼疾，怎样了结直到现在还是没有人能下结语。对一个社会学者的派克老师来说，作为一个思想领域的探险者，不过又是一次新的探索，得到的启发和知识还是满载而归的。如果还记得我在上一节里所说的,1925年正是这位老师"社会学事业的高峰"的话,他在社会学会上众口交誉的热烈情况正是在他从太平洋沿海调查结束后发生的。人世的顺逆就是这样交错着发生的。

跨越太平洋

美国太平洋沿岸的种族关系调查中途夭折,1924年秋季派克老师挂印东归,从旧金山回到芝加哥。从他一生事业上说这次调查没有获得预期的收获。他在一年多时间里,动员了从洛杉矶到温哥华沿岸的12个大学的教师和210名工作人员分别在各地参加了这次调查,写出了600份报告,一共有3500页。在当地知识界是一次空前大规模的合作行动,对社会上的影响是巨大的。

对派克老师本人来说,他早就心中有数,种族问题在美国是个长期历史形成的深入肌脏的痼症,决不是短期可以治疗平复,但他相信待以时日终究会解决的。而且他也深知这个所谓种族问题的复杂性,还有待深入研究和用理智来扭转群众感情上的成见和歧视。他在考察沿海岸东亚移民时接触到中国和日本的移民,受到很深的触动。他这时已经有60岁了,但是他在这半个多世纪里,足迹还没走出过欧美两洲,他一直在西方文化中生活。尽管他接触了美国南方的黑人和这些黑人从非洲带来了一些不同于欧美文化的遗留,但由于他们长期处于被歧视和被压迫的奴属地位,已在心态上屈服于欧美文化。

派克老师虽则尽力去体会种族关系里的心态现象,但他所接触到的现实并不是平等地位上的不同文化载体间的关系。我并没有听过这位老师所讲的种族关系的课程，但是从课程的标题本身和所公布的简介来说，他还是沿用着美国通行的种族的这个名词。这个名词的含义很露骨地表明是着眼于体质的区别。在美国流行的区别种族的标准是皮肤的色素。在派克老师这个课程的简介里就提到这是讲黑人和白人之间的关系。种族是用皮肤的黑白来划分的。后来由于种族歧视把亚裔移民称作有色人种，黄色皮肤和黑色皮肤可以归在一类而和白色相对立。这种概念本身不是科学的，因为真正引起不同移民间产生矛盾的是社会竞争。竞争中的优劣出于各自的文化素质而不是体质，更不是肤色。这一个根本认识上的误导是所谓"种族矛盾"的由来。我没有上过派克老师这门课程所以不敢多说。但有见于美国至今还在受这个概念本身的误导，直到最近所谓文化冲突论，果然承认了文化的重要性，但是反过来又受到了种族概念的误导，认为文化和体质是一样难于改造的，结果导致文化差别必然会引起民族冲突的结论。这里值得美国文化自己反省，怎样从历史形成的痼疾里自己拔出来。

从这个角度来看，派克老师从这次太平洋沿岸地区移民调查，给了他面对东方文化的机会。他在和日本移民的接触中已用了矜持（reserve）一词来描写他们的心态。我的体会是他看到了日本人对西方文化内心抗拒的反应。他又从日本人的茶道里体会到这些十分定型的规矩，是从几代人的实践养成的。那就是说他已承认各民族的性格是文化的传统，不同民族间能不能相互理解不是决定于体质区别而是社会文化的差别。他沿用美国通行的"种族"这一概念正说明他终究是个美国的学者，受着美国文化的塑育，即使他已感到了把文化隔阂看成是体质上的差异是错误的,但要想冲出自身文化的烙印何其难也。

派克老师在离开旧金山启程回芝加哥时对他的同事说,他对日本文化有点着迷了。他表示要赶紧在它消亡之前亲自去看看这个东方的雅典。这句话使我感受到他已看到了太平洋对岸有一种文化正受到西方文化的入侵,它会不会像西方的雅典一样在历史中消亡,他那时还没有信心。但是他心里明白这个文化的载体不同于他在美国南部所熟悉的黑人,也不同于在研究"美国化"时所见到的欧洲各国来的移民。所以当时他的反应是急于到东方亲自看看。我认为这种心情正可以说明他已从狭隘的种族概念中解放出来进入这个矛盾的文化实质了。

派克老师看来是个相当性急的人,当他看到了这个思想探索的新大陆时,很快地想进行一次新的旅行,走出美国这个小天地里的"种族问题",立即投入包括全人类在内的全球一体化中的文化关系问题。他是1922年说出想到东方去的,1925年他得到了一个没有预想到的机会。这时有个称作太平洋学会的团体,邀请他在6月份里去檀香山参加该会的首次会议。这会的由来我不清楚,虽则后来在40年代它和我也一度有比较密切的关系。1925年的这次集会据说到会的人并不代表什么团体或国家,但我不清楚谁决定那些被邀请人士的名单。反正派克老师是被邀请了。他对这次会议很认真,启程前还起草了一个调查提纲,包括檀香山的历史和种族结构及其关系,甚至把民间传说都列入调查项目里。但看来他这次旅行中并没有进行社会调查,但认识了许多趣味相投的人士。会议后,他又到附近太平洋上的岛屿上访问了一圈。

派克老师从1923年起在太平洋周围甚至远及非洲的"行行重行行"一直到1933年从芝加哥大学退休,一共有10年时间，他一面到各地访问，一面写出零星的札记和文章，并在各大学讲学和演说。

1925年11月太平洋学会在日本京都开会，派克老师如愿以偿地首次到达日本。同行的夫人在家信中说："老先生真正地感觉到心情舒畅。他由衷地认为这次会议正中下怀，因为他认为与会者都知道他们想在这里做什么。"他在日本过了冬到翌年3月23日才离开。他并未立即返国而是去了印尼，又从印尼到新加坡和菲律宾，然后到达上海，这是他首次到中国。他原想到北京畅游一番，但是在南京病倒了。出院后，又赴日本赶上太平洋学会的会议。

在旅途中他搜集到许多有意思的见闻和种种新的想法。但后来说"可惜我回来后都忘掉了"。他对具体的事实不一定都记得，但这些事实所引起的兴趣却保留在脑中。他见到了东方不同文化的差异和相互间的接触深入心中，使他对原有的思想反思和更新。他记得有一次在一个日本的酒楼里看到一个条幅，写着"酒香、和平、友好和互相称颂"，但是当他问一个侍者这上面写些什么，答复是各种酒的品牌。他听了之后很有感慨，认为文化之间要能互相了解是十分困难的。缺乏共识怎能从成见里走得出来？派克老师是从种族隔阂看到了背后还有一个文化差别的问题。

派克老师于1932年8月取道檀香山和日本直奔北京，在路上在给檀香山的一位曾是他学生的朋友的长信上说："我希望把各个存在种族问题地方的人组织起来，能合作进行共同的研究。研究中心一个可以设在檀香山，一个可以设在南非。我即将去印度、南非、南美等地方考察。看看这些地方的人怎么想法，有没有人想研究这个问题，是否需要合作。"又说：

"我们可以先从生物的角度开始去看种族关系,看看那些地方是否承认混血的居民。然后进一步去观察这些混血的居民在文化上有什么反映。在檀香山就可以搜集一些这种混血居民的生命史,看看他们说什么语言,对异族间的通婚具有什么动机等等。这种工作不能在短时间完成,要和他们混熟了,慢慢地谈出来。"他在这信上把这次旅行的目的和工作方法都说清楚了。

派克老师到达北京后的情形我已在这份札记的第二节《派克来华》里提前讲过,在这里不再重复。他在这年圣诞节前夕离开燕京大学,如他在上面这封信里有计划地从北京到香港、西贡、新加坡和加尔各答。后来又从印度经莫桑比克和南非的 Johannesburg,这次旅行的跨度相当大。直到1933年的春天才返抵芝加哥,这个夏季他从芝加哥大学退休了,当时已是69岁。

他曾一再说过,没有在中国居住到20年之上的,最好不要写关于中国的文章。他自己也以此自律,所以在发表的文章中很少提出他在中国的访问,但是燕京大学的一些学生还是坚持请他留下一些话作为临别赠言。他不好推托还是写了一段话留在北京。这就是收在《派克社会学论文集》里的《论中国》一文。我在这次补课中又翻出来读了一遍。

派克老师在这次旅行中看到的是抗战之前的北平,多少还保留着一些古老的面貌,在一个从当时已经工业化的美国大都会里来的学者,自会有他特具的角度。这里看不到美国黑白之间的"种族问题",也不存在美国各地的多种原籍的移民,没有"美国化"的问题。这里有的在这位远客的眼中是一个他所谓"已经完成了的文明"。在这样的文明中"任何一项文化的特质……无不相互正确地配合……给人一种适合而一致的整体的印象"。派克老师在另外一个场合把中国文明比之于一种章鱼（octopus），它能用多个触角伸向不同方面，把别的东西包容进来变成自己的东西。这正是派克老师所说的融合，他看到这和"靠征服而生长"的欧洲民族扩张的过程是不同的。他实际上已在考虑全球文化的未来。可惜他似乎时间不够进一步深入下去，他被古老的中国文明所迷住了，尽管他也到过"和欧洲都市无异"的上海，但是这个正面临激变的局势，对他印象不深。他如果真的在中国多住20年，他的看法也许就不同了。

人生苦短，探索未已

派克老师横跨太平洋，绕道南非的环球旅行，是从1932年初夏的8月起到1933年的春天止，几乎有三个季度。这次"行行重行行"对这个思想领域里的探险者是最后一次壮举，但他原来打算在亚非两个大陆的知识界里组成一个合作的研究力量的宏图并未实现。这时离他70岁的生日已不到一年了，他回到芝加哥不久就准备办理退休手续。这是年龄的规定，生物性限制，谁也无法躲避和推迟的，但是他对此没有低头。在南非时写信给他心里打算合作写《人文区位学》一书的伙伴，他的一个名叫麦根齐（R. D. MeKenzie）的老学生，信上说："我要尽可能地把我的思想都写进这本书里，不然我怕我这一生将怀抱着脑中的许多东西没有见世而我已弃世而去……你将会高兴地知道我虽年已六十九，但自己似乎觉得生命力没有比近来更旺盛的了。我希望在去世之前还能做很多的事。"

至于他计划中和麦根齐合写的那本《人文区位学》，早在他和伯吉斯合写的《引论》出版后不久提出的修改意见中，已经列入分别要写的四本续编之中。

关于人文区位学本身说来话长。我在上面《派克老师在备课》一节里已说过他怎样从博览冷门书籍时得到"人文区位"的启发，而且他认为这是一门大有发展前途的学科，和值得探索的一个思想领域，甚至向他儿子提出建议作为自己的专业来考虑。尽管他儿子并没有接受这意见，但派克老师自己却一直在考虑这方面的问题。

派克传记的作者曾说："派克对社会学的爱好，最初是新闻媒体在1908年已经看中了的。1903年初次动情于集体行为，1912年结识了种族关系，最后倾心的是人文区位，到1921年才开始在他的著作里公开。"

人文区位学英文是 Human Ecology，是生物科学和社会科学交叉的学科。Ecology 最早是1866年德国动物学家 Ernst Haeckel 最早采用的名词，字根是希腊字 Oikos，意思是"生活的地点"（the place where on lives）。

生物学里的区位学是研究植物和动物生长的地区和其环境的协调关系，用以理解其兴衰消长的现象。派克教授认为这个概念也可以用来研究人类群体居住的社区。在《引论》中说："社会的经济组织作为自由竞争的一种结果，就是它的社区组织。因之，在植物及动物区位学外还有人文区位学。"1920年派克开了一门课程就称作人文区位学，在课程简介里说是"决定社区的地址和发展的地理和经济因素，社区的不同类型，贸易地带，交通和运输形式的作用，贸易及其服务的分布和分散，社区问题的背景"。1930年他写了6篇文章阐述人们生活上表现区位格局的具体例子和理论上的阐述。他提出许多社会学上的重要概念，如生活网络、生存竞争、集体行为、社会的生物基础和社会平衡等等。他指出人类的社会之所以不同于植物和动物的社会就在于建立在不同的水平上，人是在文化的水平上，而动植物是在生物的水平上。

在生物水平上主要特征是竞争。在植物和动物中竞争是没有限制的。这样形成的群体是无政府状态的，是自由的。而在人类却不同。人和人之间的竞争是有限制的，受到风俗及共识的限制。人的社会超出了生物性的竞争是在采取了高级的和复杂得多的种种限制下产生的。

1918年他在课堂上曾举过一个植物界的例子来说明区位的变化。在北Carolina Piedment的一块农田如果放火烧过抛荒后，生物学家可以预言，5年后这块荒地就会杂草丛生，到第6年可以散播松树的种子，下一年将会看到一片松苗，这片松林如果在150年后又种入硬木类的树苗，250年硬木林就会取代松林。这是说一种植物会在一块地上在一定时期里取代另一种植物。他接着讲他1933年在南非看到的情形。他说最早居住在这里的是Bushman，他们以狩猎为生。然后来了Hottentot人，他们还是从事狩猎但是开始了畜牧。他们和Bushman发生冲突，因为Bushman用毒箭射杀Hottentot人畜养的牲口。结果是Bushman被赶入Kalahari沙漠。后来又来了Bartu人不只是狩猎和畜牧，而且开始耕地和种植Kaffir corn了。其后又有Boers进入，居住在Transvaal和Orang Free State。他们把当地的土著都征服了，并把他们作为奴隶又占有了土地，组成大家庭，实行家长统治。最后英国人来了，这里发现了金刚石，英国人就长驱直入。1884年建成了

Johannesburg一个巨大的城市，1887年又发现了金矿，南非就是这样从孤立和封闭状态进入了国际社会和新的世界性文明。

这里看到一个地区居民的继替过程，原始文化的居民需要广大土地来养活他们的人口，最后善于利用这片土地的人占据了这片土地。

派克老师在他所谓人文区位学里最重要的核心在他把人文世界分为四个层次，基层是和动植物等同的，称之为区位层或生物层，往上升一层是经济层，再升一层是政治层，最高是道德层。

他还有一个突出的见解是层次越是向上升级，人的自由就越是递减。因为他认为人和其他动物及植物的差别是在人用文化来制约自己。他说："有意思的是这几个层次像是堆成了一个金字塔。区位层是基础，道德层是最高。一个人完全进入了社会秩序也就是全部生活都被组织在群体里，处处要服从整体的意志了。竞争是发生在基层生物性的自然秩序里，植物和动物群体里的个体是不受群体节制的。到了文化层，个人的自由就完全受群体的习俗、意识和法律的控制了。"他说从个人来说，自由的要求也是跟年龄而变化的。儿童时期谈不上自由，成年后为自由而斗争，年老了，也不那么想自由了。1934年他在芝大的一次公开演讲里说："人总是在想摆脱社会对他的拘束，想得到自由，要摆脱的是什么呢？还不是社会定下的要他们遵守的规矩么？"他收入《论城市》这本书中他写的一篇文章《社区组织和青少年犯罪》中，更耿直地认为群体生活为人们立下了种种限制人们行动的规则和法律。青少年不接受这些人为的限制，就成了违法、犯罪。从个人角度来说他们要的是自由。从社会的角度来看，他们是犯错误。派克老师并不是故意标新立异、危言耸听，而是要指出生物性和社会性两个层次的矛盾。他这个看法反映了当时美国正处在社会激烈变动和严重的经济危机之中。1938年，他说："现代的世界上看来欧洲的经济正在重复罗马帝国兴亡的轨迹。商业正在破坏古老的秩序，为扩大生存空间而争斗。这场争斗会建立起新的体系。新的生物性的基础正在给新的世界性社会奠定基础。"派克不相信任何平衡状态是永恒的。变动是不会停止的，世界是一个不断更新的过程。人文区位最终的任务就是研究生物秩序和社会秩序两者如何取得平衡的过程，以及一旦两者的平衡破坏后，怎样重新取得调整。也许可以用潘光旦先生的位育论来说，这就是"致中和，使天地位焉，万物育焉"。人要位育于天地万物之间。

这些有关人在天地万物之间的地位和发展的种种思想，在派克老师的一生中不能说已有成熟的看法。他本来打算和麦根齐合作把这方面的想法写成一书，而且在1924年7月麦根齐也回信同意了这个建议，他仅在这年的秋季在华盛顿大学开了一门课程称人文区位学。1925年，在社会学会年会上专设一组讨论人文区位学。1926年和1932年，派克自己在芝大开了这门课程。在1937年派、麦两人又会合在一起花了一个暑期为该书写出了42页的大纲。这份大纲主要是要讲明，人的集体生活里在一般所谓社会层次之下是否还有一个共生的或区位的层次，以及这两个层次即区位秩序和政治道德秩序之间的区别和关系是怎样的。他们还在1933年和Ronald Press签了出版合同。但是这本书始终没有完成。这事的经过和原因我们不必去追究了。总之"人文区位学"是派克没有能及身看到它成为一门学科。他提出的基本问题也并未得到最后的结论。

派克老师没有能安心下来完成这本"人文区位学"的一个原因是他在 1936 年秋季应邀到 Fisk 大学去讲学。地点是在 Nashville。这是美国大学联合会把它列入 A 级的黑人大学。我们不必去揣测为什么这位老师要把晚年花在这所大学，而且一直待到他离开人世，一共 8 年，从 1936 到 1944 年。他又不愿意听人说这是为了他对黑人特别亲热，有点偏心黑人，因为他一直反对用感情的偏向来看待种族问题的。实际上，他在这 8 年里经常往返访问美国及加拿大各地。自从他环游世界回来后，美国公路网和汽车产业大为发展。他这时也购买了一辆当时新式的 Ford V-8。但他已年过七十，并没有学会驾驶，但是总是有学生愿意为他开车，因为在车上可以听到这位老师的种种高论。他在这段期间里的确用汽车访问过很多地方，在别人记忆中留下大量值得追忆的印象。

8 年时间过得很快。但是不幸的是在他弃世之前的 1941 年 12 月发生了日本袭击珍珠港事件，我并不知道他当时的反应。矜持的日本人到这时刻暴露本性了。美国果然最后以原子弹报复了日本的偷袭。但这笔种族关系上的账应该怎么算法，我只有在另一世界里去请教这位老师了。

他对这次世界大战有一些看法在生前表达过。他觉得贸易将为新的世界社会打下生物性（区位学的）的基础，但是从社会层来说却有一堆如碎片般合不成一块的众多国家，这个状态并不妙。1939 年他曾说："看来有一种类型的社区，它的成员间在生存上相互倚赖，要分也分不开，但它们一起的集体行动却什么也发生不了，我们现在也许就处在这种状态的世界里。在这个世界上人类已进入共生（symbiosis）的关系之中，但是无力采取集体的行动（collective action）。"

看来我们这位老师这时是很失望和困惑的。他在答复战争是否和地狱一般，他说这很难说，因为我们对什么是战争还没有恰当的概念。有人问他信什么宗派，他回答他信过不同的宗派，最后觉得宗教本身是一个健全的个人和美好的社会不能缺少的。他在1944年春的音乐艺术会上说："建筑在机械基础上的世界秩序一定会被一个建筑在相互了解基础上的世界秩序所代替。一个由商业和外交建立起来的国际社会必须以人和人之间的友谊和道德来支持。音乐、戏剧和艺术比了语言这种理性的交流更为朴实和直接。"1944年他在《现代世界的使命》一文中思索，在这个激烈变动中的世界里人们在惶惑那些被认为领导他们的人心中是否有底，他说："我们像那些希腊的思想家那样站在一个新的世界上，因为这个世界是新的，我们感觉到不论是看不到全面的人或是见闻有限的实行家，甚至具有科技修养的人，包括社会科学在内，能对我们有多少帮助。"

在这种精神状态下，派克老师还是不肯停下来。1943年6月中他还是到南Dakota乡间去视察农民收获土豆。这原来是块穷地方，他看了高兴地说："他们翻身了，土地又绿起来了。满地奔跑着猎物，鸟在树上歌唱。"但不久到了夏天他犯了一次心肌梗塞，他感到事业还正在开始他怎舍不得放下。1943年10月他给儿子Edward写信说："我想到很多东西要告诉你，我突然觉得劲道又来了，像是埋得很深的根上又在萌发新芽。我相信至少我在这里还可以再过一个夏天。"

他在医生警告他此生的日子已不多时，他想起了要写他的自传。他告诉他的朋友休斯说，"我要写下我思想的自然史"（the natural history of my mind）。他所说的自然史是一件东西自身的发展过程。他自己明白他思想里的各种想法是怎样形成的，怎样变化和发展的。他想把这些思想的变化过程写下来。他在这年的 2 月 10 日给他女儿写信说："我要把我对人的本性和对社会的本性的看法都写出来成为一个记录。不是为了家里的人回念我，而是为了研究社会心理学和社会学的人留下一个自述性的文件。"

他希望他的孙女 Lisa 能帮助他写这篇自传。10 月 18 日去了一信，信上说：

> 你 9 月里的来信我已收到。我曾想立刻复你，但是那时我身体不行，心跳得像只小猫，血压上升，遍身寒冷，我心里不痛快。现在我好些了，所以想给你写信，告诉你一些想到的事。你说你想写一本关于太平洋战争的小书，这是个很好的计划，即使不能像你所想的那样写出来。
>
> 我要想跟你说的，第一件是赶快学会中国话和中文。我昨夜没有睡着时想到如果我要写这本书应当怎样开始。我想我要到北平去，如果日本人允许我。我要熟悉这个城市。北平是这个世界上最美丽的城市，至今还没有人把它好好地写出来过。它有三道或四道城墙，合而为一，中国城、满洲城和紫禁城，还有个多少是欧化了的城。其中三个各有自己的城墙，一个套一个。中国的城墙本身是个有意思的题材。北平的地下世界，我曾见到过一些，因为我访问过一个出售查获赃物的市场，我也读过一个惯贼的自述，他讲了怎样躲避警察追捕的故事。我不能把有关这城市的故事都告诉你。你和 Pete 自己去看吧。好，我不讲有关北平的事了。因为老实话我对它并

不知道多少。但是我满怀希望能多知道一些。麻烦的是"时间太少了"。我正在读一本 John Marguand 写的书，书名就是《时间太少了》(*So Little Time*)。他一遍一遍地重复这句话，我自己甚至每个小时也跟着他在想"时间太少了"。但是你和 Pete 有的是时间。我劝你们马上做这件事，越快越好。一定能享受到这次旅行的一切。

发出这封信后，在该年的 12 月中旬，他的病又告急了。到 1944 年 2 月 7 日结束了他的生命。据他朋友 Brearly 说在最后的日子里，他还在思考法律社会学、知识社会学和传教士的文化传播等问题。另一个朋友 C. Johnson 说："他的脑子不停地在思考，他从不丧失对生命的热情，在探索人的行为的边界，即使在最后日子里，不能说话的时候。"

如果他多活 7 天，他就到 80 岁的生日了。

后　记

以上的补课札记写了二十一节可以告一段落了。我说明了为什么想到要补课，为什么从社会学入门课补起，为什么想到派克老师。同时也讲了我打算通过搞清楚派克老师的一生经历来帮助我理解他思想发生和发展的经过，使我能进一步学习他的社会学。

这次决心补课是前年下的主意，1998 年 6 月开始温习旧课，到现在已快两年了。时间过得很快，但是补课这件事并没有结束，而且可说越补越感到自己学识的不足，越是想补，看来在知识的领域里我到了老年才开始真的踏上实地，真的明白了自己的贫乏，因之越来越想补，没有个结束和完成的界限。人生也许就是这回事，有始而没终。但人是有终的，我到此告了一个段落再说。

我现在感觉到这个补课的决心是下对了。在这两年里我的确有点乐在其中，使我觉得心上总是有事要做，日子过得很容易，同时也比较踏实，有个奔头。

这次补课自己觉得也很有收获。以前我也读书，但总是有点不求甚解，不常联系自己。这次我从派克老师的一生经历入手去看他的社会学的长成，这就把我拉进了他的实际生活，看他的思想怎样一步步发展起来。学术思想是不能不从学人的身世和他所处的时代相结合的关键上去把握和去理解的。这样入手，使他的社会学活了起来，他的社会学也反映出了美国社会在这一时期的面貌，个人和集体一旦结合就越看越有滋味、越有意思。

我取得这种补课的方法，不能不感谢 E. Hughes 先生 1979 年送我的这本派克传记。这本书是罗森布什（W. Raushenbush）写的。我在补课开始时的确不知道这位著者是何许人。这也说明我读书不认真。其实在这本派克传记里就几次提到过他的名字，因为他曾在派克教授研究外籍移民的美国化问题时，和后来在太平洋沿岸调查种族关系时，都当过派克老师的助手。我最初阅读派克传时这个名字竟在眼前滑过去了，没有注意，到今年一再重读时才注意到。

我要感谢他，因为他这本派克传启发了我结合派克的生平来读派克社会学。不仅在补课方法上开导了我，而且实际上给我提供了这位老师一生的基本事迹，成了我写这本《补课札记》时最基本及最得力的依傍，我称它为我写作时不能缺少的拐杖。

我写完了这份札记时才恍然大悟，罗森布什这本派克传原来是实践派克老师临终前所表达的一个遗愿，就是他想写一本有关他的思想的自然史。他自己这个愿望没有实现，但这位老助手最终按这位老师所主张的写自然史的方法，写出了这本派克传，而且赶上我在1979年访问美国前出版了。这一连串的机遇，使这本书能传到我手中，而且经过不少看不到的运作会在我想写《补课札记》时出现在我手上。

"自然史"是派克老师在史学上的创新。这是一种写历史的方法，作为对一件史实始末经过的记述。派克老师的遗愿是把他社会学的思想怎样发生、修改和发展的经过写下来供后人参考。他的老助手就按老师的遗愿写下这本派克传，又由老师的门生休斯先生写了序言和后记，还亲手送了一本给我。这段因缘是客观历史事实，当我明白了这段经过，对我不能不产生这是"天助"的感觉了。

我在札记里已谈过罗氏的派克传其实是美国社会学自然史的一部分。它不仅叙述了派克老师怎样从一个密西西比河上的儿童长成为美国有名的社会学家的经过，而且也讲出了美国社会学成长经过中的一段重要的部分。

写这本《补课札记》时还有一段衷曲在我心头，那就是我这一生也许最后还可能完不成的一个自己承诺的任务，"重建中国的社会学"。这件事的来由我不必在此多说，我之所以要补习社会学的实际原因是我总觉得我这一生有一桩事还没有好好交代。那就是我答应带头在中国重建社会学这门学科。这是20年前的旧事。实际上，即使我再有20年，这个诺言还是难于实践。同时我届时还会感到不太甘心。

为了在中国重建社会学我已花费了20年，没有如愿实现。我只能怪自己能力不足，因而还想通过补课再补足一些。在补课时心里也总是系念着这桩心事。如果有人愿意读这些札记，希望也能理解我这番心情。

我在这时又找到派克这位老师，一方面是为了要把我一向主张的重建社会学的来源理一理。我所学到的社会学以及怎样去搞这门学科，实际上受了派克老师的影响。派克老师要建立的社会学是一门研究社会的科学。作为一门科学就必须是实证性质的，就是杜威所提倡的实证主义的社会科学。用派克老师的话来说是以实际社会生活为基础得来的科学认识，从实际社会生活里长出来的科学知识。用现在大家熟悉的话说就是理论必须联系实际。以我个人说，我这个做学问的基本道理可以说最初是从派克老师口上听来的，那就是上他第一堂课时他说他不是来教我们怎样读书而是要教我们怎样写书。从1932年到现在已经过去68年，这68年里我的确按他的教导写了不少书。书里说的话是不是符合实际，是可查可考的，身后自有公论。饮水思源，我不应当忘记这位老师。

现在来说派克老师究竟已是个历史人物了。他的教导是不是已经过时，我们应当想一想。现在时兴的是开口闭口讲"后现代"，而派克老师所处的时代至多只能说是现代的初期，就是美国进入了机械化、城市化时代的前期。我在写这位老师的早年时特地指出，实际上他所诞生的美国中部地区，当时还刚刚踏进机械化和城市化的初期，甚至在密西西比河上的儿童们还尝到过乡土经济的味道。他到10岁时才有小学校可进，他的父亲从南北战争退役回来在小镇上开办一家小杂货店，也许可以说明和我们当前沿海地区的小城镇的景况还相差不远。如果说派克老师现在是过时了，但他的一生中还有一段和我所熟悉的生活是相似和相近的。他的思想正反映了美国机械化和城市化这一整段的变化。我们口头上尽管可以多讲讲"后现代"，而我们的生活实际也正处在踏进"现代化"的初期，就是机械化和城市化的初级阶段。从这个历史阶段的比较上我认为不是"过时了"，而甚至可说是"正当其时"。

以社会学的处境来说，派克老师给它当时所处的定位是"还在生长中的时期"。我们现在自己的社会学所处的地位，也许还不够"生长中"的水平，严格一些说也许只够说还在"摸索阶段"。因为我有这点体会，所以在补课时，我直觉到这位老师所碰到的境遇我还可以感觉到比较亲切。我还认为当前我们一下就想学会"后现代"恐怕还不太实际，我们还是向世界上其他先进地区的"现代化"过程多学习学习为好。如我这样说是有一些道理的话，应当认为我从重温派克社会学入手来吸收一些我们"重建社会学"的养料是做得对头的。

我记得提出"重建社会学"的任务是1979年。不久乔木同志就打发社会科学院里一批研究人员去美国访问。原定乔木同志要亲自带队去美的，后来改由宧乡同志出马。我也参加了这个队伍，虽则我头上的"摘帽右派"的帽子还没有摘掉。我的任务是去看看当时美国各大学里的社会学和人类学的情况。我在这次访问中特地去找我的老同学杨庆堃先生，他是和我一起1932年在燕京大学听派克老师讲课的人。他从燕京毕业后就去美国留学，继续学社会学。后来在第二次世界大战期间美国种族歧视受到群众的冲击有了改革，开放许多禁地，到那个时候有色人种也才可以进入大学里当教授，享受 tenure。我这位老朋友因而在匹兹堡大学里获得了社会学教授的地位，而且当我去访问时，他在教授中又获得了一个荣誉的名衔。我们多年的友谊和共同的志趣，把我们又拉到了一起。他不仅同意全力支持我们在中国重建社会学，我们一起策划了一个具体的培训社会学教师的计划，由他邀请匹兹堡大学社会学系教授出马帮助我们实行这个计划。他又因为曾经有一段时期在香港中文大学教过社会学这门功课，而且帮助他的学生去美留学和返港办系，他又具备动员中文大学社会学系的力量使他们参加我们的培训工作。这两股力量在我们重建社会学的工作上发生事实上的推动作用，而且无偿地提供了这种无私的助力。没有这位老朋友的鼎力协助，我们连那个速成班性质的培训计划都搞不起来的。我借这个写这篇后记的机会记下这一笔历史，并对我的老朋友、老搭档表示深切的铭感。他是去年谢世的。他叮嘱家人，不向同人们发送讣告和不受吊唁。我尊重他的遗嘱，只在这里加这一笔，以纪念他对重建中国社会学的关怀和所做出的贡献。

我这本札记写到这里决定告一段落。从诞生到逝世，派克老师的一生我已大体上讲了一遍，但是我已说过他的社会学思想并未结束。他的思想库还有很多东西他带走了，特别可惜的是他对这个世界当前的大变局已有所先见之明没有更明白更具体地写出来。他只从他所打算写出来的人文区位学里提到这个世界上的人类将要产生一个全球化的共生体系，但没有相应的在其上层的共识体系里完成一个道德秩序。这是他的诊断，当前我们所碰到的种种困惑，根本原因就出在这里，我认为这位老师是有科学的预见的，而且也已经指出了我们努力的方法。我在结束这篇后记里应当提出这一点。

共生体系和共识体系是派克老师的社会学的基本概念，即他这方面思想理论的关键词。共生体系英文是 symbiosis，共识体系英文是 consensus。他是从"人之异于禽兽者何在"这个问题上下手看到人之所以为人就在他有智慧，人心可通，在心心相互可以相通的基础上，在群体中形成共识。群体不是人的特有，鸟兽亦可以同群，但鸟兽的群体里的个体间没有性灵上的相通，就是缺少这一点"智慧"，它们和人类差了一级。派克老师讲社会，社会和群体有别。群体就是聚众成群，群体里的个体要能互相了解，有个共识才成为社会。鸟兽可以有群体有集体行为，但没有社会，不能像人类一样个人之间可以相通，在认识上能取得一致，建立共识，这个共识可以代代相传，而成可以积累的文化。文化应当说是人类所特有的，世代相传的。人是有历史的动物。群体和社会的区别就是派克老师所说共生和共识的区别。共生是生物界的共同现象，而共识和在共识基础累积的文化和历史，是人所特有的也就是"人的特性"（human nature）。共识这层发生了一个他所说的道德秩序或道德层面。这个层面是人类所特有的。

派克老师的人文区位学是要把人作为和鸟兽相同层面的这个生物人，怎样发展成和鸟兽相异层面的道德人的过程分析出来和讲解清楚，成为科学的社会学体系一部分。这本人文区位学在派克老师的知识库里没有达到完成体系的程度，至少是没有用语言文字表达出来使别的人有共同的认识，成为有此共识的人的文化，在人类中推广和传袭，成为社会科学的一部分。这是他的一部未完成的曲调。有没有继起者把它完成，那是难说了。

派克是个好老师，而我不是个好学生，很多他早在 70 年前已说过的东西，我要到老来才仿佛有点一知半解。对他这部未完成的曲调，我只能理解到现在我们这个所谓人类的"后现代"时代，也许其实正是派克老师曾指出过的那个已形成了一个全球的共生体系还缺一个相配套的共识或道德体系的半完成状态。而当今和今后一段时期的人类的责任也许就在把未完成的完成起来。

在这里我想到了另一位老师，死在我怀里的潘光旦老师。他在70年前已经用中国语言表达了派克老师用拉丁语根拼出来的英文字来表示的人文区位学，潘光旦老师用了我们两千年前老前辈孔孟的经典上的话来表达同样的意思，至少是相通的意义。我们中国文化里的老话就是潘老师所提出来的"位育论"三个字。我在这篇后记里大胆地把两个老师拉到了一起。我不是个好学生，一个老师的书还没有温习好又牵出了另一位老师。人生苦短，我手边还有多少块钱，可以供我这样去花销呢？

最后我想在这篇后记里声明的是有朋友曾建议我不必把罗氏的派克传做拐杖，不如老老实实把这本书翻译成中文来得完整。我原本应当接受这位朋友的意见，但是我早年所学的英语已经老化了。英文书籍阅读时都常感到困难，不仅常要查字典，而且发现我用的字典也许已陈旧过时，很多生字查出来的译文，用到原文里去，我还是弄不清究竟什么意义，只能凭感觉猜测。要认真翻译我已做不到了。

我还是用派克传作拐杖为好，我看着这本书，要用哪一段就用哪一段，看不懂的就略过了。我还可以顺着我的思想，要加一些话就加一些，我也可以不用拐杖自己跨步，按自己的思路写我的札记。我在这里说清楚我用札记两字就是指这是写来为自己备忘之用,不是为别人写来传达什么别的用意的。我在自己备忘录中要写什么就充分可以自主,自由思索,自由表达。当然写出来之后,有人愿意看我并不反对,那是别人的事。在我说我的备忘录不仅为自己备忘,也可以为别人备忘。我只求写札记时不受拘束而已。

最后我应当对为我这次补课和写札记服务的人表示我的感谢。我究竟有了点年纪了,做事不可能太利落,不求人。我要借书、还书,要写稿、抄写、打印,样样要自己来做,已经不行了,我处处要求助于人。再说一句,对那些为我的札记出过力的人,我表示感谢。

2000年3月15日于北京北太平庄

出版后记

1996年和2002年,三联书店相继出版了费孝通自编文集《学术自述与反思》和《师承·补课·治学》,前者着重于回顾上个世纪80年代以来的学术工作;后者则是对影响终身的几位老师(吴文藻、潘光旦、派克、史禄国、马林诺夫斯基)的怀念与追忆,其中以《补课札记》为名重读派克理论的文章长达七万余字。

本书的编选即是以这两本自编文集为基础,将费孝通晚年对一生研究工作的思想自述,对师承的追忆,以及对学科的理论反思汇为一集,并收入其早年几篇重要的理论文章,按时间线索分成三辑。第一辑为民国时期的4篇,其中前些年发现的佚稿《新教教义与资本主义之关系》,是国内最早关于韦伯社会学的述评之一;其余几篇是费孝通"魁阁"时期的作品,能充分体现他40年代对社区研究的理论反思。第二辑5篇为费孝通晚年的思想自述,对自己的学术工作做了理论层面的陈述、答疑和反思。第三辑9篇则是对师承的追忆,这些文章重新阅读和理解老师们的思想和理论,并借此反省自己一生的学术工作。

生活·讀書·新知 三联书店

2020年9月

费孝通作品精选

（12种）

《茧》 费孝通20世纪30年代末用英文写作的中篇小说，存放于作者曾经就读的伦敦经济学院图书馆的"弗思档案"中，2016年被国内学者发现。这是该作品首次被翻译成中文。

小说叙写了上个世纪30年代苏南乡村一家新兴制丝企业的种种遭际。这家制丝企业通过实验乡村工业的现代转型，希望实现改善民生、实业救国的社会理想，但在内外交困中举步维艰。作者以文学的方式来思考正在发生现代化变迁的乡村、城镇与城市，其中乡土中国的价值观念、社会结构与经济模式都在经历激烈而艰难的转型，而充满社会改革理想的知识分子及其启蒙对象——农民，有的经历了个人的蜕变与成长，有的则迷失在历史的巨变中。

《江村经济》 原稿出自费孝通1938年向英国伦敦经济学院人类学系提交的博士论文，著名人类学家马林诺夫斯基在为本书撰写的序文中预言，该书"将被认为是人类学实地调查和理论工作发展中的一个里程碑"。1981年，英国皇家人类学会亦因此书在学术上的成就授予费孝通"赫胥黎奖章"。

本书围绕社区组织、"土地的利用"和"农户家庭中再生产的过程"等，描述了中国农民的消费、生产、分配和交易等生活和经济体系；同时着重介绍了费达生的乡土工业改革实验。费孝通后来多次重访江村，积累了一系列关于江村的书写。江村作为他在汉人社会研究方面最成熟的个案，为他的理论思考如差序格局、村落共同体、绅权与皇权等提供了主要的经验来源。

《禄村农田》 作为《江村经济》的姊妹篇，《禄村农田》是费孝通"魁阁"时期的学术代表作，作者将研究焦点由东南沿海转移到云南内地乡村，探寻在现代工商业发展的过程中，农村土地制度和社会结构所发生的变迁。

作者用类型比较方法，将江村与禄村分别作为深受现代工商业影响和基本以农业为主的不同农村社区的代表，考察农民如何以土地为生，分析其土地所有权、传统手工业和社会结构的异同与变迁，目的是想论证，农村的经济问题不能只当作农村问题来处理；农村经济问题症结在于土地，而土地问题的最终解决与中国的工业化紧密联系在一起。这一探寻中国乡村现代化转型的理想与实践贯穿了费孝通一生。

《生育制度》 费孝通1946年根据他在西南联大和云南大学任教时的讲义整理而成，围绕"家庭三角"这一核心议题，讨论了中国乡土社会组织的基本原则及其拓展，其中描述社会新陈代谢的"社会继替""世代参差"等概念影响深远。本书是费孝通的早期代表作，也是他一生最为看重的著作之一。

《乡土中国·乡土重建》 20世纪40年代中后期，费孝通的学术工作由实地的"社区研究"转向探索中国社会结构的整体形态。他认为自己对"**差序格局**"和"**乡土中国**"的论述，是这一时期的主要成就。

《乡土中国》尝试回答的问题是：："作为中国基层社会的乡土社会究竟是个什么样的社会。"它不是对具体社会的描写，而是从中提炼一些"理想型"概念，如"差序格局""礼治秩序""长老统治"等，以期构建长期影响、支配着中国乡土社会的独特运转体系，并由此来理解具体的乡土社会。

《乡土重建》则以"差序格局"和"皇权与绅权"的关系为中国社会的基本结构原则，在此基础上分析现实中国基层社会的问题与困境，探寻乡土工业的新形式和以乡土重建进行现代社会转型的可能。这一系列的写作代表了费孝通40年代后期对中国历史、传统和当代现实的整体性关照，是其学术生命第一阶段最重要的思考成果。

《中国士绅》 由七篇专论组成，集中体现了费孝通40年代中后期对中国社会结构及其运作机制的深刻洞察，尤其聚焦于士绅阶层在中国传统社会的地位与功能，及其在现代化进程中逐渐走向解体的过程，与《乡土中国》《乡土重建》等作品在思想上一脉相承。他实际上借助这个机会将自己关于中国乡村的基本权力结构、城乡关系、"双轨政治""社会损蚀"等思考介绍给英语世界。

《留英记》 费孝通关于英国的札记和随笔选编，时间跨度从20世纪40年代到80年代。作为留英归来的学者，费孝通学术思想和人生经历有很重要的一部分与英国密切相关。

这些札记和随笔广泛记录了一个非西方的知识分子对英国社会、人情、风物、政治的观察，其中不乏人类学比较的眼光。比如1946年底，费孝通应邀去英国讲学，其间，以"重返英伦"为名写下系列文章，开头的一句话"这是痛苦的，麻痹了的躯体里活着个骄傲的灵魂"，浓缩了他对二战后英帝国瓦解时刻的体验与速写。作者以有英国"essay"之风的随笔形式观察大英帝国的历史命运、英国工党的社会主义实验、工业组织的式微、英国人民精神的坚韧、乡村重建希望的萌芽，以及君主立宪、议会政治和文官制度等，尤其敏锐地洞察了英美两大帝国的世纪轮替和"美国世纪"的诞生，今日读来，尤让人叹服作者的宏阔视野和历史预见力。

《美国与美国人》 20世纪40年代中后期，费孝通写作了大量有关美国的系列文章，这些文章以游记、杂感、政论等形式比较美国和欧洲，美国与中国。其中，《美国人的性格》被费孝通称为《乡土中国》的姊妹篇，作者透过一般性的社会文化现象，洞察到美国的科学和民主之间的紧张，认为科学迫使人服从于大工业的合作，而民主要求个体主义，二者必然产生冲突；并进一步认为基督教是同时培养个体主义和"自我牺牲信念"的温床，是美国社会生活以及民主和科学特有的根源。美国二战以来在全球政治经济格局中越来越突出的霸权地位，实际是费孝通关注美国的一个重要背景。他晚年有关全球化问题的思考，与他对美国、英国等西方社会的系列观察密不可分。

《行行重行行：1983—1996》（合编本） 20世纪80年代到90年代中期，费孝通接续其早年对城—镇—乡结构关系的思考和"乡土重建"的理想，走遍祖国的大江南北，对乡镇企业、小城镇建设、城乡和东西部区域协同发展进行实地考察和调研，先后提出了苏南模式、温州模式和珠江模式等不同的乡镇发展类型，以及长三角、港珠澳、京津冀、亚欧大陆桥经济走廊、中西部经济协作区等多种区域发展战略,其中还包含了他对中西部城市发展类型的思考。

本书汇集了费孝通十余年中所写的近六十篇考察随记,大致按时间线索排列,不仅呈现了晚年费孝通"从实求知"的所思所想;某种意义上也记录了改革开放以来中国发展黄金时期的历史进程。

《中华民族的多元一体格局:民族学文选》

费孝通是中国民族学的奠基人之一,从1935年进入广西大瑶山展开实地调查开始,对民族问题不同层面的关注与研究贯穿其整个学术生涯。如果说《花蓝瑶社会组织》是用人类学田野调查的方法对民族志研究的初步尝试,那么1950—1951年参加"中央访问团"负责贵州和广西的访问工作,则是他进行民族研究真正的开始,其后还部分参与了"民族识别"和"少数民族社会历史调查",这些工作不止体现于对边疆社会的组织结构和变迁过程进行研究,对新中国民族政策和民族工作的建言献策,更体现在他对建基于中国历史与现实的"民族"定义和民族理论的探索与建构中。1988年发表的长文《中华民族的多元一体格局》,即是其长期思考的结晶,费孝通在其中以民族学的视角概述中国历史,并提出一种民族认同意识的多层次论,认为中华民族是既一体又多元的复合体。这一对中国作为一个多民族国家在理论层面的高度把握,是迄今为止影响最为深远的中国文明论述。

《孔林片思:论文化自觉》

20世纪80年代末,费孝通进入了他一生学术思想的新阶段,即由"志在富民"走向"文化自觉",开始思考针对世界性的文明冲突,如何进行"文化"之间的沟通与解释。到90年代,这些思考落实为"文化自觉"的十六字表述,即:各美其美,美人之美,美美与共,天下大同。

晚年费孝通从儒家思想获得极大启迪,贯穿这一阶段思考的大问题是:面对信息化和经济一体化的全新世界格局,21世纪将会上演"文明的冲突",还是实现"多元一体"的全球化?不同的文化和文明之间应该如何和平共处、并肩前行?中国如何从自己的传统思想中获得文化转型的自主能力,从中国文明本位出发,建构自己的文明论与文化观?

本书收录了费孝通从1989—2004年的文章,集中呈现了费孝通晚年对人与人、人与自然、国与国、文明与文明之间关系的重新思考。

《师承·补课·治学》(增订本)

从1930年进入燕京大学社会学系开始,在长达七十余年的学术生涯中,费孝通在人类学、社会学和民族学领域开疆拓土,成就斐然。他一生的学术历程与民族国家的命运、与时代的起伏变换密切相关。本书汇编了晚年费孝通对自己一生从学历程的回顾与反思的文章,其中既有长篇的思想自述;也有对影响终身的五位老师——吴文藻、潘光旦、派克、史禄国、马林诺夫斯基——的追忆与重读,他名之曰"补课";更有对社会学与人类学在学科和理论层面的不断思考。

本书还收录了费孝通"第一次学术生命"阶段的四篇文章,其中《新教教义与资本主义精神之关系》一文为近年发现的费孝通佚稿,也是国内最早关于韦伯社会学的述评之一。